机电电气专业系列

工程材料及热处理

主　编　朱　明　王晓刚
副主编　王志华　尹孝辉

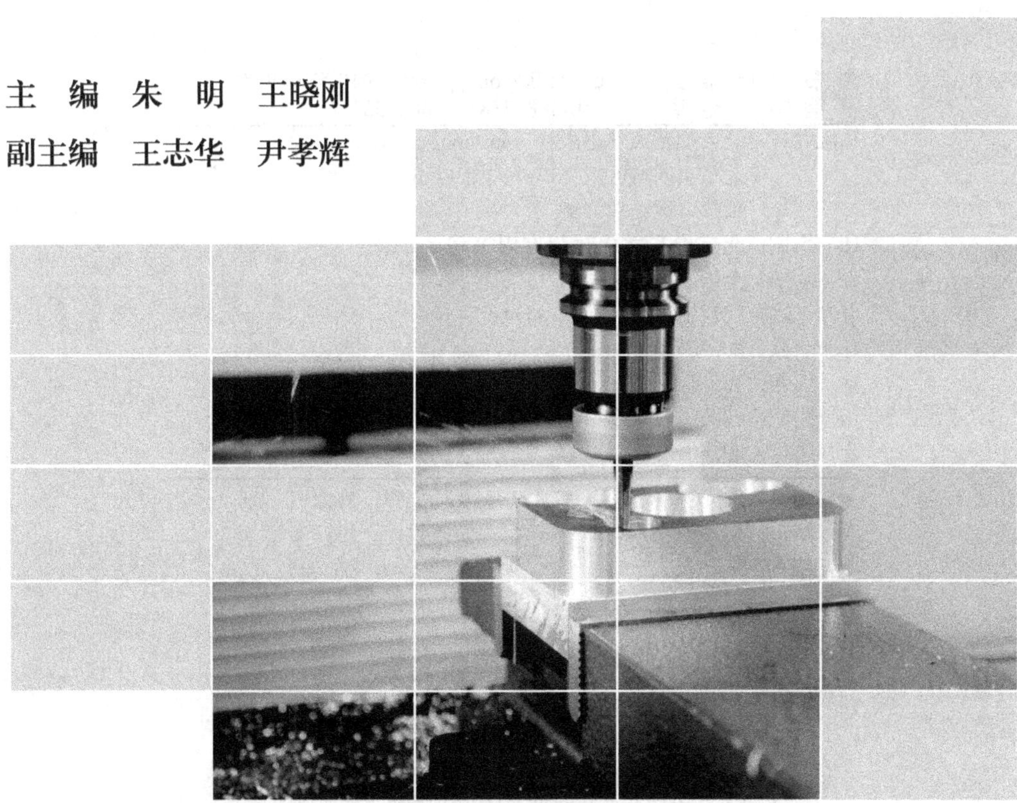

图书在版编目（CIP）数据

工程材料及热处理 / 朱明，王晓刚主编. -- 北京 : 北京师范大学出版社，2023.1

ISBN 978-7-303-10998-2

Ⅰ.①工… Ⅱ.①朱… ②王… Ⅲ.①工程材料 ②热处理 Ⅳ.①TB3 ②TG15

中国版本图书馆 CIP 数据核字(2010)第 083969 号

图书反馈意见 gaozhifk@bnupg.com 010-58805079
营销中心电话 010-58802181 58805532

出版发行：北京师范大学出版社 www.bnupg.com
北京市西城区新街口外大街 12-3 号
邮政编码：100088

印　　刷：北京虎彩文化传播有限公司
经　　销：全国新华书店
开　　本：787 mm×1092 mm　1/16
印　　张：20.75
字　　数：458 千字
版 印 次：2023 年 1 月第 1 版第 3 次印刷
定　　价：52.50 元

策划编辑：周光明　　责任编辑：周光明
美术编辑：焦　丽　　装帧设计：焦　丽
责任校对：陈　民　　责任印制：赵　龙

前　言

本教材主要是为机械类专业学生编写的，同时也可以用于材料类专业学生《工程材料》课程的教学。金属学基本知识、二元合金相图、铁碳相图等内容对于材料类专业的学生来说，在专业基础课《材料科学基础》中已经有所涉及，而对于机械类学生在这方面的要求不高。因此，本教材中这几部分内容仅做概述性介绍，做到通俗易懂，满足机械类学生的学习要求。本教材的重点内容是具体的工程材料及热处理，其中热处理部分对于材料类专业来讲有专门的热处理课程，主要讲授热处理的原理，工艺部分并不涉及具体材料的热处理。因此，本教材对热处理原理仅做简单的介绍，重点放在热处理工艺的选择与参数的制定上。在编写方式上，以典型工程材料的热处理为例讲述某一种热处理工艺。另外，在编写教材时，加深了高分子材料、陶瓷材料以及复合材料方面的内容，以便满足材料类专业学生的学习需要。机械类专业学生在使用本教材时可以做适当调整。对每一种具体的工程材料，按照材料的成分、组织、性能和应用这四要素来介绍。

全书共分 12 章，其中绪论、第 10 章由西安科技大学王晓刚编写；第 1 章由江西科技师范学院多树旺编写；第 2 章、第 12 章由安徽工业大学尹孝辉编写；第 3 章由辽宁大学李超编写；第 4 章、第 6 章由西安科技大学朱明编写；第 5 章、第 11 章由华东交通大学赵龙志编写；第 7 章、第 8 章由西安科技大学王志华编写；第 9 章由西安科技大学彭龙贵编写。全书由朱明统稿。王明静、马强绘制了书中的部分图表。在编写过程中，还得到了西安科技大学孙万昌老师的大力帮助和支持，北京师范大学出版社周光明编辑为本书的出版付出了大量心血，在此一并表示感谢。在编写过程中，参考了大量文献资料，从中获益匪浅，在此，谨向所有参考文献的作者表示衷心的感谢。

由于编者水平有限，书中的错误和缺点在所难免，希望广大师生和读者批评指正。

编　者

目录

绪 论

0.1.1 材料科学概要

材料是人类用于制造物品、器件、构件、机器或其他产品的那些物质，是人类赖以生存的基础。20 世纪 70 年代，人们把信息、物质和能量誉为当代文明的三大支柱。80 年代以高技术群为代表的新技术革命，又把新材料、信息技术和生物技术并列为新技术革命的重要标志。这主要是因为材料与国民经济建设、国防建设和人民生活密切相关。

人类发展的历史证明，材料是社会进步的物质基础，是人类进步程度的主要标志，所以人类社会的进步以材料作为里程碑。纵观人类发现材料和利用材料的历史，每一种重要材料的发现和广泛利用，都会把人类支配和改造自然的能力提高到一个新的水平，给社会生产力和人类生活水平带来巨大的影响，把人类的物质文明和精神文明向前推进一步。

早在一百万年以前，人类就开始用石头做工具，进入旧石器时代。大约一万年以前，人类学会了对石头进行加工，使之成为精致的器皿或工具，从而迈入新石器时代。在新石器时代，人类开始用皮毛遮身。8000 年前中国就开始用蚕丝做衣服，4500 年前印度人开始种植棉花，这些都证明了人类使用材料促进文明进步。在新石器时代，人类已知道使用自然铜和天然金，但这些自然金属毕竟数量有限，分散细小，没有对人类社会产生重要影响。

大约在 8000～9000 年前，人类还处于新石器时代，就已发明了用粘土成型，再火烧固化而成为陶器。陶器不但用于器皿，而且成为装饰品，是对精神文明的一大促进，历史上虽无"陶器时代"这一名称，但其对人类文明的贡献是不可估量的。在烧制陶器过程中，人们偶然发现了金属铜和锡，当然那时还不明白这是铜、锡的氧化物在高温下被碳还原的产物，进而又生产出色泽鲜艳且能浇铸成型的青铜，从而使人类进入青铜时代。这是人类较大量利用金属的开始，也是人类文明发展的重要里程碑。世界各地进入青铜时代的时间各不相同。希腊约在公元前 3000 年，埃及约在公元前 2500 年，巴比伦约在公元前 19 世纪中叶，印度约在公元前 3000 年，已广泛使用青铜器。中国的青铜器在公元前 2700 年已经出现了，至今约有 5000 年的历史，到商周(公元前 17 世纪—公元前 3 世纪)进入了鼎盛时期，如河南安阳出土的达 875kg 的司母戊大方鼎、湖北随县的编钟、西安兵马俑青铜车马都充分反映了当时中国冶金技术水平和制造工艺的高超。

由使用青铜器过渡到使用铁器是生产工具的重大发展。在公元前 13—14 世纪时，人类已开始使用铁器，3000 年前，铁工具比青铜工具更为普遍，人类开始进入了铁器时代。我国早在周代就开始冶炼铁，这比欧洲要早 2000 年。到春秋战国时期(公元前 770—前 221 年)，开始大量使用铁器。从兴隆战国铁器遗址中挖掘的浇铸农具的铁模说明当时的冶铸技术已由泥沙造型阶段进入了金属造型的高级阶段。在西汉时期，炼铁技术又有了很大发展，采用煤作为炼铁燃料，这比欧洲要早 1700 多年。此外，在采

用先炼铁后炼钢的两步法炼钢技术方面，我国要比其他国家早1600多年。相应地，在金属加工技术方面，我国古代也有高度的发展，留下了大量的文物和历史文献。在17世纪以前，在材料的生产、加工和使用方面，我国一直处于世界领先地位。我们勤劳智慧的祖先为材料科学的发展做出了巨大的贡献。

公元前1000年以后，铁器逐渐从亚洲大陆传到了文明古国巴比伦、埃及和希腊，并得到了广泛的应用。炼铁技术经过许多个世纪的传播和发展，在西欧和俄国创造了不少冶炼技术，使以钢铁为代表的材料生产和应用跨入了一个新的阶段。但是人们对材料的认识仍然是表面的、非理性的，仍然停留在工匠、艺人的经验水平上。

随着世界文明的进步，18世纪发明了蒸汽机，19世纪发明了电动机，对金属材料提出了更高的要求，同时，对钢铁冶金技术产生了更大的推动作用。1854年和1864年先后发明了转炉和平炉炼钢，使世界钢产量有一个飞跃。例如，1850年世界钢产量为6万吨，1890年达2 800万吨，大大促进了机械制造、铁道交通及纺织工业的发展。电炉冶炼随之出现，不同类型的特殊钢相继问世，如1887年的高锰钢、1900年的18-4-1($W_{18}Cr_4V$)高速钢、1903年的硅钢及1910年的奥氏体镍铬($Cr_{18}Ni_8$)不锈钢，把人类带进了文明时代。在此前后，铜、铝也得到大量应用，而后，镁、钛和很多稀有金属都相继出现，从而使金属材料在整个20世纪占据了结构材料的主导地位。

随着现代科学技术和生产水平的飞速发展，传统的金属材料已经不能满足日益增长的要求，因而促进了非金属材料的迅猛发展，并使非金属材料得到了广泛的应用。20世纪初人工合成有机高分子材料相继问世，如1909年的酚醛树脂(电木)、1920年的聚苯乙烯、1931年的聚氯乙烯及1941年的尼龙等，因其具有性能优异，资源丰富、建设投资少、收效快等优点而得到迅速发展。目前世界三大有机合成材料(树脂、纤维和橡胶)年产量逾亿吨。而且有机材料的性能不断提高，附加值大幅度增加，特别是特种聚合物正向功能材料的各个领域进军，显示出了其巨大的潜力。陶瓷本来用作建筑材料、容器或装饰品等，但由于其具有资源丰富、密度小、高模量、高硬度、耐腐蚀、膨胀系数小、耐高温、耐磨等特点，到了20世纪中叶，通过合成及其他制备方法，做出各种类型的先进陶瓷(如Si_3N_4、SiC、ZrO_2等)，成为近几十年来材料科学中非常活跃的研究领域。不过，由于其脆性问题难以解决，且价格过高，作为结构材料没有得到如钢铁或高分子材料一样的广泛应用。

金属、陶瓷、聚合物等材料虽然仍在不断地发展，但是，以上这些材料由于其各自固有的局限性而不能满足现代科学技术发展的需要。例如，金属材料的强度、模量和高温性能等几乎已开发到了极限；陶瓷的脆性、有机高分子材料的低模量、低熔点等固有的缺点极大地限制了其应用。这些都促使人们研究开发并按预定性能设计新型材料，也就是复合材料。复合材料综合了金属、陶瓷和高分子材料的优点。例如，玻璃纤维增强的环氧树脂(俗称玻璃钢)的强度、刚度和耐蚀性已经超过很多普通钢铁材料。人们曾经预言，复合材料有可能成为21世纪的“钢”。但目前只有树脂基复合材料得到了较为广泛的应用，而金属基与陶瓷基复合材料则因其成本过高、制备工艺复杂，仅在宇航、航空、军事等领域有重要的应用。

目前，在工程上应用最广泛的仍然是金属材料，特别是钢铁材料。这不仅是由于金属材料的来源丰富、生产成本相对较低，而且性能优良，尤其是它具有较好的综合力学性能，即具有较高的强度、硬度和足够的塑性、韧性。它强度大、硬度高，在较大的外力作用下不易变形和断裂，也不易磨损；而且塑性和韧性好，脆性小，不易突然断裂或破坏，安全可靠。

随着材料科学的发展，金属、陶瓷、高分子材料之间的界限将会越来越模糊。未来材料的发展趋势将是三者之间相互渗透、复合并相互促进。

0.1.2 热处理技术的发展

金属热处理是冶金、机械、航空、兵器等工业部门不可缺少的技术，是提高产品质量和寿命的关键工序，是发挥金属材料潜力，实现金属零部件轻量化的重要手段，也是近代材料科学的重要分支之一。

早在公元前770—前222年，中国人在生产实践中就已发现，铜铁的性能会随温度和加压变形的影响而变化。例如，白口铸铁的柔化处理就是制造农具的重要工艺。公元前6世纪，钢铁兵器逐渐被采用，为了提高钢的硬度，淬火工艺得到迅速发展。中国河北省易县燕下都出土的两把剑和一把戟，其显微组织中都有马氏体存在，说明是经过淬火的。随着淬火技术的发展，人们逐渐发现了淬冷剂对淬火质量的影响。三国蜀人蒲元曾在今陕西斜谷为诸葛亮打制3000把刀，相传是派人到成都取水淬火的。这说明中国在古代就注意到不同水质的冷却能力了，同时也注意到了油和尿的冷却能力。中国出土的西汉(公元前206—公元25年)中山靖王墓中的宝剑，心部含碳量为0.15%～0.4%，而表面含碳量却达0.6%以上，说明已应用了渗碳工艺。但当时作为个人“手艺”的秘密，不肯外传，因而发展很慢。

1863年，英国金相学家和地质学家展示了钢铁在显微镜下的6种不同的金相组织，证明了钢在加热和冷却时，内部组织会发生改变，钢中高温相在急冷时转变为一种较硬的相。法国人奥斯蒙德确立的铁的同素异构理论，以及英国人奥斯汀最早制定的铁碳相图，为现代热处理工艺初步奠定了理论基础。与此同时，人们还研究了在金属热处理的加热过程中对金属的保护方法，目的是避免加热过程中金属的氧化和脱碳等。

1850—1880年，对于应用各种气体(诸如氢气、煤气、一氧化碳等)进行保护加热曾有一系列专利。1889—1890年，英国人莱克获得了多种金属光亮热处理的专利。1901—1925年，在工业生产中应用转筒炉进行气体渗碳；20世纪30年代出现了露点电位差计，使炉内气氛的碳势可控，以后又研究出了用二氧化碳红外仪、氧探头等进一步控制炉内气氛碳势的方法。

20世纪60年代以来，热处理技术运用等离子场，发展了离子渗氮、渗碳工艺；同时，激光、电子束技术的应用，又使金属获得了新的表面热处理和化学热处理方法。

0.1.3 工程材料的分类

所谓的工程材料指的是用于工程制造的材料。工程材料的性能是影响产品或设备使用性能的重要因素，因此在现代工程技术的各个领域中，工程材料一直受到人们的重视。

工程材料的分类方法有很多种。比较科学的方法是按照化学成分、结合键的特点来分类。一般而言，工程材料分为金属材料、高分子材料、陶瓷材料和复合材料四大类。

金属材料是以金属键为主要键合的材料，在工业上应用最为广泛。一般将金属材

料分为两类：第一类是黑色金属材料，它包括铁、锰、铬及其合金。需要说明的是，黑色金属都不黑，纯铁是银白色的，锰是银白色的，铬是灰白色的。因为铁的表面常常生锈，盖着一层黑色的四氧化三铁与棕褐色的三氧化二铁的混合物，所以看去是黑色的。常说的"黑色冶金工业"，主要是指钢铁工业。又因为最常见的合金钢是锰钢与铬钢，这样，人们就把锰与铬也算成是"黑色金属"了。第二类是有色金属，是指除黑色金属以外的所有金属及其合金。按照性能特点，有色金属可分为轻有色金属(铝、镁等)、重有色金属(铜、镍)，以及稀有金属等多种。

高分子材料是指主要是由分子量特别大的高分子化合物所组成的有机合成材料，其主要成分是碳和氢，按照用途可分为塑料、橡胶和合成纤维。塑料是以合成树脂或化学改性的天然高分子为主要成分，再加入填料、增塑剂和其他添加剂制得的。其分子间次价力、模量和形变量等介于橡胶和纤维之间。通常按合成树脂的特性分为热固性塑料和热塑性塑料。橡胶是一类线型柔性高分子聚合物。其分子链间次价力小、分子链柔性好，在外力作用下可产生较大形变，除去外力后能迅速恢复原状。橡胶分为天然橡胶和合成橡胶两种。合成纤维以天然高分子或合成高分子为原料，经过纺丝和后处理制得。纤维的次价力大、形变能力小、模量高，一般为结晶聚合物。

陶瓷材料属于无机非金属材料，也就是说它是不含碳、氢的化合物，主要由金属氧化物和金属非氧化物组成。按照成分和用途可分为普通陶瓷、特种陶瓷和金属陶瓷。

复合材料是由两种或两种以上不同种类的材料复合组成的。它不仅保留了组成材料各自的优点，而且具有单一材料所不具备的优异性能。

工程材料也可以按照它的功能进行分类。可分为结构材料、功能材料两大类。结构材料本身不具有什么特殊的功能，只是起到一个结构的作用。作为功能材料，除了结构本身之外，还有特殊的功能，比如磁性材料，是一块东西，但是同时又具有磁性，又比如发光材料、液晶材料等。

第 1 章　金属学基本知识

金属材料在性能方面所能表现出的多样性、多变性和特殊性使它具有远比其他材料优越的性能，这种优越性是其固有的内在因素在一定外在条件下的综合反映。不同成分的金属具有不同的组织结构，因而其表现出的性能各不相同；即使成分相同的金属，当其由液态转变为固态的结晶条件不同时，所形成的内部组织也不尽相同，因而表现出来的性能也各有差异。所以，要了解金属材料的特性，必须要从本质上了解金属的组织结构和金属的结晶过程，掌握其规律，才能更好地控制其性能，正确选用材料，并指导人们开发新型材料。

1.1　金属的特性

1.1.1　金属键

元素周期表中Ⅰ、Ⅱ、Ⅲ族元素的原子在满壳层外有一个或几个价电子。满壳层在带正电荷的原子核和价电子之间起屏蔽作用，原子核对外面轨道上的价电子吸引力不大，所以原子很容易丢失其价电子而成为正离子。当大量这样的原子相互接近并聚集为固体时，其中大部或全部原子都会丢失其价电子。同离子键或共价键不一样，这里被丢失的价电子不为某个或某两个原子所专有或共有，而是为全体原子所公有。这些公有化的电子叫做自由电子，它们在正离子之间自由运动，形成所谓的电子气。正离子则沉浸在电子气中。在理想情况下，价电子从原子上脱落而形成对称的正离子，其核外的电子云呈球状且高度对称的规则分布。正离子与电子气之间产生强烈的静电吸引力，使正离子按一定的几何形式在空间规则地结合起来，并各自在其所占的位置上作微小的热振动。这种使金属正离子按一定方式牢固地结合成一个整体的结合力叫做金属键，由金属键结合起来的晶体叫金属晶体，如图 1-1 所示。

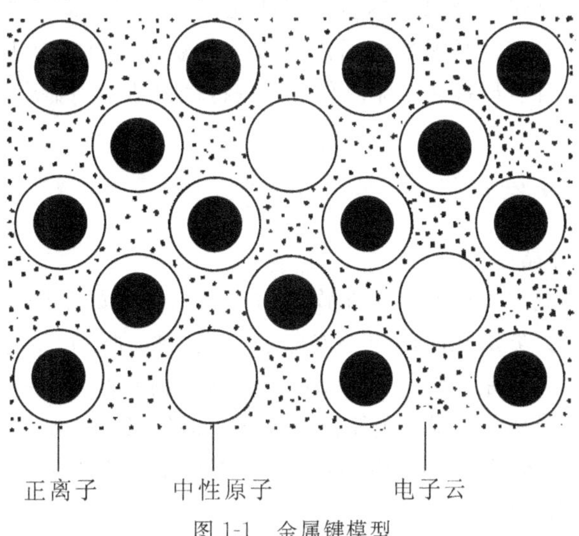

图 1-1　金属键模型

在金属晶体中，价电子弥漫在整个体积内，所有的金属离子皆处于相同的环境之中，全部离子(或原子)均可被看成是具有一定体积的圆球，所以金属键无所谓饱和性和方向性。

1.1.2 金属的特性

材料的性能取决于材料的结构。金属具有不同于非金属的特性也是由金属本身的结构，尤其是金属键所决定的。金属在固态下以及部分金属在液态下具有下列特性。

(1)良好的导电性和导热性。金属键中有大量自由电子存在，当金属的两端存在有电势差或外加电场时，电子可定向地、加速地通过金属，使金属表现出优良的导电性。金属的导热性好是离子的热振动和自由电子热运动二者的联合贡献所致，比单纯的离子热振动所产生的导热效果好。

(2)不透明、良好的反射能力、形成金属光泽。金属中存在的自由电子能够吸收可见光波段的光量子的能量，使金属变得不透明。同时，自由电子吸收了光量子的能量后，被激发到较高的能量状态，当它返回原来的低能量状态时，就会产生一定波长的辐射，使金属呈现不同颜色的光泽。

(3)一般具有较高的强度、良好的塑性。金属键使金属正离子之间产生紧密堆积的结合，从而使金属具有较高的强度。金属键没有方向性，对原子也没有选择性，所以在受外力作用而发生原子相对移动时，金属键不会受到破坏，表现出良好的塑性。

(4)除汞外，常温下均为固体，能相互熔合。在常温下，金属键使大多数金属都采取最紧密堆积的原子排列，一般呈长程有序的固体晶体存在。液态时结合力减弱呈短程有序排列，不同金属原子(离子)能相互滑动、混合，由于金属键的无方向性和结合的随意性，因此冷却时相互熔合的金属又能重新规则地排列起来。

(5)有正的电阻温度系数，很多金属具有超导性。金属加热时，正离子的振动增强，金属中的空位增多，原子排列的规则性受到干扰，电子运动受限，因而电阻增大，所以有正的电阻温度系数。对于许多金属，在极低的温度(<20K)下，由于自由电子之间结合成两个电子相反自旋的电子对，不易遭受散射，因此电阻率趋向于零，产生超导现象。

上述特性明确地反映了金属的本质，因此在工程中，常常把金属理解为有特殊光泽、优良导电导热性能和良好塑性的固体物质。非金属也可能有上述特性中的一种或几种，但不会同时具有全部特性，即使具有某些特性也达不到金属那样高的水平。

1.2 金属的晶体结构

1.2.1 晶体与非晶体

物质是由原子构成的，根据原子在物质内部排列方式的不同，通常可将固态物质分为晶体与非晶体两大类。凡内部原子或分子呈规则排列的物质称为晶体，如所有固态金属都是晶体；凡内部原子或分子呈无规则排列的物质称为非晶体，如松香、玻璃、沥青等都是非晶体；晶体与非晶体的不同点在于，晶体具有一定的熔点(如纯铁的熔点为1538℃)，其性能具有各向异性的特点；非晶体没有一定的熔点，它的性能在各个方向上是相同的(即具有各同向性)。

1.2.2 晶体结构与空间点阵

金属中原子的排列是有规则的，而不是杂乱无章的。金属的性能不仅取决于其组成原子的本性和原子间结合键的类型，同时也取决于原子的排列方式。原子的排列规律不同，则其性能也不同，因而必须研究金属的晶体结构，即原子的实际排列情况。为了方便起见，首先把晶体当做没有缺陷的理想晶体来研究。

晶体中原子(或离子)在空间呈规则排列。规则排列的方式即称为晶体结构。研究金属晶体结构时，为了讨论方便，通常把在晶体中不停振动的原子看成是一个个在平衡位置上静止不动的小刚球。于是，金属的晶体结构便可以用许多小刚球紧密堆垛的模型来表示，如图 1-2(a)所示。晶体中所有原子都在三维空间按一定的几何形式作有规则地重复排列。为了进一步清晰地描述原子排列的几何规律，设想用一些直线穿过原子中心将它们连接起来，抽象为一个空间格架。这种描述原子排列规律的空间格架，称为结晶格子，简称晶格，如图 1-2(b)所示。晶格的节点即为原子的平衡位置。

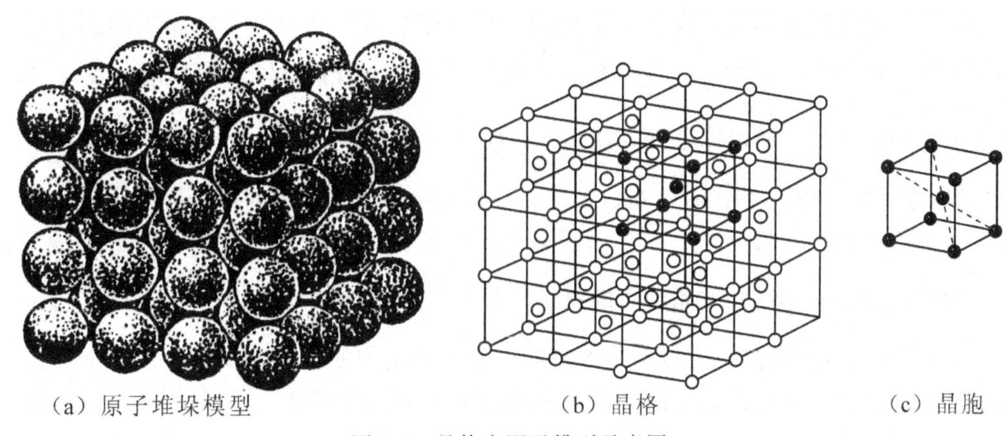

(a) 原子堆垛模型　　(b) 晶格　　(c) 晶胞

图 1-2　晶体中原子排列示意图

由于晶体中的原子在三维空间作有规律的重复排列，因此，只要在晶格中取出一个能够代表原子排列规律的最小几何单元，就可以表示晶体结构的几何特征。这种表示晶体中原子排列规律的最小几何单元，称为晶胞，如图 1-2(c)所示。晶胞的大小和形状常以晶胞的棱边长度 a、b、c 及棱边夹角 α、β、γ 表示，如图 1-3 所示。图中沿晶胞三条相交于一点的棱边设置了三个坐标轴(或晶轴)x、y、z。习惯上，以原点前、右、上方定为轴的正方向，反之为负方向。晶胞的棱边长度一般称为晶格常数或点阵常数，在 x、y、z 轴上分别以 a、b、c 表示。晶胞的棱间夹角又称为轴间夹角，通常 y-z 轴、z-x 轴和 x-y 轴的夹角分别用 α、β、γ 表示。

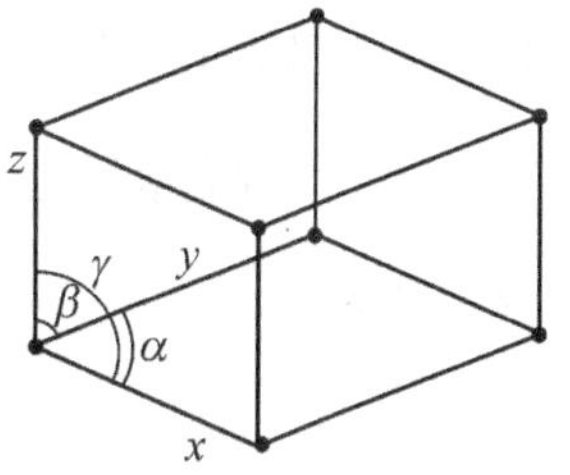

图 1-3　晶胞的大小及形状表示法

1.2.3 三种典型的金属晶体结构

金属元素有 80 多种，但是常见的金属晶格类型只有三种，即体心立方晶格、面心立方晶格和密排六方晶格。

1. 体心立方晶格

体心立方晶格的晶胞模型如图 1-4 所示。晶胞的三个棱边长度相等，三个轴间夹角

均为 90°，构成立方体。除了在晶胞的八个角上各有一个原子外，在立方体的中心还有一个原子。具有体心立方结构的金属有 α-Fe、Cr、V、Nb、Mo、W 等 30 多种。

(a) 刚球模型

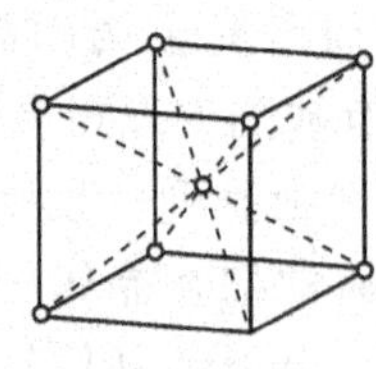
(b) 质点模型

(c) 晶胞原子数

图 1-4 体心立方晶胞

(1)原子半径。在金属学中，定义最近邻的两原子间距离的一半为原子半径。体心立方晶胞中，棱边上的原子彼此互不接触，只有体心立方晶胞体对角线上的原子紧密地接触着，如图 1-4(a)所示。设晶胞的点阵常数为 a，则立方体对角线的长度为$\sqrt{3}a$。等于 4 个原子半径，所以体心立方晶胞中的原子半径 $r=\frac{\sqrt{3}}{4}a$。

(2)原子数。由图 1-4(b)可知，在体心立方晶胞中，角顶上的每个原子为与其相邻的 8 个晶胞所共有，故只有 1/8 个原子属于这个晶胞，晶胞中心的那个原子为这个晶胞所独有，所以，体心立方晶胞中的原子数为 $8\times\frac{1}{8}+1=2$(个)。

(3)配位数和致密度。配位数与致密度是描述晶格中原子排列紧密程度的参数。在晶体中，任一原子周围最近邻的等距离的原子数，称为配位数。配位数愈大，表示晶体中原子排列愈紧密。由图 1-4(c)可知，体心立方晶格的配位数为 8。致密度是指晶胞中原子所占体积与晶胞体积之比，可用下式表示：

$$K=\frac{nv}{V}$$

式中，K 为晶体的致密度；n 为一个晶胞实际包含的原子数；v 为一个原子的体积；V 为晶胞的体积。

体心立方晶格的晶胞中包含有 2 个原子，晶胞的晶格常数为 a，原子半径为 $r=\frac{\sqrt{3}}{4}a$，其致密度为

$$K=\frac{nv}{V}=\frac{2\times\frac{4}{3}\pi r^3}{a^3}=\frac{2\times\frac{4}{3}\pi\left(\frac{\sqrt{3}}{4}a\right)^3}{a^3}\approx 0.68$$

此值表明，在体心立方晶格中，有 68%的体积为原子所占据，其余 32%为间隙体积。

2. 面心立方晶格

面心立方晶格的晶胞如图 1-5 所示。除由 8 个原子构成立方体外，在立方体 6 个表面的中心还各有一个原子。γ-Fe、Cu、Ni、Al、Ag 等约 20 种金属具有这种晶体结构。

面心立方晶胞中，每个表面中心的原子为相邻两个晶胞所共有，因此，面心立方

晶胞的原子数 $n=8\times\frac{1}{8}+6\times\frac{1}{2}=4$(个)。由图 1-5(c)可知，在面心立方晶胞中，面对角线上的原子彼此相切，排列最紧密，因此，原子半径 $r=\frac{\sqrt{2}}{4}a$。

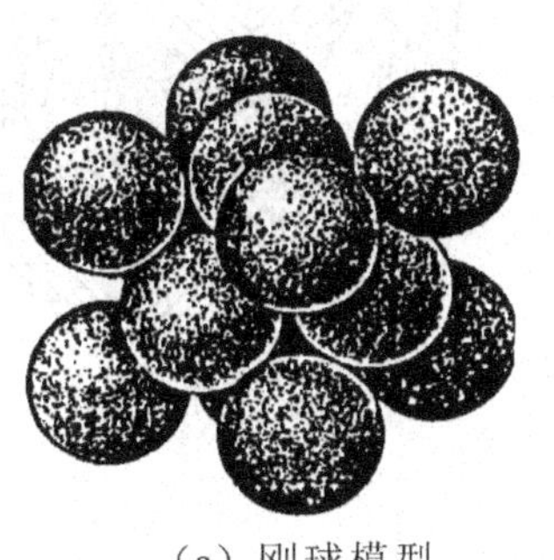
(a) 刚球模型

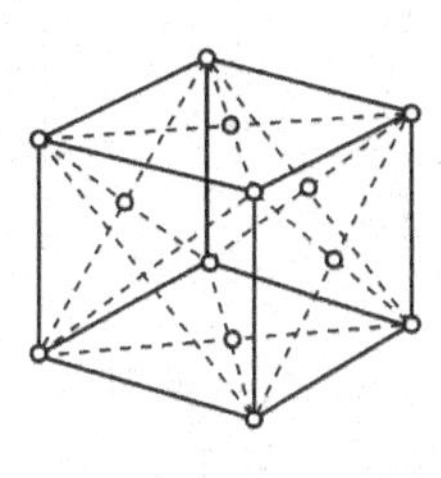
(b) 质点模型

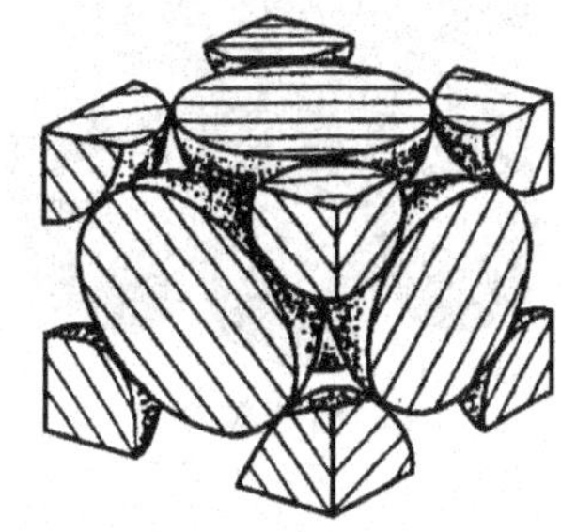
(c) 晶胞原子数

图 1-5 面心立方晶胞

从图 1-6 中可以看出，以面中心那个原子为例，与之最近邻的是它周围顶角上的 4 个原子，这 5 个原子构成了一个平面，这样的平面共有 3 个，这 3 个面彼此相互垂直，结构形式相同，所以与该原子最近邻、等距离的原子共有 $4\times3=12$(个)，因此面心立方晶格的配位数为 12。

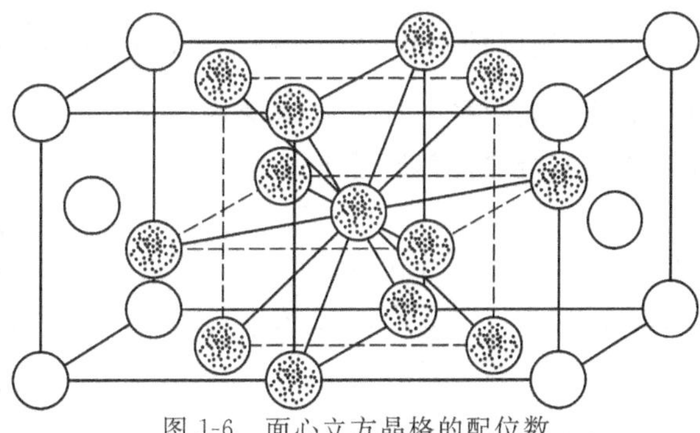
图 1-6 面心立方晶格的配位数

由于面心立方晶胞中的原子数和原子半径是已知的，因此可以计算出它的致密度

$$K=\frac{nv}{V}=\frac{4\times\frac{4}{3}\pi r^3}{a^3}=\frac{4\times\frac{4}{3}\pi\left(\frac{\sqrt{2}}{4}a\right)^3}{a^3}\approx0.74$$

此值表明，在面心立方晶格中，有 74%的体积为原子所占据，其余 26%为间隙体积。

3. 密排六方晶格

密排六方晶格的晶胞如图 1-7 所示。由 12 个原子构成一个正六方柱体，在其上、下底面的中心各有 1 个原子，在正六方柱体的中心还有 3 个原子。具有密排六方晶格的金属有 Zn、Mg、Be、α-Ti、α-Co、Cd 等。

晶胞中的原子数可参照图 1-7(c)计算如下：六方柱每个角上的原子均属 6 个晶胞所共有，上、下底面中心的原子同时为两个晶胞所共有，再加上晶胞内的 3 个原子，故晶胞中的原子数为：$\frac{1}{6}\times12+\frac{1}{2}\times2+3=6$。

（a）刚球模型

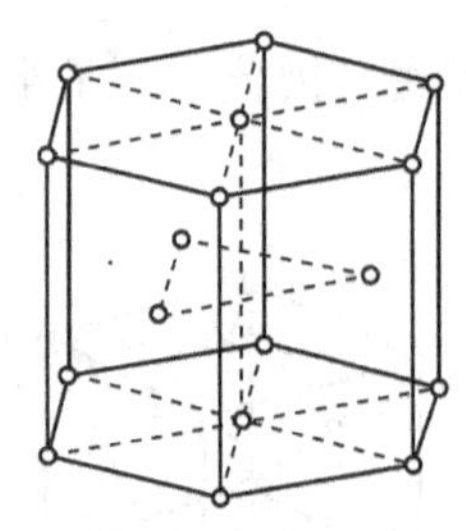
（b）质点模型

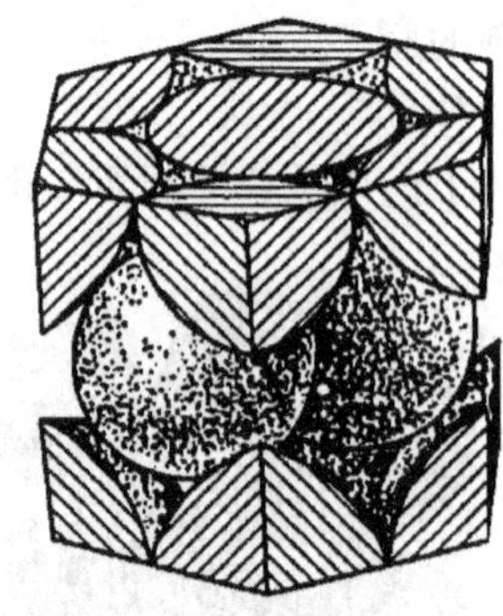
（c）晶胞原子数

图 1-7 密排六方晶胞

密排六方晶格的晶格常数有两个：一是正六边形的边长 a；另一个是上、下两底面之间的距离 c。c 与 a 之比 c/a 称为轴比。在典型的密排六方晶格中，原子刚球十分紧密地堆垛排列，如晶胞上底面中心的原子，它不仅与周围 6 个角上的原子相接触，而且与其下面的 3 个位于晶胞之内的原子以及与其上相邻晶胞内的 3 个原子相接触(见图 1-8)，故配位数为 12，此时的轴比 $c/a=\sqrt{\frac{8}{3}}\approx 1.633$。但是，实际的密排六方晶格金属，其轴比或大或小地偏离这一数值，大约在 1.57～1.64 之间波动。

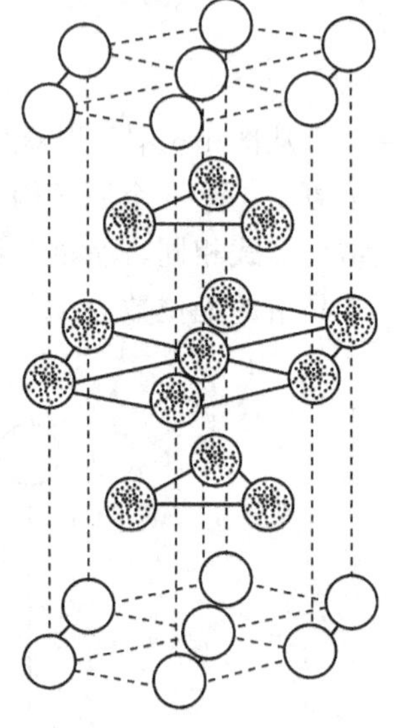
图 1-8 密排六方晶格的配位数

对于典型的密排六方晶格金属，其原子半径为 $a/2$，致密度为

$$K=\frac{nv}{V}=\frac{6\times\frac{4}{3}\pi r^3}{\frac{3\sqrt{3}}{2}a^2\sqrt{\frac{8}{3}}a}=\frac{6\times\frac{4}{3}\pi\left(\frac{a}{2}\right)^3}{3\sqrt{2}a}=\frac{\sqrt{2}}{6}\pi\approx 0.74$$

密排六方晶格的配位数和致密度均与面心立方晶格相同，这说明这两种晶格晶胞中原子的紧密排列程度相同。

4. 晶格的晶面、晶向及其表示方法

在晶体中，由一系列原子所组成的平面，称为晶面；通过任意两个原子中心的直线所指的方向，称为晶向。于是，可以把晶体看成是由一层层的晶面堆砌而成的。在同一晶体中，不同的晶面和晶向上的原子排列方式和原子密度各不相同，从而造成晶体不同方向上的物理、化学、机械性能的差异，这种现象称为各向异性。晶体的各向异性对于金属的塑性变形和固态相变过程都会产生影响。因此，分析晶体中各种晶面和晶向的特点是十分有必要的。对于各种位向的晶面、晶向，国际上采用统一的符号，即晶面指数和晶向指数来表示。

(1)晶向指数

晶向指数的确定步骤如下。

第一步：选定任一节点为空间坐标系的原点。以晶格的三条棱边为空间坐标轴

OX、OY、OZ；

第二步：过坐标原点作一平行于欲求晶向的直线；

第三步：求出该直线上任一节点的空间坐标值；

第四步：将空间坐标的三个值按比例化为最小整数；

第五步：将化好的整数记在方括号内，不用标点分开。

通常以$[uvw]$表示晶向指数的普遍形式，若晶向指向坐标的负方向时，则坐标值中出现负值，这时在晶向指数的这一数字之上冠以负号。

现以图1-9中AB方向的晶向为例来说明。通过坐标原点引一平行于待定晶向AB的直线OB'，点B'的坐标值为(−1，1，0)，故其晶向指数为$[\bar{1}10]$

应当指出，从晶向指数的确定步骤可以看出，晶向指数所表示的不仅仅是一条直线的位向，而是一族平行线的位向，即所有相互平行的位向，都具有相同的晶向指数。

立方晶胞中一些常用的晶向指数如图1-10所示，现加以扼要说明。如x轴方向，其晶向指数可用点A的坐标来确定，点A坐标为(1，0，0)，所以x轴的晶向指数为[100]。同理，y轴的晶向指数为[010]，z轴的晶向指数为[001]。点D的坐标为(1，1，0)，所以OD方向的晶向指数为[110]。点F的坐标为(1，1，1)，所以OF方向的晶向指数为[111]。点H的坐标为$\left(1,\ \frac{1}{2},\ 0\right)$，所以OH方向的晶向指数为[210]。

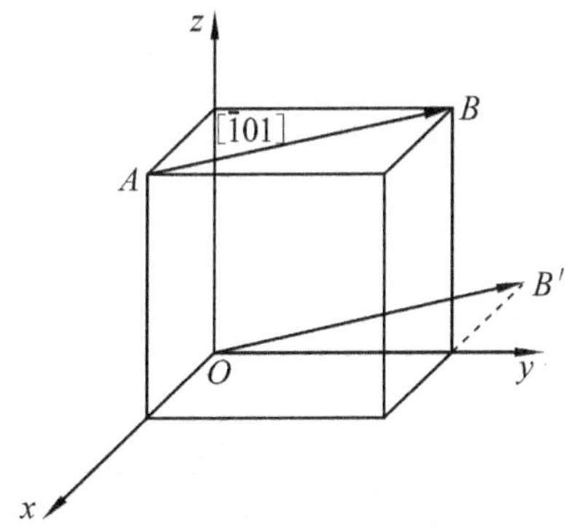

图1-9　确定晶向指数的示意图

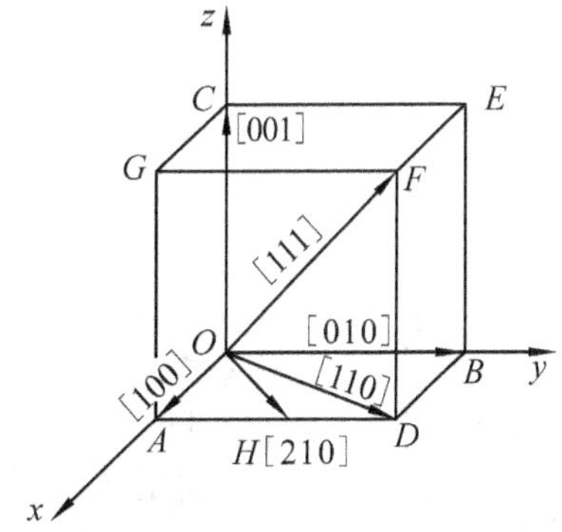

图1-10　立方晶系中一些常用的晶向指数

同一直线有相反的两个方向，其晶向指数的数字和顺序完全相同，只是符号相反，它相当于用−1乘以晶向指数中的三个数字，如[123]与$[\bar{1}\bar{2}\bar{3}]$方向相反，等等。

原子排列相同但空间位向不同的所有晶向称为晶向族。在立方晶系中，[100]、[010]、[001]以及方向与之相反的$[\bar{1}00]$、$[0\bar{1}0]$、$[00\bar{1}]$共6个晶向上的原子排列完全相同，只是空间位向不同，属于同一晶向族，用〈100〉表示。同样，〈110〉晶向族包括[110]、[101]、[011]、$[\bar{1}10]$、$[\bar{1}01]$、$[0\bar{1}1]$以及方向与之相反的晶向$[\bar{1}\bar{1}0]$、$[\bar{1}0\bar{1}]$、$[0\bar{1}\bar{1}]$、$[1\bar{1}0]$、$[10\bar{1}]$、$[01\bar{1}]$共12个晶向。

应当指出，只有对于立方结构的晶体，改变晶向指数的顺序，所表示的晶向上的原子排列情况才完全相同，这种方法对于其他结构的晶体则不一定适用。

(2)晶面指数

晶面指数的确定步骤如下。

第一步：选定不在欲定晶面上的晶格中的任一节点为空间坐标系的原点，以晶格

的三条棱边为空间坐标轴 OX、OY、OZ；

第二步：以晶格常数 a、b、c 分别为 OX、OY、OZ 轴上的长度度量单位，求出欲定晶面在三个轴上的截距；

第三步：取欲定晶面的三轴上截距的倒数；

第四步：将三截距的倒数化为三个最小整数；

第五步：把化好的三整数写在圆括号内，整数之间不用标点分开。

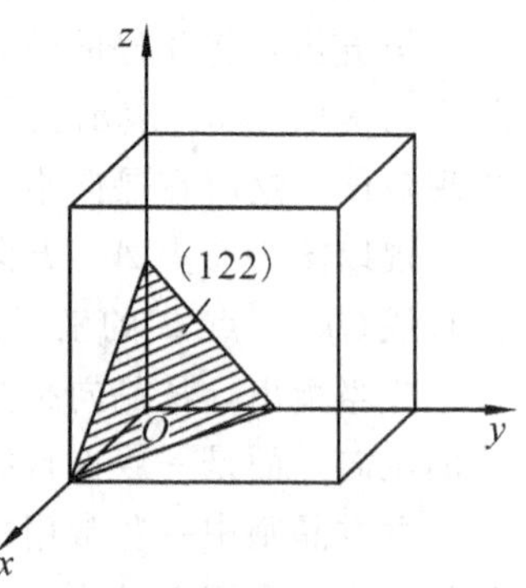

图 1-11　晶面指数表示方法

晶面指数的一般表示形式为(hkl)。如果所求晶面在坐标轴上的截距为负值，则在相应的指数上加一负号，如$(\bar{h}kl)$、$(h\bar{k}\bar{l})$等。

现以图 1-11 中的晶面为例予以说明。该晶面在 x、y、z 坐标轴上的截距分别为 1、$\frac{1}{2}$、$\frac{1}{2}$，取其倒数分别为 1、2、2，故其晶面指数为(122)。

在某些情况下，晶面可能只与两个或一个坐标轴相交，而与其他坐标轴平行。当晶面与坐标轴平行时，就认为在该轴上的截距为∞，其倒数为 0。

按照上述步骤，图 1-12 中的 A、B、C、D 晶面在三个坐标轴上的截距相应为 1，∞，∞；1，1，∞；1，1，1；1，1，$\frac{1}{2}$。截距的倒数分别为 1，0，0；1，1，0；1，1，1；1，1，2。这些数字已经是最小整数，所以晶面指数相应为(100)；(110)；(111)；(112)。

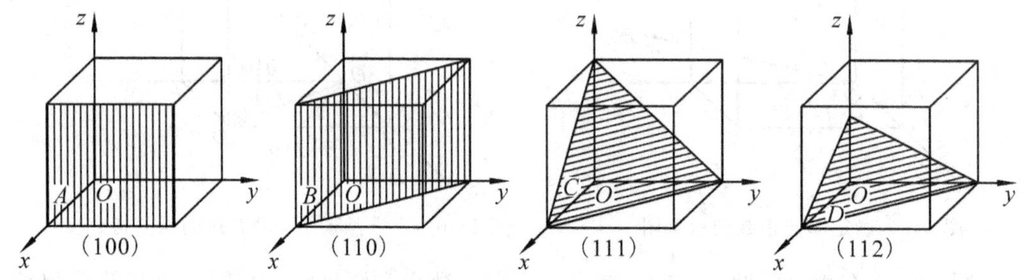

图 1-12　立方晶系的(100)、(110)、(111)、(112)晶面

与晶向指数相似，某一晶面指数并不只代表某一具体晶面，而是代表一组相互平行的晶面，即所有相互平行的晶面都具有相同的晶面指数。这样一来，当两个晶面指数的数字和顺序完全相同而符号相反时，则这两个晶面相互平行，相当于用－1 乘以某一晶面指数中的各个数字。例如，(100)晶面平行于$(\bar{1}00)$晶面，$(\bar{1}11)$与$(1\bar{1}\bar{1})$平行，等等。

在同一种晶体结构中，有些晶面虽然在空间的位向不同，但其原子排列情况完全相同，这些晶面均属于一个晶面族，其晶面指数用大括号$\{hkl\}$表示。例如，在立方晶系中：

$$\{100\}=(100)+(010)+(001)$$

$$\{111\}=(111)+(\bar{1}11)+(1\bar{1}1)+(11\bar{1})$$

$\{110\}=(110)+(101)+(011)+(\bar{1}10)+(\bar{1}01)+(0\bar{1}1)$

$\{112\}=(112)+(121)+(211)+(\bar{1}12)+(1\bar{1}2)+(11\bar{2})+(\bar{1}21)+(1\bar{2}1)+(12\bar{1})+(\bar{2}11)+(2\bar{1}1)+(21\bar{1})$

从上面的例子可以看出，在立方晶系中，$\{hkl\}$晶面族所包括的晶面可以用 h、k、l 数字的排列组合方法求出，但这一方法不适用于非立方晶系的晶体。

(3)六方晶系的晶面指数和晶向指数

对于六方晶系，可以用上述的三指数(即米勒指数)方法来表示晶面和晶向，但这样可能会出现同一晶面族中一些晶面的指数不一样的情况，因而很不方便；晶向也是如此。所以对于六方晶系，一般都采用四指数(即米勒—布拉维指数)方法表示晶面和晶向。

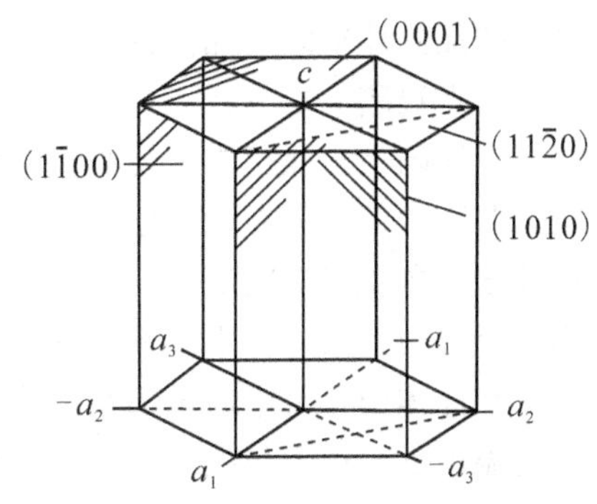

图 1-13　六方晶系一些晶面的指数

四指数表示法是：水平坐标轴选取互相成120°夹角的三坐标轴 a_1、a_2 和 a_3，垂直轴为 c 轴(见图 1-13)。这样，晶面指数表示为$(hkil)$，晶面族为$\{hkil\}$；晶向表示为$[uvtw]$，晶向族为$\langle uvtw\rangle$。为了使等同晶面与等同晶向各具有同一组指数，四指数中的前三个之间应保持 $i=-(h+k)$；$t=(u+v)$的关系。h、k、l 以及 u、v、w 等指数的求法与前述三指数的相同，且前面三指数可改变次序和符号，第四个指数位置不变但符号可变，而 i 和 t 按上述关系式确定。所以六方晶系的几个主要晶面和晶向的表示方法，如图 1-13 所示。

5. 金属晶体的各向异性

如前所述，各向异性是晶体的一个重要特性，是其区别于非晶体的一个重要标志。

晶体具有各向异性，是由于在不同晶向上的原子紧密程度不同所致。原子的紧密程度不同，意味着原子之间的距离不同，从而导致原子之间的结合力不同，使晶体在不同晶向上的物理、化学和机械性能不同。例如，具有体心立方晶格的 α-Fe 单晶体，$\langle 100\rangle$晶向的原子密度(单位长度的原子数)为$\frac{1}{a}$(a 为晶格常数)，$\langle 110\rangle$晶向为$\frac{0.7}{a}$，而$\langle 111\rangle$晶向为$\frac{1.16}{a}$，所以$\langle 111\rangle$为最大原子密度晶向，其弹性模量 E=290 000MPa，$\langle 100\rangle$晶向的 E=135 000MPa，前者是后者的 2 倍多。同样，沿原子密度最大的晶向的屈服强度、磁导率等，也显示出明显的优越性。

在工业用金属材料中，通常见不到这种各向异性特征。如上述 α-Fe 的弹性模量，不论方向如何，E 均在 210 000MPa 左右。这是因为，一般固态金属均是由很多晶粒所组成的。凡由两颗以上晶粒所组成的晶体称为多晶体，只有用特殊的方法才能获得单个的晶体，即单晶体。由于多晶体中晶粒位向是任意的，晶粒的各向异性被互相抵消，因此，在一般情况下整个晶体不显示各向异性，称之为伪等向性。如果用特殊的加工处理工艺，使组成多晶体的每个晶粒的位向大致相同，那么就表现出各向异性，这一点已在工业生产中得到了应用。

6. 实际金属中的晶体缺陷

在晶体中，晶格的每一个节点上部占据一个原子，其他间隙处都没有原子。原子排列规则整齐，这种晶体称为理想晶体。然而，在实际晶体中，由于原子热振动、杂质原子的掺入，以及其他外界因素的影响，原子排列并非那样完整无缺，而是存在着各种各样的、偏离规则排列的不完整区域。通常，称这些不完整区域为晶体缺陷。晶体缺陷对金属的性能会产生很大影响。

按照晶体缺陷的几何特征，可把它们分为三类，即点缺陷、线缺陷和面缺陷。

1)点缺陷

点缺陷是指晶格中出现晶格空位和存在间隙原子，即在晶格某些正常节点位置没有原子占据，而在晶格某些间隙位置多出原子，如图 1-14 所示。相对于整个晶体，它们在长、宽、高三个方向上尺寸都很小，故称点缺陷。

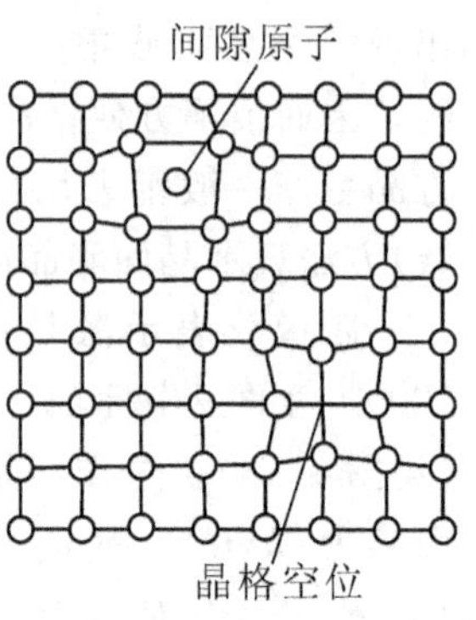

图 1-14　晶格中的晶格空位和间隙原子

在晶体中，每个原子都在晶格节点上不停地作热振动。在一定温度下，原子热振动的平均能量是一定的，但是每一个原子的振动能量并不完全相等。在某一瞬间，当某个原子具有足够高的能量时，就有可能脱离其原来的平衡位置，迁移到其他地方，这就形成了空位。离位原子可以迁移到晶体表面或晶界处，也可以迁移到晶格间隙中形成间隙原子。而且，随着温度的升高、原子热振动的加剧，空位数目也增多。因此，可以把金属加热到高温，然后急剧冷却；或者进行强烈塑性变形；或者用高能离子轰击等办法得到过饱和空位。

晶体中空位和间隙原子的存在，使周围原子间的平衡关系遭到破坏，使某些原子之间的距离减小或增大，正常晶格发生歪扭，称为晶格畸变，如图 1-14 所示。不管是哪类点缺陷，都会造成晶格畸变，这将对金属的性能产生影响，如使屈服强度升高、电阻增大、体积膨胀等。此外，点缺陷的存在，将加速金属中的扩散过程，因而凡与扩散有关的相变、化学热处理、高温下的塑性变形和断裂等，都与空位和间隙原子的存在和运动有着密切的关系。

2)线缺陷

线缺陷，是指某一方向尺寸较大而另外两个方向尺寸很小的晶体缺陷，其具体形式就是位错。所谓位错，是指晶体中某处有一列或若干列原子发生了有规律的位置错动所形成的缺陷。位错分为两种基本类型：刃型位错和螺型位错。

(1)刃型位错。在金属晶体中，由于某种原因，晶体的一部分沿一定晶面相对于晶体的未动部分，逐步地发生了一原子间距的错动(见图 1-15)。例如，图中右上角部分晶体逐步向左移一原子间距时，则在发生了错动的晶体部分同未动部分的边缘上产生了一个多余的原子面。多余的原子面像是一个加塞的半原子面，不延伸入原子未错动的下半部晶体中，犹如切入晶体的刀片，刀片的刃口线为位错线，这就是**刃型位错。**

为了便于表述，通常把晶体上半部多出半个原于面的位错，称为正刃型位错，并以符号“⊥”表示之，在晶体下半部多出半个原子面的位错，称为负刃型位错，并以符号“⊤”表示之，如图 1-15(b)所示。应该指出，刃型位错的正负是相对而言的。

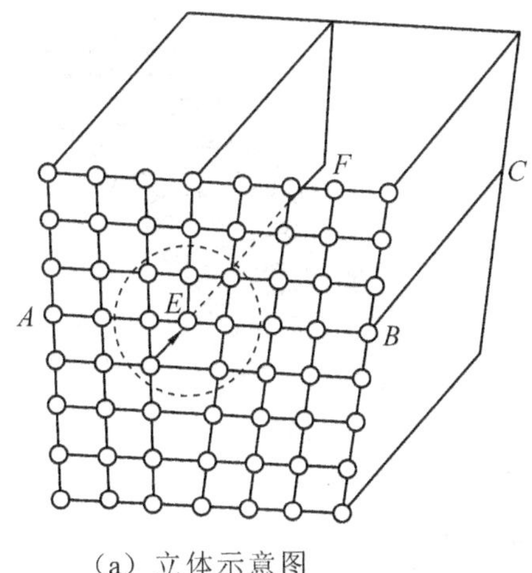

(a) 立体示意图

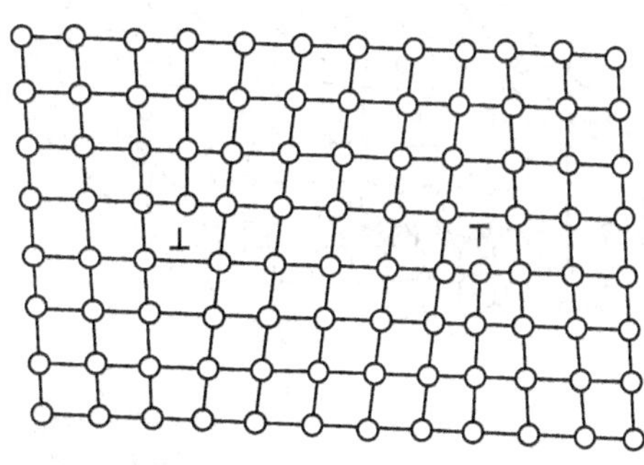

(b) 垂直于位错线的原子平面

图 1-15　刃型位错示意图

刃型位错应该是晶格畸变的中心线(图中“⊥”符号的地方)。在位错线周围，原子不同程度地离开了平衡位置，晶格发生畸变，形成一个应力集中区。在 ABC 晶面以上，因原子间距减小而受压应力；在 ABC 晶面以下，因原子间距增大而受拉应力，其应力大小与距位错线的距离成反比。距位错线越近，晶格畸变越大，弹性应力越大；反之，距位错线越远，晶格畸变越小，直至原子恢复到正常位置，应力消失。位错周围的畸变区，直径仅 3～5 个原子间距，长度达成千上万个原子间距。所以刃型位错实际上为几个原子间距宽的长管道。

(2)螺型位错。如图 1-16(a)所示，设想在立方晶体右端施加一切应力，使右端上下两部分沿滑移面 $ABCD$ 发生了一个原子间距的相对切变，于是就出现了已滑移区和未滑移面的边界 BC，BC 就是螺型位错线。从滑移面上下相邻两层晶面上原子排列的情况(图 1-16(b))可以看出，在 aa'线的右侧晶体上下两部分相对移动了一个原子间距，在 aa'线与 BC 线之间，上下两层相邻原子发生了错排和不对齐的现象。顺时针依次连接紊乱区原子，就会画出一条螺旋路径，每旋转一周，原子面就沿滑移方向前进一个原子间距，犹如一个右螺旋纹(图 1-16(c))一样。由于位错线附近的原子是按螺旋型排列的，因此这种位错叫做螺型位错。

根据位错线附近呈螺旋形排列的原子旋转方向的不同，螺型位错可分为左螺型位错和右螺型位错两种。通常用拇指代表螺旋的前进方向，而以其余四指代表螺旋的旋转方向。凡符合右手法则的称为右螺型位错，符合左手法则的称为左螺型位错。

螺型位错与刃型位错不同，它没有额外半原子面。在晶格畸变的细长管道中，只存在切应变，而不存在正应变，并且位错线周围的弹性应力场呈轴对称分布。此外，从螺型位错的模型中还可以看出，螺型位错线与晶体滑移方向平行，但位错线前进的方向与刃型位错相同，即与位错线相垂直。

晶体中的位错密度用单位体积中位错线的总长度或晶体中单位面积上位错线的根数来度量，晶体中位错密度的变化以及位错在晶体内的运动，对金属的塑性变形、强度、疲劳腐蚀等物理化学性能都有极为重要的影响。

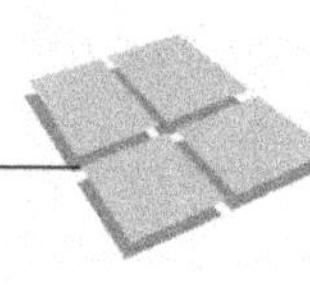

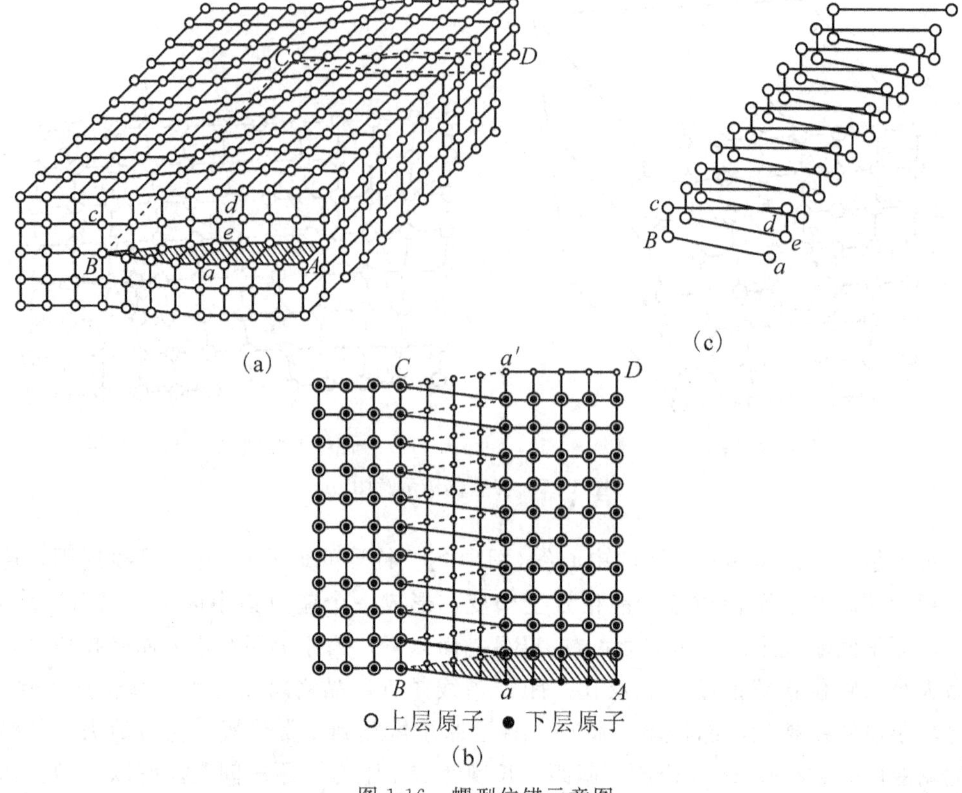

图 1-16　螺型位错示意图

3)面缺陷。面缺陷是指在两个方向尺寸较大，在第三个方向尺寸很小，呈面状分布的晶体缺陷。主要包括晶界和亚晶界。

(1)晶界。晶界是不同位向晶粒之间的过渡区。晶界上的原子受相邻晶粒的影响处于折中位置，如图 1-17 所示。晶界的厚度取决于相邻晶粒的位向差大小，一般只有几个至几十个原子间距。

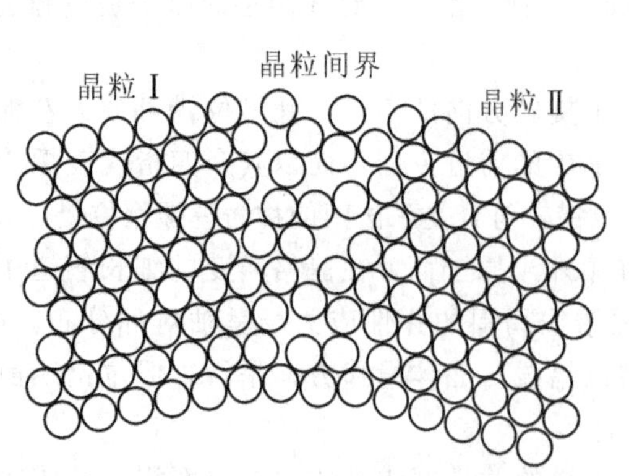

图 1-17　晶界过渡结构示意图

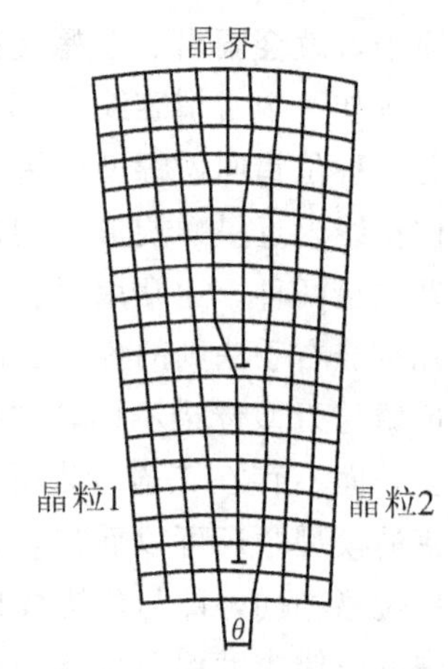

图 1-18　亚晶界结构示意图

晶界是晶体中一种重要的缺陷。因为晶界上的原子排列不规则，脱离平衡位置，所以晶界具有较高的能量，使其具有一系列不同于晶粒内部的特性。例如，晶界比晶粒更容易被腐蚀；熔点较低；原子沿晶界扩散速度快；在常温下晶界对金属的塑性变形起阻碍作用。因此，金属材料晶粒愈细小，则晶界愈多，其室温强度愈高。

(2)亚晶界。实验证明，在金属晶体的一个晶粒内部晶格位向也并非完全一致，而是存在一些位向略有差异的小晶块(位向差一般不超过2°)，如图1-18所示。这些小晶块称为“亚晶”，它们的尺寸一般为$10^{-5}\sim10^{-3}$cm，亚晶之间的界面称为“亚晶界”，这种晶粒内部的微细结构称为“亚结构”。亚晶界实际上是由一系列的位错所组成的。亚晶界上原子排列也不规则，具有较高的能量，与晶界有相似的特性、故细化亚结构可显著提高金属的强度。

总之，各种晶体缺陷晶格均处于畸变状态，容易造成晶体内部产生内应力，导致材料塑性变形抗力增大，从而使金属材料在常温下强度、硬度提高。例如，生产中常采用压力加工工艺，通过金属材料与塑性变形使晶体产生缺陷，达到强化金属的目的。通常把这种强化方法称为形变强化。

1.3 金属的结晶过程

物质由液态转变为固态的过程，称为凝固。如果凝固后的固态物质是晶体，那么这种凝固过程即称为结晶。

金属材料一般都要经过冶炼和铸造的过程，即都要经过由液态转变为固态的结晶过程。液态金属结晶后的组织，称为铸态组织。铸态组织对金属加工性能和使用性能都有很大影响。而铸态组织的好坏又与结晶过程有密切的关系。因此，研究金属结晶的规律和影响结晶的因素，对改善金属组织，提高金属性能具有十分重要的意义。

1.3.1 金属的结晶过程

常用热分析法研究金属的结晶过程。把金属置于坩埚内加热成均匀液体，而后使其缓慢冷却。在冷却过程中，每隔一定时间测定一次温度，直至结晶完毕，冷却到室温。将温度随时间变化的关系绘制成曲线，此曲线称为冷却曲线，如图1-19所示。

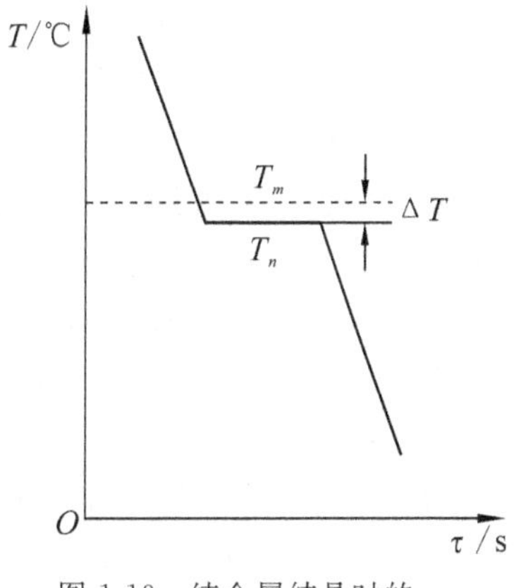

图1-19 纯金属结晶时的冷却曲线示意图

研究纯金属的结晶过程和冷却曲线，发现以下重要现象。

(1)过冷现象：当液态金属冷却到理论结晶温度T_m时，结晶并未开始，而是继续冷却到T_m以下的某一温度T_n时才开始结晶。实际结晶温度低于理论结晶温度的现象，称为过冷，二者之差称为过冷度，用ΔT表示。

$$\Delta T = T_m - T_n$$

式中 T_m—理论结晶温度，即金属的熔点；

T_n—实际结晶温度。

过冷是金属结晶的必然现象。过冷度的大小取决于金属的性质和纯度，以及液态金属的冷却速度。液态金属愈纯，冷却速度愈快，过冷速度也就愈大。

(2)纯金属结晶在恒温下进行：冷却曲线上有一水平台阶，金属结晶主要在这一阶段进行。由于结晶是在一定的过冷度下进行的，因此开始时，结晶速度较快，放出大量结晶潜热，除了补偿向外散热外，还有部分剩余，使液态金属温度升高接近 T_m，结晶速度减小，释放的潜热随之减少。当放出的潜热恰好补偿向外界散失的热量时，温度保持不变，冷却曲线上出现一平台，直至结晶完毕，温度又继续降低。

(3)结晶是一个形核和长大过程：大量实验表明，结晶时，首先在液体金属中形成只有一定尺寸的原子集团，即小晶体，以这些小晶体为结晶核心，吸收液体中的金属原子而逐渐长大。与此同时，在液体中又不断地产生新的结晶核心，并逐渐长大。如此不断发展，直到各晶体相互接触，液体完全消失为止。这些作为结晶核心的小晶体，简称晶核。一个个晶核长大成为一个个晶粒。开始结晶时，晶粒的外形是规则的，当晶粒长大到互相接触时，规则外形受到破坏。最后得到由外形不规则的晶粒所组成的多晶体结构。图 1-20 为纯金属的结晶过程示意图。

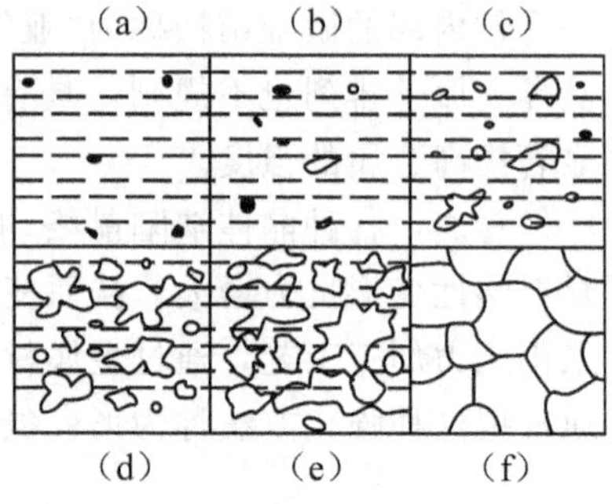

图 1-20　纯金属的一般结晶过程

1.3.2　金属结晶的能量条件

根据热力学定律，自然界一切自发过程都是朝着自由能降低的方向进行的。自由能是表示系统能量的一个状态函数，可以用下式表示：

$$F = U - TS$$

式中　F——自由能；

U——内能；

T——绝对温度；

S——熵，表示原子排列混乱程度的函数。

由上式可知，系统的自由能随温度的升高而降低，其斜率取决于熵值的大小。金属在不同的状态具有不同的自由能。因为随着温度升高，原子活动能力增强，混乱度增大，而且液体的混乱度远比固体的大，即 $S_液 > S_固$，所以，液体的自由能随温度的变化比较大，二者随温度的变化关系如图 1-21 所示。$F_液$ 和 $F_固$ 的交点所对应的温度即为理论结晶温度 T_m。当温度高于 T_m 时，$F_液 > F_固$，金属自动熔化；当温度低于 T_m 时，$F_液 < F_固$，液体金属自发地进行结晶；当温度 $T = T_m$ 时，$F_液 = F_固$，液固两相处于平衡状态。

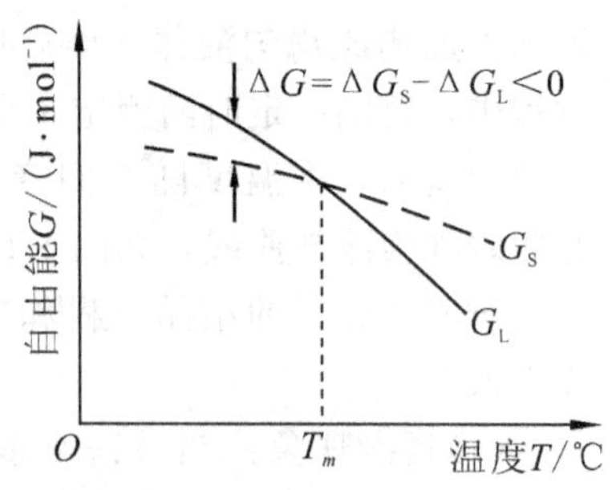

图 1-21　液相和固相自由能随温度变化示意图

1.3.3　晶核的形成与长大

1. 晶核的形成

金属结晶时的形核方式有两种，即均匀形核和非均匀形核。

1)均匀形核

研究证明，液态金属中存在许多大小不等、呈规则排列的原子小集团。这些原子集团尺寸很小，极不稳定，时现时散，呈所谓近程有序结构。在理论结晶温度以上，原子集团极不稳定，不能成为结晶核心。在过冷条件下，某些大于一定尺寸的原子集团可以稳定下来成为结晶核心并长大为晶粒。这种由液态金属本身的原子集团发展成一定尺寸晶核的过程，称为均匀形核。在一定过冷度下，从液态金属中形成结晶核心，使系统自由能降低，过程自发进行。但是在晶核形成的同时，产生了新的液一固界面及界面能，从而引起系统能量升高，阻碍结晶过程的进行。界面能的大小与液一固界面面积成比例。因此，只有当液体中的原子集团达到一定临界尺寸，形核引起的自由能降低大于界面能的升高时，这样的原子集团才能成为晶核并长大。临界晶核尺寸大小与过冷度有关，过冷度愈大，临界晶核尺寸愈小，液体中将有更多的原子集团成为结晶核心。因此，提高液态金属的冷却速度，可以获得更多的结晶核心。

2)非均匀形核

金属原子依附于外来固态物质的表面形成结晶核心，则称为非均匀形核。金属材料中或多或少地总存在一些杂质，金属熔化后，某些杂质仍呈固态微粒悬浮于液体中，当这些微粒或器壁与该金属的晶体结构相似且晶格常数相当时，金属原子就以它们为基底形成非自发晶核。

形成非自发晶核所需要的过冷度比均匀形核小得多。例如，一滴纯净铁水，均匀形核时过冷度达295℃。实际结晶的过冷度一般不超过20℃。这说明实际金属主要以非均匀形核方式结晶。在工业生产中，为了改善金属材料的性能，在冶炼浇注过程中特意加入一些能形成难熔固体微粒的变质剂，以起到非自发形核的作用。

2. 晶核的长大

晶核形成后，即开始长大。晶核长大实质上是液体中的金属原子向晶核表面迁移的过程。晶体长大的方式主要是以树枝状方式长大。新形成的晶核具有一定的几何外形。在晶核的尖角处，由于散热和对流条件好，容易获得液态金属原子，所以生长速度快，而首先形成晶轴，如图1-22(b)、(c)所示，成为主干，亦称一次轴。随着结晶过程的发展，再长出二次轴、三次轴等，依次发展形成如图1-22(d)所示的树枝状晶体。与此同时，各晶轴不断生长变粗，直到各晶轴互相接触，晶轴间液体消耗完毕，形成一颗颗晶粒。

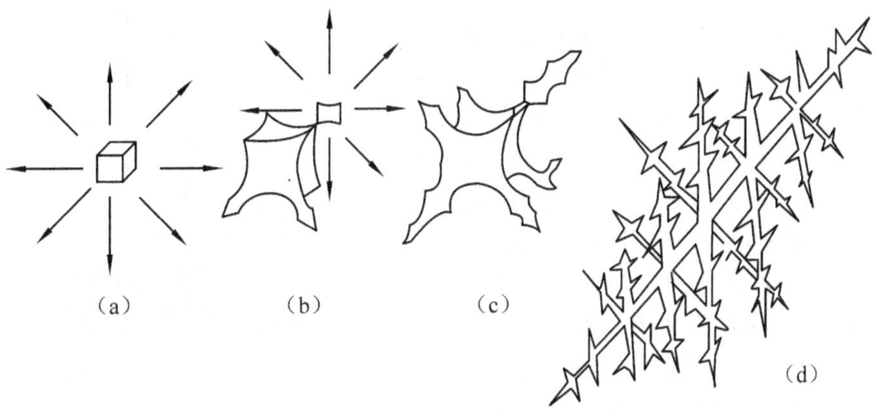

图1-22　枝晶生长过程示意图

在结晶过程中，若枝晶间能够得到充足的液体金属补充，则结晶终了成为一个完整的内部无空隙的晶粒。这种晶粒看不到树枝晶形态。但是，如果液态金属补给不充足，则在铸锭表面或缩孔处，树枝状晶轴间将留下空隙；或者杂质原子在枝晶间富集，结晶后可以清晰地看到树枝状晶的形态。

1.3.4 金属结晶后的晶粒大小

晶粒尺寸大小对金属的性能有很大的影响。表 1-1 列出纯铁的晶粒大小与室温机械性能的关系。从表中可以看出，晶粒愈细小，强度愈高，塑性愈好。因此，研究影响晶粒大小的因素和细化晶粒的方法，是金属学的一项重要内容。

表 1-1 晶粒大小对纯铁机械性能的影响

晶粒平均直径(μm)	σ_b (MN/m^2)	σ_s (MN/m^2)	δ(%)
70	184	34	30.6
25	216	45	39.5
2.0	268	58	48.4
1.6	270	66	50.7

金属晶粒的大小常以晶粒度表示。晶粒度，是以单位面积(或体积)晶粒数目的多少来表示的。我国标准晶粒度分为八级，级别愈高，晶粒愈细小。

结晶过程是形核与晶核长大的过程。因此，结晶后的晶粒大小与形核率和生长率有密切关系。形核率 N 是指单位时间内单位体积液体中形成的晶核数目[形核数目/(cm^3 · s)]；生长率 G 是指单位时间内晶核长大的线速度(mm/s)。显然，结晶后单位体积中的晶粒数 Z 与形核率 N 成正比，与生长率 G 成反比。它们之间存在如下关系：

$$Z = K\left(\frac{N}{G}\right)^{\frac{3}{4}}$$

式中 K——比例常数，约为 0.9。

细化晶粒的主要方法有增大过冷度、进行变质处理和振动与搅拌。

1)增大过冷度

研究表明，形核率 N 和生长率 G 同过冷度 ΔT 之间的关系如图 1-23 所示。从图中可以看出，金属结晶时的形核率和生长率随过冷度的增大而增加，且形核率的增长速度大于生长率的增长速度。因此，增大 ΔT 就提高了 N/G 比值，故使 Z 值增大，晶粒细化。图中虚线表示在 ΔT 很大时，由于实际结晶温度很低，原子迁移速度减小，而使形核率、生长率降低。但是，由于金属的结晶能力很强，在液态金属还未达到 N 与 G 的极大值以前，早已结晶完毕。所以，ΔT 增大，金属的晶粒细化。

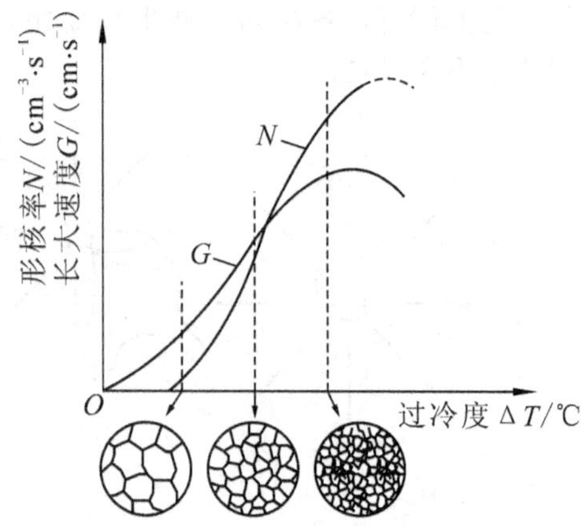

图 1-23 N、G 与 ΔT 之间的关系

增大过冷度，通常是增加冷却速度。增加

冷却速度的方法一般是采取降低液态金属的浇注温度，选择蓄热量大，散热快的铸型材料。例如，采用金属型，或在模壁上镶嵌冷铁，以及水冷模壁等。

2)进行变质处理

提高冷却速度以细化铸态组织的方法，只能适用于小型零件或薄壁零件，对于大型零件或厚壁零件而言，要获得很大的冷却速度比较困难。所以，生产中常用变质处理来细化晶粒。变质处理是有意地向液态金属中加入变质剂，形成大量非自发晶核，以获得细小晶粒。向钢液中加入少量 Al、V、Ti、Zr、B 等，形成 Al_2O_3、ZrO_2 等细小质点，成为非均匀形核的基础，大大增加入了形核率；在铝及铝合金中加入微量的 Ti 和少量钠盐(NaCl、NaF)，均可细化晶粒；在铁水中加入硅铁，细化片状石墨；在铜合金中加入过渡族金属的 N 化物或 B 化物，以细化晶粒等，都是生产中广泛应用变质处理的例子。

3)振动与搅拌

采用机械、超声波或电磁振动等使铸型中金属液体运动，生长的晶轴因受冲击而破碎，碎晶又成为结晶核心，从而细化晶粒。

1.4 铸锭的结构

1.4.1 铸锭的组织及性能

金属铸件凝固时，由于表面和中心的结晶条件不同，因此铸件的结构是不均匀的。图 1-24 是具有最典型的铸锭结构的示意图，整个体积明显地分为三个各具特征晶区。

(1)表层细晶区：由于铸模的温度低，液体金属注入铸模后，与模壁接触的表层金属受到激冷，获得很大的过冷度，加上模壁的非均匀形核作用，产生大量的结晶核心，因此，在铸锭表面形成了一层细小晶粒区。

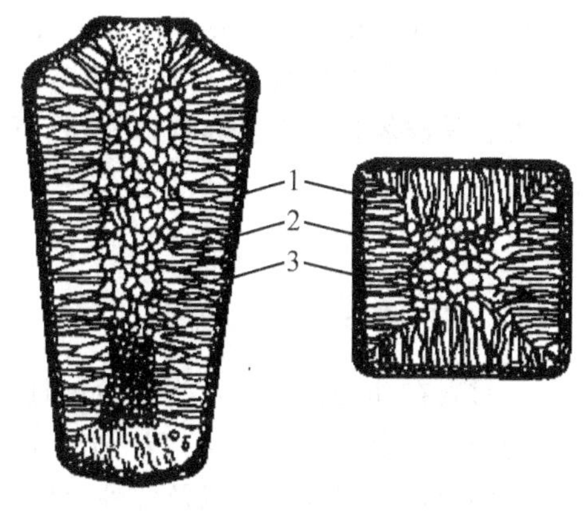

图 1-24 铸锭结构示意图

1. 细晶区 2. 柱状晶区 3. 等轴晶区

(2)柱状晶区：紧接着细晶粒区的是一层垂直于模壁生长的柱状晶区。在细晶区形成的同时，模壁温度升高，剩余液体的冷却速度减慢，过冷度减小，所以形核率减少。而且，由于液体金属垂直模壁向外散热，晶体的一次晶轴以较快的速度垂直模壁向内生长，形成彼此平行的柱状晶。

(3)中心等轴晶区：铸锭中心由较粗大的等轴晶粒组成。随着柱状晶的生长，剩余液体的冷却速度进一步减慢、温差很小，散热也失去了方向性。因此，形核率大大减小，最后形成较粗大的等轴晶区。

形成三个晶区是铸锭的典型组织。在一定条件下，可以只是其中的两个或者一个晶区比较发达，而不存在其他晶区。例如，对纯金属，特别是浇注温度比较高时，柱状晶可以从细晶粒区一直延伸到铸锭中心，不存在中心等轴晶区。对于合金，一般都有中心等轴晶区。

细晶粒区一般很薄、对性能影响不大。柱状晶区组织致密、纯净，但不同方向的柱状晶相互连接的界面比较脆弱，常常有低熔点杂质和非金属类杂物聚集于此，对铸锭进行热加工时容易沿脆弱面开裂。对于熔点较高、塑性较差的钢铁材料，一般不希望得到发达的柱状晶；对于熔点较低、塑性较好的金属(如铜、铝及其合金)，则希望获得发达的柱状晶区。中心等轴晶区没有脆弱的结合面，相邻晶粒彼此嵌镶，结合牢固，裂纹不易扩展，性能均匀。所以，钢铁铸锭一般希望获得较大的中心等轴晶区。对于要求沿某一方向具有优异性能的零件，如涡轮发动机叶片来说，可以采用定向凝固的方法，获得单方向的柱状晶。

金属加热温度高、冷却速度大、铸造温度高和浇注速度大等，有利于在铸锭或铸件的截面上保持较大的温度梯度，获得较发达的柱状晶。相反，铸造温度低、冷却速度小等，有利于截面温度的均匀性，促进等轴晶的形成。

1.4.2 铸锭的缺陷

铸锭结构中主要的缺陷有以下几种：

(1)缩孔。金属凝固时体积收缩，铸锭或者铸件的凝固有先有后，当最后凝固的地方得不到液体金属补充时，就形成了缩孔。在铸锭中，往往在铸锭的上部形成一个集中缩孔，缩孔附近含有较多的杂质，通常都要将它切除。

(2)疏松。疏松即分散缩孔，是在以树枝状方式结晶时，由于枝晶间得不到液态金属的补充而形成的。铸锭中的疏松在热轧过程中一般可以焊合。

(3)气孔。由于金属在液态时溶解的气体比固态多，因此，凝固过程中会析出部分气体；此外，铸模表面含有的水分高温蒸发，以及液态金属中发生的某些化学反应也会产生气体。在凝固过程中，如果气体来不及逸出，就将保留于固态金属中形成气泡。铸锭中的气泡在热轧时大都可以焊合。但是分布在铸锭表面的气泡，称为皮下气泡，因为容易被氧化而不能焊合，往往会引起裂纹和表面起皮皱折等缺陷，严重影响材料的质量。

1.5 金属的塑性变形

材料在外力作用下，将发生弹性变形和塑性变形，甚至断裂。塑性变形是不可恢复的变形。金属材料获得广泛应用的一个重要原因，是它具有优良的塑性变形能力。金属型材、机器零件，以及各种金属制品，大都是利用金属的塑性，通过轧制、锻造、挤压、冷拔、冲压等压力加工成型。金属经过压力加工不仅可以得到零件所需要的形状和尺寸，而且可以改善组织，提高性能。研究金属塑性变形的规律及其对性能的影响，特别是掌握金属性能的本质，对于制定合理的加工工艺，提高产品质量，是十分重要的。

1.5.1 单晶体的塑性变形

金属的变形一般有两种：弹性变形和塑性变形。弹性变形是可逆的，即在载荷全部卸除后，变形可完全恢复；而塑性变形是不可逆的，即在力的作用去除后，材料中残留下来的变形是永久的。

在常温下，单晶体塑性变形的基本方式有两种：滑移和孪生，其中滑移是最基本、最重要的塑性变形方式。

(1)滑移：在切应力作用下，晶体的一部分沿一定晶面相对于另一部分进行滑动。

例如，对一个表面经抛光的纯锌单晶体进行拉伸试验，在试样的表面上会出现许多相互平行的倾斜线条的痕迹，称滑移带，如图 1-25 所示。经 X 射线结构分析发现，其晶体结构和晶体位向均未发生改变，只是其中一部分晶体沿着某一晶面(原子排列紧密的晶面)和晶向((原子排列紧密的方向)相对于另一部分晶体发生了相对滑动，称此变形方式为滑移。

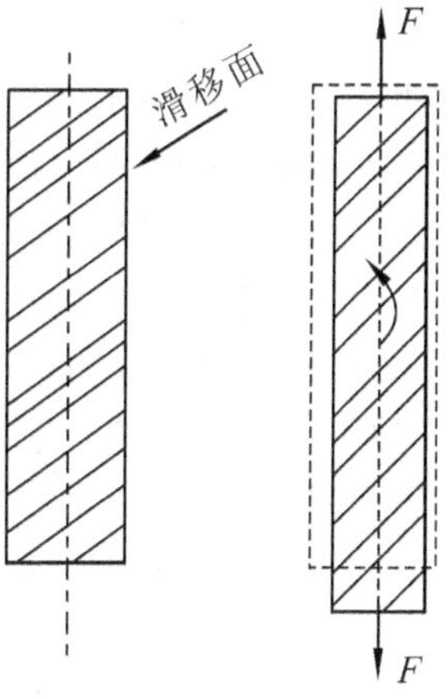

图 1-25 拉伸变形示意图

滑移具有以下特点：

①滑移是在切应力作用下进行的。试样受拉伸时，外力 F 对试样某一滑移面的作用可分解为垂直于此面的分力 F_1 和平行于此面的 F_2，将它们分别除以作用的面积，即得正应力 σ_n 和切应力 τ。在正应力作用下，试样发生弹性伸长，并在 σ_n 足够大时发生断裂，而切应力 τ 能使试样产生弹性歪扭，并可造成试样两部分间的相对移动(图 1-26)。所以滑移是切应力作用的结果，与正应力无关。试验表明，欲使单晶体发生滑移，作用于滑移面上的切应力在滑移方向上的分量必须达到某临界值，这个临界值称为临界切应力。

②滑移总是沿着原子排列最密的原子面进行的。因为任何两个最密排原子面之间的距离最远，相互作用力小，滑移阻力小。

③滑移的结果产生滑移带，滑移的距离是原子间距的整数倍。滑移必然在晶体表面造成一系列微小台阶，在光学显微镜下，这些台阶表现为由很多相互平行的滑移线组成的滑移带。

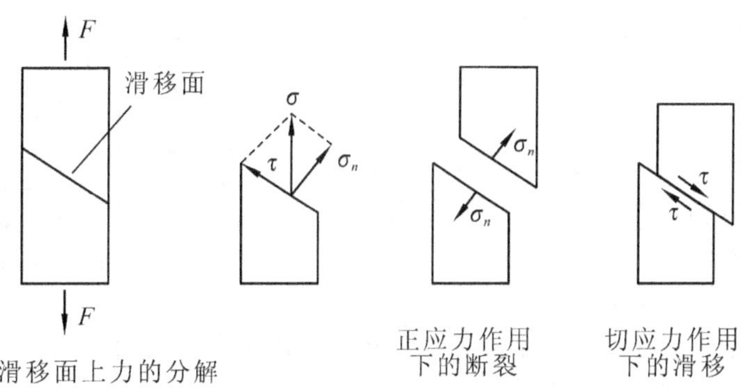

图 1-26 滑移时应力作用示意图

滑移仅是晶体间的相对滑动，并不引起晶体结构的变化，切应力达到临界值时，滑移面两侧的个别原子对间造成很大歪扭(切应变)，破坏它们之间的结合，使它们分离，并使其在相邻位置上形成新的原子对，如果这一过程持续下去，则滑移面两侧的晶体间将依次进行原有原子对之间的分离和新原子对之间的结合，从而使两部分晶体发生相互滑动(图 1-27)。在这个滑移过程完成之后，晶体即恢复原来的结构，整个滑移的距离为原子间距的整数倍。

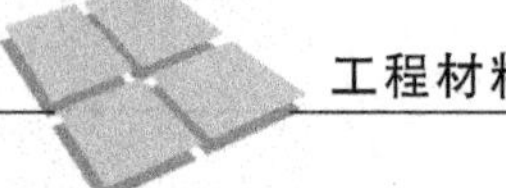

④滑移的同时伴随着转动。当晶体中发生滑移时，作用在试样两端的拉力将不再处于同一条轴线上，因此会产生一个力矩迫使滑移面转动。转动的结果是，滑移面趋向于与拉伸轴平行，而使试样两端的拉力重新作用在同一条直线上。

实际上，晶体的滑移是通过位错运动来实现的，图 1-27 为一刃型位错在切应力的作用下在滑移面上的运动过程。从图中可以看出，晶体在滑移时并不是滑移面上的全部原子同时移动，而是只有位错线中心附近的少数原子移动很小的距离(小于一个原子间距)，因此所需的应力要比晶体作整体刚性滑移所需的低得多。当一个位错移到晶体表面时，便会在表面上留下一个原子间距的滑移台阶。因此，可将位错线看做是晶体中已滑移区域和未滑移区域的分界。

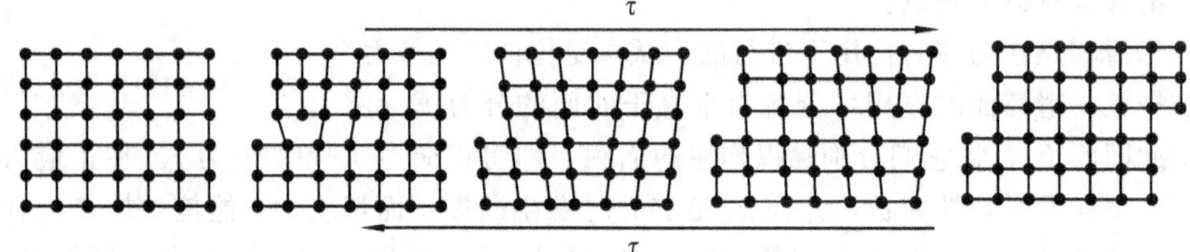

图 1-27　沿滑移面滑移示意图

(2)孪生：在切应力作用下，晶体中一部分相对于另一部分沿一定晶面(孪生面)、一定晶向(孪生方向)作均匀的移动(图 1-28)。每层晶面的移动距离与该面距孪生的距离成正比，即相邻晶面的相对位移量相等，孪生后移动与未移动区构成镜面对称，形成孪晶。

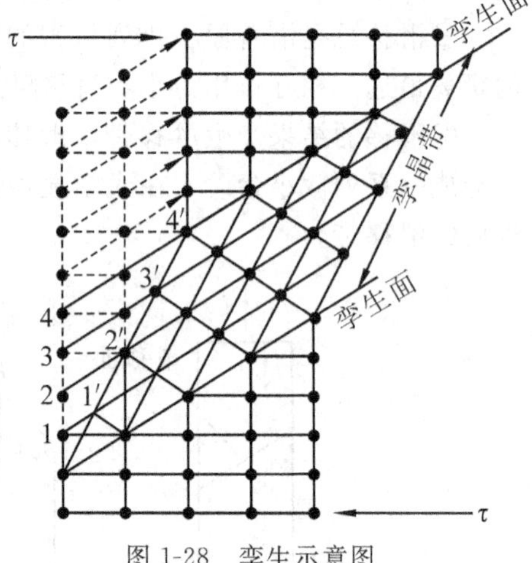

图 1-28　孪生示意图

孪生与滑移各有特点，具体如下：

①孪生使一部分晶体发生均匀移动，而滑移是不均匀的，只集中在滑移面上。

②孪生后晶体变形部分与未变形部分成镜面对称关系，位向发生变化，而滑移后晶体各部分的位向并未改变。

③孪生需要更大的切应力，对塑性变形的贡献较小，但孪生能够改变晶体位向，使滑移系转动到有利的位置，可以使受阻的滑移通过孪生调整取向而继续变形。

1.5.2　多晶体的塑性变形

多晶体的塑性变形与单晶体无本质差别，每个晶粒的塑性变形仍以滑移等方式进行，只是变形过程比较复杂。

从滑移的特点可以看出，滑移实质上是位错线的运动。而晶体滑移时，其临界切应力的大小主要取决于位错运动时所需克服的阻力。

对单晶体来说，这种阻力的大小取决于金属本质(原子间结合力、晶体结构类型等)、位错的数量、位错与位错以及位错与缺陷间的相互作用等因素。

对多晶体而言，影响滑移的因素主要在于晶体中晶粒的位向及晶界对位错运动的阻碍。

(1)晶界是相邻晶粒的过渡区域，原子排列紊乱，同时也是杂质原子和各种缺陷集中的地方。当晶体位错启动到晶界时，被此处紊乱的原子钉扎起来，滑移被迫停止，产生位错堆积，从而使位错运动阻力增大，金属变形抗力提高。多晶试样的拉伸试验表明，试样往往呈竹节状(图1-29)。由于晶界的变形抗力较大，变形较小，故晶界处较粗。

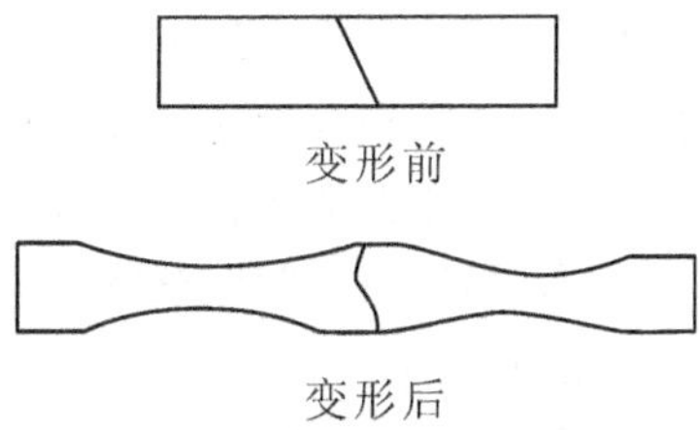

图1-29　拉伸后晶界处呈竹节状

(2)在多晶体中，相邻晶粒间存在着位向差，它们的变形很难同步进行，变形量也各不相同，当一个晶粒发生塑性变形时，周围晶粒如不发生塑性变形，则必须产生弹性变形来与之相协调，从而成为该晶粒进一步塑性变形的阻力。

(3)晶粒大小对滑移的影响实际上是晶界和晶粒间位向差共同作用的结果。晶粒细小时，其内部的变形量和晶界附近的变形量相差较小，晶粒的变形比较均匀，减少了应力集中。而且，晶粒越小，晶粒越多，金属的总变形量可以分布在更多的晶粒中，从而使金属能够承受较大量的塑性变形而不被破坏。因此，金属材料得到细小而均匀的晶粒组织能够使其强度、塑性及韧性均得以改善(即细晶强化)。细晶强化是一种极为重要的强化机制，不但可以提高金属的强度，而且还能改善其韧性。这一特点是其他强化机制所不具备的。

1.5.3　合金的塑性变形

合金化是提高材料强度的方法之一，工业上一般使用固溶体合金和多相合金。合金塑性变形的基本方式仍是滑移和孪生，但由于组织、结构的变化，其塑性变形各有特点。

1)固溶体的塑性变形

(1)固溶强化：当合金由单相固溶体构成时，随溶质原子含量的增加，其塑性变形抗力大大提高，表现为强度、硬度的不断增加，塑性、韧性的不断下降(即固溶强化)。

固溶强化的实质主要是溶质原子与位错的弹性交互作用阻碍了位错的运动，由于溶质原子的溶入造成了晶体的点阵畸变，并以溶质原子为中心产生应力场。该应力场与位错应力场发生弹性交互作用，为使位错运动，必须施加更大的外力。因此，固溶体合金的塑性变形抗力要高于纯金属。

(2)影响固溶强化效果的因素有很多，其一般规律如下：

①溶质原子浓度越高，强化作用越大，但不保持线性关系，低浓度时强化效应更为显著。

②溶质原子与基体金属原子尺寸相差越大，强化作用也越大。

③形成间隙固溶体溶质元素比形成置换固溶体的溶质元素的强化作用大。

④溶质原子与基体金属的价电子数相差越大，固溶强化作用就越强。

2)多相合金的塑性变形

单相合金虽然可借固溶强化来提高强度，但强化程度有限。工业上常以第二相或更多的相来强化，故目前使用的金属材料大多是两相或多相合金。本书以两相合金为

例，来讨论塑性变形的特点。

根据第二相粒子的尺寸大小可将合金分成两大类：聚合型合金(即第二相尺寸与基体晶粒尺寸属同一数量级)及弥散型合金(即第二相很细小，且弥散分布于基体晶粒内)。这两类合金的塑性变形的强化规律各有特点。

(1)聚合性两相合金的变形讨论如下：

①如果两相都具有较好的塑性，合金的变形阻力较小，则强化作用并不明显。

②如果第二相为硬脆相，合金的性能除与两相的相对含量有关外，还在很大程度上取决于脆性相的形状和分布。大致可以分为三种情况。

一是硬脆相的第二相呈连续网状分布在塑性相的晶界上，因塑性相晶粒被脆性相包围分割，故其变形能力无法发挥。脆性相越多，网状越连续，合金的塑性越差，甚至强度也随之降低。例如，过共析钢中的二次渗碳体若呈网状分布于原奥氏体晶界上，则钢的脆性增加，强度、塑性下降。

二是硬脆的第二相呈层片状分布在基体相上，例如，钢中的珠光体组织，由于变形主要集中在基体相中，因此位错的移动被限制在很短的距离内，增加了继续变形的阻力。珠光体越细，片层间距越小，其强度越高，变形施加均匀，塑性也较好，类似于细晶强化。

三是硬脆相呈较粗颗粒状分布于基体上，例如，共析钢及过共析钢中经球化退火后的球状渗碳体，因基体连续，渗碳体对基体变形的阻碍作用大大减弱，故强度降低，塑性、韧性得到改善。

(2)弥散型两相合全的塑性变形：当第二相呈细小弥散的微粒均匀分布于基体相中时，将产生显著的强化作用。根据第二相微粒是否变形，可将强化方式分为两类。

①不可变形微粒的强化作用(图 1-30)。当移动着的位错与不可变形微粒相遇时，将受到粒子的阻挡而弯曲；随着外应力的增大，位错线受阻部分弯曲、相遇，留下包围着粒子的位错环，而其余部分则越过粒子继续移动。

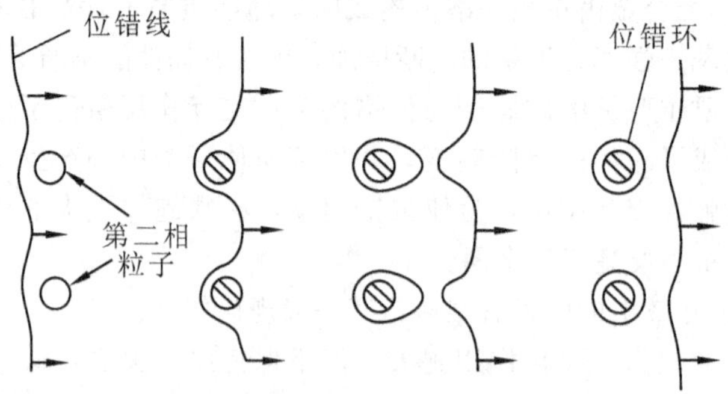

图 1-30 位错绕过第二相粒子的示意图

显然，位错绕过时，既要克服第二相粒子的阻碍作用且留下一个位错环，又要克服位错环对位错源的反向应力，因此，继续变形时必须增大外应力，从而提高强度。一般情况下，减小粒子尺寸或提高粒子的体积分数，都可以使合金的强度提高。

②可变形微粒的强化作用。当第二相为可变形微粒时，位错将切过粒子使其与基体一起变形。在这种情况下，强化作用取决于粒子本身的性质及其与基体的联系。主

要有以下几方面的作用：

● 由于粒子的结构往往与基体不同，因此当位错切过粒子时，必然造成其滑移面上原子错排，需要错排能。

● 每个位错切过粒子时，使其生成一定宽度的台阶，需要表面能。

● 粒子周围的弹性应力场与位错产生交互作用，阻碍位错运动。

● 粒子的弹性模量与基体不同，引起位错能量和线张力变化。

上述强化因素的综合作用，使合金强度得到提高。此外，粒子的尺寸和体积分数对合金强度也有影响。增加体积分数或增大粒子尺寸都有利于提高合金强度。

1.5.4 塑性变形对金属组织与性能的影响

1. 晶粒沿变形方向伸长、性能趋于各向异性

金属塑性变形时，不但外形发生变化，内部晶粒的形状也发生相应的变化，通常是沿着变形方向晶粒被拉长。当变形量很大时，各晶粒将会被拉长成为细条状(图 1-17)，各晶粒的某些位向趋于一致。此时，金属的性能会具有明显的方向性，呈一定程度的各向异性，纵向的强度和塑性远大于横向。

2. 位错密度增加，形成亚结构，产生加工硬化

经塑性变形后，金属内部的位错数目将随着变形量的增大而增加，位错的交互作用使位错运动变得困难，因而使塑性变形的阻力增大，变形难以进行，使金属的强度和硬度越来越高，塑性和韧性下降，产生所谓的加工硬化。

(1)加工硬化现象：金属在塑性变形过程中，随着变形量的增加，金属的强度和硬度上升，而塑性和韧性下降的现象。

(2)加工硬化的实际意义如下：

①有效的强化机制。纯金属、黄铜、防锈铝合金一般都比较软，通过加工硬化，可以提高它们的强度。

②均匀塑性变形和压力加工的保证。已变形的部分产生加工硬化后强度提高，使进一步变形难以进行而停止，未变形部分则开始发生变形，从而产生均匀的塑性变形。例如，拉丝时，若无加工硬化，各处强度相等，则会因直径不同而拉断。

③零件安全的保证。例如，设计零件时取 σ_s，当零件工作受到超过 σ_s 的力时就会产生加工硬化，使强度提高到 σ_b 才会断裂。

3. 织构现象的产生

随着变形的发生，各晶粒的晶格位向也会沿着变形的方向同时发生转动，故在变形量达到一定程度(70％以上)时，金属中各晶粒的某些取向会大致趋于一致，使金属表现出明显的各向异性。金属大量变形后各晶粒某些位向趋于一致的结构叫做形变织构(图 1-31)。

形变织构的形成，在许多情况下是不利的。用形变织构的板材冲制筒形零件时，由于不同方向上塑性差别很大，因此深冲之后，零件的边缘不齐，出现“制耳”现象(图 1-32)。另外，由于板材在不同方向上变形不同，因此会造成零件的硬度和壁厚不均匀。但织构也有益处，例如制造变压器铁芯的硅钢片时，具有这种织构可提高磁导率。

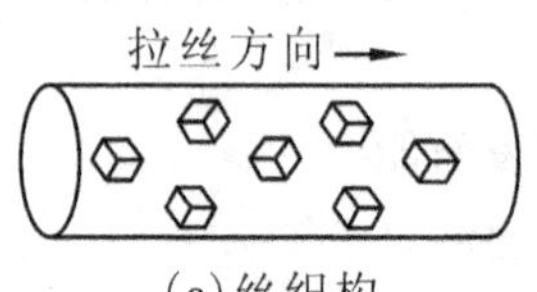

(a)丝织构

轧制方向

(b)板织构

图 1-31　形变织构示意图

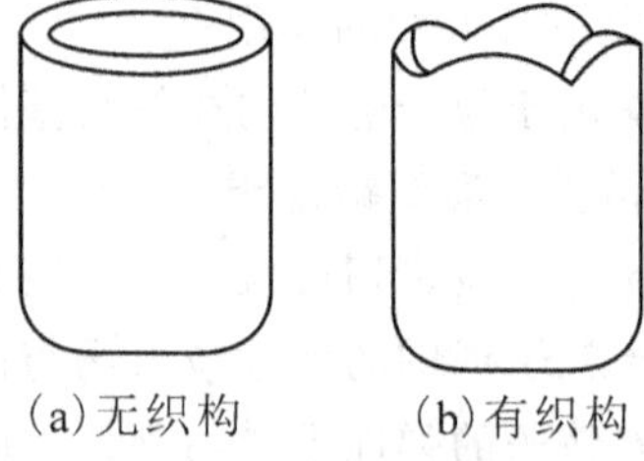

(a)无织构　(b)有织构

图 1-32　因形变织构造成的制耳

4. 残余内应力

残余内应力是指外力去除之后，残留于金属内部且平衡于金属内部的应力。它主要是因金属在外力作用下，内部变形不均匀造成的，它可分为以下三类：

第一类，金属表层与心部变形不均匀或零件一部分和另一部分变形不均匀而平衡于它们之间的宏观内应力。

第二类，相邻晶粒变形不均匀，或晶内不同部位变形不均匀，造成的微观内应力。

第三类，由于位错等缺陷的增加所造成的晶格畸变应力。

第一、二类在残余应力中所占比例不大，第三类占 90%以上。残余应力对零件的加工质量影响较大。例如，在圆钢冷拉时，圆钢表层的变形量较小，而心部变形量较大，使表层产生拉应力，心部产生压应力。若将这根圆钢表层切削去一层，则会引起应力重新分布使工件产生变形。

1.5.5　变形金属在加热时组织和性能的变化

金属经过塑性变形后，晶体结构的规律性发生了显著的变化，位错等晶体缺陷和残余应力大量增加，产生加工硬化，阻碍了塑性变形的进一步进行。为消除残余应力和加工硬化，工业上往往采用加热的方法。在变形金属中，由于缺陷的增加，使其内能升高，处于不稳定状态，存在向稳定低能状态转变的趋势。在低温下，这种转变一般不易实现，但加热时，由于原子的动能增大，活动能力增强，变形金属的组织和性能会发生一系列变化，最后趋于较稳定的状态。随着加热温度的升高，变形金属大体上相继发生回复、再结晶和晶粒长大三个阶段的变化(图 1-33)。

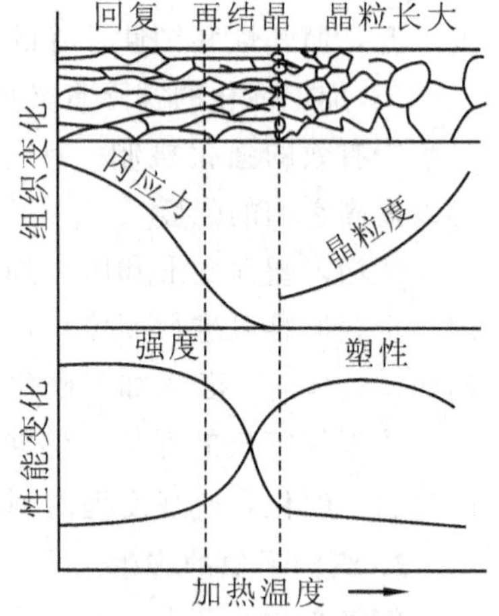

图 1-33　变形金属的回复、再结晶和晶粒长大过程

1. 回复

加热温度较低时，仅因金属中的一些点缺陷和位错迁移而引起某些晶内的变化。此时原子活动能力还不强，所以：①强度、硬度稍有降低；②塑性略有提高；③内应力有较大的降低，点缺陷大为减少。

2. 再结晶

加热温度较高时，变形金属的显微组织发生显著变化。沿着含有高密度位错的原晶粒边界形成晶核，并不断长大，形成新的含有低密度位错的均匀而细小的等轴晶粒，取代原来的晶粒，称为再结晶，此时性能变化为：①强度、硬度显著降低，塑性明显上升；②内应力完全消除。

再结晶完成后金属的各项性能都已恢复到变形前的状态，加工硬化完全消除。发生再结晶的最低温度称为再结晶温度 $T_{再}$，它与金属的熔点 $T_{熔}$、成分、变形程度等因素有关，对于纯金属而言，$T_{再} \approx 0.4T_{熔}$。

3. 晶粒长大

随着温度的进一步升高或延长保温时间，在变形晶粒完全消失和再结晶晶粒彼此接触之后，晶粒会继续长大。晶粒的长大可以减少金属晶界的总面积，使金属能量进一步降低，这是一种自发过程，是通过大晶粒吞并小晶粒、晶界迁移来实现的。

晶粒长大对金属的力学性能是不利的，它会使金属的塑性、韧性明显下降，所以要避免晶粒长大。

4. 影响再结晶后晶粒尺寸的主要因素

主要有以下因素：

(1)加热温度和保温时间：晶粒的长大速度与加热温度有关，温度越高，晶粒长大越快；保温时间越长，晶粒越粗大。

(2)变形程度：变形度很小时不会发生再结晶；当预先变形度达到2%～10%时，再结晶后的晶粒特别粗大，这个变形度称为临界变形度。超过临界变形度后，随着变形量增大，再结晶后的晶粒越来越细；当变形度大于95%后又会出现再结晶后晶粒粗大的现象。

1.5.6　金属热加工时组织和性能的变化

主要包括以下几方面的变化。

(1)可改变金属材料内部夹杂物的形状及分布情况，形成"流线"：热加工变形时，金属中的夹杂物和枝晶偏析沿金属的流动方向被拉长，这种杂质和偏折的分布情况不能在随即发生的回复和再结晶过程中得到改变，所以经过一定量的变形(热加工)之后，在金属中形成杂质的纤维状分布——流线。流线使金属的性能出现明显的各向异性，沿流线方向的强度、塑性和韧性显著高于垂直于流线方向上的相应性能。如图1-34(a)所示，有合理的流线分布，在工作中承受的最大拉应力与流线平行，而切应力与流线垂直，所以不易断裂，而图1-34(b)所示的流线显然不合理。

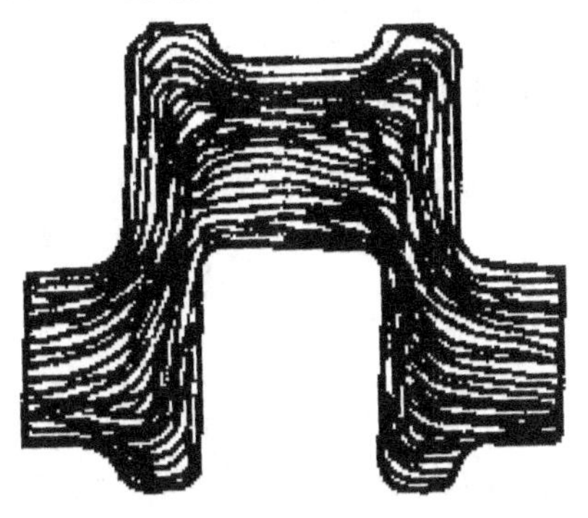
(a) 锻造曲轴

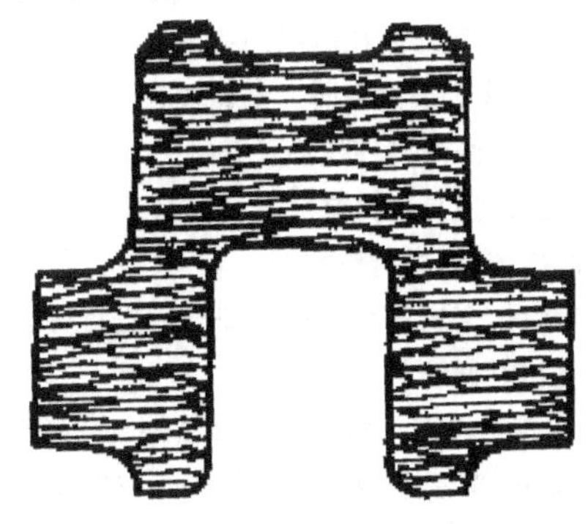
(b) 切削加工曲轴

图1-34　曲轴的流线分布

(2)细化晶粒：热变形能打碎铸态金属中的粗大组织，同时再结晶过程能使晶粒细化，提高其力学件能。

(3)焊合气孔、疏松，消除成分不均匀：热变形能使铸态金属中的气孔、疏松及微裂纹焊合，提高金属的致密度，高温和变形能增加原子的扩散能力，减轻或消除铸锭组织成分的不均匀性，也提高了其力学性能。

(4)热加工时金属塑性好：受力复杂、载荷较大的重要工件，一般都采用热变形，且无加工硬化，可降低能耗。

(5)热加工时金属表面有氧化：不能保证工件的粗糙度和尺小精度，并有一定的烧损。

思考题

1. 解释下列名词：

晶体，晶格，晶胞，晶格常数，结晶，过冷度，晶体缺陷，形核率，生长率，变质处理，加工硬化，位错，孪晶，滑移，滑移面，滑移方向，滑移系，滑移带，回复，织构。

2. 金属有哪些特性？试用金属键理论解释之。

3. 常见金属晶格有哪几种类型？它们的原子排列有什么区别？Cu，Ni，Al，Cr，Mo，V，Mg，Zn各属于何种晶格？

4. 画出立方晶系的下列晶面和晶向：

(010)，(101)，(111)，(112)，(123)，(011)；

[010]，[101]，[111]，[112]，[123]，[011]。

5. 何谓配位数？何谓致密度？体心正方晶格和面心立方晶格的配位数和致密度各是多少？

6. 求体心立方晶格和面心立方晶格中原子直径和晶格常数的关系。已知室温下铁的原子直径$d=0.254$nm，铜的原子直径$d=0.255$nm，求铁和铜的晶格常数。

7. 实际晶体和理想晶体有何不同？晶体缺陷对金属的机械性能有何影响？

8. 为什么单晶体具有各向导性，而多晶体一般呈现各向同性？

9. 简述纯金属的结晶过程，说明过冷度对形核率、生长率和结晶后晶粒大小的影响。

10. 什么是冷却曲线？根据冷却曲线，分析纯金属结晶时的宏观特征，为什么说过冷是结晶的必要条件？影响过冷度大小的因素有哪些？

11. 为了得到细晶粒组织的铸件，可以采用哪些办法？

12. 如果其他条件相同，试比较在下列铸造条件下，铸件晶粒的大小：

(1)金属模浇注与砂模浇注；

(2)高温浇注与低温浇注；

(3)薄壁铸件与厚壁铸件；

(4)对液体金属进行变质处理与不进行变质处理；

(5)浇注时振动与不振动。

13. 铸锭组织有何特点？为什么钢锭希望减少柱状晶区，而铜锭和铝锭往往希望扩大柱状晶区？

14. (1)由厚钢板机械加工成齿轮；(2)由粗钢棒机械加工成齿轮；(3)由圆棒热锻成齿轮坯，再加工成齿轮。试问哪种方法较为理想？为什么？

15. 多晶体塑性变形的特点是什么？

16. 多相合金塑性变形的特点是什么？

第 2 章　二元合金相图

通常我们把只由一种元素构成的金属称为纯金属。实际上，真正意义上的纯金属是不存在的，即使用最先进的冶炼技术，也不能提炼出纯度达到 99.9999％的纯金属。而且即使在这种纯度下，每立方米金属中仍然存在 $10^{22} \sim 10^{23}$ 个杂质原子。因此，工业水平的纯金属，更准确的称呼应该是合金。在人类日常生活和生产实践中应用的纯金属的强度、硬度、耐磨性等机械性能都很低，已经难以满足现代生产技术对材料综合性能的要求，因此，工业生产中广泛使用的不是纯金属，而是根据性能要求而制备的各种不同成分的合金。所谓合金，是指两种或两种以上的金属元素，或金属与非金属元素通过各种方法结合在一起的具有金属特性的物质。例如，常见的碳钢，就是由铁和碳组成的合金，黄铜是由铜和锌组成的合金。

为什么在纯金属中加入其他元素以后就能具有优良的性能呢？这首先需要了解合金中各元素之间的相互作用形成哪些合金相，以及这些合金相的化学成分、晶体结构和组织状态如何，并进一步探讨合金的化学成分、晶体结构、组织状态和性能之间的变化规律。合金相图正是研究这些规律的有效工具。所谓相图，是指在一定条件下，表示处于热力学平衡状态的物质状态与温度、压力、组成之间的关系的图形。理解掌握合金相图的分析和使用方法，有利于我们了解合金的组织状态、预测合金的性能，也可以按要求研制、合成新的合金。在实际生产过程中，合金相图为合金熔炼、铸造、锻压以及热处理工艺的制定提供了重要依据。

2.1　合金中的相

组成合金最基本的、独立存在的物质称为组元(component)。一般情况下，组元是组成合金的元素，如 Ni-Cr 合金中的 Ni 和 Cr，Cu-Sn 合金中的 Cu 和 Sn；也可以是稳定的化合物，如碳钢中的 Fe_3C。由两个组元组成的合金称为二元合金，由三个组元组成的合金称为三元合金，由三个以上组元组成的合金称为多元合金。

由两个或多个组元按不同比例制成的一系列成分不同的合金称为合金系。由两个组元构成的合金系称为二元系，由三个组元构成的合金系称为三元系，由多个组元构成的合金系称为多元系，如 Ni-Cr 系、Al-Mg 系、Fe-Fe_3C 系等。

当不同的组元经过各种方法组成合金时，由于组元间的相互作用，形成了具有特定金属结构和成分的相。所谓相是指合金中结构相同、成分和性能均匀的组成部分。相具有自身的物理和/或化学特性，并且在理论上是可以机械分离的，相与相之间以界面分开。相可以是固态、液态或是气态。由于气体是互溶的，平衡气体中的气相数是 1，但是液相和固相可能是两种或两种以上。例如，纯金属在固态时是一个相(固相)，在熔点以上时又是一个相(液相)。若金属仅由一个相组成，称为单相合金；若合金由多个相组成，则称为多相合金。任意一种合金在特定条件下所处的状态，不仅需要确定其存在相的类型、数目，相的化学成分，相的结构，相的相对数量，而且还需要明

确相的分布状态等，就是通常在光学显微镜或电子显微镜下观察到的微观组织。

不同的相具有不同的晶体结构，固态合金中的相，根据其晶体结构的特点可以分为两大类：在合金中所形成的固相的晶体结构与合金中某一组元的晶体结构相同，这种相称为固溶体，这种组元称为溶剂，其他的组元称为溶质；合金中所形成的固相的晶体结构与合金中任一组元的晶体结构均不相同，这种相称为金属间化合物。

2.1.1 固溶体

固溶体的晶体结构和基体金属(溶剂)的晶体结构基本相同。工业生产中所用的金属材料，大部分是以固溶体为基体的，有的甚至完全由固溶体构成。例如，碳钢和合金钢就是以固溶体为基体相的，其含量占组织中的绝大部分。

1. 固溶体的结构与分类

按照溶质原子在溶剂(基体)晶格中所占位置的不同，可将固溶体分为置换固溶体和间隙固溶体两大类。

1)置换固溶体

如果溶质原子置换了溶剂中的部分原子，并且占据溶剂晶格的某些节点位置上所形成的固溶体，则称为置换固溶体，如图 2-1(a)所示。

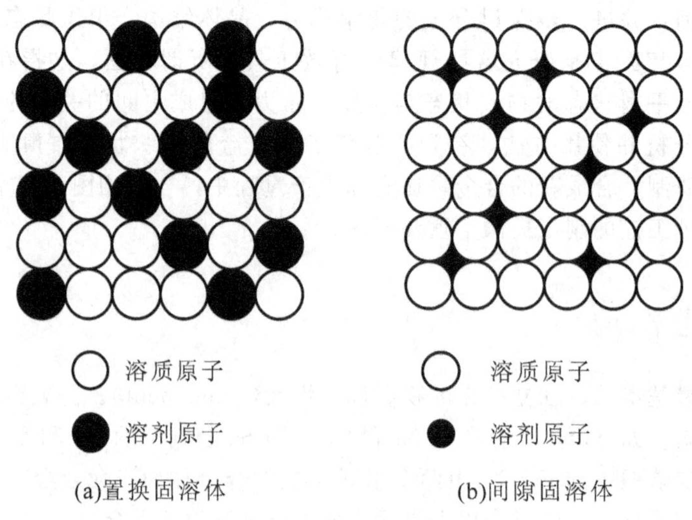

(a)置换固溶体　　(b)间隙固溶体

图 2-1　固溶体的两种类型

在置换固溶体中，一般认为溶质原子的分布是统计的、无序的，这种固溶体称为无序固溶体。但是，实际上固溶体中溶质原子的分布总是存在一定的不均匀性，偏离完全无序状态。如果异种原子间结合力较大，溶质原子倾向于按一定的规律有序分布，这种有序分布只存在于短距离小范围内，则称为短程有序。具有短程有序的固溶体，当温度低于临界值时，短程有序会转变为长程有序，这样的固溶体称为有序固溶体。

当有序固溶体在加热至某临界温度时将转变为无序固溶体，而在缓慢冷却至这一温度时，又转变为有序固溶体。这一转变过程称为固溶体的有序化，发生有序化转变的温度称为有序化温度。只有当两种金属的原子数成一定的比例时，如 1∶1(CuAu)或 3∶1(Cu_3Au)，才有可能形成有序排列，有序固溶体实际上是无序固溶体与金属间化合物的过渡相。当无序固溶体变为有序固溶体时，合金的性能会发生突变：硬度和脆性增加，塑性和电阻率下降。

2)间隙固溶体

溶质原子在溶剂晶格中并不占据晶格节点的位置，而是填入溶剂晶格间隙中形成的固溶体，称为间隙固溶体，如图 2-1(b)所示。间隙固溶体仍然保持溶剂金属的晶格类型，其显微组织也与纯金属类似。一般来说，只在溶质的原子半径与溶剂的原子半径之比小于 0.59 时，才有可能形成间隙固溶体。在工业合金中，碳钢中的铁素体、奥氏体都是间隙固溶体。

2. 固溶体的溶解度及其影响因素

溶质元素溶入固溶体中的数量，称为固溶体的浓度。在一定条件下，溶质在固溶体中的极限浓度称为溶质元素在固溶体中的固溶度。所有的金属(或中间相)在固态下都能溶解一些溶质原子，但它们的固溶度却大不相同。例如，铜和镍能以任意比例无限互溶形成固溶体，即镍原子可以完全置换铜晶格中的铜原子，或者说铜原子可以完全置换镍晶格中的镍原子，这种固溶体称为无限固溶体。而在 Al-Mg 合金中，镁在铝中的溶解度是有一定限量的，即 Al(Mg)不超过 18.5at%，超过这一限度，镁就不能再溶入铝中，而将出现新相，这种具有有限固溶度的固溶体称为有限固溶体。

可见，根据组元相互之间的溶解能力，可形成无限固溶体，也可形成有限固溶体。只有组元之间的原子能够无限地相互代替时才能形成无限固溶体。因此，要形成无限固溶体需下列条件：

(1)形成固溶体的各组元应具有相同类型的晶体结构。表 2-1 列出了能形成无限固溶体的金属。

(2)两组元应具有相近的原子结构，相差不超过一个价电子，并且在元素周期表中的位置相距很近。

(3)两组元的原子半径(或晶格常数)之差不超过 15%；而在以铁为基的固溶体中，则只有当铁与其他溶质元素的原子半径相对差别小于 8%，而且具有相同的晶格类型时，才有可能形成无限固溶体。在以铜为基的固溶体中，只有当原子半径的相对差别低于 10%～15%时，才有可能形成无限固溶体。

影响固溶体类型和溶解度的主要因素有组元的原子半径、电化学特性和晶格类型等。原子半径和电化学特性接近、晶格类型相同的组元，容易形成置换固溶体，并有可能形成无限固溶体。当组元原子半径相差较大时，容易形成间隙固溶体。间隙固溶体都是有限固溶体，并且一定是无序固溶体。无限固溶体和有序固溶体一定是置换固溶体。

3. 固溶体的性能

固溶体中随着溶质原子的溶入，不论是置换固溶体还是间隙固溶体，都会产生一定程度的晶格畸变。对于置换固溶体，溶质原子较大时造成正畸变(图 2-2(a))，较小时引起负畸变(图 2-2(b))。形成间隙固溶体时，晶格总是产生正畸变。晶格畸变随溶质原子浓度的增加而增大。晶格畸变增大了位错运动的阻力，使金属滑移变形变得困难，从而提高了合金的强度和硬度。这种通过形成固溶体使金属强度、硬度提高的现象，称为固溶强化。固溶强化是材料的一种重要强化途径。

实验表明，在溶质含量适当时，固溶强化可显著提高材料的强度和硬度，而且塑

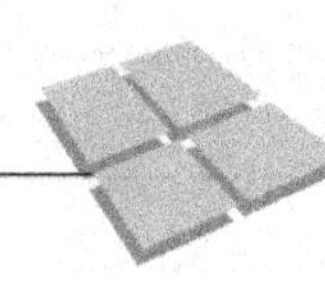

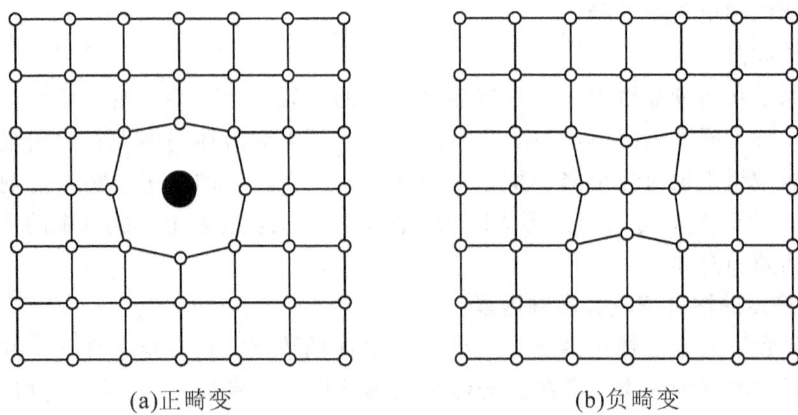

图 2-2　形成置换固溶体的晶格畸变

性和韧性没有显著降低。我国普通低合金钢就是利用 Mn、Si 等元素强化铁素体而使钢材的力学性能得到提高。在工业上大量应用的耐腐蚀材料、高电阻的电工材料、高磁导率的软磁材料等都采用固溶体合金。固溶体的力学性能很好，常被用作结构合金的基本相。但单纯的固溶强化所达到的最高强度指标仍然有限，常常不能满足人们对于结构材料的要求，因而不得不在固溶强化的基础上再补充进行其他强化处理。

表 2-1　能够形成无限固溶体的金属

固溶体组元	元素符号	晶格类型	晶格常数	原子序数	原子价
第一组元	Au	面心立方	4.07	79	1
第二组元	Cu		3.61	29	1
第一组元	Au	面心立方	4.07	79	1
第二组元	Ni		3.52	28	0
第一组元	Cu	面心立方	3.61	29	1
第二组元	Ni		3.52	28	0
第一组元	Co	面心立方	3.54	28	0
第二组元	Ni		3.52	27	0
第一组元	Cu	面心立方	3.61	29	1
第二组元	Pd		3.88	46	0
第一组元	γ—Fe	面心立方	3.56	26	0
第二组元	Co		3.54	27	0
第一组元	γ—Fe	面心立方	3.56	26	0
第二组元	Pd		3.88	46	0
第一组元	γ—Fe	面心立方	3.56	26	0
第二组元	Pt		3.92	78	0

续表

固溶体组元	元素符号	晶格类型	晶格常数	原子序数	原子价
第一组元	γ－Fe	面心立方	3.56	26	0
第二组元	Ni		3.52	28	0
第一组元	α－Fe	体心立方	2.86	26	0
第二组元	Cr		2.87	24	—
第一组元	α－Fe	体心立方	2.86	26	0
第二组元	V		3.03	23	—
第一组元	Bi	菱面体	6.56	83	5
第二组元	Sb		6.20	51	5

2.1.2 金属间化合物

在合金中，除了固溶体以外，还有可能形成金属间化合物。金属间化合物是合金组元相互作用形成的晶格结构和特性完全不同于任一组元的新相，也称中间相。在金属间化合物中，除离子键、共价键外，金属键也参与作用，具有一定的金属性质，因而称之为金属间化合物。碳钢中的 Fe_3C、黄铜中的 CuZn 相等都是金属间化合物。

金属间化合物一般具有复杂的晶格结构，熔点高，硬而脆。合金中含有金属间化合物时，合金的强度、硬度和耐磨性提高，而塑性、韧性降低。金属间化合物是各类合金钢、硬质合金和许多有色金属的重要组成相。

影响金属间化合物的形成和结构的主要因素有电负性、电子浓度和原子尺寸等因素，每一种影响因素都对应着一种金属间化合物。

1. 正常价化合物

正常价化合物的特点是：严格遵守化合物的原子价规律，成分固定并可用化学式表示。它们是由元素周期表中相距较远、电化学性质相差较大的两种元素组成的。通常是由金属和 IV、V、VI 族元素组成的。例如，Mg_2Si、Mg_2Sn、Mg_2Pb 及 β－SiC 等，皆为正常价化合物。

正常价化合物具有很高的硬度和脆性，当它在固溶体基体上合理分布时，将使合金得到强化，起着强化相的作用。例如 Al-Mg-Si 合金中的 Mg_2Si 就是如此。

2. 电子化合物

电子化合物是由第Ⅰ族或过渡族元素与第Ⅱ至第Ⅴ族元素形成的金属间化合物，它们不遵循原子价规律，而是服从电子浓度(化合物中价电子数与原子数之比)规律，即当合金的电子浓度达到某一数值时，便形成具有某种晶体结构的化合物相。

但是，电子浓度并不是决定电子化合物结构的唯一因素，组成元素的原子大小及其电化学性质对其结构也有影响。例如，电子浓度为 3/2 的电子化合物除可具有体心立方晶格外，当形成元素的原子尺寸差别很小时，还可呈密排六方结构，等等。

电子化合物虽然可用化学式表示，但实际上其成分可以在一定范围内变动，因此可以把它看做是以化合物为基的固溶体。电子化合物的熔点和硬度都很高，但塑性较低，不适合做合金的基体，但却是合金，特别是有色金属中的重要组成相，与固溶体

适当配合，可以使合金获得良好的力学性能。

3. 间隙相和间隙化合物

间隙相和间隙化合物主要受原子尺寸因素影响，通常是由过渡族金属元素铁、铬、钼、钒等与碳、氮、氢、硼等原子半径较小的非金属元素形成的金属间化合物。根据非金属元素与金属元素的原子半径的比值，可将其分为两类：当形成金属间化合物的非金属原子半径与金属原子半径的比值小于0.59时，形成具有简单结构的化合物，称为间隙相；当形成金属间化合物的非金属原子半径与金属原子半径的比值大于0.59时，形成具有复杂晶体结构的化合物，称为间隙化合物。

1)间隙相

间隙相都具有简单的晶体结构，如面心立方、体心立方、密排六方或简单立方等，金属原子位于正常晶格节点上，非金属原子则位于晶格间隙位置。例如，钨、钼、钽、铌等的化合物以及过渡金属的氢化物、氮化物都是间隙相。碳与钒形成的金属间化合物碳化钒(VC)就是间隙相的一个典型例子。钒具有体心立方晶格，原子半径为0.1355nm，碳原子半径为0.077nm，两者原子半径的比值约为0.57，小于0.59，它们形成的金属间化合物VC具有面心立方晶格，其中钒原子占据晶格的正常节点位置，而碳原子分布于晶格的间隙之中，如图2-3所示。

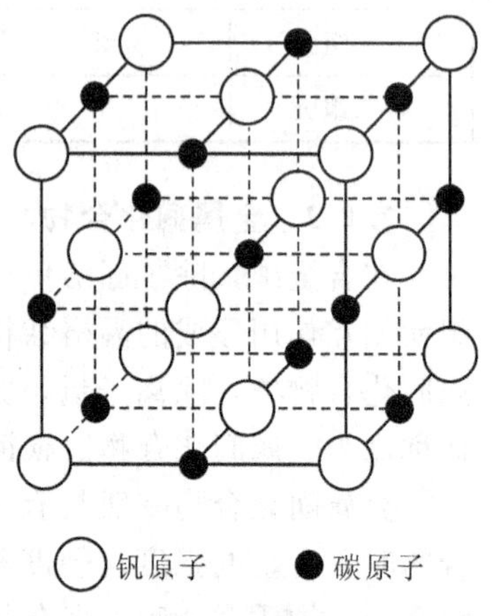

图2-3　间隔相VC的结构

间隙相具有金属特性，有极高的熔点和硬度，非常稳定，它们的合理存在，可有效地提高合金的强度、热硬性和耐磨性，是高合金钢和硬质合金的重要组成相。

2)间隙化合物

间隙化合物一般具有复杂的晶体结构，Cr、Mn、Fe的碳化物均属此类。在合金钢中经常遇到的种类有M_3C(如Fe_3C、Mn_3C)、M_7C_3(如Cr_7C_3)、$M_{23}C_6$(如$Cr_{23}C_6$)、M_6C(如Fe_3W_3C)等。其中，Fe_3C是钢铁材料中的一种基本组成相，称为渗碳体，具有复杂的斜方晶格，其中的铁原子可以部分地被其他金属原子(铬、锰、钨、钼等)所置换，形成以间隙化合物为基的固溶体，称为合金渗碳体。

间隙化合物主要为金属键结合，具有金属特性，它们也具有很高熔点和硬度，但与间隙相相比，它们的熔点和硬度要低一些，而且加热易分解。

2.2　二元合金相图的建立

如前所述，合金的组织要比纯金属复杂，为了研究合金的组织与性能的关系，必须了解合金的结晶过程，了解合金中各种组织的形成及变化的规律。

相图是表示合金系中合金的状态与温度、成分之间的关系的图解，是表示合金系在平衡条件下，在不同温度、成分下各相的关系的图解，又称为平衡图或状态图。所谓平衡是指在一定条件下合金系中参与相变过程的各相的成分和相对质量不再变化所达到的一种状态。此时各组元在各相中的化学势相同，合金系的状态稳定，不随时间而改变。合金在极其缓慢的冷却条件下的结晶过程，一般可以认为是平衡的结晶过程。

利用相图，可以了解不同成分的合金在不同温度时的平衡条件下的状态，以及它由哪些相组成，相的成分及相对含量如何，还能了解合金在加热冷却过程中可能发生的转变。显然，相图是研究材料的一个十分重要的工具。

2.2.1 二元合金相图的建立

建立相图的方法有实验测定和理论计算两种，但目前所使用的相图大部分都是根据实验方法绘制出来的。为了建立相图，首先要测定合金系中的一系列成分不同的相变温度，即临界点。然后，则可根据临界点的数据，画出相图中的各种线条，形成该合金系的相图。

测定合金临界点的方法很多，如热分析法、金相分析法、磁性分析法、膨胀分析法、电阻法、X 线结构分析法等。除金相分析法及 X 线结构分析法外，其他方法都是利用在合金的组织或状态发生变化时将要引起的合金性质来测定其临界点的。现以 Cu-Ni合金为例，说明用热分析法实验测定二元合金相图的过程。

首先，按质量分数配制一系列具有代表性的成分不同的 Cu-Ni 合金，用热分析方法测出上述所配合金及纯 Cu、纯 Ni 从液态到室温的冷却曲线。图 2-4 给出了纯铜、镍含量分别为 30%、50%、70%的 Cu-Ni 合金及纯镍的冷却曲线。找出各冷却曲线上的临界点，可见纯 Cu、纯 Ni 的冷却曲线上有一平台，表示其在恒温下凝固。合金的冷却曲线上没有平台，而为二次转折，温度较高的折点表示凝固的开始温度，而温度低的转折点对应凝固的终结温度，说明结晶过程是在一个温度范围内进行的。将各个合金的临界点分别标注在以温度为纵坐标，成分为横坐标的平面图中，连接具有相同意义的临界点，所得的线称为相界线。由凝固开始温度连接起来的线称为液相线，由凝固终了温度连接起来的线称为固相线。相界线将相图划分出一些区域，这些区域称为相区。最后，在各相区内填入相应的“相”的名称，就得到 Cu-Ni 合金相图。

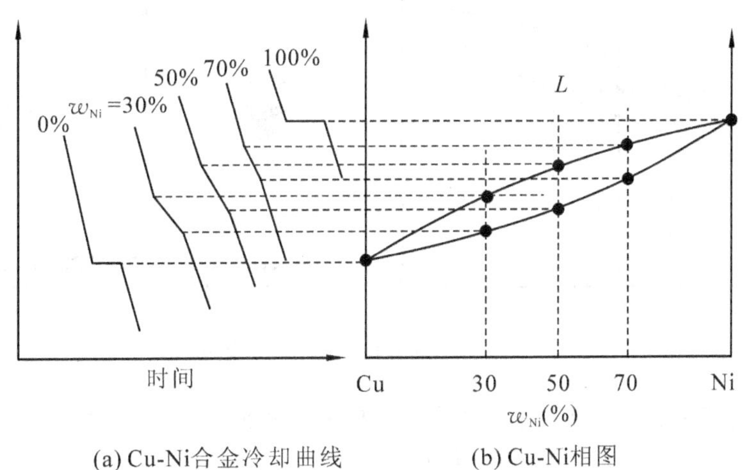

(a) Cu-Ni合金冷却曲线　　(b) Cu-Ni相图

图 2-4　用热分析方法建立 Cu-Ni 相图

2.2.2 相律及杠杆定律

1. 相律

相律是分析和使用相图的重要工具，验证实验测定的相图是否正确，要用相律来检验。相律是表示处于平衡状态的系统中自由度与组元数和相数之间的关系。相律是由吉布斯(J. W. Gibbs)在1876年导出的，因此也称为吉布斯相律。相律可表示为：

$$F = C - P + 2$$

当系统的压力为常数时，则为：

$$F = C - P + 1$$

式中，C表示组元数，P表示相数，F为自由度。所谓自由度是指在保持合金系内相的数量不变的条件下，合金系中可以独立变化的、影响合金状态的内部和外部因素的数目。影响合金状态的因素有成分、温度和压力，当压力不变时，合金的状态由温度和成分两个因素确定。纯金属的自由度最多只有一个，二元合金的自由度最多为两个，三元合金的自由度最多为三个，以此类推。

2. 杠杆定律

在合金结晶的过程中，随着结晶的进行，各金中各相的成分和相对含量不断地变化。对于某一特定二元合金，在合金相图中的两相区(如液相和固相)内，若温度给定，就能确定在该温度下两相(如液、固两相)的成分，以及在该温度下两平衡相(如液、固两相)的相对质量分数，这就是杠杆定律的内容。

假设由A、B组元构成的合金系，成分为C_0的A－B合金(如图2-5(a)所示)在T_1温度时，处于两相平衡状态，要确定液相和固相的成分，可通过温度T_1作一水平线aob，分别与液、固相线的相交于a、b两点，a、b两点在成分坐标轴的投影C_L和C_α，即分别为液相和固相的成分。

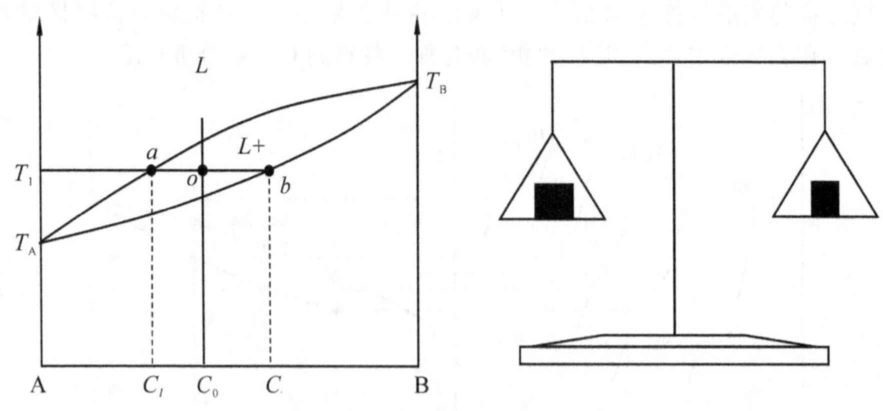

图2-5 杠杆定律的证明及力学比喻

现在分析该温度下，已结晶出固溶体α和剩余液相L的相对含量。设合金总质量为1，液相的质量为W_l，固相的质量为W_α，则：

$$W_l + W_\alpha = 1$$

而且在该合金中A组元的含量应等于液相中A的含量与固相中A的含量之和，即：

$$C=C_l+C_\alpha$$

由上面两式可以得出：

$$W_l \cdot C_l + W_\alpha \cdot C_\alpha = 1 \cdot C$$

$$\frac{W_l}{W_\alpha}=\frac{C_\alpha - C_0}{C_0 - C_l}=\frac{ob}{ao}$$

由图 2-5(b)可以看出，以上所求得的两平衡相相对质量之间的关系与力学中的杠杆定律颇为相似，因此称为“杠杆定律”。

应当说明的是，杠杆定律仅适用于两相区，用于求两平衡相的成分及其相对质含量。若在单相区，合金成分固定，则没有必要应用杠杆定律；而三相共存时杠杆定律不适用。

2.3 匀晶相图

两组元在液态和固态均能无限互溶时所形成的二元合金相图，称为匀晶相图。在这类合金中，都是从液相结晶出单相固溶体，这种结晶过程称为匀晶转变。绝大多数二元合金相图都包含有匀晶转变部分。Cu-Ni 合金相图是典型的匀晶相图，如图 2-6 所示。属于此类相图的合金有 Ag-Au、Au-Pt、Fe-Ni、Si-Be、Mo-W、Cr-Mo 等。

现以 Cu-Ni 合金相图为例，对匀晶相图及其合金的结晶过程进行分析。

2.3.1 相图分析

Cu-Ni 合金相图(图 2-6)是典型的匀晶相图。这类相图很简单，A 点为 Cu 的熔点(1083℃)，B 点为 Ni 的熔点(1455℃)。上面的曲线是液相线，代表各种成分的 Cu-Ni 合金在冷却过程中开始结晶或在加热过程中熔化终了的温度；下面的曲线称为固相线，代表各种成分的 Cu-Ni 合金在冷却过程中结晶终了或在加热过程中开始熔化的温度。随着固相线及液相线的出现，相图便被分成了不同的区域，在液相线以上合金处于液体状态(L)，称为液相区；在固相线以下合金处于固体状态(α)，称为固相区；在液相线与固相线之间，合金处于液、固两相($L+\alpha$)并存的状态，称为固液两相区。在液相区内，Cu 和 Ni 在原子尺度上相互混合成均匀的液相；在固相区内，Cu 和 Ni 在原子尺度上相互混合成均匀单一的固溶体相；固液两相区内为固相液相混合物。

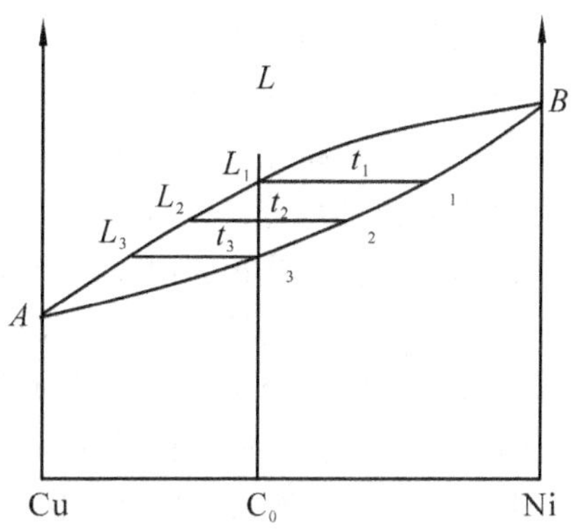

图 2-6 Cu-Ni 二元合金相图及典型合金平衡结晶过程

由相图可知，所有成分的固溶体都存在一个凝固区间。现以 Cu-Ni 合金相图为例，对匀晶相图及其合金的结晶过程进行分析。

2.3.2 固溶体合金的平衡结晶过程

平衡结晶是指在极其缓慢的冷却条件下进行的结晶。铜和镍二组元在固态下能完全互相溶解，并能以任何比例形成固溶体。因此，无论什么成分的 Cu-Ni 合金的平衡结晶过程都是相似的。现以图 2-6 中镍含量为 C_0 点成分的合金为例进行分析。

合金从高温液态缓慢冷却至 t_1 温度时，开始从液相中结晶出 α 固溶体，此时的液相成分为 L_1，相平衡条件为 $L_1 \xrightleftharpoons{t_1} \alpha_1$。由图可见，此时 α_1 中镍的含量高于合金中镍的含量。根据杠杆定律，可以求出 α_1 的含量为零，说明在 t_1 温度时，结晶刚刚开始，固溶体尚未形成。随温度的下降，结晶出来的 α 固溶体量逐渐增多，剩余的液相 L 量逐渐减少。当温度降至 t_2 时，固溶体的成分为 α_2，液相的成分为 L_2，合金的相平衡关系为 $L_2 \xrightleftharpoons{t_2} \alpha_2$。为保持相平衡，在 t_1 温度结晶出来的 α_1 相，必须改变为与 α_2 相一致的成分，液相成分也必须由 L_1 向 L_2 变化。在不断降温的过程中，α 的成分不断地沿固相线变化，液相的成分不断地沿液相线变化。两相的含量可以用杠杆定律来确定。

最后冷却到 t_3 温度时，其相平衡关系 $L_3 \xrightleftharpoons{t_3} \alpha_3$。最后的相平衡。必然使从液相中结晶出来的全部 α 相都具有 α_3 的成分，并使最后一滴液相的成分达到 L_3 的成分，结晶终了。图 2-7 说明了该合金平衡结晶时的组织变化过程。

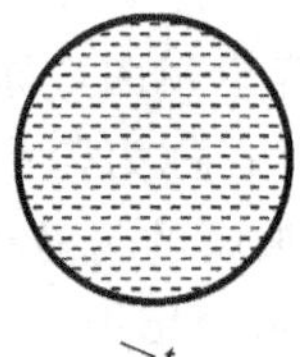

图 2-7　固溶体平衡结晶过程示意图

匀晶合金的结晶过程是在一定温度范围(从 t_1 温度开始到 t_3 温度结束)内进行的。结晶过程中，液相的成分沿液相线变化，固相的成分沿固相线变化。例如，镍含量为 C_0 成分的合金从高温液态缓慢冷却至 t_3 温度时，其液相部分具有 L_3 点的成分，而固相部分具有 α_3 点的成分。但需要说明的是，固溶体合金在结晶过程中，只有在冷却速度极其缓慢，固相、液相的内部以及固液两相之间的原子扩散能充分进行的条件下，固相成分才能沿固相线均匀变化，最终获得与原合金成分相同的 α 固溶体。

由此可知，合金平衡结晶过程的特点是：液态金属在极其缓慢冷却的条件下，冷却至一定温度范围进行结晶，而且在结晶过程中固溶体的成分沿着固相线变化(即 α_1-α_2-α_3)，液相成分沿液相线变化(即 L_1-L_2-L_3)，如图 2-6 所示。这就是固溶体合金的平衡结晶规律。

但在实际生产条件下，冷却速度一般都较快，而且固态下原子扩散又很困难，致使固溶体内部的原子扩散不能充分进行，导致每个晶粒内先结晶部分高熔点组元镍的含量比较高，后结晶部分高熔点组元镍的含量比较低，结果造成在一个晶粒内化学成分的不均匀。由于这种晶粒内的偏析呈树枝状分布，因此称之为枝晶偏析。图 2-8 所示为 Cu-Ni 合金的枝晶偏析。从图中可见，α 固溶体呈树枝状，先结晶的树干富镍，不易浸蚀，呈亮白

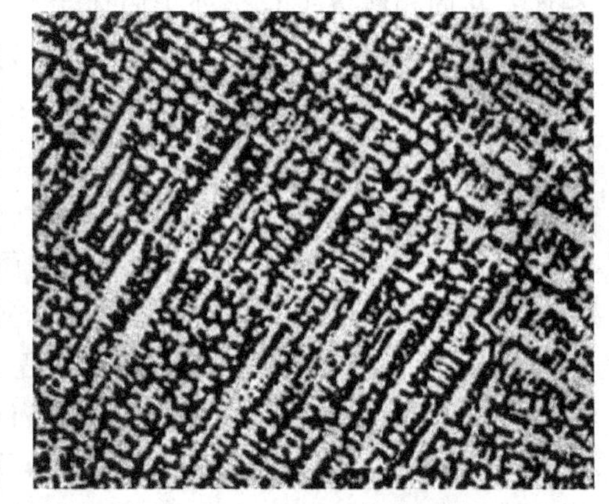

图 2-8　Cu-Ni 合金的枝晶偏析

色；后结晶的枝间富铜，易浸蚀，呈暗黑色。

枝晶偏析会严重降低合金的力学性能和抗蚀性，对加工工艺性能也有损害。为了消除枝晶偏析，可采用高温扩散退火(又称均匀化退火)的方法，将合金铸件加热至固相线以下 100℃～200℃，长时间保温，使偏析的原子充分扩散，从而达到使成分均匀化的目的。

2.4 二元共晶相图

当两组元在液态时无限互溶，在固态时有限互溶，而且发生共晶反应，则所构成的相图称为二元共晶相图。具有这类相图的合金系主要有 Pb-Sn、Pb-Sb、Cu-Ag、Pb-Bi、Cd-Zn、Zn-Sn 等；某些金属元素与金属间化合物之间也构成这类相图，如 $Cu\text{-}Cu_2Mg$、$Al\text{-}CuAl_2$ 等；在 Fe-C、Al-Mg 等相图中，也含有共晶相图。下面以 Pb-Sn 相图为例，对共晶相图及其合金的结晶进行分析。

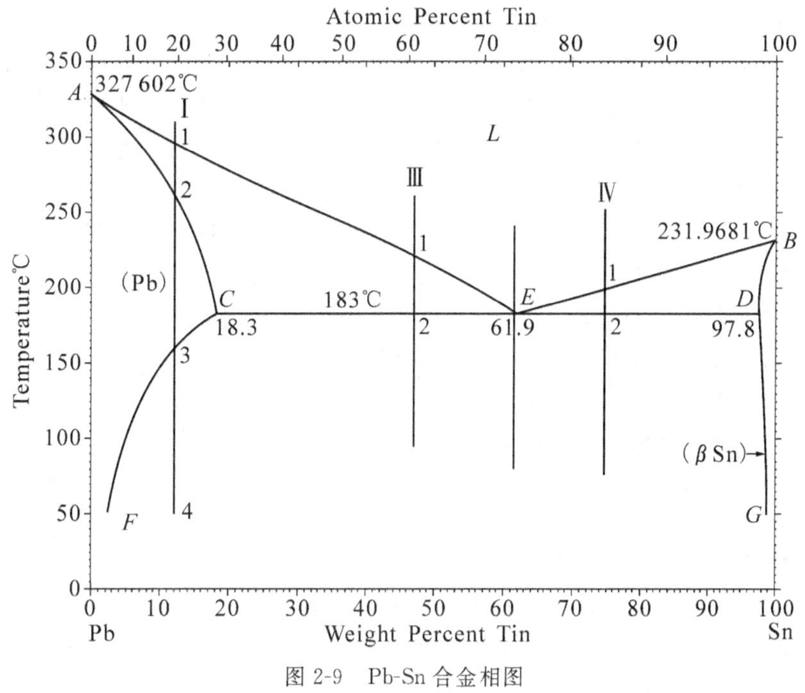

图 2-9 Pb-Sn 合金相图

2.4.1 相图分析

图 2-9 是 Pb-Sn 二元合金相图，在此相图中，AE、BE 为液相线，$ACDB$ 为固相线，A 点为 Pb 的熔点(327.5℃)，B 点为 Sn 的熔点(231.9℃)。合金系中有三个单相区：Pb 与 Sn 形成的液体 L 相、固溶体 α 相和固溶体 β 相。α 相是 Sn 溶于 Pb 中形成的有限固溶体，其固溶度曲线为 CF；β 相是 Pb 溶于 Sn 中形成的有限固溶体，其溶解度曲线为 DG。各个单相区之间有三个两相区，即 $L+\alpha$、$L+\beta$ 和 $\alpha+\beta$。在 $L+\alpha$、$L+\beta$ 和 $\alpha+\beta$ 三个两相区之间的水平线 CED 表示 $L+\alpha+\beta$ 三相共存区。在三相共存水平线所对应的温度下，成分相当于 E 点的液相(L_E)同时结晶出与成分为 C 的 α 固溶体和成分

为 D 的 β 固溶体，即形成两个固溶体的混合物。这种转变的反应式是：

$$L_E \xrightarrow{T_E} \alpha_C + \beta_D$$

根据相律可知，在发生三相转变时，自由度为零($f=2-3+1=0$)，所以这一转变必在恒温下进行，而且三个相的成分应为恒定值，在相图上的特征是三个单相区与水平线只有一个接触点，其中液体单相区在中间且位于水平线之上，两端是两个固相单相区。这种在一定温度下，由一定成分的液相同时结晶出成分各自一定的两个新固相的转变过程，称为共晶转变或共晶反应。共晶转变的产物为两固相的混合物，称为共晶组织。

相图中的 CED 水平线称为共晶线，E 点称为共晶点，E 点对应的温度称为共晶温度，成分对应于共晶点的合金称为共晶合金。成分位于共晶点以左、C 点以右的合金称为亚共晶合金，成分位于共晶点以右、D 点以左的合金称为过共晶合金。

2.4.2 典型合金的平衡结晶过程

现以图 2-9 中的四种典型合金为例，分析其平衡结晶过程。

1. 含锡量 $w_{Sn}<18.3\%$ 的合金(合金 I)

从图 2-9 中可以看出，当合金 I 缓慢冷却到 1 点时，开始从液相中析出 α 相固溶体。随着温度的降低，α 相固溶体的数量不断增多，而液相的数量不断减少，它们的成分分别沿固相线 AC 和液相线 AE 发生变化。合金冷却到 2 点时，结晶完毕，液相全部结晶成 α 相固溶体，其成分与原始成分相同。这一结晶过程与匀晶相图合金的结晶过程一样。这时结晶出来的 α 相固溶体称为初晶或一次晶。匀晶转变完成后，在 2～3 点温度范围内，α 相固溶体不发生变化，为单相组织。当温度降至 3 点以下时，α 相固溶体变为过饱和固溶体，过剩的 Sn 以 β 相固溶体形式从 α 相固溶体中析出。随温度继续下降，α 相固溶体的溶解度不断减小，β 相固溶体增多，α 相和 β 相的成分分别沿着 CF 和 DG 线变化。从固溶体中析出另一个固相的过程称为脱溶过程，即过饱和固溶体的分解过程，也称为二次结晶。从固态 α 相固溶体中析出的 β 相即称为次生相(二次相或二次晶)，用符号 β_{II} 表示，以区别直接从液相中结晶出来的 β 相固溶体。由于固态下原子扩散能力小，因此析出的次生相不易长大，一段都比较细小，分布于晶界或晶粒内部。

合金 I 结晶结束后，在室温下的组织为 $\alpha+\beta_{\text{II}}$，其冷却曲线和平衡结晶过程如图 2-10 所示。

图 2-10　合金 I 的冷却曲线和平衡结晶示意图

成分位于 C 和 F 之间的所有合金，其平衡结晶过程相似，其显微组织都由 $\alpha+\beta_{\text{II}}$ 两相组成，只是两相的相对含量不同。合金越靠近 C 点，β_{II} 的含量越多。两相的含量可以由杠杆定律求出：

$$w_{\beta_{\text{II}}} = \frac{F4}{FG} \times 100\%$$

$$w_{\alpha}=\frac{4G}{FG}\times 100\%$$

2. 共晶合金(合金Ⅱ)

共晶合金Ⅱ中，含锡量为 61.9%，其余为铅。当合金Ⅱ由液相缓慢冷却至 T_E(183℃)时，将发生共晶反应：

$$L_E \xrightleftharpoons{T_E} \alpha_C+\beta_D$$

该反应在恒温(183℃)下一直进行到液相完全消失为止，这时所得到的组织是 α 相和 β 相呈层片状交替分布的细密机械混合物($\alpha_C+\beta_D$)，即共晶组织或称共晶体。其共晶体 α 相和 β 相的含量可由杠杆定律求出：

$$w_{\alpha_C}=\frac{ED}{CD}\times 100\%=\frac{97.8-61.9}{97.8-18.3}\times 100\%=45.2\%$$

$$w_{\beta_D}=\frac{CE}{CD}\times 100\%=\frac{61.9-18.3}{97.8-18.3}\times 100\%=54.8\%$$

在 E 点以下，随着的温度下降，α 相和 β 相的溶解度分别沿各自固溶线 CF、DG 变化，二者均发生二次结晶反应，从 α 相中析出 $\beta_{\text{Ⅱ}}$，从 β 相中析出 $\alpha_{\text{Ⅱ}}$。但由于 $\alpha_{\text{Ⅱ}}$ 和 $\beta_{\text{Ⅱ}}$ 量小，而且常和共晶组织中的同类相混在一起，在显微组织中不易分辨，因此一般不予考虑。

图 2-11 是铅锡共晶合金的显微组织，α 相和 β 相呈层片状交替分布，其中黑色的是 α 相，白色的是 β 相。该合金的冷却曲线和平衡结晶过程如图 2-12 所示。

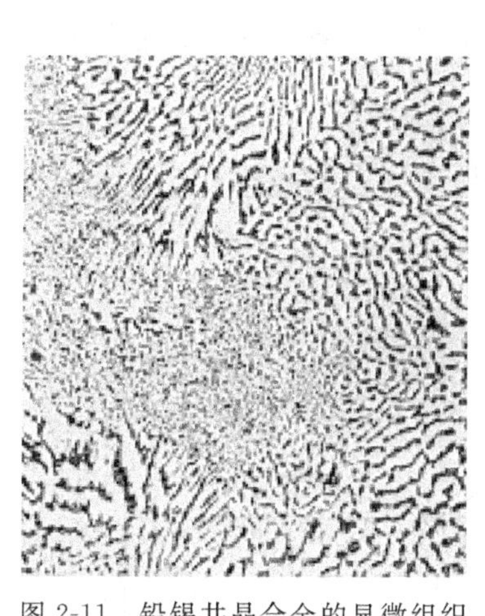

图 2-11 铅锡共晶合金的显微组织

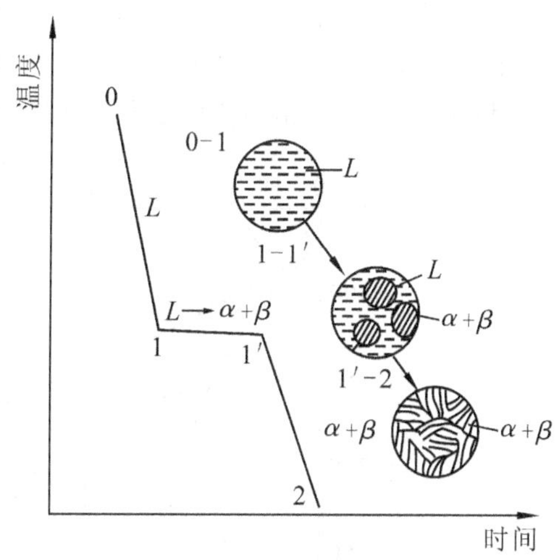

图 2-12 铅锡共晶合金的冷却曲线和平衡结晶过程

3. 亚共晶合金(合金Ⅲ)

成分位于 E 点以左、C 点以右的合金叫做亚共晶合金。当合金Ⅲ自液态缓冷至 1 点温度后，首先析出 α 相固溶体。从 1 点到 2 点的冷却过程中，随着温度缓慢下降，α 相固溶体的数量不断增多，液相数量不断减少。α 相的成分沿 AC 线变化，液相成分沿 AE 线变化。当温度降低至 2 点温度时，合金由 C 点成分的 α 相固溶体和 E 点成分的液相组成。这时剩余的液相正好达到了进行共晶反应的温度和浓度条件，因而在此温度下进行共晶反应：

$$L_E \xrightleftharpoons{T_E} \alpha_C + \beta_D$$

这一转变一直进行到剩余的合金溶液完全变成共晶体时为止。共晶转变前生成的 α 相固溶体叫做初晶或先共晶相。显然，在冷却曲线上必定出现一个代表共晶反应的水平台阶 2-2′，亚共晶合金在共晶反应刚结束时，合金的显微组织是由先共晶的 α 相和共晶组织($\alpha_C+\beta_D$)组成的。

在 2 点以下继续冷却时，将从 α 相(包括初晶 α 相和共晶组织中的 α 相)和 β 相中分别析出次生相 β_{II} 和 α_{II}。在显微镜下只有从初晶 α 相重析出的次生相 β_{II} 可能观察到，共晶组织中的 α_{II} 和 β_{II} 一般难以分辨。所有的亚共晶合金的结晶过程都相同，只是组织组成物和相组成的含量不同。成分愈靠近共晶点，合金中共晶组织愈多。

4. 过共晶合金(合金 IV)

成分位于点 D 以左、E 点以右的合金叫做过共晶合金。过共晶合金的平衡结晶过程和亚共晶合金相似，也包括匀晶转变、共晶反应和二次结晶三个转变阶段，所不同的是过共晶合金的先共晶相是 β 相，而不是 α 相。所以其室温组织为 $\beta+\alpha_{\text{II}}$ 和($\alpha+\beta$)。

根据图 2-9 所示的 Pb-Sn 相图，综合上面的分析可知，虽然在 C～D 点之间的合金均由 α 相和 β 相组成，但是由于合金的成分和结晶过程的变化，就构成了不同形貌的组织，组织是各种相以不同数量、形状和大小组合而成的。例如，在 FC 范围内，合金的组织为 $\alpha+\beta_{\text{II}}$，亚共晶合金的组织为 $\alpha+\beta_{\text{II}}$ +共晶组织($\alpha+\beta$)，共晶合金完全为共晶组织($\alpha+\beta$)，过共晶和金的组织为 $\beta+\alpha_{\text{II}}$ +加共晶组织($\alpha+\beta$)，在 DG 之间的合金组织为 $\beta+\alpha_{\text{II}}$。在这些相中，只有 α、β、($\alpha+\beta$)、α_{II} 和 β_{II} 在显微组织中能清晰地分辨出来，是组成显微组织的独立部分，称为组织组成物。从相的本质看，它们都是由 α 相和 β 相所组成的，所以 α 相和 β 相称为合金的相组成物。

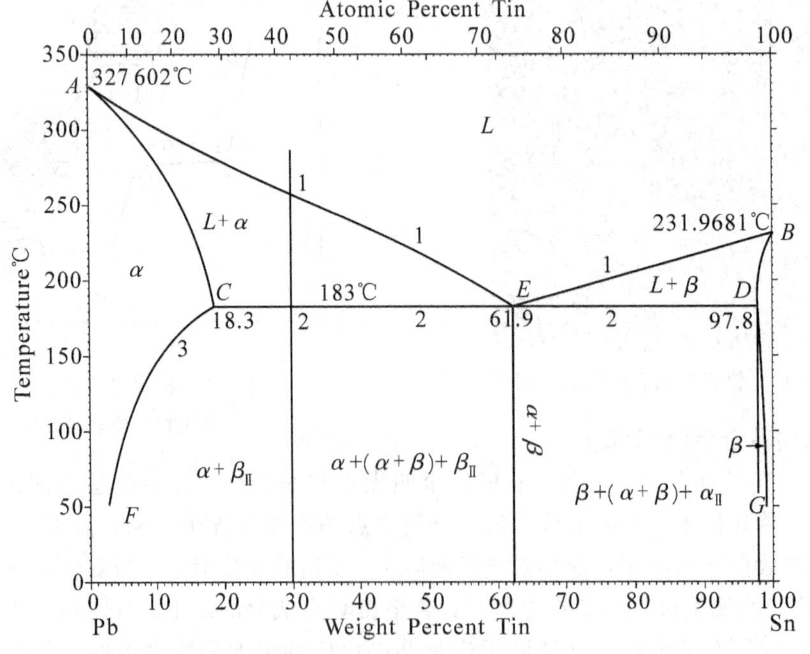

图 2-13　标明组织组成物的 Pb-Sn

为了分析的方便，常把合金平衡结晶后的组织直接添到合金相图上，如图 2-13 所示。这种以组织组成物形式填写相图的方法，与在显微镜下所观察到的显微组织能互相对应，更有利于了解合金系中任一合金在任一温度下的组织状态，以及合金在结晶过程中的组织变化。

无论是合金的组织组成物还是相组成物，它们的相对含量都可以用杠杆定律来计算。例如，锡含量为 30%的亚共晶合金在 183℃共晶转变结束后，先共晶的 α 相和共晶组织($\alpha+\beta$)的含量分别为(图 2-13)：

$$w_{\alpha} = \frac{2E}{CE} \times 100\% = \frac{61.9 - 30}{61.9 - 18.3} \times 100\% = 73.2\%$$

$$w_{(\alpha+\beta)} = \frac{2C}{CE} \times 100\% = \frac{30 - 18.3}{61.9 - 18.3} \times 100\% = 26.8\%$$

相组成物 α 相和 β 相的相对含量分别为：

$$w_{\beta} = \frac{C2}{CD} \times 100\% = \frac{30 - 18.3}{97.8 - 18.3} \times 100\% = 14.7\%$$

$$w_{\alpha} = \frac{2D}{CD} \times 100\% = \frac{97.8 - 30}{97.8 - 18.3} \times 100\% = 85.3\%$$

2.5 包晶相图

当两组元在液态时无限互溶，在固态时有限互溶，且发生包晶反应，则所构成的相图称为二元包晶相图。具有这种相图的合金系主要有 Pt-Ag、Ag-Sn、Al-Pt 等，应用最多的 Cu-Zn、Cu-Sn、Fe-C 等合金系中也包含这种类型的相图。因此，二元包晶相图也是二元合金相图的一种基本形式。下面以 Pt-Ag 合金为例，分析包晶相图及其合金的平衡结晶过程。

2.5.1 相图分析

图 2-14 表示 Pt-Ag 合金相图。图中 ACB 为液相线，$ADPB$ 为固相线。合金系中有 3 种相：Pt 与 Ag 形成的液溶体 L 相；以 Pt 为溶剂、以 Ag 为溶质形成的有限固溶体 α 相，其溶解度曲线为 DE；以 Ag 为溶剂、以 Pt 为溶质形成的有限固溶体 β 相，其溶解度曲线为 PF。

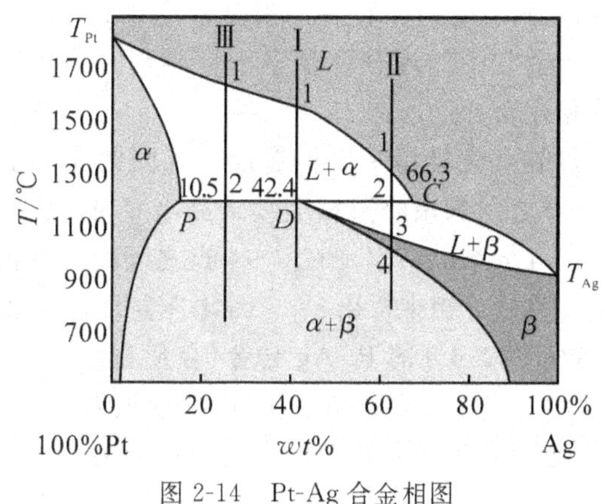

图 2-14　Pt-Ag 合金相图

相图中有三个单相区：即液相 L 及固相 α 相和 β 相，单相区之间三个双相区，即 $L+\alpha$、$L+\beta$ 和 $\alpha+\beta$。双相区之间存在一条三相($L+\alpha+\beta$)共存水平线，即 DPC 线。

相图中的水平线 DPC 是包晶反应线，相图中的 D 点为包晶点，D 点所对应的温度为包晶温度，所有成分在 C 与 D 之间的合金在此温度下都会发生包晶转变，即：

$$L_C + \alpha_D \xrightleftharpoons{T_P} \beta_P$$

这种由一定成分的液相与一定成分的固相在恒温下相互作用而转变为另一种固相的过程称为包晶反应。发生包晶反应时有三相共存，它们的成分确定，反应在恒温下进行。

2.5.2 典型合金的平衡结晶过程

1. 含 Ag 量为 42.4%的 Pt-Ag 合金(合金 I)

由相图 2-14 可以看出，当温度在 1 点以上时合金为液相，冷却到 1 点温度时开始结晶出 α 相。并且随着温度的下降，α 相不断增加，其成分沿 AD 线变化，液相含量逐渐减少，其成分沿 AC 虚线变化。

合金冷却到 P 点温度时，合金中 α 相的成分达到 D 点，L 相成分达到 C 点，此时两相的相对量为：

$$w_\alpha = \frac{PC}{CD} \times 100\% = \frac{66.3-42.4}{66.3-10.5} \times 100\% = 42.8\%$$

$$w_L = \frac{CP}{CD} \times 100\% = \frac{42.4-10.5}{66.3-10.5} \times 100\% = 57.2\%$$

在 T_P 温度时，液相 L 和固相 α 发生包晶反应，即由已经结晶出来的成分为 $w_{Ag}=10.5\%$ 的 β 相固溶体和包围它的尚未结晶的成分为 $w_{Ag}=66.3\%$ 的液相互作用，而变成成分为 $w_{Ag}=42.4\%$ 的的 β 相固溶体。

包晶反应也是一个恒温反应，因此在合金的冷却曲线上出现代表包晶反应的水平台阶。

继续冷却时，由于 Pt 在 β 相中的溶解度随着温度的降低沿 PF 线不断减小，将从 β 相固溶体中析出次生相 α_{II}，因此合金 I 的室温组织为 $\beta+\alpha_{\text{II}}$。

2. 含 Ag 量为 42.4%～66.3%的 Pt-Ag 合金(合金 Ⅱ)

由相图 2-14 可以看出，当温度在 1 点以上时合金为液相，冷却到 1 点温度时开始结晶出 α 相。在 1～2 点之间发生匀晶转变。当合金冷却到 T_P 温度时，发生包晶反应。用杠杆定律可以算出，合金Ⅱ中的液相含量多于包晶点时液相的相对含量，所以包晶转变结束后，仍然有液相存在。

温度继续下降时，包晶反应也是一个恒温反应，因此在合金的冷却曲线上出现代表包晶反应的合金 2～3 点之间剩余的液相继续结晶出 β 相，此时仍然是匀晶转变。当温度下降到 3 点温度时，合金结晶结束。在 3～4 点之间的温度范围内，合金为单相固溶体。在 4 点温度以下，将从 β 相中析出 α_{II}。因此合金Ⅱ的室温组织为 $\beta+\alpha_{\text{II}}$。

3. 含 Ag 量为 10.5%～42.4%的 Pt-Ag 合金(合金Ⅲ)

由相图 2-14 可以看出，当温度在 1 点以上时合金为液相，冷却到 1 点温度时开始结晶出 α 相。在 1～2 点之间发生匀晶转变。当合金冷却到 T_P 温度时，发生包晶反应。用杠杆定律可以算出，合金Ⅱ中的 α 相相含量多于包晶点多于包晶点时 α 相的相对含量，所以包晶转变结束后，仍然有 α 相存在。

温度继续下降时，由于 α 相和 β 相固溶体溶解度的变化，将不断地从 β 相固溶体中析出 α_{II}，从 α 相固溶体中析出 β_{II}。因此合金Ⅲ的室温组织为 $\alpha+\beta+\alpha_{\mathrm{II}}+\beta_{\mathrm{II}}$。

需要强调的是，合金在包晶转变中很容易发生晶内偏析。发生包晶转变时，新相 β 相依附于 α 相上，β 相很快将 α 相包围起来，此时若继续发生包晶转变只能通过 β 相进行原子扩散。因为原子在固相中的扩散比在液相中慢得多，所以在包晶反应过程中，伴随 β 相层的加厚，包晶反应的速度会愈来愈慢，除了在极其缓慢冷却情况以外，实际上包晶反应往往进行得不完全、不充分，因而常常获得成分不均匀的不平衡组织。这种现象称为包晶偏析，包晶偏析可以通过扩散退火来减小或消除。

2.6 其他相图

2.6.1 共析相图

自某种均匀一致的固相中同时析出两种化学成分和晶格结构完全不同的新固相的转变过程，称为共析反应。与共晶反应类似，共析反应也是一个恒温过程，也有类似共晶点的共析点和类似共晶线的共析线。共析反应的产物称为共析体，其显微组织称为共析组织。具有共析反应的合金相图如图 2-15 所示。

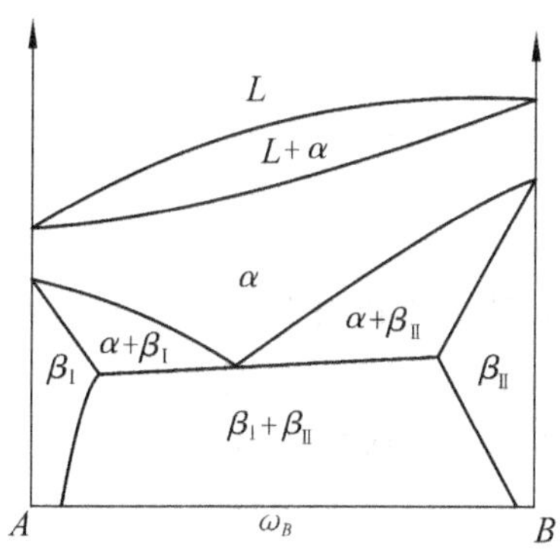

图 2-15　具有共析反应的合金相图

由于共析反应是在固态合金中进行的，转变温度较低，原子扩散困难，容易获得较大的过冷度而使形核率提高。因此，与共晶组织相比，共析组织要细小均匀得多。此外，由于共析转变前后晶体结构不同，转变会引起容积变化，从而产生较大的内应力。这一现象在钢的热处理中表现得较为明显。铁碳合金中珠光体转变就是最常见的共析转变。

2.6.2 形成稳定化合物的相图

所谓稳定化合物，系指具有一定熔点，在熔点以下保持其固有结构而不发生分解的化合物。在相图中可把这种化合物看做是一个独立组元，因而用一条垂线表示，并把相图分为两个独立的相图。图 2-16 为 Mg-Si 相图，当 Si 的含量为 36.6%时形成稳定化合物 Mg_2Si，其成分固定，可作为一个独立组元而将相图分解为两个独立的共晶相图，分别按各自独立的共晶相图进行分析。

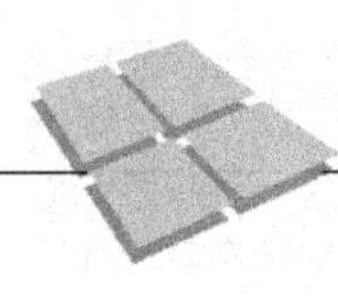

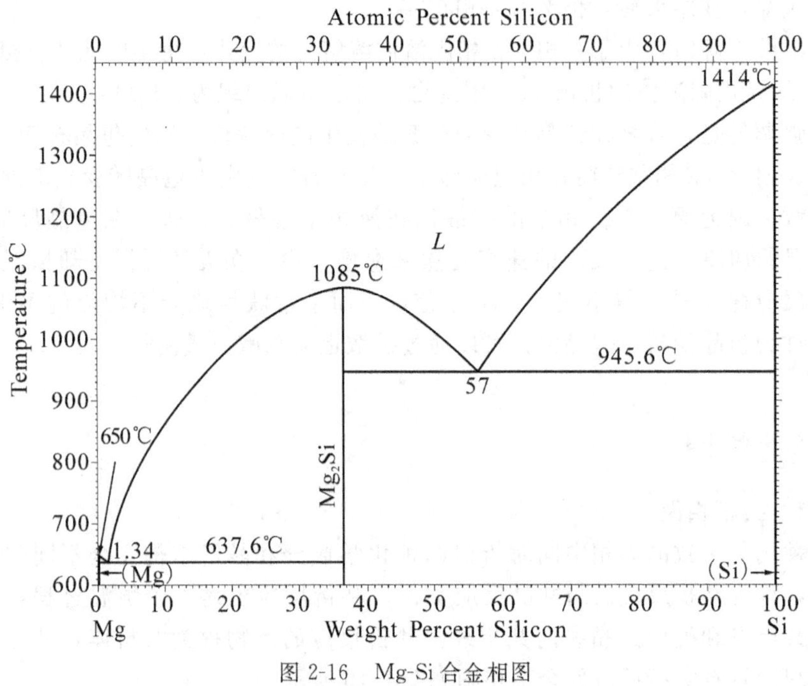

图 2-16　Mg-Si 合金相图

2.7　二元合金相图的分析与使用

实际二元合金相图，有的图形比较复杂，往往不是单由一种反应而是由若干种反应互相组合而成的，往往令人感到难以分析。事实上，这些复杂的二元相图的基本组成单元大部分是匀晶、共晶、包晶、共析等基本图形。因此，只要熟练掌握上述基本图形的特点，同时掌握由基本反应构成复杂相图的规律，就能正确地读懂二元相图。

2.7.1　相图分析步骤

相图的分析步骤如下：

(1)首先看相图中是否有稳定化合物存在，如果存在，则以稳定化合物为独立组元，把相图分为几部分分别进行分析。

(2)在分析各相区时要熟悉单相区中的相，然后根据接相触法则辨别其他相区。相接触法则是指在二元合金相图中，相邻相区的相数相差为 1(点接触的情况除外)，即两个单相区之间必定有一个由这两个单相组成的两相区，两个双相区必定以单相区或三相区共存水平线分开。相接触法则可用来检验二元相图中相区标注是否正确。

(3)找出三相共存水平线及与其相接触(点接触)的三个单相区，由三个单相区与水平线相互配置位置，可以确定三相平衡转变的性质。

(4)利用相图分析典型合金的结晶过程及组织。首先自相图的横坐标(成分轴)上选定所要分析的合金成分，再由此点引直线垂直于横坐标，称为合金线，然后沿合金线由高温到低温分析其结晶过程。

①合金在单相区内时，合金由一个相组成，相的成分与合金成分相同，该相的质

量就是合金的质量。

②当合金处于两相区时，合金由两相构成，各相的成分均沿其相界线变化，各相的相对含量可由杠杆定律求出。

③当合金处于三相平衡线时，说明正在进行某种反应(共晶、共析、包晶或包析反应)，此时三个相的成分是固定的，但其数量在不断地变化。由于处于三相区，不能应用杠杆定律来计算各相的相对数量。只有当反应完成，合金进入新的单相区或两相区时，才能计算其数量。

2.7.2 合金的性能与相图之间的关系

合金的性能取决于合金的化学成分和组织，而相图直接反映了合金的成分和平衡组织的关系。因此，具有平衡组织的合金的性能与相图之间存在着一定的联系。可以利用相图大致判断不同成分合金的性能变化，如图 2-17 和图 2-18 所示。

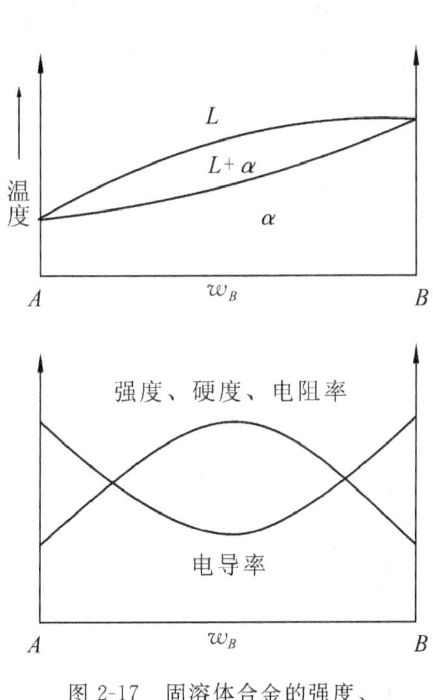

图 2-17 固溶体合金的强度、硬度及电导率与相图之间的关系

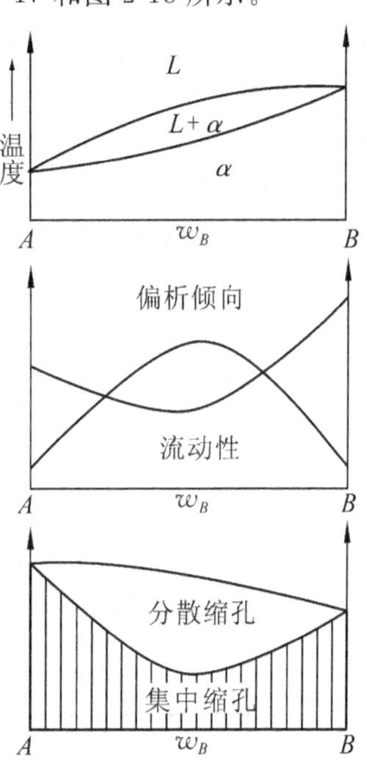

图 2-18 固溶体合金的铸造性能与相图之间的关系

1. 单相固溶体合金

合金形成单相固溶体时，合金的性能与组成元素的性质及溶质元素的溶入量有关。当溶质溶入溶剂晶格后，造成晶格畸变，从而引起合金的固溶强化，使固溶体的强度、硬度随溶质元素的增加而升高，合金的塑性随溶质元素的增加而降低。由于溶质元素增加，导致晶格畸变增大，增大了合金中自由电子的运动阻力，合金的电导率随溶质元素的增加而下降，如图 2-17 所示。因此，通过选择适当的组成元素和适量的组成关系，可以使合金获得较金属高得多的强度和硬度，并保持较高的塑性和韧性，即形成单相固溶体的合金具有较好的综合机械性能。但是在一般情况下，固溶强化所达到的强度、硬度有限，不能满足工程结构对材料性能的要求。

固溶体合金的铸造性能(参看图 2-18)与其在结晶过程的温度变化范围及成分变化

范围(即相图中的液相线与固相线之间的垂直距离与水平距离)的大小有关，随着变化范围的增大，其铸造性能变差，如流动性降低，分散缩孔增大，偏析倾向增大等。这是因为液相线与固相线的水平距离越大，则结晶出的固相与剩余液相的成分差别越大，产生的偏析越严重；液相线与固相线之间的垂直距离越大，则结晶时液、固两相共存的时间越长，形成树枝状晶体的倾向就越大，这种细长易断的树枝状晶体阻碍液体征铸型内流动，致使合金的流动性变差，从而使枝晶相互交错所形成的许多封闭微区不易得到外界液体的补充，故易于产生分散缩孔，使铸件组织疏松，性能变差。

由以上分析可知，单相固溶体合金不宜制作铸件而适于承受压力加工。在材料选用时应当注意固溶体合金的这一特点。

固溶体合金的性能可以由于次生相产生而发生显著的改变。如果固溶体中析出次生相来，若次生相沿晶界以连续或断续的网状析出，或次生相呈现为针状物或带尖角的块状物时，合金的塑性、韧性及综合机械性能明显下降，合金的压力加工性能及使用性能显著变差，但切削性能却可以有所提高。当次生相以细小颗粒均匀分布在固溶体的晶粒之中时，会使合金的塑性、韧性稍有下降，而强度、硬度有所增加，这一现象称为合金的弥散强化。

弥散硬化是合金的基本强化方式之一，在实际生产及合金研究工作中已经获得广泛应用。

2. 两相混合物合金

当合金形成两相混合物时，随着成分的变化，合金的强度、硬度、电导率等性能在两相组分的性能间呈线性变化，如图 2-19(a)、(b)所示。

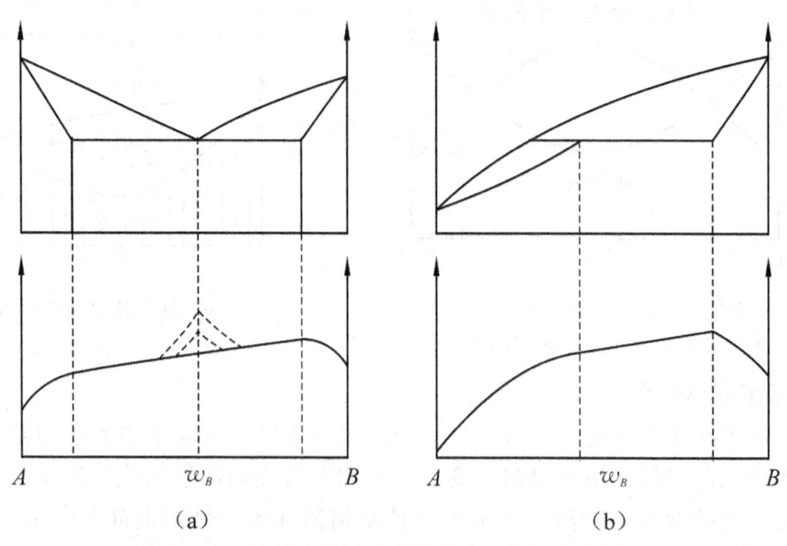

图 2-19　两相混合物合金的性能与相图之间的关系

对于共晶成分或共析成分的合金，其性能主要取决于组织的细密程度，组织越细密，对组织敏感的合金性能如强度、硬度、电阻等提高越多；而那些对组织不敏感的性能如比重、比容等则无甚变化。

当合金形成两相混合物时，通常合金的压力加工性能较差，但切削加工性能较好。

合金的铸造性能与合金中共晶体的数量有关，共晶体的数量较多时合金的铸造性能较好，完全由共晶体组成的合金铸造性能最好，如图 2-20 所示。因为共晶合金在恒温下进行结晶，同时熔点又最低，具有较好的流动性，在结晶时易形成集中缩孔，铸件的致密性好。因此在其他条件许可的情况下，铸造材料应当选用共晶体尽量多的合金。

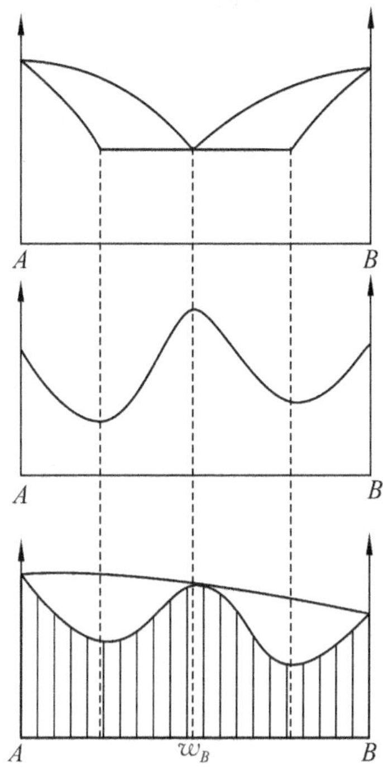

图 2-20　两相混合物合金的铸造性能与相图之间的关系

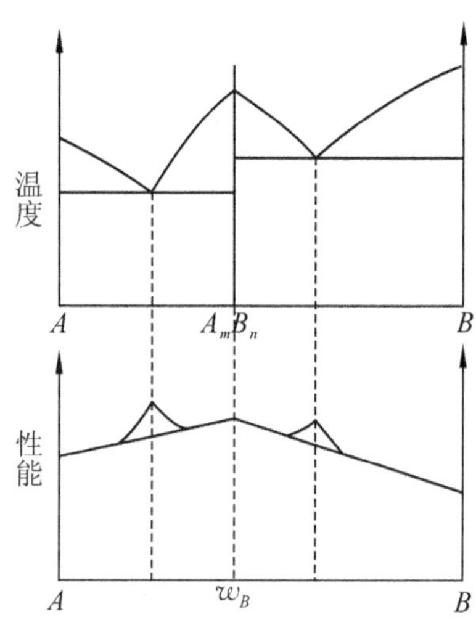

图 2-21　形成稳定化合物合金的性能与相图之间的关系

3. 形成稳定化合物合金

当合金形成稳定化合物时，在化合物处性能出现极大值或极小值，如图 2-21 所示。

此时，合金具有较高的强度、硬度和某些特殊的物理化学性能，但塑性、韧性及各种加工性能很差，因而不宜于做结构材料。它们可以作为烧结合金的原料，用来生产硬质合金或用以制造其他具有某种特殊物理、化学性能的制品或零件。

思考题

1. 解释下列名词：合金，组元，合金系，相和组织。

2. 何谓固溶体、置换固溶体、有限固溶体、无限固溶体和间隙固溶体？

3. 已知熔点为 667℃ 和熔点为 1430℃ 在液态无限互溶，固态时互不相溶，在 577℃ 时，$w_B=12.6\%$的合金发生共晶转变，要求：

(1)示意画出 A-B 合金相图；

(2)分析 B 的质量分数分别为 5%、12.6%、60%时合金的结晶过程。

4. 有一个二元共晶反应如下：$L(75\%B) \xrightleftharpoons{T_E} \alpha(15\%B)+\beta(95\%B)$，求：

(1)含 50%B 的合金凝固后，初晶 α 与共晶体($\alpha+\beta$)的质量百分数；α 相与 β 相的质量百分数。

(2)若共晶反应后β和$(\alpha+\beta)$各占一半，问该合金成分如何？

5. 已知A、B两种组元在液态时无限互溶，固态时能形成共晶，共晶点成分为$w_B=30\%$；固态时A组元在B组元中有限固溶，在共晶温度时溶解度为$w_B=10\%$，室温时溶解度为$w_B=0.8\%$，B组元在A组元中不能固溶，B组元的硬度高于A组元，要求：

(1)示意画出A-B合金相图，说明图中主要点、线、区的含义及区域相的名称。

(2)画出合金的力学性能与该二元合金相图的关系曲线。

第 3 章　铁碳合金相图

现代制造工业中应用最多的是金属材料，而碳钢与铸铁是应用最为广泛的金属材料，是铁和碳组成的合金，不同成分的碳钢和铸铁，其组织和性能也不相同。为了熟悉并合理利用钢铁材料，必须首先了解铁与碳的相互作用，认识铁碳合金的本质及铁碳合金的成分、组织结构与性能之间的关系。

在铁碳合金中，根据结晶条件的不同，组元碳可具有碳化物 Fe_3C 和石墨两种形式，渗碳体在热力学上是一个亚稳定相，而石墨是稳定的相。在通常情况下，铁碳合金是按 Fe-Fe_3C 系进行转变的。本章将要讨论的铁碳合金相图实际上就是 Fe-Fe_3C 相图。

3.1　铁碳合金的组元和特性

3.1.1　纯铁

纯铁的熔点为 1538℃。纯铁的冷却转变曲线如图 3-1 所示。液态纯铁在 1538℃时结晶为具有体心立方晶格的δ-Fe，继续冷却到 1394℃时由体心立方晶格的δ-Fe 转变为面心立方晶格的 γ-Fe，再冷却到 912℃时又由面心立方晶格的 γ-Fe 转变为体心立方晶格的 α-Fe，先后发生两次晶格类型的转变。金属在固态下由于温度的改变而发生晶格类型转变的现象，称为同素异构转变。同素异构转变有热效应产生，故在冷却曲线上可看到在 1394℃ 和 912℃ 处出现平台。

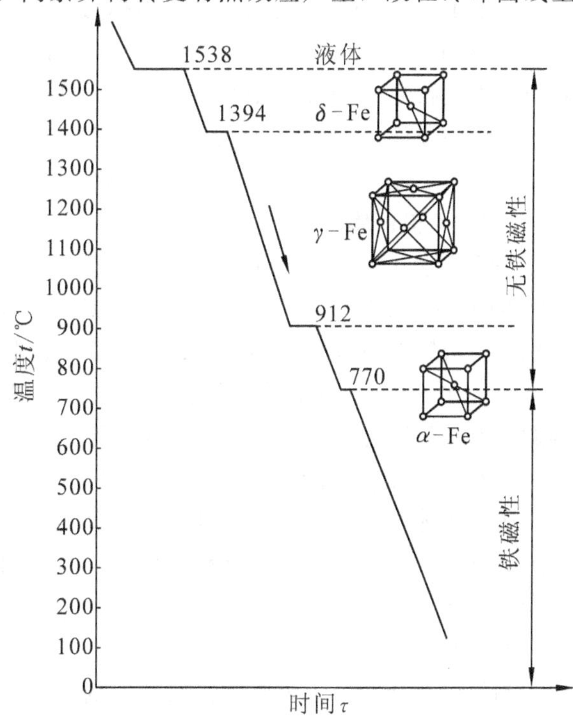

图 3-1　纯铁的冷却曲线及晶体结构变化

纯铁在 770℃时发生磁性转变。在 770℃以下 α-Fe 呈铁磁性，在 770℃以上 α-Fe 的磁性消失。770℃称为居里点，用 A_2 表示。

真正的纯铁几乎是不存在的，因为其中总含有杂质。工业上应用的纯铁，碳的质量分数通常小于 0.0218%。工业纯铁的性能特点是强度、硬度低，塑性好，在其他条件不变时晶粒越细，强度越高。其机械性能大致如下：拉伸强度 σ_b=180 ～ 230MPa；屈服强度 σ_s=100～170MPa；延伸率 δ = 30%～50%；断面收缩率 ψ=70%～80%；冲击值 A_k=128～160J；布氏硬度 HB：50～80。

工业纯铁虽然塑性较好，但强度低，很少用于制造机械零件，工业上应用的都是铁的合金，其中应用最广泛的是铁碳合金。

3.1.2 石墨

碳在固态下有晶态、非晶态两种存在形式，晶态又以石墨、金刚石两种形式为主。在铁碳合金中石墨具有层状的六方晶格，六方层中的点阵常数为 0.142nm，而层间距为 0.340nm。碳原子在六方层中彼此间以很强的共价键结合在一起，层与层之间结合较弱，因此石墨很容易沿六方层发生滑移。石墨的硬度很低，只有 3～5HB，而其塑性几乎为零。

3.1.3 渗碳体

铁与碳形成的金属间化合物 Fe_3C 称为渗碳体，用 Fe_3C 表示。渗碳体中的 $\omega_C=6.69\%$，熔点为 1227℃，是一种具有复杂晶体结构的间隙化合物。渗碳体的硬度很高，但塑性和韧性几乎等于零。渗碳体是钢中主要强化相，在铁碳合金中的存在形式有粒状、球状、网状和细片状。其形状、数量、大小及分布对钢的性能有很大的影响。

渗碳体是一种亚稳定相，在一定条件下会分解，形成石墨状的自由碳和铁：$Fe_3C \rightarrow 3Fe+C$(石墨)，这一过程对铸铁具有重要的意义。

3.2 铁碳合金中的基本相、基本组织及其性能

3.2.1 铁素体

碳溶于 α-Fe 中形成的间隙固溶体称为铁素体，常用符号 F 或 α 表示。铁素体仍保持 α-Fe 的体心立方晶格，碳溶于 α-Fe 的晶格间隙中。由于体心立方晶格原子间的空隙较小，因此碳在 α-Fe 中的溶解度也较小，在 727℃时，溶碳能力为最大$\omega_C=0.0218\%$，随着温度的降低，α-Fe 中碳的质量分数逐渐减少，在室温时降到 0.0008%。铁素体的力学性能与工业纯铁相似，即塑性、韧性较好，强度、硬度较低。

3.2.2 奥氏体

碳溶于 γ-Fe 中形成的间隙固溶体称为奥氏体，用符号 A 或 γ 表示。奥氏体仍保持 γ-Fe 的面心立方晶格。由于面心立方晶格间隙较大，因此奥氏体的溶碳能力较强。在 1148℃时溶碳能力最大，为$\omega_C=2.11\%$，随着温度的下降，γ-Fe 中的碳的质量分数逐渐减少，在 727℃时碳的质量分数为 0.77%。奥氏体的强度、硬度不高，但塑性很好，因此，钢材的压力加工一般都是加热到奥氏体状态进行的。

3.2.3 高温铁素体

碳溶于体心立方晶格 δ-Fe 所形成的间隙固溶体称为高温铁素体或 δ 固溶体，常用 δ 表示。高温铁素体与铁素体的本质相同，两者的区别仅在于高温铁素体存在的温度范围较铁素体为高。

3.2.4 Fe_3C

当铁碳合金的碳含量超过碳在铁中的溶解度时，多余的碳在 $Fe\text{-}Fe_3C$ 二元合金系中以 Fe_3C 形式存在。因此它既是铁碳合金中的组元，又是基本相。

3.2.5 珠光体

珠光体为铁素体和渗碳体的机械混合物，用 *P* 表示。在金相显微镜下，当放大倍数较高时，能清楚地看到珠光体中渗碳体呈片状分布于铁素体基体上，在低倍下，珠光体呈现层片状特征。

3.2.6 莱氏体

奥氏体 γ 与 Fe_3C 机械混合物，用 *Ld* 或 *Le* 表示，存在于碳的质量分数大于 2.11%和温度高于 727℃的区间，在低温下为低温莱氏体或变态莱氏体，用 *Ld′* 或 *Le′* 表示。莱氏体的硬度高、塑性差。

3.3 铁碳合金相图分析

铁碳合金相图是表示平衡条件下铁碳合金的成分、温度和状态之间关系及其变化规律的图解。利用它不仅可以了解不同成分铁碳合金的组织状态和性能，而且还是人们制定铁碳合金热加工工艺的主要依据。铁与碳可形成 Fe_3C、Fe_2C、FeC 等一系列化合物。但碳的质量分数大于 6.69%的铁碳合金脆性极大，没有使用价值。另外，Fe_3C 中碳的质量分数为 6.69%，是个稳定的金属间化合物，可以作为一个组元，因此，研究的铁碳合金相图实际上是研究 Fe-Fe_3C 相图，如图 3-2 所示。

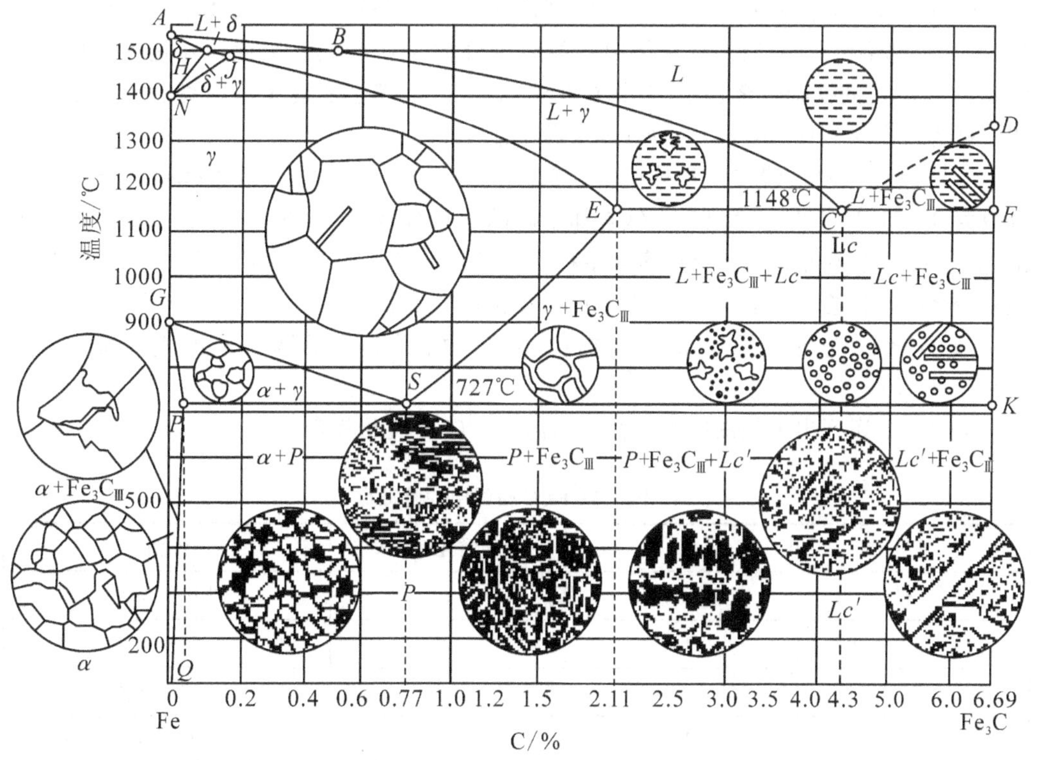

图 3-2 Fe-Fe_3C 相图

相图中主要的线及其含义如下：

ABCD 线为液相线，是铁碳合金开始结晶或完全熔化温度的连线，此线以上为液

相。*AH-JECF* 线为固相线，是铁碳合金开始熔化或完全结晶温度的连线。此线以下为固相。

三条水平线(*HJB*、*ECF*、*PSK*)为三条恒温转变线，它们是构成 $Fe\text{-}Fe_3C$ 相图的三个重要组成部分。

(1)在 *HJB* 水平线(1495℃)发生包晶转变：

$$LB+\delta_H \rightarrow \gamma_H$$

转变产物是奥氏体 γ。此转变仅发生在含碳 0.09%～0.53%的铁碳合金中。

(2)在 *ECF* 水平线(1148℃)发生共晶转变：

$$LC \rightarrow \gamma_E + Fe_3C$$

转变产物是奥氏体 γ 和 Fe_3C 的机械混合物，称为莱氏体。含碳 2.11%～6.69%的铁碳合金都发生此转变。

(3)在 *PSK* 水平线(727℃)发生共析转变：

$$\gamma_E \rightarrow \alpha_P + Fe_3C$$

共析转变的产物是由铁素体与渗碳体所组成的共析体，称为珠光体，常以 *P* 表示。所有含碳量超过 0.0218%的铁碳合金都发生此转变。共析转变温度通常称为 A_1 温度。

以上三条水平线均处于三相平衡状态，反应过程均为恒温转变过程。

此外，铁碳合金中还有三条重要的特性线：

(1)*ES* 线。它是碳在奥氏体中溶解度曲线。在 1148℃时，奥氏体中碳的质量分数为 2.11%，而在 727℃时，奥氏体中碳的质量分数为 0.77%。因此，凡是碳的质量分数大于 0.77%的铁碳合金自 1148℃冷却至 727℃时，都会从奥氏体中沿晶界析出渗碳体，称为二次渗碳体($Fe_3C_{Ⅱ}$)。*ES* 线又称 A_{cm} 线。

(2)*PQ* 线。它是碳在铁素体中的溶解度曲线。在 727℃时，铁素体中的碳的质量分数为 0.0218%，而在室温时，铁素体中碳的质量分数为 0.0008%。故一般铁碳合金由 727℃冷却至室温时，将由铁素体中析出渗碳体，称为三次渗碳体($Fe_3C_{Ⅲ}$)。在碳的质量分数较高的合金中，因其数量极少可忽略不计。

(3)*GS* 线。它是合金冷却时自奥氏体中开始析出铁素体的析出线，通常称为 A_3 线。

表 3-1 中还列出了相图中各特性点的温度、碳含量及其含义。

表 3-1　$Fe\text{-}Fe_3C$ 相图中的特征点

符号	温度/℃	碳的含量ω_C/%	说明
A	1538	0	纯铁的熔点
C	1148	4.3	共晶点
D	1227	6.69	渗碳体熔点
E	1148	2.11	碳在 γ-Fe 中的最大溶解度
F	1148	6.69	渗碳体的成分
G	912	0	α-Fe、γ-Fe 同素异构转变点

续表

符号	温度/℃	碳的含量ω_C/%	说明
K	727	6.69	渗碳体的成分
P	727	0.0218	碳在 α-Fe 中的最大溶解度
S	727	0.77	共析点
Q	室温	0.0008	碳在 α-Fe 中的溶解度

3.4 典型铁碳合金的结晶过程及其组织

铁碳合金通常可按其碳的质量分数和显微组织的不同，分成工业纯铁、钢和白口铸铁三大类。其中，碳钢和铸铁按有无共晶转变来区分，即含碳量小于 2.11%的为碳钢，大于 2.11%的为铸铁。具体可划分为七种类型，如图 3-3 所示。

(1)工业纯铁：w_C<0.0218%。

(2)亚共析钢：0.0218%<w_C<0.77%。

(3)共析钢：w_C=0.77%。

(4)过共析钢：0.77%<w_C<2.11%。

(5)亚共晶白口铸铁：2.11%<w_C<4.30%。

(6)共晶白口铸铁：w_C=4.30%。

(7)过共晶白口铸铁：4.30%<w_C<6.69%。

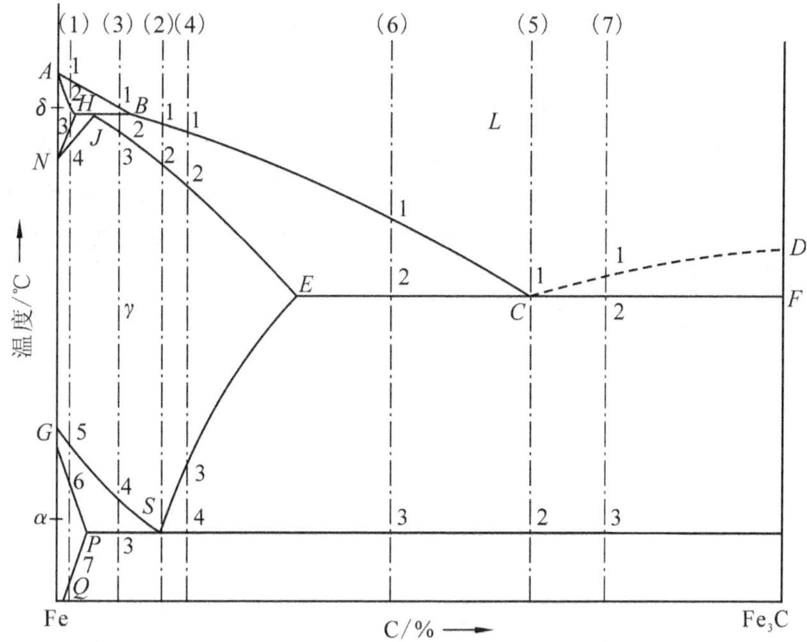

图 3-3 七种典型铁碳合金在相图上的位置

下面以图 3-3 中的典型合金为例，分别对每种类型的合金平衡凝固时的转变过程和室温组织进行分析。

1. 工业纯铁(w_C<0.0218%)

图 3-4 为工业纯铁的冷却曲线和平衡凝固过程示意图。

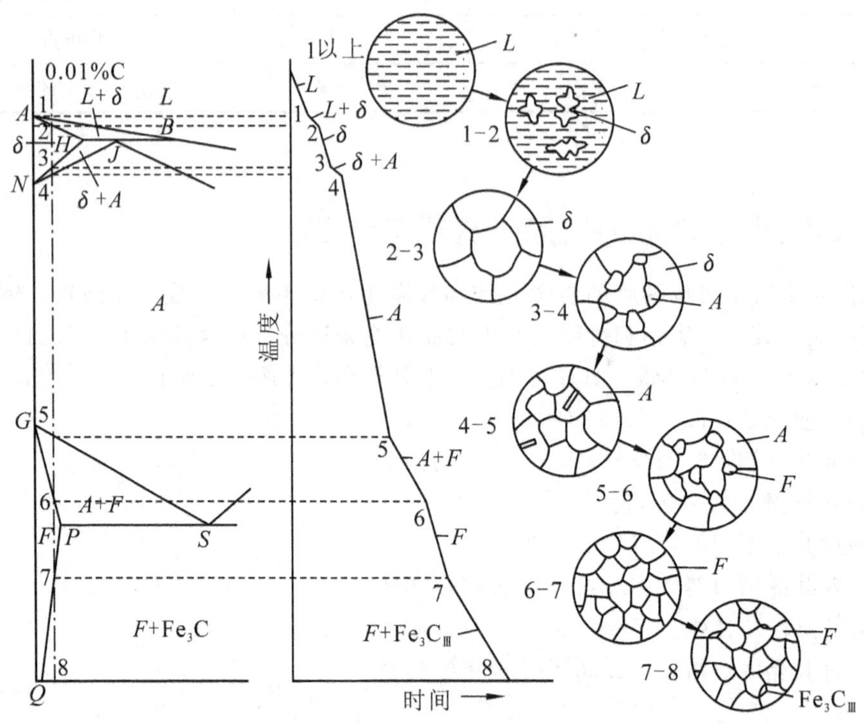

图 3-4 工业纯铁的冷却曲线和平衡凝固过程示意图

合金溶液在 1～2 点温度区间结晶出 δ 固溶体。冷却至 3 点时，开始发生固溶体的同素异构转变 δ→γ。这一转变在 4 点结束，合金为单相 γ。冷却至 5～6 点之间又发生同素异构转变 γ→α，6 点以下全部为 α。冷却至 7 点时，碳在 α 中的溶解度达到饱和，在 7 点以下，将从 α 中析出三次渗碳体 $Fe_3C_Ⅲ$。因此，工业纯铁的室温组织为 α+$Fe_3C_Ⅲ$，如图 3-5 所示。

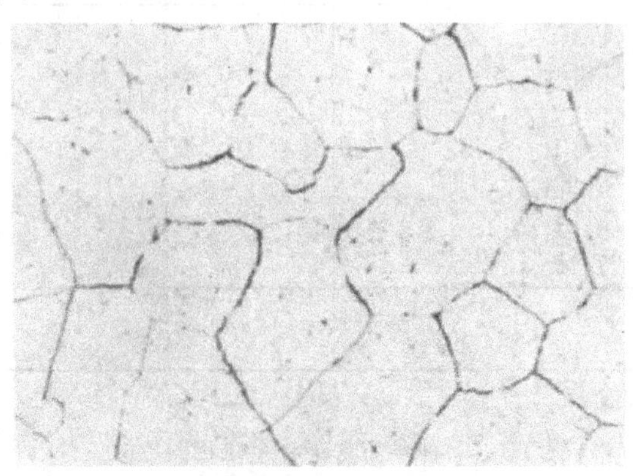

图 3-5 工业纯铁的室温平衡组织 250×

2. 共析钢(w_C=0.77%)

图 3-6 为碳钢部分的典型铁碳合金的结晶过程分析示意图。

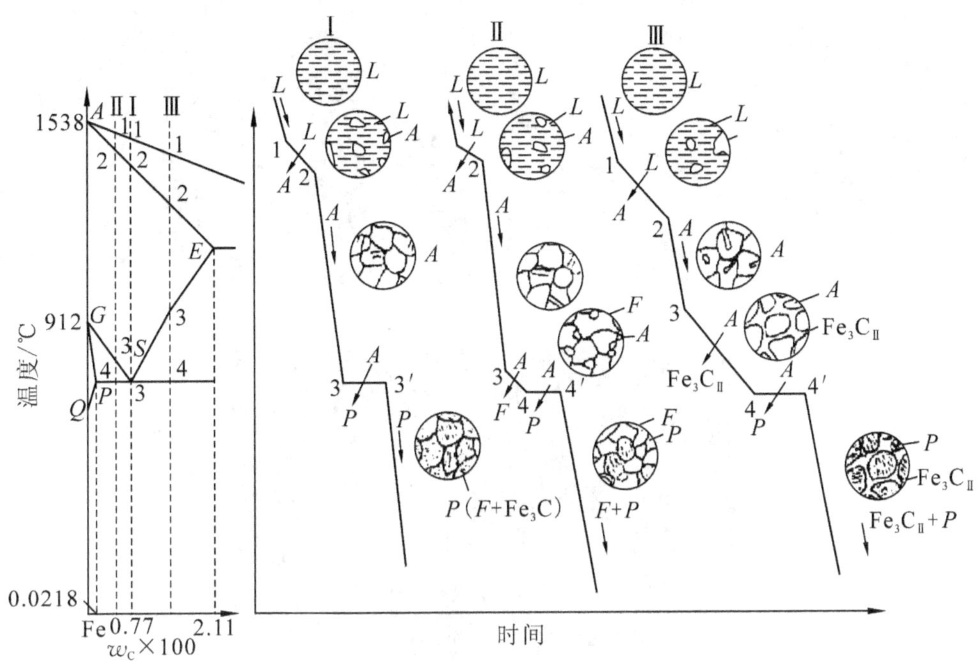

图 3-6　碳钢部分的典型铁碳合金的结晶过程分析示意图

对于合金Ⅰ，1点温度以上为液相 L，在1～2点温度之间从 L 中不断结晶出 A，缓冷至2点以下全部为 A，2～3点之间 A 冷却，缓冷至3点时 A 发生共析转变(As→P)生成 P。该合金的室温组织为 P，其冷却曲线和平衡结晶过程如图 3-6 所示，显微组织如图 3-7 所示。

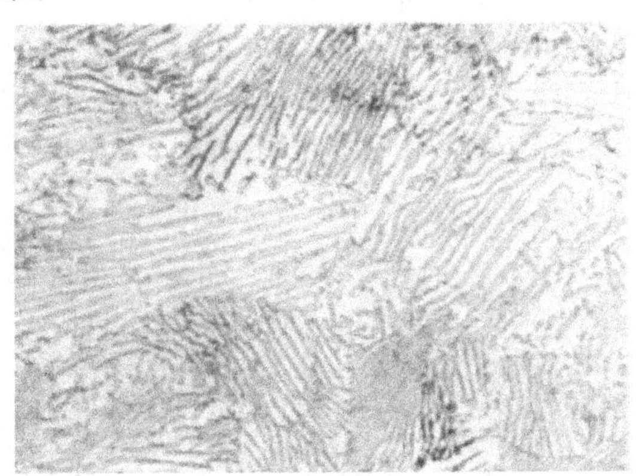

图 3-7　共析钢的室温平衡组织 1000×

3. 亚共析钢(0.0218%<w_C<0.77%)

图 3-6 中合金Ⅱ，1点温度以上为 L，在1～2点温度之间从 L 中不断结晶出 A，冷却至2点以下全部为 A，2～3点之间为 A 冷却，3～4点之间 A 不断转变成 F，缓冷却至4点时，剩余的 A 成分为 w_C=0.77%，发生共析反应(As→P)生成 P。该合金的室温平衡组织为 F+P，其冷却曲线和平衡结晶过程如图 3-6 所示，显微组织如图 3-8 所示。

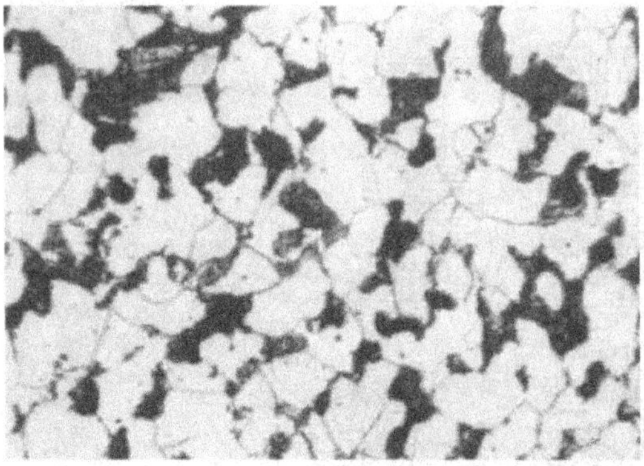

(a) 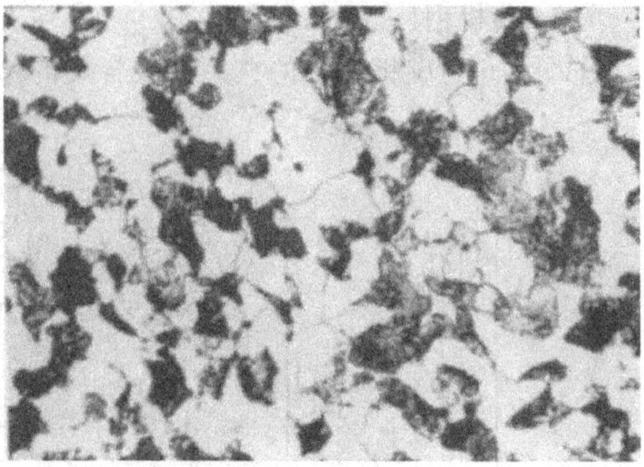　　　　　　　　　　　　(b)

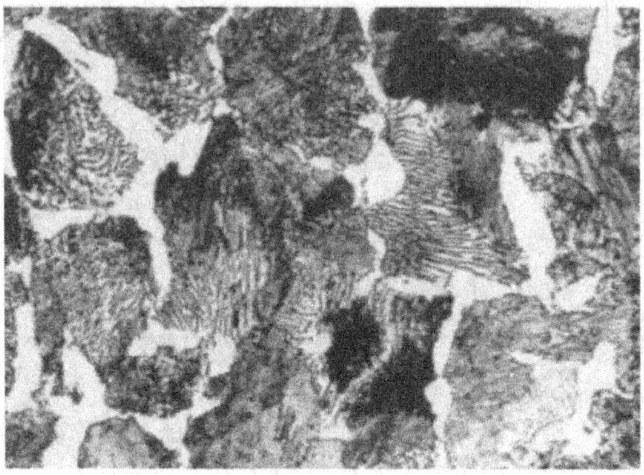

(c)

(a)0.20%C410×(b)0.45%C400×(c)0.60%C300×

图 3-8　亚共析钢的室温平衡组织

4. 过共析钢(0.77%<w_C<2.11%)

图 3-6 中合金Ⅲ，1 点温度以上为 L，在 1～2 点温度间从 L 中不断结晶出A，2～3 点 A 冷却，3～4 点间从 A 中不断析出沿 A 晶界分布，呈网状的 $Fe_3C_{Ⅱ}$，缓冷至 4 时，剩余的 A 成分为 w_C=0.77%，发生共析转变(As→P)生成 P。该合金室温平衡组织为 P+$Fe_3C_{Ⅱ}$，其冷却曲线及平衡结晶过程如图 3-6 所示，显微组织如图 3-9 所示。

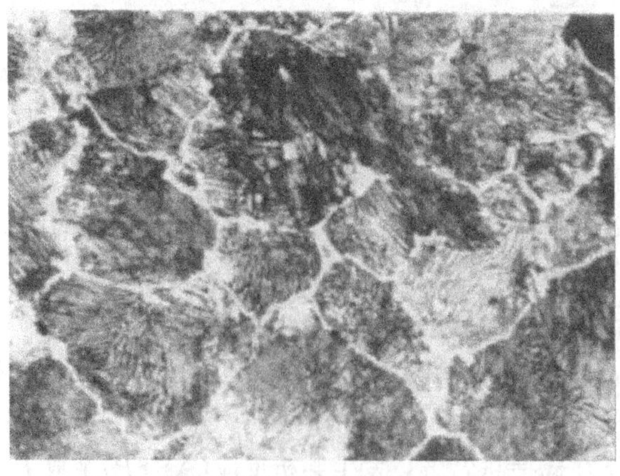

图 3-9　过共析钢的室温平衡组织 500×

5. 共晶白口铸铁(w_C=4.3%)

图3-10中合金Ⅳ，1点温度以上为L，缓冷至1点温度(1148℃)时，L发生共晶转变($Lc \rightarrow A_E + Fe_3C$)生成莱氏体($Ld$)，在1～2点之间时，$Ld$中$A$的碳的质量分数沿$ES$线逐渐减少而不断析出$Fe_3C_{II}$。当缓冷至2点时，共晶A成分降为$w_C=0.77\%$，发生共析转变($As \rightarrow P$)生成$P$。该合金的室温平衡组织是由$P$和$Fe_3C$组成的共晶体，加少量$Fe_3C_{II}$称为低温莱氏体或变态莱氏体($Ld'$)。其冷却曲线及平衡结晶过如图3-10所示，显微组织如图3-11所示。

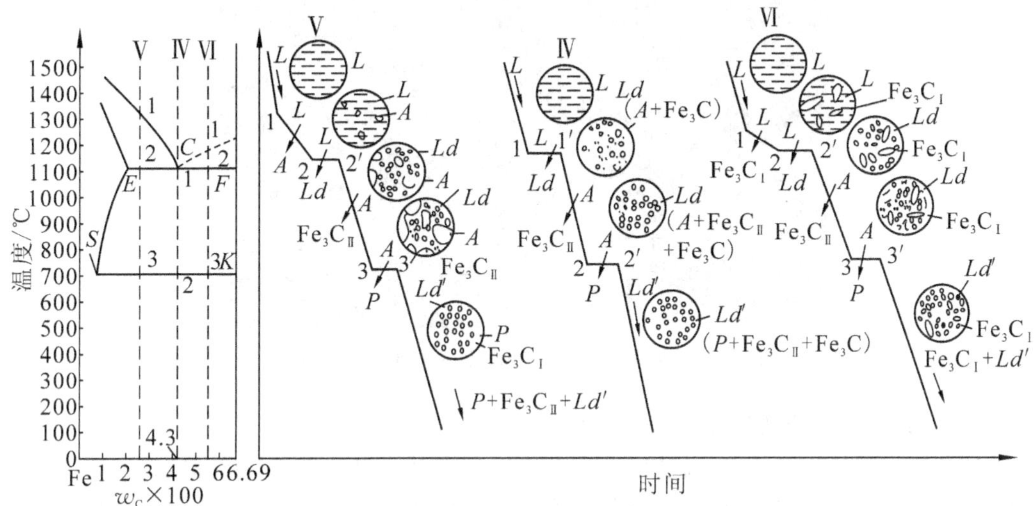

图3-10　白口铸铁部分的典型铁碳合金的结晶过程分析示意图

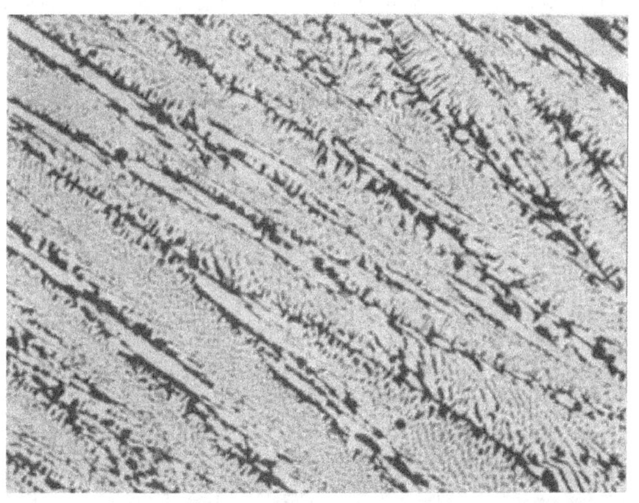

图3-11　共晶白口铸铁的室温平衡组织 100×

6. 亚共晶白口铸铁(2.11%<w_C<4.3%)

图3-10中合金Ⅴ，1点温度以上为L，在1～2点间不断自L中结晶出A，温度降至2点时，剩余L相的成分达到共晶成分，发生共晶转变($Lc \rightarrow A_E + Fe_3C$)形成莱氏体，冷却至2点以下，自初晶$A$和共晶$A$中析出$Fe_3C_{II}$，所以$A$中的碳的质量分数沿

ES 线降低。当温度达到 3 点时，A 成分为 $w_C=0.77\%$，发生共析转变（As→P）生成 P。该合金的室温平衡组织为 $P+Fe_3C_{II}+Ld'$，其冷却曲线及平衡结晶过程如图 3-10 所示，显微组织如图 3-12 所示。

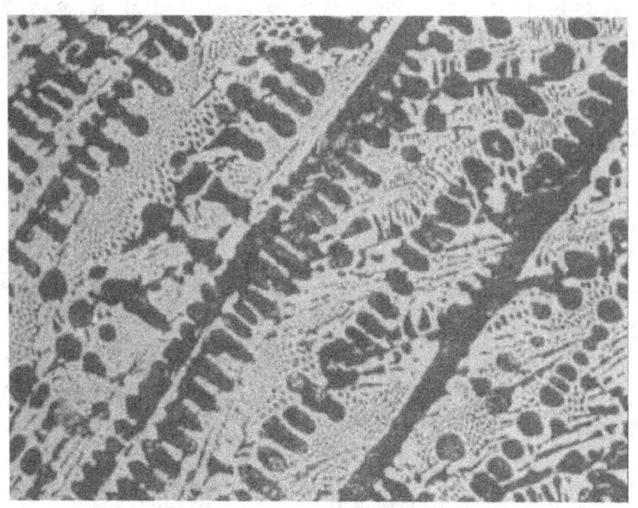

图 3-12　亚共晶白口铸铁的室温平衡组织 100×

7. 过共晶白口铸铁($4.3\%<w_C<6.69\%$)

图 3-10 中合金Ⅵ，1 点温度以上为 L，在 1～2 点间不断自 L 中结晶出 Fe_3C，温度降至 2 点时，剩余 L 相的成分达到共晶成分，发生共晶转变（Lc→A_E+Fe_3C）生成 Ld，在 2～3 点中，共晶 A 中析出 Fe_3C_{II}，到 3 点时 A 成分为 $w_C=77\%$，发生共析转变（As→P）生成 P，此合金的室温平衡组织为 Fe_3C+Ld'。其冷却曲线及平衡结晶过程如图 3-10 所示，显微组织如图 3-13 所示。

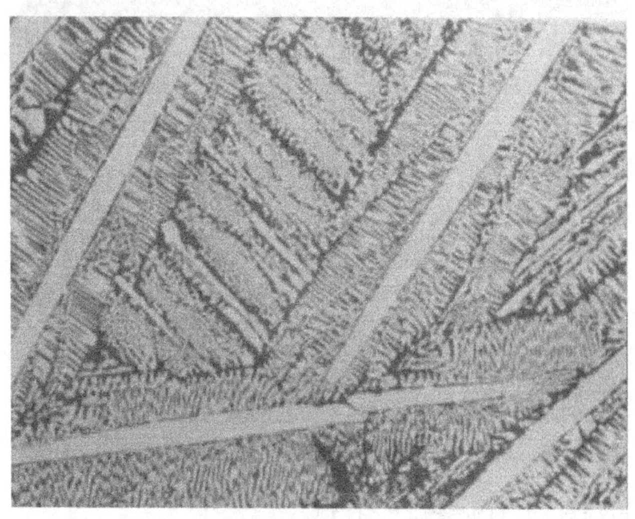

图 3-13　过共晶白口铸铁的室温平衡组织 100×

3.5　碳的质量分数对铁碳合金组织、性能的影响

一般说来，铁碳合金的成分决定其组织，而组织(包括数量、形态和分布等)又决定了铁碳合金的性能。

1. 碳的质量分数对平衡组织的影响

由 $Fe\text{-}Fe_3C$ 相图可知，随着碳的质量分数的增加，铁碳合金显微组织发生如下变化：

$$F \to F+Fe_3C_{Ⅲ} \to F+P \to P \to P+Fe_3C_{Ⅱ} \to P+Fe_3C_{Ⅱ}+Ld' \to Ld' \to Ld'+Fe_3C$$

从中可以看出，当碳的质量分数增加时，不仅组织中 Fe_3C 相对量增加，而且 Fe_3C 大小、形态和分布也随之发生变化，即由分布在 F 晶界上(如 $Fe_3C_{Ⅲ}$)，变为分布在 F 的基体内(如 P)，进而分布在原 A 的晶界上(如 $Fe_3C_{Ⅱ}$)，最后形成 Ld'时，Fe_3C 已作为基体出现，即碳的质量分数不同的铁碳合金具有不同的组织，因此它们具有不同的性能。

2. 碳的质量分数对机械性能的影响

碳的质量分数对钢的机械性能的影响如图 3-14 所示。

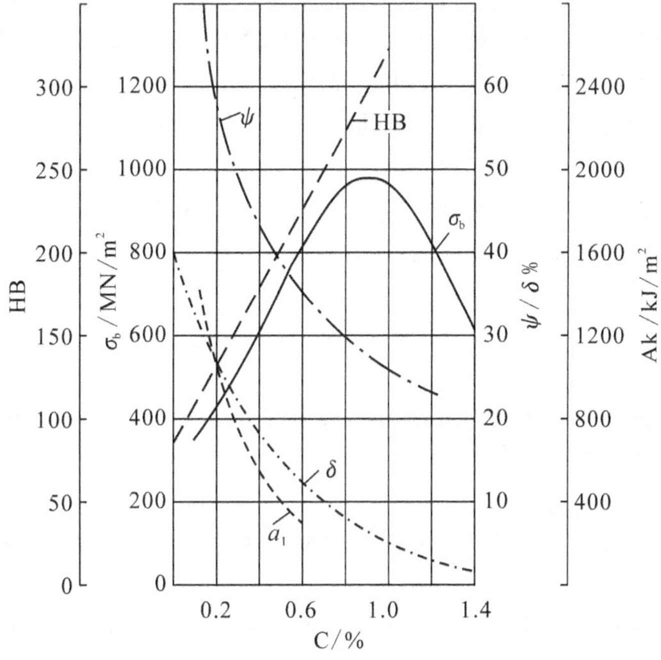

图 3-14　碳的质量分数对铁碳合金机械性能的影响

因为硬度对组织形态不敏感，所以钢中碳的质量分数增加，高硬度的 Fe_3C 增加，低硬度的 F 减少，故钢的硬度呈直线增加，而塑性、韧性不断下降。又由于强度对组织形态很敏感，在亚共析钢中，随着碳的质量分数增加，强度高的 P 增加，强度低的 F 减少，因此强度随碳的质量分数的增加而升高。当碳的质量分数为 0.77%时，钢的组织全部为 P，P 的组织越细密，则强度越高。但当碳的质量分数为 $0.77<w_C<0.9\%$

时，由于强度很低的、少量的、一般未连成网状的 Fe_3C_{II} 沿晶界出现，因此合金的强度增加变慢；当 $w_C>0.9\%$时，Fe_3C_{II} 数量增加，且呈网状分布在晶界处，导致钢的强度明显下降。

3. 碳的质量分数对工艺性能的影响

1)切削加工性

金属的切削加工性能是指其经切削加工成工件的难易程度。低碳钢中 F 较多，塑性好，切削加工时产生切削热大，易粘刀，不易断屑，表面粗糙度差，故切削加工性差。高碳钢中 Fe_3C 多，刀具磨损严重，故切削加工性也差。中碳钢中 F 和 Fe_3C 的比例适当，切削加工性较好。在高碳钢 Fe_3C 呈球状时，可改善切削加工性。

2)可锻性

金属可锻性是指金属压力加工时，能改变形状而不产生裂纹的性能。当钢加热到高温得到单相 A 组织时，可锻性好。低碳钢中铁素体通常可锻性好，随着碳的质量分数增加金属可锻性下降。白口铸铁无论在高温还是低温，因组织以硬而脆的 Fe_3C 为基体，所以不能锻造。

3)铸造性能

合金的铸造性能取决于相图中液相线与固相线的水平距离和垂直距离。距离越大，合金的铸造性能越差。低碳钢的液相线与固相线距离很小，则有较好的铸造性能，但其液相线温度较高，使钢液过热度较小，流动性较差。随着碳的质量分数增加，钢的结晶温度间隔增大，铸造性能变差。共晶成分附近的铸铁，不仅液相线与固相线的距离最小，而且液相线温度也最低，其流动性好、铸造性能好。

4)可焊性

随着钢中的碳的质量分数增加，钢的塑性下降，可焊性下降。所以，为了保证获得优质焊接接头，应优先选用低碳钢(碳的质量分数小于 0.25%的钢)。

3.6 铁碳合金相图的应用和局限性

铁碳合金相图在工业上不但可作为选用材料的重要依据，还可作为制定铸、锻、热处理等热加工工艺的依据。

1. 选材料方面的应用

根据铁碳合金成分、组织、性能之间的变化规律，可以根据零件的服役条件来选择材料。

若零件要求塑性、韧性好，如建筑结构和容器等，应选用低碳钢($w_C<0.25\%$)；若零件要求强度、塑性、韧性都较好，如轴等，应选用中碳钢($w_C=0.25\%\sim0.6\%$)；若零件要求硬度高、耐磨性好，如工具等，应选用高碳钢($w_C>0.6\%$)。对于形状复杂的箱体、机座等可选用铸造性能好的铸铁来制造。白口铁具有很高的硬度和脆性，应用很少，但因其具有很高的抗磨损能力，故可应用于少数需要耐磨而不受冲击的零件，如拔丝模、轧辊和球磨机的铁球等。

2. 制定热加工工艺方面的应用

在铸造生产方面，根据 $Fe\text{-}Fe_3C$ 相图可以确定铸钢和铸铁的浇注温度。浇注温度一般在液相以上150℃左右。另外，从相图中还可看出接近共晶成分的铁碳合金，熔点低、结晶温度间隔小，因此它们的流动性好，分散缩孔少，可得到组织致密的铸件。所以，在铸造生产中，接近共晶成分的铸铁得到较广泛的应用。

在锻造生产方面，钢处于单相奥氏体时，塑性好、变形抗力小，便于锻造成型。因此，钢材热轧、锻造时要将钢加热到单相奥氏体区。一般碳钢的始锻温度为1250℃～1150℃，而终锻温度在800℃左右。

在焊接方面，可根据Fe-Fe_3C相图分析低碳钢焊接接头的组织变化情况。

必须指出，铁碳合金相图也有其局限性，在运用铁碳合金相图时应注意以下两点：

(1)铁碳合金相图只反映铁碳二元合金中相的平衡状态，若含有其他元素，相图将发生变化。

(2)铁碳合金相图反映的是平衡条件下铁碳合金中相的状态，若冷却或加热速度较快，其组织转变就不能只用相图来分析了。

思考题

1. 铁碳合金中基本相有哪几相？其机械性能如何？
2. 铁碳合金中基本组织有哪些？哪个是单相组织，哪个是双相混合组织？
3. 为什么铸铁中的碳含量高，其强度反而不如碳钢？
4. 说明碳钢中含碳变化对机械性能的影响。
5. 试分析含碳量为0.6%的铁碳合金从液态冷却到室温时的结晶过程。
6. 铁碳相图表示的是铁碳合金的组织状态与温度和成分之间的关系，是否有可能通过改变其他条件来获得独特的组织和性能？
7. 是否可以对铁碳合金的组织和性能进行预测？

第4章 钢的热处理

钢的热处理是指在固态下将钢或者合金加热到一定温度、保温一定时间，然后以一定速度冷却，使钢铁或者合金内部组织结构发生转变，从而获得一定性能的方法。根据所要求的性能的不同，热处理的类型分为多种。无论什么样的热处理类型，其工艺都包括加热、保温和冷却三个阶段，工艺路线示意图如图4-1所示。

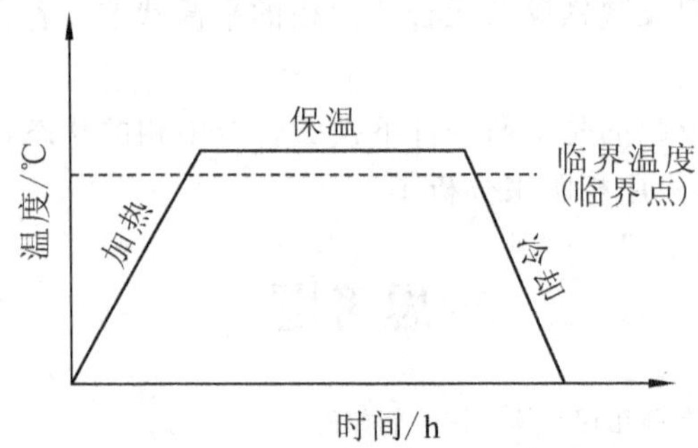

图4-1 热处理工艺曲线示意图

常用热处理工艺可以大致分为以下几类：

(1)整体热处理，包括退火、正火、淬火、回火等。

(2)表面热处理，包括感应加热淬火、火焰加热淬火和接触加热淬火等。

(3)化学热处理，包括渗碳、渗氮、碳氮共渗、渗硼、渗硫、渗硅、渗铝、渗铬等。

(4)其他热处理，包括可控气氛热处理、真空热处理、形变热处理等。

改进热处理技术，可以充分发挥材料的潜能，在不改变材料成分的前提下，大大提高产品的使用寿命和性能。例如，用普通高速钢W6Mo5Cr4V2(钢的牌号知识将在下一章详细介绍)制造的某卡车发动机活塞销挤压冲头凸模，通过改进热处理工艺，其寿命由几百件提高至上万件水平。又如，用普通高速钢W18Cr4V制造的冷打花键轧轮，通过适当的热处理工艺，其寿命由几十件提高到两三千件，实现了少切削、无切削加工，并提高了花键的承载能力和使用可靠性。像这样的例子还有很多，不胜枚举。国际工业界公认：热处理技术是决定制造水平及其市场竞争力的核心要素。他人可以在市场上购买知名品牌的产品，通过分析测试仿制出材料成分及几何尺寸完全一致的产品，但关键的热处理工艺是难以模仿的，也许就差这么一点点，也就是这关键的一点点，使仿制品和正品的性能天壤之别。

正因为热处理在现代制造业中起到关键作用，当今各国越来越重视相关热处理技术的研发和人才培养工作。

4.1 钢在加热时的转变

大多数热处理工艺(如淬火、正火、高温退火等)，都需要将工件加热到某一个温度以上，并保温一段时间，目的是为了获得全部或者部分奥氏体组织，并使其成分均匀化，这一过程也称为奥氏体化。加热和保温过程中形成的奥氏体的晶粒度大小、成分均匀性对随后的冷却转变过程及组织、性能都有极大的影响。因此，了解钢在加热过程中的奥氏体转变规律是制定热处理工艺的基础。

4.1.1 转变温度

根据 $Fe\text{-}Fe_3C$ 相图，共析钢加热超过 $PSK(A_1)$线时，完全转变为奥氏体；而亚共析钢和过共析钢必须加热到 GS 线(A_3)和 ES 线(A_{cm})以上才能获得奥氏体。在实际热处理中，加热和冷却时的相变是在不平衡的条件下进行的，相变温度与平衡临界温度之间有一定的差异。加热时相变温度偏向高温，冷却时偏向低温，而且加热和冷却速度越快偏差越大。通常将加热时的临界温度标为 Ac_1、Ac_3、Ac_{cm}；冷却时的临界温度标为 Ar_1、Ar_3、Ar_{cm}。图 4-2 表示加热和冷却速度对临界点 A_1、A_3、A_{cm} 的影响。工件热处理时的临界温度可以从手册中查到，需要说明的是，实际的临界温度是不固定的，会随着加热速度和冷却条件而变化，手册中给出的数据仅供参考。

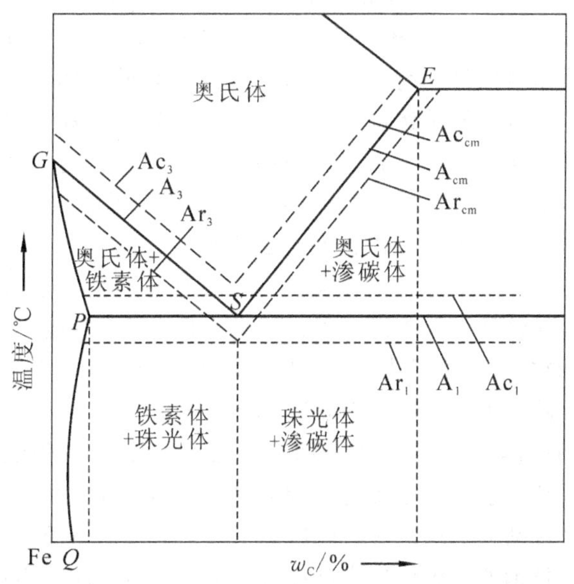

图 4-2 加热和冷却对临界点 A_1、A_3、A_{cm} 的影响

4.1.2 奥氏体的形成

1. 奥氏体的形成基本过程

钢加热时奥氏体的形成遵循结晶过程的普遍规律，是由生核和长大两个基本过程来完成的。以共析钢为例，当加热至 Ac_1 温度以上时，珠光体将转变为奥氏体：

$$P(\alpha + Fe_3C) \longrightarrow A(\gamma)$$

w_C(%)	0.02	6.69	0.77
晶格	b.c.c	复杂晶格	f.c.c

三者的成分和晶体结构都相差很大。珠光体(P)是由含碳量很低、具有体心立方晶格的 α 相(铁素体，F)和含碳量很高、具有复杂晶格的渗碳体组成的，而奥氏体(F)的含碳量介于二者之间，晶体结构为面心立方晶格，因此，奥氏体的形成过程必然包括铁、碳原子的扩散重新分布和铁晶格的改组。

珠光体向奥氏体的转变包括以下四个阶段：奥氏体形核、奥氏体长大、剩余渗碳体溶解和奥氏体成分均匀化，如图 4-3 所示。

(1)奥氏体的形核。珠光体加热到 A_1 点以上，首先在铁素体和渗碳体的相界面上形成奥氏体晶核。从成分上看，铁素体的含碳量很低，渗碳体的含碳量又很高，而奥氏体的含碳量介于二者之间，因此铁素体与渗碳体都不能直接转变为奥氏体。而在铁素体与渗碳体的界面上具备奥氏体形核所需要的浓度、结构起伏和能量起伏条件，因此奥氏体晶核优先在铁素体和渗碳体的相界面上形成。

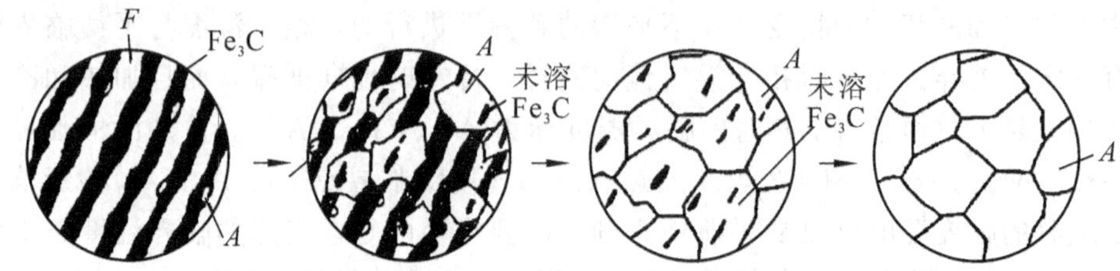

图 4-3　共析钢奥氏体形成过程示意图

(2)奥氏体的长大。奥氏体晶核的长大过程是依靠 A/F 和 A/Fe_3C 这两个相界面向原有的铁素体和渗碳体中推移进行的。此时，奥氏体与铁素体和渗碳体之间建立起了界面的浓度平衡。奥氏体中的碳浓度是不均匀的，与铁素体相接处含碳量较低，而与渗碳体相接处含碳量较高，碳原子必然要由高浓度处向低浓度处扩散，从而破坏了相界面的平衡条件。为了恢复平衡，高碳的 Fe_3C 将溶解以提高相界面的含碳量；同时在另一界面上，铁素体转变为奥氏体以提高界面含碳量。这样，碳浓度平衡的破坏和恢复反复循环进行，奥氏体便不断地向铁素体和渗碳体中推移，逐渐长大。在碳原子扩散的同时，也包含着铁的晶格的改组，相界面移动的速度表示晶格改组的速度。

(3)剩余渗碳体的溶解。铁素体消失以后，随着保温时间延长或继续升温，奥氏体中剩余的渗碳体通过碳原子的扩散，不断溶入奥氏体中。

(4)奥氏体成分的均匀化。渗碳体全部溶解后，奥氏体中的碳浓度仍是不均匀的，原来是渗碳体的区域碳浓度较高，而原来是铁素体的区域碳浓度较低，通过碳原子的扩散，奥氏体碳浓度逐渐趋于均匀化，最后得到均匀的单相奥氏体。

亚共析钢和过共析钢的奥氏体形成过程与共析钢基本相同，当加热温度仅超过 Ac_1 时，原始组织中的珠光体转变为奥氏体，仍保留一部分先共析铁素体或先共析渗碳体，该过程称为不完全奥氏体化过程。只有当加热温度超过 Ac_3 或 Ac_{cm}，并保温足够长的时间时，才能获得均匀的单相奥氏体，此时称为完全奥氏体化过程。由此可见，非共析钢的奥氏体化过程包括两个过程，第一是珠光体的奥氏体化过程；第二是先共析相的奥氏体化过程。

2. 影响奥氏体转变的因素

1)奥氏体化条件的影响

图 4-4 为共析钢的奥氏体等温形成动力学图。由图中可以看出，温度越高，孕育期

越短，因此奥氏体的形成速度也越快，转变所需要的时间也越短。

可见，为了获得相同的奥氏体状态，既可以通过低温长时间加热得到，也可由高温短时间加热得到。

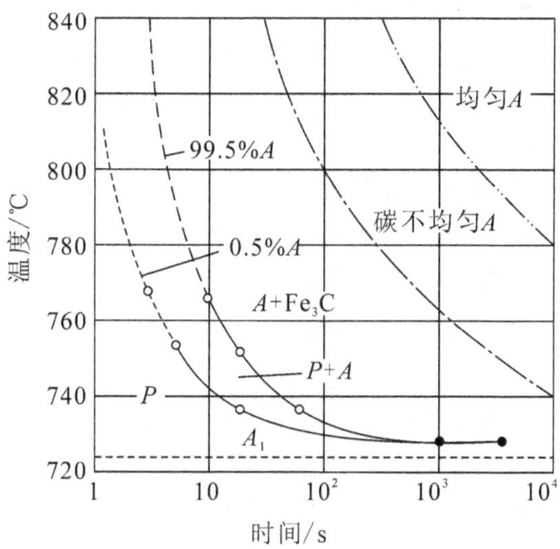

图 4-4　共析碳钢奥氏体等温形成动力学图

2)加热速度的影响

在实际生产中，当采用连续加热时，加热速度也会影响到奥氏体的形成过程。由图 4-5 中的 v_1、v_2 加热曲线可以看出，加热速度越快(如 v_2)，孕育期越短，奥氏体开始转变的温度与转变终了温度越高，转变所需的时间也就越短。

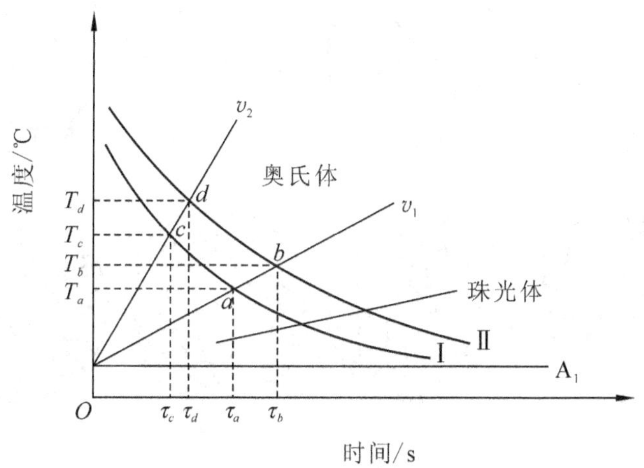

图 4-5　加热速度对奥氏体转变的影响

3)原始组织的影响

当钢的原始组织为片状珠光体时，铁素体与渗碳体片层越薄(片间距越小)，奥氏体形成速度越快。

若珠光体中的渗碳体为粒状时，因铁素体与渗碳体的相界面较片状减少，故将减慢奥氏体的形成速度。

4)化学成分的影响

随着钢中含碳量的升高，渗碳体数量增多，铁素体与渗碳体的相界面也增加，奥氏体形核位置增多，形核率增大。另外，随着含碳量的增加，提高了碳原子在奥氏体中的扩散速度，从而加快了奥氏体的形成速度。

合金元素的加入并不改变奥氏体的形成机制，但会影响奥氏体的形成速度。合金元素一般将改变珠光体向奥氏体转变的临界点，并影响碳在奥氏体中的扩散速度，从而影响到奥氏体的形成速度。

4.1.3 奥氏体晶粒度及其影响因素

钢的奥氏体晶粒的大小直接影响冷却所得组织和性能。奥氏体晶粒细时，退火组织亦细，则强度、塑性、韧性较好；淬火马氏体也细，因而韧性得到改善。所以获得细小的晶粒是进行热处理时始终要注意的问题。

1. 奥氏体晶粒度

奥氏体晶粒度是表示奥氏体晶粒大小的尺度。奥氏体的晶粒大小用晶粒度(N)来衡量。目前世界各国对钢铁产品几乎统一使用与标准金相图片相比较的方法来确定晶粒度 N 的级别。晶粒度级别与晶粒大小有如下关系：

$$n = 2^{N-1}$$

式中 n 表示放大 100 倍时，每平方英寸(6.45cm^2)面积内观察到的平均晶粒数。

实际生产中，往往采用与标准晶粒度级别图(图 4-6)对比确定(在放大 100 倍的金相显微镜下观察)奥氏体的晶粒度，通常 1～4 级为粗晶粒，5～8 级为细晶粒，8 级以外的晶粒称为超细晶粒。

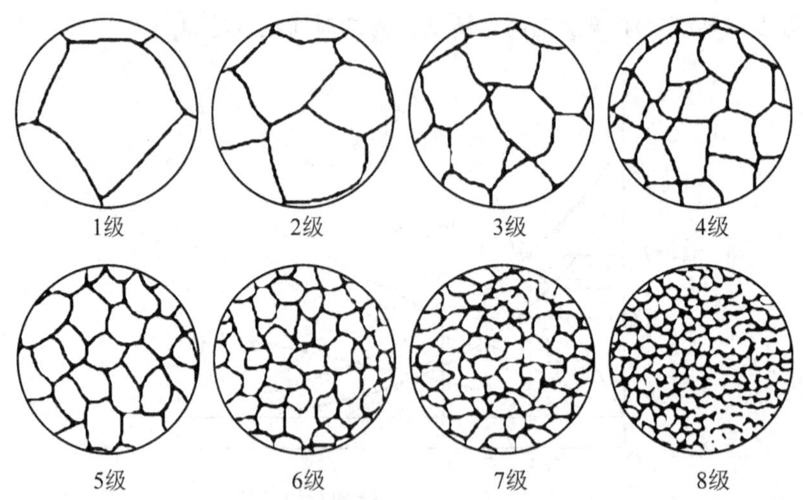

图 4-6 标准晶粒度等级示意图(100×)

研究钢在热处理中奥氏体晶粒度变化时，应分清下列三种不同的概念。

1)起始晶粒度

起始晶粒度是指奥氏体形成过程刚刚结束时的奥氏体晶粒度。通常奥氏体的起始晶粒总是比较细小而均匀的。

2)实际晶粒度

钢在某一具体的加热条件下获得的奥氏体的实际晶粒的大小称为奥氏体的实际晶粒度。实际晶粒一般总比起始晶粒大。实际晶粒度除了与钢的本质晶粒长大倾向有关外，主要决定于具体的加热温度和保温时间。

3)本质晶粒度

本质晶粒度表示钢在一定条件下的奥氏体晶粒长大的倾向性。它是钢的热处理工艺性能的重要指标之一。本质晶粒度只表示钢在一定的温度范围内，即在 930℃以下奥氏体晶粒长大的倾向。

随加热温度的升高，奥氏体晶粒迅速长大，称为本质粗晶粒钢，另一种是在 930℃以下随温度升高，奥氏体晶粒长大的速度很缓慢，称为本质细晶粒钢，如图 4-7 所示。当加热温度超过某一温度(950℃～1100℃)以后，奥氏体晶粒才迅速长大，此时的晶粒尺寸甚至超过本质粗晶粒钢。钢的本质晶粒度与钢的脱氧方法和化学成分有关。一般用 Al 脱氧的钢属于本质细晶粒钢，而用 Si 或 Mn 脱氧的钢则为本质粗晶粒钢。另外含有 Ti、Zr、V、Nb、Mo、W 等碳化物形成元素的钢也是本质细晶粒钢，因为这些元素能够形成难溶于奥氏体的碳化物，阻止奥氏体晶粒长大，其中 Nb 的作用最为显著。

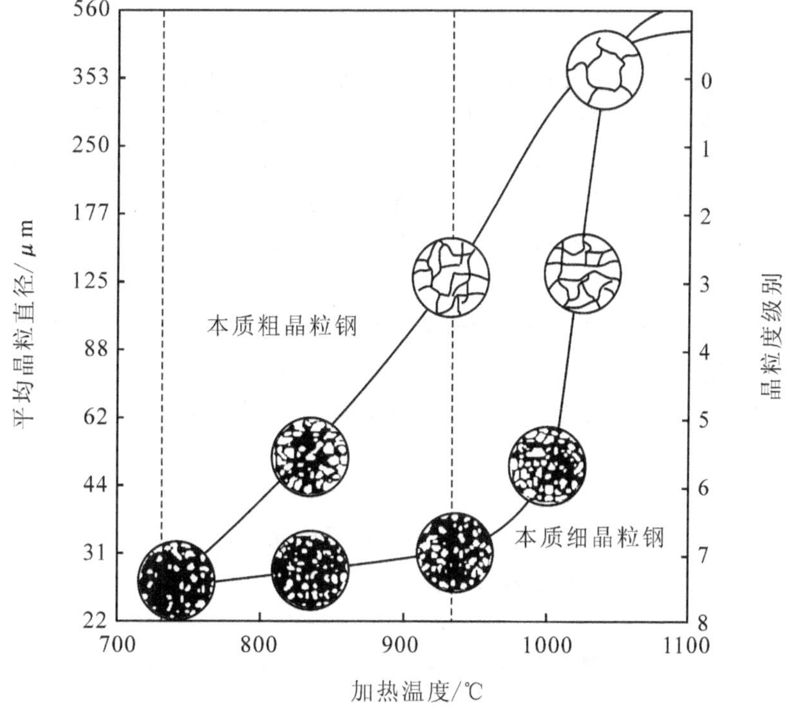

图 4-7　奥氏体晶粒长大示意图

2. 影响奥氏体晶粒度的因素

1)加热温度和保温时间

加热温度和保温时间对奥氏体晶粒度的影响如图 4-8 所示。从图中可以看到，加热温度越高，晶粒长大越快，最终晶粒的尺寸也越大。在每一个温度下奥氏体晶粒的长大都有一个加速长大期，当晶粒长大到一定尺寸后，长大过程将减弱并逐渐停止。因

此，为了得到一定尺寸的奥氏体晶粒，必须同时控制加热温度和保温时间。

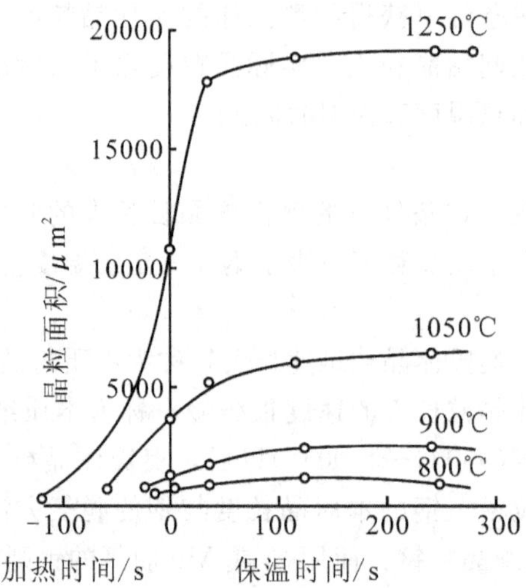

图 4-8　加热温度和保温时间对奥氏体晶粒大小的影响(0.48%C～0.82%Mn 钢)

2)加热速度

在保证奥氏体成分均匀化的前提下，快速加热、短时保温能够获得细小的奥氏体晶粒。这是因为加热速度越快，奥氏体的实际形成温度越高，则奥氏体的形核率越高，起始晶粒越细；由于在高温下保温时间短，奥氏体晶粒来不及长大，因此可以获得细晶粒组织。实际生产中，采用快速短时加热的方法可以获得细小的晶粒，例如，感应加热淬火与普通淬火相比可获得细小的晶粒，从而提高钢的性能。

3)含碳量

在一定的含碳量范围内，随着含碳量的增加，奥氏体晶粒长大的倾向增大。但是含碳量超过某一限度时，奥氏体晶粒反而随含碳量的增加而变得细小。这是因为随着含碳量的增加，由于未溶碳化物的出现，将阻碍奥氏体晶界的迁移，故奥氏体晶粒的长大倾向减小。

4)第二相

若在钢中加入 Ti、V、Zr、Nb 等强碳化物形成元素，它们在钢中能形成高熔点的弥散碳化物和氮化物，能阻碍晶粒长大。

5)原始组织

原始组织越细，碳化物弥散度越大，晶粒越细小，奥氏体形核率高，则起始晶粒就越细小。

4.2　钢在冷却时的转变

热处理工艺中，钢在奥氏体化后，接着要进行冷却。奥氏体冷却降至 A_1 以下时(A_1 以下温度存在的不稳定奥氏体称过冷奥氏体)将发生组织转变。热处理中采用不同的冷却方式，过冷奥氏体将转变为不同组织，性能具有很大的差异。冷却的方式通常有两种(见图 4-9)：

(1)等温处理，即将钢迅速冷却到临界点以下的某个给定温度，进行保温，使其在该温度下恒温转变。

(2)连续冷却，即将钢以某种速度连续冷却，使其在临界点以下连续变温转变。

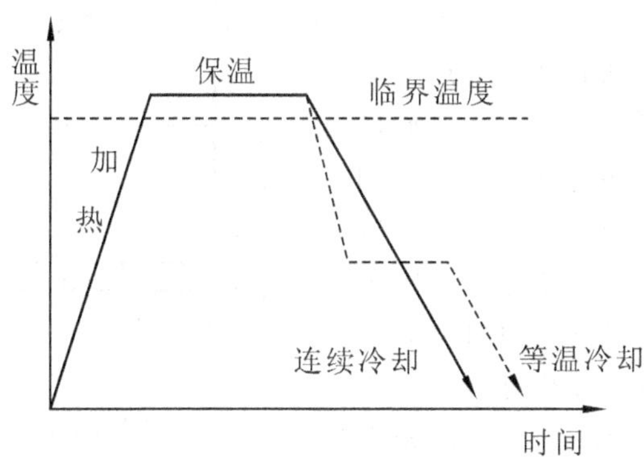

图 4-9　热处理的两种冷却方式示意图

4.2.1　过冷奥氏体的等温转变

1. 共析钢过冷奥氏体等温转变曲线图

过冷奥氏体等温转变曲线可综合反映过冷奥氏体在不同过冷度下的等温转变过程：转变开始和转变终了时间、转变产物的类型以及转变量与时间、温度之间的关系等。因其形状通常像英文字母 C，故俗称之为 C 曲线，亦称为 TTT 图。

由于过冷奥氏体在转变过程中不仅有组织转变和性能变化，而且有体积膨胀和磁性转变，因此可以采用膨胀法、磁性法、金相—硬度法等来测定过冷奥氏体等温转变曲线。现以金相—硬度法为例，介绍共析钢过冷奥氏体等温转变曲线的建立过程。将共析钢加工成圆片状试样(φ10mm×1.5mm)，并分成若干组，每组试样 5～10 个。首先选一组试样加热至奥氏体化后，迅速转入 A_1 以下一定温度的溶盐液中等温，各试样停留不同的时间之后，逐个取出试样，迅速淬入盐水中激冷，使尚未分解的过冷奥氏体变为马氏体，这样在金相显微镜下就可观察到过冷奥氏体的等温分解过程，记下过冷奥氏体向其他组织转变开始的时间和转变终了的时间。显然，等温时间不同，转变产物量就不同。一般将奥氏体转变量为 1%～3%所需的时间定为转变开始时间，而把转变量为 98%所需的时间定为转变终了的时间。由一组试样可以测出一个等温温度下转变开始和转变终了的间，根据需要也可以测出转变量为 20%、50%、70%等的时间。多组试样在不同等温温度下进行试验，将各温度下的转变开始点和终了点都绘在温度—时间坐标系中，并将不同温度下的转变开始点和转变终了点分别连接成曲线，就可以得到共析钢的过冷奥氏体等温转变曲线，如图 4-10 所示。C 曲线中转变开始线与纵轴的距离为孕育期，标志着不同过冷度下过冷奥氏体的稳定性，其中以 550℃左右共析钢的孕育期最短，过冷奥氏体稳定性最低，称为 C 曲线的“鼻尖”。

图 4-10 中最上面的一条水平虚线表示钢的临界点 A_1(723℃)，即奥氏体与珠光体的平衡温度。图中下方的一条水平线 M_s(230℃)为马氏转变开始温度，M_s以下还有一条水平线 M_f(－50℃)为马氏体转变终了温度。A_1 与 M_s线之间有两条 C 曲线，左侧一

条为过冷奥氏体转变开始线，右侧一条为过冷奥氏体转变终了线。A_1线以上是奥氏体稳定区。M_s线至M_f线之间的区域为马氏体转变区，过冷奥氏体冷却至M_s线以下将发生马氏体转变。过冷奥氏体转变开始线与转变终了线之间的区域为过冷奥氏体转变区，在该区域，过冷奥氏体向珠光体或贝氏体转变。在转变终了线右侧的区域为过冷奥氏体转变产物区。A_1线以下、M_s线以上以及纵坐标与过冷奥氏体转变开始线之间的区域为过冷奥氏体区，过冷奥氏体在该区域内不发生转变，处于亚稳定状态。在A_1温度以下某一确定温度，过冷奥氏体转变开始线与纵坐标之间的水平距离为过冷奥氏体在该温度下的孕育期，孕育期的长短表示过冷奥氏体稳定性的高低。在A_1以下，随着等温温度降低，孕育期缩短，过冷奥氏体转变速度增大，在550℃左右共析钢的孕育期最短，转变速度最快。此后，随着等温温度的下降，孕育期又不断增加，转变速度减慢。过冷奥氏体转变终了线与纵坐标之间的水平距离则表示在不同温度下转变完成所需要的总时间。转变所需的总时间随等温温度的变化规律也和孕育期的变化规律相似。

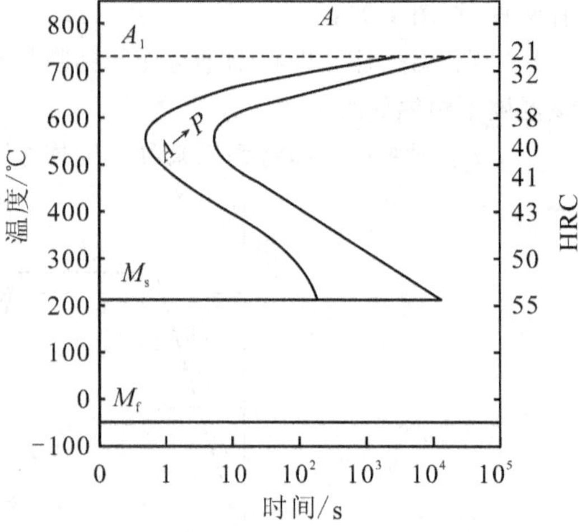

图 4-10　共析钢的过冷奥氏体等温转变图(C 曲线)

2. 共析钢过冷奥氏体等温转变产物组织和特征

C 曲线包括三个转变区。

(1)高温转变：转变温度范围为A_1～550℃，转变产物为珠光体，此温区称珠光体转变区。

珠光体是铁素体和渗碳体的机械混合物，渗碳体呈层状分布在铁素体基体上。依转变温度由高到低，转变产物分别为珠光体(P)、索氏体(S)、屈氏体(T)，片层间距由粗到细(如图 4-11 所示)。其力学性能与片层间距的大小有关，片层间距越小，则塑性变形抗力越大，强度和硬度越高，塑性也有所改善。

(2)中温转变：转变温度范围为550℃～M_s，此温度下转变获贝氏体型组织，故此温区称为贝氏体转变区。贝氏体型组织是由过饱和的铁素体和碳化物组成的，分为上贝氏体和下贝氏体。

550℃～350℃范围内形成的贝氏体称为上贝氏体，金相组织呈羽毛状(如图 4-12 所示)，因此上贝氏体也被称为羽毛状贝氏体。上贝氏体在较高温度下形成，其铁素体片较宽，塑性变形抗力较低；同时，渗碳体分布在铁素体片之间，容易引起脆断，因此强度低、韧性差。

350℃～M_s范围内形成的贝氏体称为下贝氏体，金相组织呈黑色针状或片状(如图 4-13 所示)。下贝氏体中铁素体针细小，无方向性，碳的过饱和度大，位错密度很高，且碳化物分布均匀，弥散度大，所以下贝氏体组织通常具有优良的综合力学性能，即强度和韧性都较高。

(3)低温转变：温度低于M_s点(230℃)，转变产物为马氏体(M)，因此低温转变区

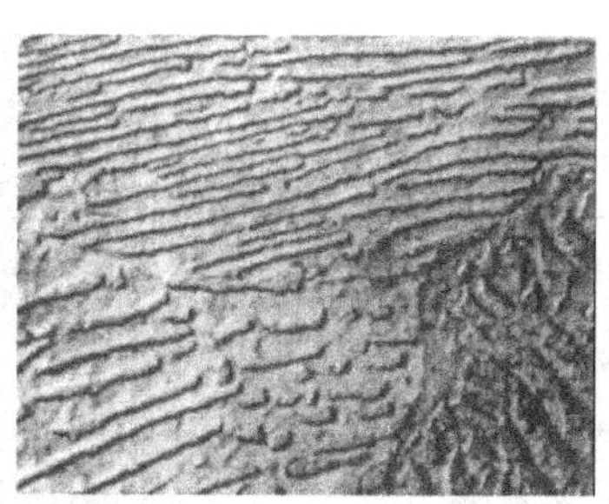

（a）珠光体 3800×

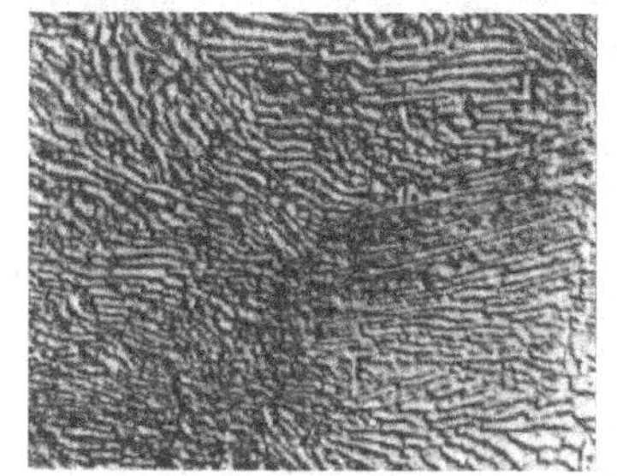

（b）索氏体8000×

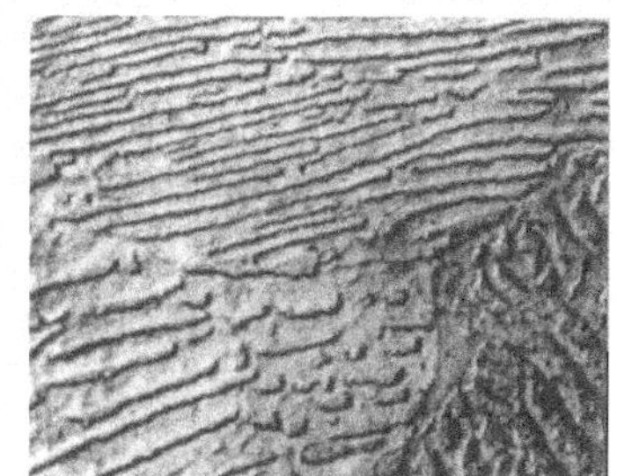

（c）屈氏体8000×

图 4-11　共析钢过冷奥氏体高温转变组织

（a）光学显微镜照片1300×

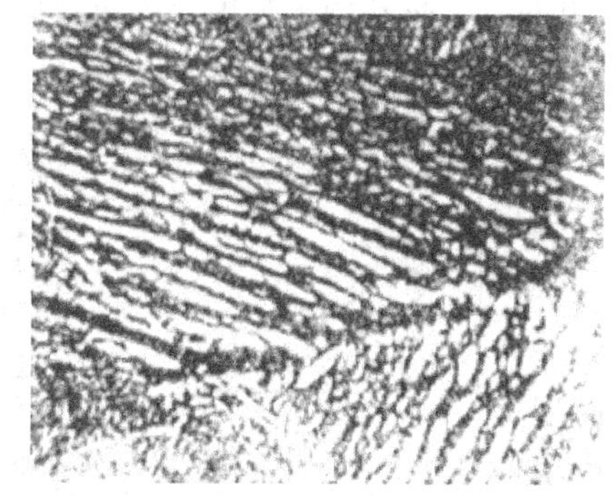

（b）电子显微镜照片5000×

图 4-12　上贝氏体形态

称马氏体转变区。与珠光体和贝氏体转变不同，马氏体转变是不能在恒温下发生的，而是在 $M_s \sim M_f$ 之间的一个温度范围内连续冷却时完成的。因为转变温度很低，铁和碳都不能进行扩散，因此，马氏体转变是典型的非扩散型相变。马氏体与奥氏体成分相同，为碳在 α-Fe 中的过饱和固溶体。钢中马氏体的组织形态分为板条马氏体（Lath-martensite）和片状马氏体（Acicularmartensite），板条马氏体具有优良的强韧性，片状马氏体的硬度高，但塑性、韧性差。通过热处理可以改变马氏体的形态，增加板条马氏体的相对数量，从而可显著提高钢的强韧性，这是一条充分发挥钢材潜力的有效途径。马氏体强化的主要原因是过饱和碳引起的晶格畸变，即固溶强化；此外，马氏体转变过程中产生大量的晶体缺陷（如位错、孪晶）所引起的组织细化以及过饱和碳以弥散碳化物形式的析出等，都对马氏体强化有不同程度的贡献。马氏体转变是钢件热处

(a) 光学显微镜照片500×

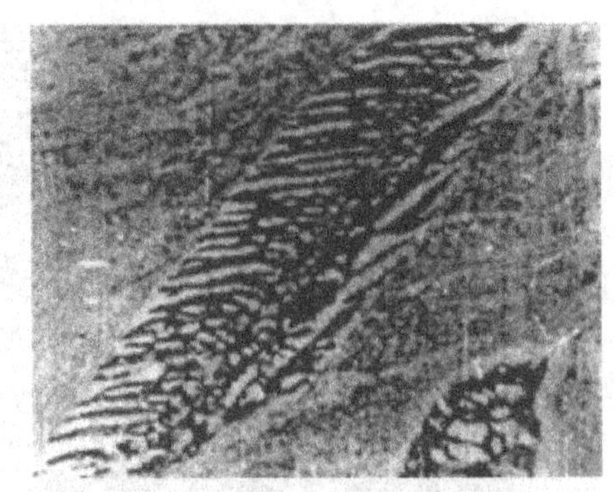

(b) 电子显微镜照片12000×

图 4-13　下贝氏体形态

理强化的主要手段，在钢的热处理工艺中占有重要的地位。限于篇幅，有关马氏体转变的内容不再详述，读者可参考相关的热处理专业书籍。

等温转变温度—组织—性能变化规律：等温转变温度越低，其转变组织越细小，强度、硬度也越高。

亚共析钢和过共析钢的等温转变图(图 4-14)与共析钢等温转变图的区别是在 C 曲线的上方各增加了一条线。在亚共析钢 C 曲线中，该线表示先共析铁素体线；而对于过共析钢，该线则表示先共析渗碳体线。

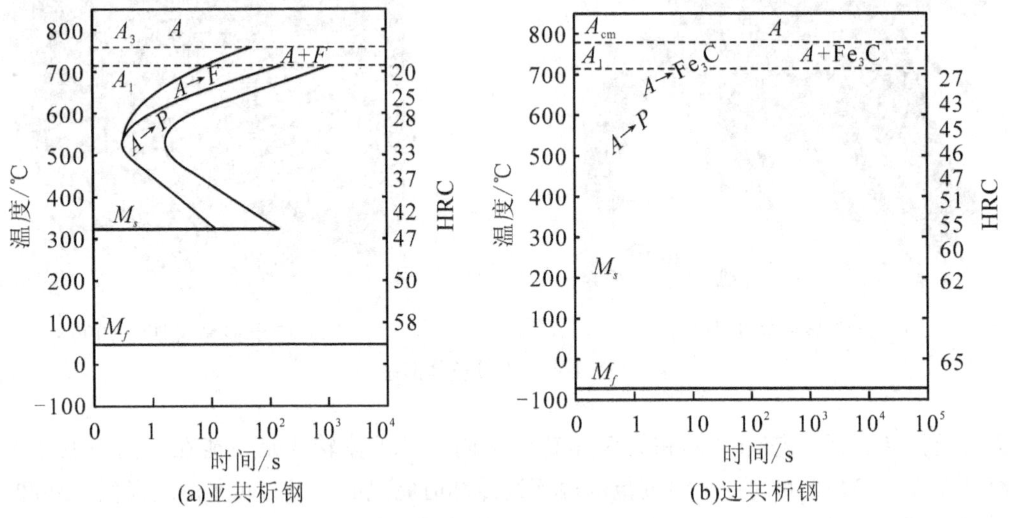

(a)亚共析钢　　(b)过共析钢

图 4-14　亚共析钢和过共析钢等温转变图

亚共析钢的过冷奥氏体等温转变曲线与共析钢 C 曲线不同的是，在其上方多了一条过冷奥氏体转变为铁素体的转变开始线。亚共析钢随着含碳量的减少，C 曲线位置往左移，同时 M_s、M_f线往上移。亚共析钢的过冷奥氏体等温转变过程与共析钢类似。只是在高温转变区过冷奥氏体将先有一部分转变为铁素体，剩余的过冷奥氏体再转变为珠光体型组织。

过共析钢过冷奥氏体的 C 曲线的上部为过冷奥氏体中析出二次渗碳体(Fe_3C_{II})开

始线。当加热温度为 Ac_1 以上 30℃～50℃时，过共析钢随着含碳量的增加，C 曲线位置向左移，同时 M_s、M_f 线往下移。过共析钢的过冷奥氏体在高温转变区，将先析出 Fe_3C_{II}，其余的过冷奥氏体再转变为珠光体型组织。

3. 影响 C 曲线的因素

影响 C 曲线的因素主要是奥氏体的成分和加热条件。

(1)碳含量，这里的碳含量是奥氏体的碳含量而不是钢的碳含量。一般而言，随着碳含量的增加，奥氏体的稳定性增加，C 曲线向右移。

(2)合金元素，除 Co 外，所有合金元素的溶入均增强过冷奥氏体的稳定性，使 C 曲线右移。不形成碳化物的元素如 Si、Ni、Cu 等，只使 C 曲线的位置右移，而不改变其形状。能形成碳化物的元素如 Cr、Mo、W、V、Ti 等，因对珠光体转变和贝氏体转变推迟作用的影响程度不同，不仅使 C 曲线右移，而且使其形状发生变化，产生两个"鼻尖"，使整个 C 曲线分裂成上下两条。上面的是转变为珠光体的 C 曲线，下面的是转变为贝氏体的 C 曲线。需要说明的是，和碳一样，合金元素只有溶入奥氏体后才能增强过冷奥氏体的稳定性，而未溶的合金碳化物因有利于过冷奥氏体的分解，会降低过冷奥氏体的稳定性。

(3)加热温度和时间，奥氏体温度越高、保温时间越长，则碳化物的溶解越完全，奥氏体的成分越均匀，同时晶粒越粗大，晶界面积越小。这些都有利于降低奥氏体分解时的形核率，增大转变的孕育期，使 C 曲线右移。

4.2.2 过冷奥氏体的连续冷却转变

1. 过冷奥氏体的连续冷却转变曲线

许多热处理工艺是在连续冷却过程中完成的，如炉冷退火、空冷正火、水冷淬火等。在连续冷却过程中，过冷奥氏体同样能进行等温转变时所发生的几种转变，即珠光体转变、贝氏体转变和马氏体转变等，而且各个转变的温度区也与等温转变时的大致相同。在连续冷却过程中，不会出现新的在等温冷却转变时所没有的转变。但是，奥氏体的连续冷却转变不同于等温转变。因为，连续冷却过程要先后通过各个转变温度区，因此有可能先后发生几种转变。而且，冷却速度不同，可能发生的转变也不同，各种转变的相对量也不同，因而得到的组织和性能也不同。所以，连续冷却转变就显得复杂一些，转变规律性也不像等温转变那样明显，形成的组织也不容易区分。过冷奥氏体等温转变的规律可以用 C 曲线表示出来，同样地，连续冷却转变的规律也可以用另一种 C 曲线表示出来，这就是"连续冷却 C 曲线"，也叫作"热动力学曲线"。根据英文名称字头，又称为"CCT(Continuous Cooling Transformation)曲线"。它反映了在连续冷却条件下过冷奥氏体的转变规律，是分析转变产物组织与性能的依据，也是制定热处理工艺的重要参考资料。20 世纪 50 年代以后，由于实验技术的发展，才开始精确地测量许多钢的连续冷却 C 曲线，直接用于解决连续冷却时的转变问题。

2. 共析钢过冷奥氏体连续冷却 C 曲线

以共析钢为例，用若干组共析钢的小圆片试样，经同样的奥氏体化以后，每组试样各以一个恒定速度连续冷却，每隔一段时间取出一个试样淬入水中，将高温分解的状态保留到室温，然后进行金相测定，求出每种转变的开始温度、开始时间和转变量。将各个冷速下的数据综合绘在"温度—时间对数"的坐标中，便得到共析钢的连续冷却 C

曲线(图 4-15)。珠光体转变区由三条曲线构成，左边一条是转变开始线；右边一条是转变终了线；下边一条是转变中止线。

炉冷 V_1：比较缓慢，相当于随炉冷却(退火的冷却方式)，它分别与 C 曲线的转变开始和转变终了线相交于 1、2 点，这两点位于 C 曲线上部珠光体转变区域，估计它的转变产物为珠光体。

空冷 V_2：相当于在空气中冷却(正火的冷却方式)，它分别与 C 曲线的转变开始线和转变终了线相交于 3、4 点，位于 C 曲线珠光体转变区域中下部分，故可判断其转变产物为索氏体。

油冷 V_3：相当于在油中冷却(在油中淬火的冷却方式)，它与 C 曲线的转变开始线交于 5、6 点，没有与转变终了线相交，所以仅有一部分过冷奥氏体转变为托氏体，其余部分在冷却至 M_s线以下转变为马氏体组织。因此，转变产物应是屈氏体和马氏体的混合组织。

水冷 V_4：相当于在水中冷却(在水中淬火的冷却方式)，它不与 C 曲线相交，过冷奥氏体将直接冷却至 M_s线以下进行马氏体转变。最后得到马氏体和残余奥氏体组织。

由图中可知，共析钢以大于 V_k的速度冷却时，由于遇不到珠光体转变线，因此得到的组织为马氏体，这个冷却速度称为上临界冷却速度。V_k越小，钢越容易得到马氏体。冷却速度小于 V_{k1}时，钢将全部转变为珠光体，V_{k1}称为下临界速度。V_{k1}越小，退火所需要的时间越长。

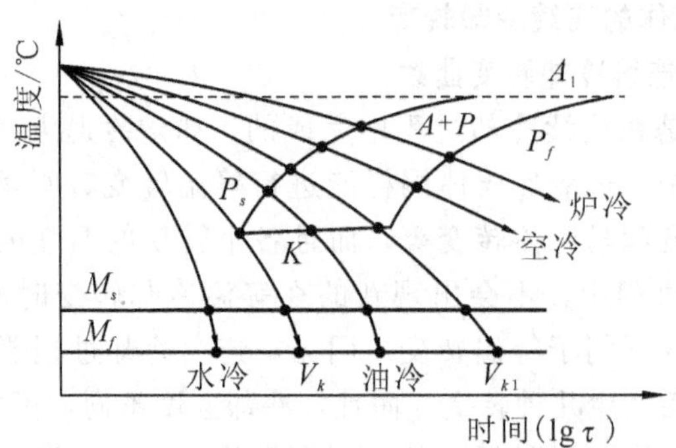

图 4-15　共析钢的连续冷却曲线(示意图)

3. 连续转变曲线和等温转变曲线的比较

将同一钢种的等温转变曲线图和连续冷却转变曲线图加以比较，可以看出，连续冷却转变曲线图中各转变曲线与相应的等温转变曲线相比，均有不同程度向右下方移动的趋势；移动的方向和大小与钢的化学成分、奥氏体化情况及试样在试验过程的实际奥氏体晶粒度等有关；对于碳素钢，甚至有抑制或完全阻止了贝氏体转变的现象，如图 4-16 所示。

4. 连续转变曲线和等温转变曲线的应用

连续转变曲线可以直接用于指定热处理工艺规范，但由于等温转变曲线比较容易测定，也能较好地说明连续冷却时组织转变，因此应用也都很广泛，而后者应用更多些。

在图 4-16 中，V_1、V_2、V_3、V_4和 V_5为共析钢的五种连续冷却速度的冷却曲线。

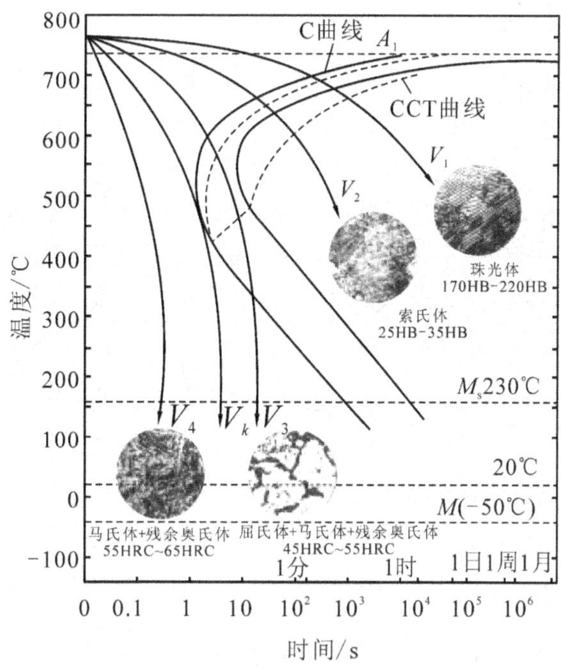

图 4-16　共析钢的等温转变曲线和连续转变曲线的比较及转变组织

V_1相当于在炉内冷却时的情况(退火)，与C曲线相交在650℃～700℃范围内，转变产物为珠光体。V_2和V_3相当于两种不同速度空冷时的情况(正火)，与C曲线相交于600℃～650℃左右，转变产物为细珠光体(索氏体和屈氏体)。V_4相当于油冷时的情况(油中淬火)，在达到550℃以前与C曲线的转变开始相交，通过M_s线，转变产物为屈氏体、马氏体和残余奥氏体。V_5相当于水冷时的情况(水中淬火)，不与C曲线相交，直接通过M_s线冷却至室温，转变产物为马氏体和残余奥氏体。

4.3　钢的退火和正火

4.3.1　退火

将金属缓慢加热到一定温度，保持足够的时间，然后以适宜速度冷却(通常是缓慢冷却，有时是控制冷却)的一种金属热处理工艺。过冷奥氏体在C曲线的上部进行转变，热处理后的组织接近于平衡组织，以珠光体为主。亚共析钢为$F+P$，共析、过共析钢为球状珠光体。其目的是使经过铸造、锻轧、焊接或切削加工的材料或工件软化，改善塑性和韧性，使化学成分均匀化，去除残余应力，或得到预期的物理性能。

钢的退火工艺方法有很多，按照加热温度可以分为两大类：①临界温度(Ac_1或Ac_3)以上的退火(相变重结晶退火)，包括完全退火、不完全退火、晶粒粗化退火、均匀化退火和球化退火等；②临界温度以下的退火，包括软化退火、再结晶退火及去应力退火等。按照冷却方式可分为连续冷却退火、等温退火及临界区快速冷却而后缓慢冷却的退火等。

加热温度和冷却速度是决定钢件或工件退火质量最重要的因素。各种退火工艺所

用温度范围和工艺曲线如图 4-17 所示。

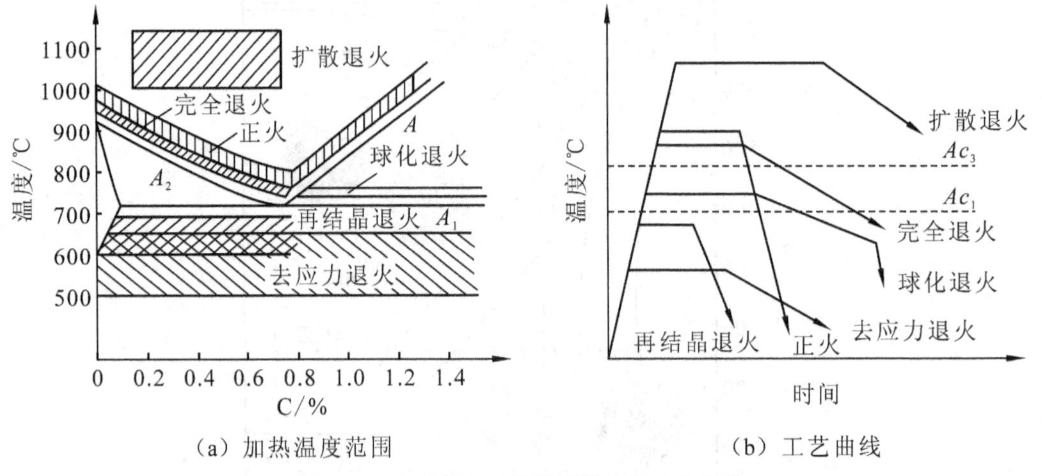

(a) 加热温度范围　　(b) 工艺曲线

图 4-17　各种退火工艺所用温度和工艺曲线

1. 完全退火

完全退火又称为重结晶退火，将亚共析钢加热到 Ac_3 以上 20℃～30℃的温度，并在此保温足够的时间，完成奥氏体化并使成分基本均匀之后缓慢冷却(控制冷却、炉冷、埋于砂或耐火土粉中)至 600℃左右后空冷，以得到铁素体和珠光体组织的热处理工艺。所谓“完全”是指退火加热时钢的组织全部发生重结晶，获得完全的奥氏体组织。

完全退火的目的是细化晶粒，消除应力，使钢软化，以便于随后的变形加工和切削加工，并为成品工件的淬火准备适宜的金相组织。完全退火工艺可应用于钢锭、锻轧及冷拉伸钢材的热处理，为结构件最常用的预备热处理工艺之一。

对于 $\omega_C>0.3\%$、淬透性较好或者尺寸较大的亚共析碳钢或者合金钢锭(特别是高铬、铝、钛等钢锭)，浇注后果不及时退火，钢锭会因为内应力而自行开裂，甚至炸裂(高铬钢、高速钢等钢锭应在浇注后 48 小时内进行退火以保证安全)。另外，完全退火可以消除钢锭表面的各种缺陷，否则在锻轧过程中这些缺陷会在加工过程中扩大，甚至形成开裂而使钢锭报废。部分亚共析钢钢锭完全退火温度见表 4-1。

表 4-1　部分亚共析钢钢锭完全退火温度

钢种	钢　　号	温度/℃
结构钢	40、40Mn2、40Cr、35CrMo、38CrSi、38CrMoAl、30CrMnSi	840～870
弹簧钢	65、60Mn、55SiMn、60Si2Mn、50CrVA	840～870
热模钢	5CrNiMo、5CrMnMo	810～850

表 4-1 中所列的各种钢锭完全退火时的加热速度通常取 100℃/h～200℃/h；保温时间可由下面的经验公式计算得到：

$$t=8.5+Q/4(\mathrm{h}) \tag{4-1}$$

其中，Q 为装炉量，单位为吨；冷却速度通常取 50℃/h；出炉温度在 600℃以下。

亚共析钢锻轧钢材的组织多数为较粗的珠光体(P)及网状的铁素体(F)，晶粒大小不均匀，而且硬度偏高，不易切削和冷变形加工。故需要完全退火来加以改善，同时也为成品工件的调质处理做好组织准备。亚共析钢锻轧钢材的完全退火温度一般取 Ac_3+(20℃～30℃)。当钢中含有强碳化物形成元素(如 Mo、W、V、Ti 等)时，为了使碳化物较快溶入奥氏体中，可以适当提高退火温度；而当钢中含有易使晶粒粗化的元素(如 Mn)时，为了防止晶粒过度长大，则应适当降低退火温度。

一般对亚共析钢锻轧钢材退火时的加热速度不加限制，但是由于加热炉体积及供热能力与装炉量的制约关系，通常将加热速度限制在下列范围内：

5～10t——150℃/h～200℃/h

15～30t——100℃/h～120℃/h

≥50t——50℃/h～75℃/h

钢材退火加热时的保温时间可按 $t=(3\sim4)+(0.4\sim0.5)Q$ 计算，式中，t 为保温时间，单位为小时；Q 为装料量，单位为吨。保温后的冷却速度是控制退火质量的重要因素。为了达到细化组织、消除应力、改善加工性能的目的，通常需要使过冷奥氏体在 650℃～750℃之间分解。如果分解温度高于 700℃，铁素体晶粒过大，珠光体片层过粗，硬度偏低，不利于切削加工。分解温度低于 650℃时，珠光体片层过细，在一些合金钢中甚至还会发生贝氏体转变，以致硬度过高，内应力也较大，造成切削和冷变形加工困难。为了保证完全退火质量，碳钢的冷却速度最好在 200℃/h 上下，低合金钢应不大于 100℃/h，高合金钢应不大于 50℃/h。但在实际生产中，按上述冷却速度均匀降温不易做到。对装炉量大于 5t 的加热炉，即使钢材随炉断电冷却，也难以得到>50℃/h，因而常采取开启炉门冷却，甚至空冷的方法来获得低碳及低碳合金钢所需要的加工性能。退火时冷却到 650℃～600℃以下时，相变已经完成，可以出炉空冷。

2. 不完全退火

不完全退火是将加热温度选在 Ac_1 与 Ac_3(或 Ac_m)之间，加热到温后短时间保温，之后缓慢或控制冷却，以得到铁素体和珠光体组织。加热时珠光体转变为奥氏体，而过剩相(铁素体或者渗碳体)大部分保留下来。不完全退火的目的与完全退火相似，都是通过相变重结晶来细化晶粒，改善组织，去除应力，改善切削性能。所不同的是，不完全退火相变和重结晶不完全而细化晶粒的程度较差，但却能节约工艺时间，降低费用，提高生产率。

过共析钢锻轧钢材主要用于刃具钢、轴承钢及冷模钢等，对其进行不完全退火主要是为了得到球状珠光体及球状碳化物组织，降低硬度，改善切削加工性能。常见碳素工具钢及合金工具钢不完全退火时的加热温度如表 4-2 所示。

表 4-2　碳素及合金工具钢不完全退火时的加热温度

钢种	钢　　号	温度/℃
碳素工具钢	T8、T10、T11、T12	750～770
合金工具钢	9Mn2V、9SiCr、SiCr、CrMn、CrWMn	770～810
	Cr12V、Cr6WV、Cr12MoV	830～870

上述钢材不完全退火时的加热温度大多为≥100℃/h，对于合金元素较多的钢则可以采用较慢的加热速度。保温时间视装炉量和钢材种类而定。保温后随炉冷却，一般来说，碳素工具钢为≥50℃/h，合金钢为≤30℃/h。冷却到600℃左右时即可出炉空冷。

对于部分低、中碳钢及合金结构钢如15/45/30Mn2/40CrMn40MnB等，因其晶粒长大倾向较大，用完全退火方式不易控制晶粒度，故适合采用不完全退火。加热速度为100℃/h～120℃/h，保温时间 $t=(2\sim6)+0.5Q$(h)，其中 Q 为装炉量，单位为吨(t)。保温后随炉冷却至650℃～600℃出炉空冷。

3. 扩散退火

扩散退火也称均匀化退火，将金属锭、铸件或锻坯在略低于固相线的温度下长期加热，以消除或减少化学成分及显微组织偏析，达到均匀化的目的。

钢件均匀化退火温度因偏析程度的不同而不同。通常选择在 Ac_1 或 Ac_m 以上150℃～250℃。加热温度的选择需要考虑钢件的种类、成分和尺寸大小因素。通常是在不需要较长的扩散保温时间的前提下，选用较低的温度：碳钢常取1100℃～1200℃，合金钢取1200℃～1300℃。加热速度控制在100℃/h～200℃/h，保温时间通常按照有效截面2～3min/mm，一般不超过15h，否则氧化损失过于严重。冷却速度一般为50℃/h，高合金钢则为≤20℃/h～30℃/h。通常降温到600℃以下即可出炉空冷，对于高合金钢及高淬透性钢最好在350℃左右出炉，以免因冷速过快而产生应力，使硬度偏高。

扩散退火加热温度很高，时间较长，消耗热量大而生产率低，只有在必要时才使用，多用于优质合金钢及偏析现象比较严重的合金。铸造高速钢等莱氏体钢制工件，则需要进行高温扩散退火，以破碎莱氏体网，使碳化物分布趋于均匀。

4. 球化退火

球化退火是使钢中碳化物球化而进行的热处理退火工艺。其目的是为了改善切削性能，减少淬火时的变形开裂倾向性，使钢件得到相当均匀的最终性能。球化退火主要应用于轴承零件、刀具、冷作模具等的预备热处理，以改善切削加工性能及表面精度，消除网状或粗大碳化物颗粒所引起的工具的脆断和刃口崩落。中碳钢一般只在要求硬度极低而韧性极高时才用球化退火，低碳钢一般不进行球化退火。

球化退火之所以能形成球状珠光体，是因为钢在加热到略高于 Ac_1 温度时，呈现出不均匀的组织状态，即除了奥氏体的浓度不均匀外，还有大量未溶解的渗碳体质点存在，可以作为球化的核心。因为球状的表面能最小，所以在适当条件下，任何物体都有使自己的外形形成球状的趋势。渗碳体在较长时间的保温过程中也会自发地趋于球状。球化退火后的组织应该是铁素体的基体上分布着许多颗粒的渗碳体。

球化退火的关键在于加热温度以及等温温度的选择和控制。加热温度的高低关系到所得到的是片状还是球状珠光体。加热温度过高，则由于碳化物溶解过多及奥氏体成分较均匀，使之球化困难，易得片状珠光体；加热温度过低，则仍保留原始的细片状。等温温度的高低关系到碳化物颗粒的大小。等温温度较低，则粒度较细，硬度也较高；等温温度较高，则粒度粗，硬度低。

常用的球化退火工艺有三种，其工艺示意图如图4-18所示。

(1)普通球化退火，将钢加热到稍高于 Ac_1 温度(一般为 Ac_1 以上 20℃～30℃)，保温适当时间，然后随炉缓慢冷却(如图 4-18(a)所示)。冷却速度应根据不同钢种在 20℃/h～50℃/h 范围内适当选择，当缓慢冷至 500℃左右时即可出炉空冷。

(2)等温球化退火，经过与普通球化退火工艺同样的加热保温后，随炉冷却到略低于 Ar_1 的温度进行等温(如图 4-18(b)所示)，等温温度和等温时间视钢种而定。等温结束后，随炉缓冷至 500℃左右出炉空冷。

(3)周期球化退火，特点是在 A_1 附近交替加热和冷却若干次，相当于多次等温球化退火，每次加热和等温时间为 0.5～1h，具体视炉型和装炉量而定(如图 4-18(c)所示)。其冷却方式也是随炉缓冷，至 500℃左右时出炉空冷。

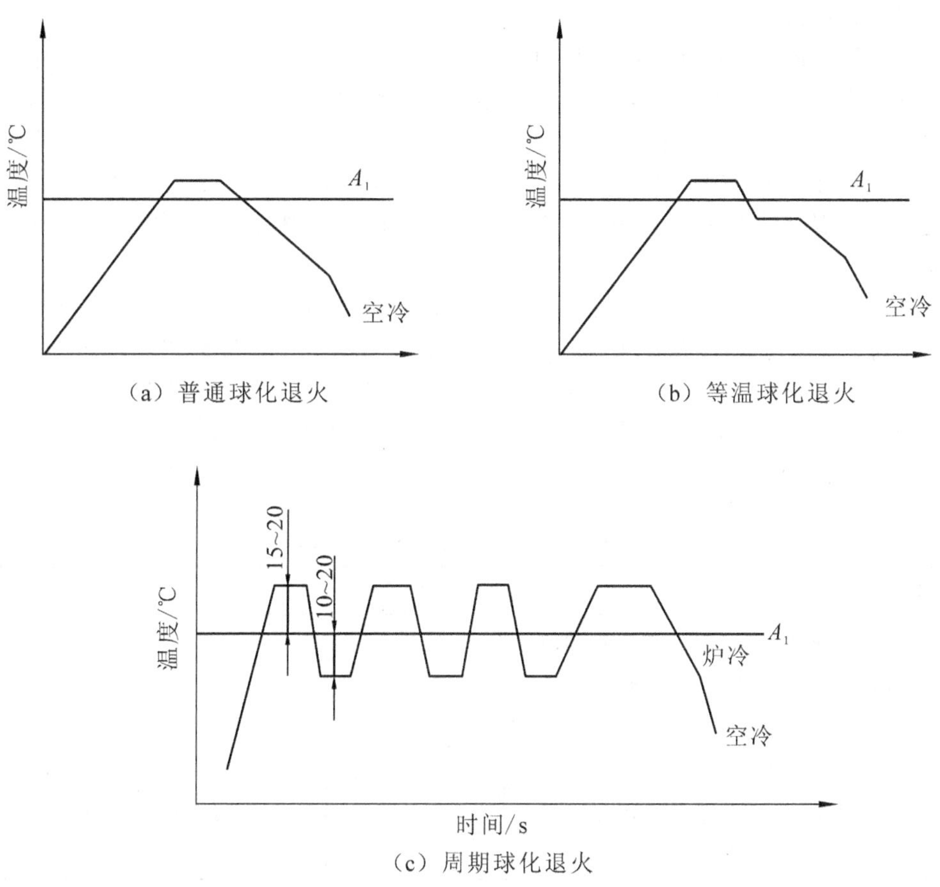

图 4-18 常用的球化退火工艺曲线示意图

5. 低温退火

低温退火是将钢件加热到略低于 Ac_1 的温度，保持一定时间，然后缓慢冷却的热处理工艺。低温退火由于没有重结晶过程，因此不能使钢的晶粒和组织细化，但却能消除或降低钢中的内应力，降低硬度，从而改善切削加工性能。而且，低温退火加热时间短、成本低，而且钢材表面氧化脱碳损失小，所以在某些情况下可以取代完全退火或不完全退火。

再结晶退火、去应力退火等皆属于低温退火范畴。

(1)再结晶退火

所谓再结晶是经冷变形的金属或者合金被加热到再结晶温度以上时，畸变晶粒通过形核长大而形成新的无畸变、等轴晶的过程。再结晶不是相变过程，没有恒定的转变温度，而是一个在一定条件下自某一温度开始，随着金属加热温度的升高和保温时间的延长逐渐形核，逐渐长大的连续过程。再结晶退火则是经冷变形后的金属加热到再结晶温度以上，保温适当的时间，使形变晶粒重新结晶为均匀的等轴晶，以消除形变强化和残余应力的退火工艺。

再结晶退火的目的是消除冷变形产生的硬化，使被拉长、压扁或破碎的晶粒变为均匀的等轴晶粒，从而使钢的强度下降，塑性提高，以便于后续加工的进行。

(2)去应力退火

冷变形后的金属在低于再结晶的温度加热，以去除内应力，但仍保留冷作硬化效果的热处理工艺称为去应力退火。在实际生产过程中，去应力退火工艺的应用要广泛得多。热锻轧、铸造、各种冷变形加工、切削或切割、焊接、热处理，甚至机器零部件装配后，在不改变组织状态、保留冷作、热作或表面硬化条件下，对钢材或机器零件进行较低温度的加热，以去除内应力，减小变形、开裂倾向的工艺都可以称为去应力退火。

去应力退火一般是将工件以100℃/h～150℃/h的速度升温至500℃～600℃，保温2～4h随炉缓慢冷却(冷速50℃/h～100℃/h)，至200℃～300℃时出炉冷却。

除了上述退火工艺以外，其他退火工艺还有光亮退火、盐浴退火、装箱退火、真空退火、脱碳退火等，在此不再一一介绍，读者可参考相关文献资料。表4-3列出了常用的退火工艺制度。

表4-3　常用退火工艺制度小结

名称	目的	工艺制度	组织	应用
完全退火	细化晶粒，消除铸造偏析，降低硬度，提高塑性	加热到 Ac_3 + 20℃～30℃，炉冷至550℃左右空冷	$F+P$	亚共析钢的铸、锻、轧件，焊接件
球化退火	降低硬度，改善切削性能，提高塑性韧性，为淬火作组织准备	加热到 Ac_1 + 20℃～30℃，然后缓冷	片状珠光体和网状渗碳体组织转变为球状	共析、过共析钢及合金钢的锻件、轧件等
扩散退火	改善或消除枝晶偏析，使成分均匀化	加热到 Ac_m + 150℃～250℃，先缓冷，后空冷	粗大组织(组织严重过烧)	合金钢铸锭及大型铸钢件或铸件
再结晶退火	消除加工硬化，提高塑性	加热到再结晶温度，再空冷	变形晶粒变成细小的等轴晶	冷变形加工的制品
去应力退火	消除残余应力，提高尺寸稳定性	加热到500℃～600℃缓冷至200℃～300℃空冷	无变化	铸、锻、焊、冷压件及机加工件

4.3.2 正火

钢材或钢件加热到 Ac_3（对于亚共析钢）和 Ac_m（对于过共析钢）以上 30℃～50℃，保温适当时间后，在自由流动的空气中均匀冷却，得到珠光体类组织（一般为索氏体）的热处理工艺为正火。正火与退火相似，区别在于前者加热温度较高，冷却速度较快。正火的目的是使钢的组织正常化，所以也称常化处理。正火处理一般应用于以下几个方面：

(1)作为最终热处理，可以细化奥氏体晶粒，使组织均匀化；减少亚共析钢中铁素体含量，使珠光体含量增多并细化，从而提高钢的强度、硬度和韧性。对于普通结构钢零件，机械性能要求不很高时，可用正火作为最终热处理。

(2)作为预先热处理，截面较大的合金钢件，在淬火或调质处理前常进行正火，以消除魏氏组织和带状组织，并获得细小而均匀的组织。对于过共析钢可减少二次渗碳体含量，并使其不形成连续网状，为球化退火做好组织准备。

(3)改善切削加工性能，低碳或低碳合金钢退火后硬度太低，不便于切削加工。正火可以提高其硬度，改善其切削加工性能。

正火和完全退火相比，能够获得更高的强度和硬度，生产周期较短，设备利用率较高，节约能源，成本较低，因此应用较为广泛。

4.4 钢的淬火

把钢件加热到 Ac_1 或 Ac_3 点以上某一温度，保持一定时间，然后快速冷却，获得马氏体或贝氏体组织的热处理工艺称为淬火。淬火是钢或者合金强化的主要工艺，其目的主要是为了获得马氏体组织，以便在适当温度的回火后具备所需要的力学性能组合。

4.4.1 淬火加热介质

1. 空气加热介质

箱式、井式等电阻炉是应用广泛的热处理炉，其加热介质多为空气。由于空气中含有 O_2、CO_2、水蒸气等有害气体，因此钢件在高温加热时表面产生氧化和脱碳。氧化是指钢表面的铁被氧化成氧化铁，化学反应如下：

$$2Fe+O_2\rightarrow 2FeO \tag{4-2}$$

$$Fe+CO_2\rightarrow FeO+CO\uparrow \tag{4-3}$$

$$Fe+H_2O\rightarrow FeO+H_2\uparrow \tag{4-4}$$

脱碳是指钢表面的碳被氧化成 CO、CH_4 等气体，使钢表面的含碳量降低，化学反应如下：

$$Fe(C)+1/2O_2\rightarrow Fe+CO\uparrow \tag{4-5}$$

$$Fe(C)+CO_2\rightarrow Fe+2CO\uparrow \tag{4-6}$$

$$Fe(C)+H_2O\rightarrow Fe+H_2\uparrow+CO\uparrow \tag{4-7}$$

$$Fe(C)+2H_2O\rightarrow Fe+CH_4\uparrow+O_2\uparrow \tag{4-8}$$

氧化使工件表面烧损，影响工件的尺寸和精度。脱碳使工件表面碳贫化，从而导致工件淬火硬度和耐磨性能降低，严重的氧化脱碳还会造成工件报废。

2. 防止氧化脱碳的加热方法

主要有保护气氛加热、真空加热和防护涂料加热等。

(1)保护气氛加热，所采用的保护气氛有吸热式气氛、放热式气氛、氨分解气氛，用这些保护性气氛进行加热处理基本上避免了氧化和脱碳。所谓吸热式气氛是指在发生器中，把天然气、液化石油气等气体与一定比例的空气混合(当空气量较少时，混合气体先部分燃烧)，再通过加热到高温(1000℃以上)的催化剂，使混合气体的未燃部分热裂解(吸热反应)而制得。吸热式气是一种应用最广的可控气氛。而放热式气氛则是在发生器中把天然气、液化石油气等气体燃料或酒精、柴油等液体燃料与较多的空气混合，使其接近于完全燃烧(放热反应)，再对燃烧产物进行初步净化(除水)或高度净化(除水、二氧化碳和一氧化碳)而制得的气体。氨气在一定温度和催化剂作用下可完全分解为 3 个体积的氢和 1 个体积的氮，形成氨分解气氛。根据所加热材料的种类选择不同的气氛，中高碳钢、低合金钢、高速钢及合金工具钢采用吸热式气氛加热；低碳钢、中碳钢短时间加热，铜及铜合金的光亮热处理可采用放热式气氛加热；含铬较高的合金及不锈钢加热可采用氨分解气氛加热。

(2)真空加热，将工件置于负压气氛的条件下进行加热和保温。真空环境指的是低于一个大气压的气氛环境，包括低真空、中等真空、高真空和超高真空等。在真空环境下可以避免工件的氧化和脱碳现象发生。

(3)保护涂料加热，在工件表面涂以保护性涂料。保护性涂料一般由黏接剂、玻璃陶瓷等填料、颜料、助剂及溶剂组成。基料分为无机和有机两大类，无机常用的有硅酸钾、硅酸钠等；有机以丙烯酸、醇酸、酚醛、有机硅及纤维素类较为常用，还有用聚醋酸乙烯乳液的，有机与无机配合使用往往效果更佳。此类涂料一般是一次性使用的，是一种耐高温涂料，除具有高温涂料的一般性能外，还具有一定的独特性：在金属加热温度范围内能形成一层致密的涂膜以使基体和炉内气氛完全隔绝；对被保护的金属呈化学稳定性；具有较宽的使用温度范围，在加热和热压加工过程中，涂层和工件表面要有很好的结合和润湿作用，且在高温下不流挂或放出有毒气体；涂层有较好的机械性能，使工件在搬运、装炉等过程中不致碰坏。

4.4.2 钢的淬火加热

1. 淬火加热温度的确定

淬火加热温度是根据钢件的化学成分及工艺因素来决定的，其中碳含量的影响最为明显。图 4-19 给出了钢的淬火温度范围。

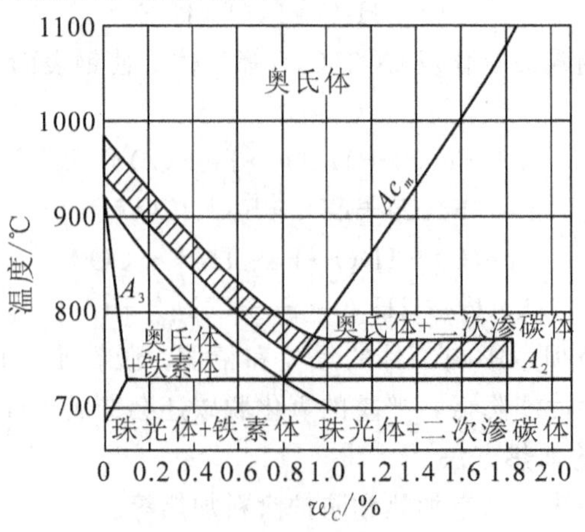

图 4-19　钢的淬火温度范围

亚共析钢淬火温度为 Ac_3 以上 30℃～50℃，共析钢或过共析钢的淬火温度应该选择在 Ac_1 以上 30℃～50℃。

亚共析钢在上述温度范围内加热淬火后，可得到均匀细小的马氏体组织。若淬火温度选择在 Ac_1～Ac_3，则原始组织中的铁素体未全部转变为奥氏体而在淬火后保留下来，淬火后得到马氏体及铁素体组织(亚温淬火)。亚温淬火后硬度较低，如果对硬度要求较高，则不可取。如果加热温度过高，则引起奥氏体晶粒粗大，淬火后马氏体组织也粗大，使钢的韧性降低。过共析钢淬火加热温度在 Ac_1 以上 30℃～50℃，奥氏体化后还保留未溶解的粒状二次渗碳体，淬火后得到细小马氏体和粒状二次渗碳体组织，渗碳体的存在有利于提高钢的耐磨性。如果加热温度超过 Ac_m，则二次渗碳体将会全部溶解到奥氏体中，使奥氏体的碳含量增加，淬火后除了得到马氏体外，还会有较多的残余奥氏体，降低了淬火硬度，同时增加淬火应力，使零件的变形和开裂倾向增加。

除了钢件的化学成分外，生产中还应根据工件淬火时的具体工艺因素，合理选择加热温度。例如，工件尺寸小，淬火温度应该取下限；工件尺寸大，则应适当提高加热温度。对于形状复杂的工件，为了避免开裂和变形，应选择较低的加热温度。另外，采用冷却能力较强的冷却介质淬火时，为了减少淬火应力可以适当降低淬火温度。

2. 加热时间的确定

钢件热处理的加热时间一般包括升温时间和保温时间两部分。升温时间由加热温度和升温速率决定。保温的目的一方面是使钢件的温度均匀；另一方面是保证奥氏体形成过程中碳化物能够充分溶解及奥氏体的均匀化。通常可以采用升温时间的1/5～1/4作为保温时间。加热时间不能过长，否则容易造成奥氏体晶粒的长大及氧化脱碳等现象，并且浪费热能。

4.4.3 钢的淬火介质

理想的淬火介质应该是使零件通过快速冷却转变成马氏体，又不至于引起太大的淬火应力。这就要求淬火介质在C曲线的“鼻尖”以上冷却速度较慢，以减少急冷所产生的热应力。在“鼻尖”处(500℃～600℃)具有较高的冷却速度，不与C曲线相交，保证奥氏体不发生分解。而在马氏体转变温度(300℃)以下时具有低的冷却速度，以减少组织转变的应力。

常用的淬火介质有水、水溶液、矿物油、溶盐、溶碱等。

1. 水

水是冷却能力较强的淬火介质，来源广、价格低、成分稳定不易变质。其缺点是在C曲线的“鼻尖”区(500℃～600℃)，水处于蒸汽膜阶段，冷却不够快，会形成“软点”，而在马氏体转变温度区(100℃～300℃)，水处于沸腾阶段，冷却太快，易使马氏体转变速度过快而产生很大的内应力，致使工件变形甚至开裂。当水温升高时，水中含有较多气体或水中混入不溶性杂质(如油、肥皂、泥浆等)，均会显著降低其冷却能力。因此，水适用于截面尺寸不大、形状简单的碳素钢工件的淬火冷却。

2. 盐水和碱水

在水中加入适量的食盐和碱，使高温工件浸入该冷却介质后，在蒸汽膜阶段析出盐和碱的晶体并立即爆裂，将蒸汽膜破坏，工件表面的氧化皮也被炸碎，这样可以提高介质在高温区的冷却能力。其缺点是介质的腐蚀性大。一般情况下，盐水的浓度为

10%，苛性钠水溶液的浓度为10%～15%。可用作碳钢及低合金结构钢工件的淬火介质，使用温度不应超过60℃，淬火后应及时清洗并进行防锈处理。

3. 油

冷却介质一般采用矿物质油(矿物油)，如机油、变压器油和柴油等。油的沸点较高，在200℃～300℃区间工件的冷却速度较低，所以油淬时工件不易产生开裂和变形。但是，油在550℃～650℃温度区间的冷却能力不如水，因此只能作为各种合金钢和小型碳钢零件的淬火冷却介质。机油一般采用10号、20号、30号机油，油的牌号越大，黏度越大，闪点越高，冷却能力越低，使用温度相应提高。目前使用的新型淬火油主要有高速淬火油、光亮淬火油和真空淬火油三种。

高速淬火油主要有两种，一种是通过选取不同类型和不同黏度的矿物油，以适当的配比相互混合得到的；另一种是在普通淬火油中加入添加剂(磺酸的钡盐、钠盐、钙盐以及磷酸盐、硬脂酸盐等)，在油中形成粉灰状浮游物而获得的。高速淬火油在过冷奥氏体不稳定区的冷却速度明显高于普通淬火油，而在低温马氏体转变区的冷速与普通淬火油相接近。这样既可得到较高的淬透性和淬硬性，又大大减少了变形，适用于形状复杂的合金钢工件的淬火。

在矿物油中加入不同性质的高分子添加物，可获得不同冷却速度的光亮淬火油。这些添加物的主要成分是光亮剂，其作用是将不溶解于油的老化产物悬浮起来，防止其在工件上积聚和沉淀。另外，光亮淬火油添加剂中还含有抗氧化剂、表面活性剂和催冷剂等。

真空淬火油是用于真空热处理淬火的冷却介质。真空淬火油必须具备较低的饱和蒸汽压，较高而稳定的冷却能力以及良好的光亮性和热稳定性，否则会影响真空热处理的效果。

4. 盐浴和碱浴

这类介质的冷却能力除了与介质成分有关外，还与使用温度和介质中的水含量有关。工件浸入这类介质中，由于冷却开始时工件与介质间的温差最大，所以这时的冷却速度最大。介质使用温度低时，工件和介质之间的温差大，冷却能力较高，反之则冷却能力降低。加入适量的水可以改善介质的流动性，从而显著提高介质的冷却能力。但加入的水量不能过多，一般控制在3%～6%，否则会引起工件的变形和盐、碱的飞溅。此类淬火介质一般用在分级淬火和等温淬火中。

5. 新型淬火剂

新型淬火剂有聚乙烯醇水溶液和三硝水溶液等。聚乙烯醇常用质量分数为0.1%～0.3%之间的水溶液，其冷却能力介于水和油之间。当工件淬入该溶液时，工件表面形成一层蒸汽膜和一层凝胶薄膜，两层膜使加热工件冷却。进入沸腾阶段后，薄膜破裂，工件冷却加快，当达到低温时，聚乙烯醇凝胶膜复又形成，工件冷却速度又下降，所以这种溶液在高、低温区冷却能力低，在中温区冷却能力高，有良好的冷却特性。

三硝水溶液由25%硝酸钠＋20%亚硝酸钠＋20%硝酸钾＋35%水组成。在高温(500℃～650℃)时由于盐晶体析出，破坏蒸汽膜形成，冷却能力接近于水。在低温(200℃～300℃)时由于浓度极高，流动性差，冷却能力接近于油，故其可代替水－油双介质淬火。

不管选用何种淬火介质，大致都可以按以下五条原则来选择。

(1)钢的含碳量多少——含碳量低的钢有可能在冷却的高温阶段析出先共析铁素体，其过冷奥氏体最易发生珠光体转变的温度(即所谓“鼻尖”位置的温度)较高，马氏体起点(M_s)也较高。因此，为了使这类钢制的工件充分淬硬，所用的淬火介质出现最高冷却速度的温度应当较高。相反，对含碳量较高的钢，淬火介质出现最高冷却速度的温度也应当低一些。

(2)钢的淬透性高低——淬透性差的钢要求用冷却速度快的淬火介质，淬透性好的钢则可以用冷却速度慢一些的介质。通常，随着钢的淬透性的提高，过冷奥氏体分解转变的C曲线会向右下方移动。所以，对淬透性差的钢，选用的淬火介质出现最高冷却速度的温度应当高一些；而淬透性好的钢则低一些。有些淬透性好的钢过冷奥氏体容易发生贝氏体转变，要避开其贝氏体转变，也要求有足够快的低温冷却速度。

(3)工件的有效厚度大小——如果工件的表面一冷到M_s点，就立即大大减慢介质的冷却速度，则工件内部的热量向淬火介质散失的速度也就立即放慢，这必然使工件表面一定深度以内的过冷奥氏体冷不到M_s点就发生非马氏体转变，其结果是，淬火后工件只有很薄的马氏体层。由于这样的原因，当工件比较厚大时，为得到足够的淬硬深度，所用淬火介质应当有较快的低温冷却速度；而薄小的工件则可以选用低温冷却速度较慢的淬火介质。

(4)工件的形状复杂程度——形状复杂的工件，尤其是有内孔或较深凹面的工件，为减小淬火变形或需要把内孔淬硬时，应当选用蒸汽膜阶段较短的淬火介质。这是因为，内孔或凹面内部散热较其他部位慢。工件的其他部位冷得快先进入沸腾阶段获得快冷，而内孔或凹面内仍被蒸汽膜笼罩，冷得很慢。这种冷却速度上的差异有可能引起较大的淬火变形和凹面的硬度低下。解决这类问题的办法是选用蒸汽膜阶段较短而冷却速度较快的淬火介质。当然，适当加大内孔与凹面内的介质流动速度，也可以取得同样的效果。相反，形状简单的工件则可以使用蒸汽膜阶段稍长的淬火介质。此外，工件的形状越复杂，冷却时的内应力就越大。因此，形状复杂的工件允许的最高冷却速度较低，而形状简单的工件允许的最高冷却速度则较高。

(5)允许的变形大小——变形要求小的，淬火冷却介质中必须有较窄的冷却速度带；而允许变形较大的，可以有较宽的冷却速度带。允许的冷却速度带宽的，采用能得到其淬火硬度要求的介质，往往就能满足变形要求；允许的冷却速度带特别窄的，必须采用能大幅度缩短工件冷却速度带的淬火方法。

生产中要处理的工件多种多样，不同工件对淬火介质冷却特性的要求可能相容，即可以用同一种淬火介质，也可能不相容，即找不到共同适用的淬火介质。

4.4.4 钢的淬火冷却方法

生产实践中应用最广泛的淬火分类是以冷却方式的不同来划分的，主要有单液淬火、双液淬火、分级淬火和等温淬火等。图4-20为不同淬火工艺的示意图。

1. 单液淬火

单液淬火是将奥氏体化工件浸入某一种淬火介质种，一直冷却到室温的淬火操作方法。单液淬火介质有水、盐水、碱水、油及专门配制的淬火剂等。一般情况下，碳素钢淬水，合金钢淬油。单液淬火操作简单，有利于实现机械化和自动化。其缺点是冷速受介质冷却特性的限制而影响淬火质量。单液淬火对碳素钢而言只适用于形状较简单的工件。

2. 双液淬火

双液淬火是将奥氏体化工件先浸入一种冷却能力强的介质，在钢件达到该淬火介质温度之前即取出，马上浸入另一种冷却能力弱的介质中冷却，如先水后油、先水后空气等。双液淬火可以减少变形和开裂倾向，但操作不好掌握，在应用方面有一定的局限性。

3. 马氏体分级淬火

马氏体分级淬火是将奥氏体化工件先浸入温度稍高或稍低于钢的马氏体点的液态介质(盐浴或碱浴)中，保持适当的时间，待钢件的内、外层都达到介质温度后取出空冷，以获得马氏体组织的淬火工艺，也称分级淬火。

分级淬火由于在分级温度停留到工件内外温度一致后空冷，因此能有效地减少相变应力和热应力，减少淬火变形和开裂倾向。分级淬火适用于对于变形要求高的合金钢和高合金钢工件，也可用于截面尺寸不大、形状复杂的碳素钢工件。

4. 贝氏体等温淬火

贝氏体等温淬火是将钢件奥氏体化，使之快冷到贝氏体转变温度区间(260℃～400℃)等温保持，使奥氏体转变为贝氏体的淬火工艺，有时也称等温淬火。一般保温时间为30～60min。

5. 复合淬火

复合淬火是指将工件急冷至 Ms 以下获得10%～20%的马氏体，然后在下贝氏体温度区等温。这种冷却方法可使较大截面地工件获得组织 $M+B$ 组织。预淬时形成的马氏体可促进贝氏体转变，在等温时又使马氏体回火。复合淬火用于合金工具钢工件，可避免第一类回火脆性，减少残余奥氏体量，即减少变形开裂倾向。

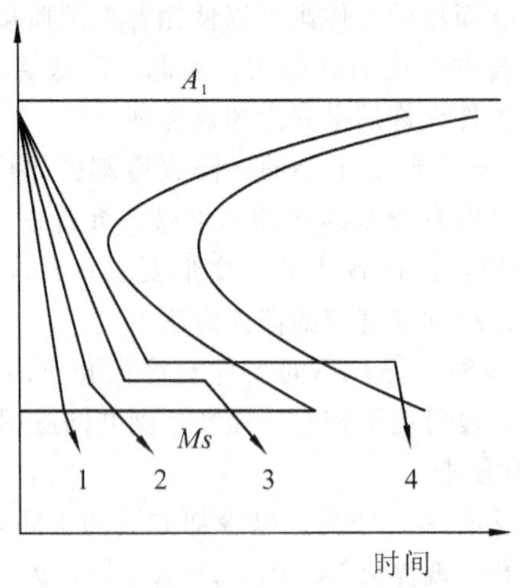

图 4-20　不同淬火方法示意图

1—单介质淬火；2—双介质淬火；3—分级淬火；4—等温淬火

4.4.5 钢的淬透性

1. 淬透性的定义

钢的淬透性是指钢件在淬火时形成马氏体的能力，一般以圆柱体试样的淬硬层深度或沿截面硬度分布曲线表示。

一般规定，钢的淬透层深度是指工件的表面至半马氏体组织(含有 50%非马氏体组织)的深度。半马氏体的组织比较容易由显微镜或硬度的变化来确定。在实际淬火过程中，如果整个截面都得到马氏体，即表明工件已经淬透。但对于大的工件，由于表层的冷却速度很快，大于临界冷却速度，而心部冷却速度小于临界冷却速度，则表层淬成马氏体而心部未得到马氏体，如图 4-21 所示。需要说明的是，钢的淬透性与实际工件的淬透层厚度不是同一个概念。淬透性是钢在规定条件下的一种工艺性能，是可以确定和比较的；而淬透层深度是指实际工件在具体条件下淬得的马氏体和半马氏体层的厚度，与钢的淬透性及外在因素有关，是变化的。也就是说，同一种钢件采用不同的淬火工艺，其淬透层厚度是不一样的，但是其淬透性是固定的。另外，还需要弄清楚淬透性和淬硬性的区别，淬硬性是指钢淬火时能够达到的最高硬度。

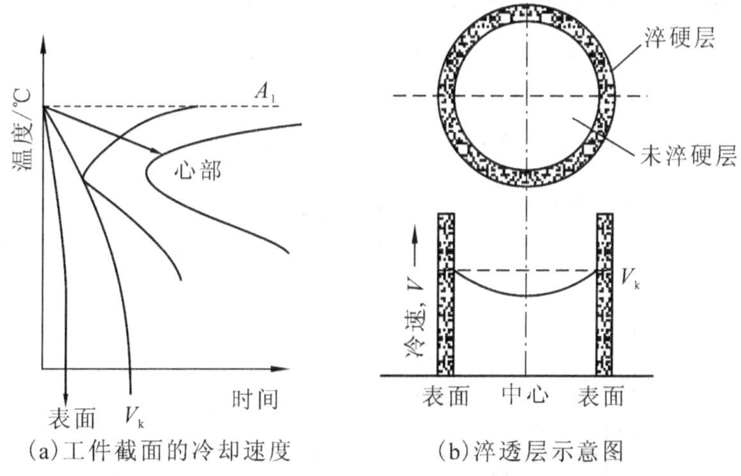

(a)工件截面的冷却速度　　(b)淬透层示意图

图 4-21　工件截面的冷却速度与淬透层示意图

一般来说，奥氏体的稳定性越好(C 曲线位置靠右)，形成马氏体所需要的临界冷却速度也就越小，则钢的淬透性越好。因此，凡是影响奥氏体稳定性的因素，如合金元素、碳含量、奥氏体化温度和钢中的第二相等，均影响钢的淬透性，如表 4-4 所示。

表 4-4　钢的淬透性影响因素

C%	亚共析钢 C%增加→淬透性增加，过共析钢 C%增加→淬透性下降
奥氏体化温度	奥氏体化温度提高→淬透性增加
合金元素	除 Co 以外，C 曲线右移，增加淬透性
未溶第二相	降低淬透性

2. 淬透性的测定方法

钢的淬透性的测定及表示方法很多，常用的有U形曲线法、临界直径法和末端淬火法，目前应用的最普遍的是末端淬火法，其详细内容可见国家标准GB225-63。其要点是：将φ25mm×100mm的标准试样加热奥氏体化后，用专用末端淬火试验机对其一个端面喷水冷却。在国家标准中对喷水管内径、水柱自由高度及水温都有详细的规定，(图4-22)为末端淬火法示意图。冷却后在试样沿长度方向磨一深度为0.2～0.5mm的窄条平面，然后从末端开始，每隔一定距离测量一个硬度值，即可获得沿轴向的硬度——距水冷端距离的变化，所得曲线(图4-23)即为淬透性曲线。

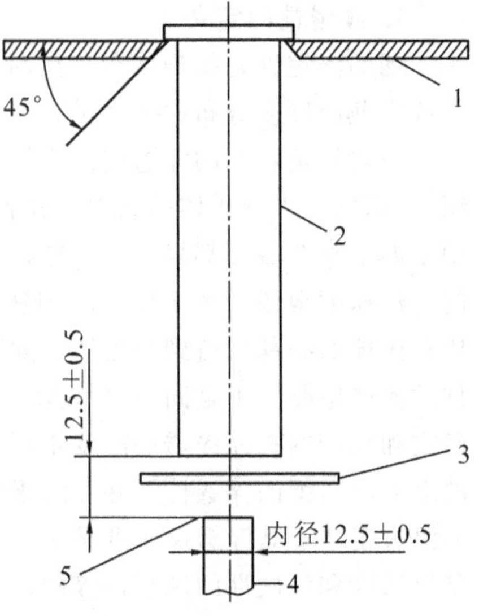

图4-22　末端淬火法示意图

淬透性曲线上的最高硬度可以看成是钢的淬硬性，曲线的拐点处大致相当于该钢种半马氏体组织的硬度。淬透性曲线越平坦，表示钢的淬透性越好。

根据GB225-63规定，钢的淬透性值用$J\dfrac{\text{HRC}}{d}$表示。其中J表示末端淬火的淬透性，d表示据水冷端的距离(mm)，HRC为该处的硬度。

在热处理过程中，淬透性曲线可用来推算钢的临界淬火直径，以及确定钢件截面上的硬度分布。

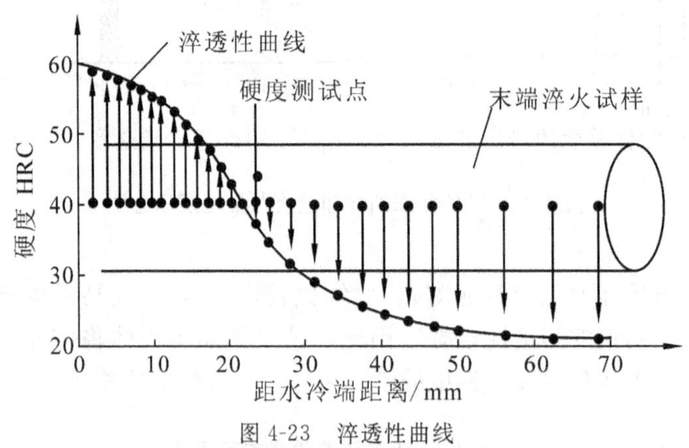

图4-23　淬透性曲线

3. 钢淬火的缺陷及其消除方法

由于淬火加热温度高，冷却剧烈，因而容易产生一些缺陷。常遇到的缺陷有以下几种。

(1)过热与过烧。由于加热温度过高，或保温时间过长，使奥氏体晶粒粗化的现象，称为过热。过热钢淬火后具有粗大的针状马氏体组织，其韧性较低。

加热温度接近于开始熔化温度，沿晶界处产生熔化或氧化现象，称为过烧。过烧后，钢的强度很低，脆性很大。

这两个缺陷都是由于加热温度过高或保温时间过长造成的。因此，要求：一要正确制定淬火工艺；二要经常观察仪表和炉膛火色，掌握好加热温度。对于过热的钢件可以通过一次或两次正火或退火来消除，一旦过烧则无法补救。

(2)氧化和脱碳。钢件在加热时与炉中含有的O_2、CO_2、H_2O等气体发生化学反应，使其产生氧化和脱碳。这些气体与钢中的铁起反应，使钢件表面形成一层松脆的氧化皮，称为氧化；氧化使钢件表面硬度不均，丧失原有的精度，甚至造成废品。这些气体能与钢中的碳结合，形成气体，使钢体表面的碳被“燃烧”，称为脱碳。脱碳使钢件表面含碳量降低，淬火后降低硬度、耐磨性和疲劳强度。所有零件和工具都不允许脱碳。

防止氧化、脱碳的办法有：采用具有保护性气氛的无氧化炉中加热；装箱加热；采用盐花加热等。

(3)软点和硬度不足。钢件淬火后，表面有局部未被淬硬的区域称为软点。产生软点缺陷的原因主要是由于加热温度不够和淬火时局部冷却能力不够。钢件局部脱碳或表面不洁、钢件浸入淬火剂的方式不正确等也会形成软点。

出现软点的钢件，除了因脱碳和氧化而造成的以外，仍可进行重新淬火，在重新淬火前对钢件进行一次正火或退火，然后在较为强烈的淬火剂中淬火，或通过将淬火温度比正常淬火温度提高20℃～30℃等办法来补救。

硬度不足是指钢件淬火后，低于所要求的硬度。淬火加热温度低、冷却速度慢、加热温度过高或保温时间过长，都会使钢件产生硬度不足的现象。

4.5 钢的回火

将淬火钢重新加热到Ac_1以下的某一温度，保温一定时间，然后以一定的冷却速度冷却到室温的热处理工艺称为回火。它是紧接着淬火后的热处理工序，如高碳钢、高碳高合金钢及渗碳钢制的工件，在淬火后必须立即进行回火。这是因为：①淬火后得到的马氏体是性能很脆的组织，并且存在内应力，容易产生变形和开裂；②淬火马氏体和残余奥氏体都是不稳定的组织，在工件中会发生分解，导致零件的尺寸发生变化，对于一些精密零件而言是不允许的；③回火处理可以调整淬火处理后零件的强度、硬度、塑性和韧性，获得综合性能满足使用要求的零件。

4.5.1 钢在回火时的组织和性能变化

工件经淬火后得到的组织是不稳定的马氏体和残余奥氏体，它们有自发向稳定组织转变的倾向，而回火加热能够促进不稳定组织的转变。根据回火温度和回火组织的相应变化，回火可以分为四个阶段。

第一阶段(200℃以下)：马氏体的分解。淬火马氏体是含碳量过饱和的α固溶体，碳原子总是力图从α固溶体中析出。当回火温度高于100℃时，马氏体开始分解，析出ε碳化物，从而使过饱和度减小，降低正方度(c/a)。ε碳化物的晶体结构为正交晶格，分子式为$Fe_{2.4}C$。分解出来的ε碳化物为极细并且与α固溶体保持共格关系的薄片。这

个温度范围内的回火组织为回火马氏体。回火马氏体主要由极细的ε碳化物和低过饱和度的α固溶体组成。在显微镜下，高碳回火马氏体为黑色针状，低碳回火马氏体为暗板条状，中碳为两者的混合。回火马氏体的脆性比马氏体小，片状回火马氏体具有很高的硬度、强度，但韧性和塑性低；板条状回火马氏体具有相当高的强韧性。

第二阶段(200℃～300℃)：残余奥氏体的分解。在这个温度范围内，除了马氏体不断分解外，由于碳原子不断析出，马氏体的体积缩小，降低了对残余奥氏体的压力，使其在此温度区间内转变为下贝氏体。下贝氏体和回火马氏体的本质是相似的。而且，在此温度范围内，残余奥氏体的分解基本完成，得到的下贝氏体不多，因此这个阶段的组织仍然主要为回火马氏体。

第三阶段(250℃～400℃)：回火屈氏体的形成。ε碳化物属于一种亚稳定的碳化物，只能在较低温度下存在，当回火温度升高后，碳原子的扩散能力增加，能够进行较长距离的扩散，过饱和α固溶体很快转变成铁素体，同时亚稳的ε碳化物也逐渐转变为稳定的渗碳体，并与母相失去共格关系。经过第三阶段的回火后，钢的组织转变为尚未再结晶的铁素体和细小颗粒状的渗碳体的混合组织(回火屈氏体)，并使淬火时因晶格畸变而产生的内应力大大消除。回火屈氏体具有很高的弹性极限与屈服强度，同时还具有一定的韧性。

第四阶段(400℃以上)：α相的回复与再结晶和渗碳体的聚集长大。第三阶段形成的铁素体仍然保留着原马氏体的针状形状，并且晶体内位错密度很高。在回火加热过程中，针状铁素体也会发生回复再结晶过程。在400℃时，回复很明显。继续提高回火温度，将逐渐发生再结晶过程，形成位错密度较低的等轴铁素体基体。与此同时，渗碳体粒子不断聚集长大，并在约400℃时开始球化，在约600℃时开始粗化。该阶段得到的回火组织为多边形铁素体和粒状渗碳体的混合物(回火索氏体)。回火索氏体具有很高的韧性、塑性，同时具有较高的强度，具有良好的综合机械性能。

通过上面的分析可知，淬火钢经过各阶段回火后所形成的组织有回火马氏体、回火屈氏体和回火索氏体。

图4-24表示淬火钢回火过程中马氏体的碳含量、残余奥氏体量、内应力和碳化物粒子大小随回火温度的变化。随着回火温度的升高，马氏体中的碳不断析出，所以钢的强度、硬度不断下降，而塑性、韧性不断升高。

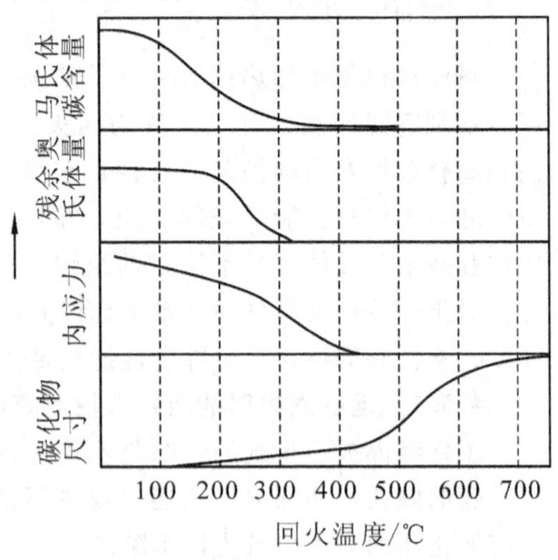

图4-24　淬火钢回火过程中马氏体的碳含量、残余奥氏体量、内应力和碳化物粒子大小与回火温度的关系

4.5.2　回火的分类和应用

重要的机器零件都要经过淬火和回火，钢淬火回火后的机械性能取决于淬火的质量和回火的合理性。在得到细小和完全的马氏体的前提下，机器零件的性能主要取决于回火温度。按照回火温度和机器零件所要求的

性能，一般可将回火分为三种。

(1)低温回火，加热温度为150℃～250℃，所得组织为回火马氏体。其目的是在保持钢淬火后的高硬度(一般为HRC58～64)和高耐磨性的前提下，降低其淬火时所带来的内应力和脆性。它主要用于量具、刃具、冲模、滚动轴承及渗碳和表面淬火的零件等。

(2)中温回火，加热温度为350℃～500℃，所得组织为回火屈氏体，硬度一般在HRC35～50之间。其目的是获得高的屈强比、弹性极限和较高的韧性。它主要用于各种弹簧和锻模的热处理。

(3)高温回火，加热温度为500℃～650℃，所得组织为回火索氏体，其硬度一般为HRC25～35。其目的是获得强度、硬度、塑性和韧性都较好的综合机械性能。通常将淬火和高温回火相结合称为调质处理。它是一项极其重要的热处理工艺，主要用于结构钢所制造的工件，如连杆、齿轮及轴类等。

调质处理一般作为最终热处理，也可以用于预先热处理。工件调质后性能的好坏与工件淬透与否有密切的关系。合金钢的淬透性比碳钢好，所以合金钢经调质处理后比碳钢显示出更好的机械性能。

图4-25所示为T8钢的低温、中温和高温回火组织。

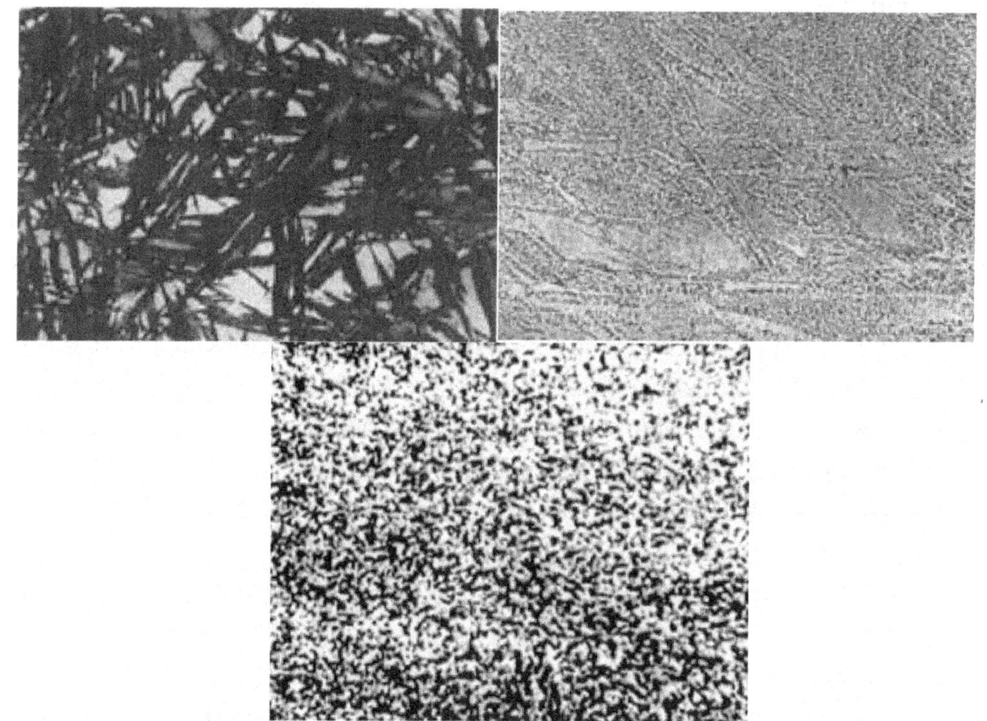

图4-25　T8钢在不同温度回火后的回火组织

4.5.3　回火脆性

1. 低温回火脆性

合金钢淬火得到马氏体组织后，在250℃～400℃温度范围回火使钢脆化，其韧

性—脆性转化温度明显升高。已脆化的钢不能再用低温回火加热的方法消除，故又称为“不可逆回火脆性”。它主要发生在合金结构钢和低合金超高强度钢等钢种。产生低温回火脆性的原因如下：

(1)与渗碳体在低温回火时以薄片状在原奥氏体晶界析出，造成晶界脆化密切相关。

(2)杂质元素磷等在原奥氏体晶界偏聚也是造成低温回火脆性原因之一。含磷低于0.005%的高纯钢并不产生低温回火脆性。加热时磷在奥氏体晶界偏聚，淬火后保留下来。

钢中合金元素对低温回火脆性产生较大的影响。铬和锰促进杂质元素磷等在奥氏体晶界偏聚，从而促进低温回火脆性；钨和钒基本上没有影响；钼降低低温回火钢的韧性—脆性转化温度，但尚不足以抑制低温回火脆性；硅能推迟回火时渗碳体析出，提高其生成温度，故可提高低温回火脆性发生的温度。

降低低温回火脆性的主要措施有：

(1)避免在该温度区(250℃～400℃)回火。

(2)用等温淬火代替。

(3)加入少量合金元素 Si，使碳化物的析出温度提高。

2. 高温回火脆性

合金钢淬火得到马氏体组织后，在 450℃～600℃温度范围回火；或在 650℃回火后以缓慢冷却速度经过 350℃～600℃；或者在 650℃回火后，在 350℃～650℃温度范围长期加热，都可使钢产生脆化现象。如果已经脆化的钢重新加热到 650℃然后快冷，则可以恢复韧性，因此又称为“可逆回火脆性”。

钢的高温回火脆性的本质普遍认为是磷、锡、锑、砷等杂质元素在原奥氏体晶界偏聚，导致晶界脆化的结果。锰、镍、铬等合金元素与上述杂质元素在晶界发生共偏聚，促进杂质元素的富集而加剧脆化。而钼则相反，与磷等杂质元素有较强的相互作用，可使在晶内产生沉淀相并阻碍磷的晶界偏聚，可减轻高温回火脆性，稀土元素也有与钼类似的作用。钛则能有效地促进磷等杂质元素在晶内沉淀，从而减弱杂质元素的晶界偏聚减缓了高温回火脆性。

回火钢的原始组织对钢的高温回火脆性的敏感程度有显著差别。马氏体高温回火组织对高温回火脆性敏感程度最大，贝氏体高温回火组织次之，珠光体组织最小。

降低高温回火脆性的措施有：

(1)在高温回火后用油冷或水快速冷却以抑制杂质元素在晶界偏聚。

(2)钢中加入 Mo、W 等合金元素以减少杂质元素的偏聚。

(3)降低钢中杂质元素的含量，发展高纯度钢。

(4)采用两次淬火工艺，即第一次采用 Ac_3＋(30℃～50℃)加热淬火；第二次采用 Ac_1～Ac_3之间温度加热淬火。

(5)采用高温形变热处理。

4.6 钢的表面热处理

有些零件，如齿轮、曲轴，在受扭转和弯曲等交变负荷、冲击负荷的作用下，其表面层承受着比心部更高的应力。这就要求其表面具有高的硬度、耐磨性，而心部要求有足够的塑性和韧性。对于这种要求，单一的材料很难满足。例如，高碳钢具有高的硬度和耐磨性，但韧性不足；而中、低碳钢虽然具有很好的韧性，但硬度和耐磨性较差。表面热处理可以解决这一问题。所谓表面热处理，是指通过改变工件表层组织或化学成分来达到表面与心部不同性能的方法，包括表面淬火处理和化学热处理。

4.6.1 钢的表面淬火

表面淬火就是通过快速加热使工件表面很快达到淬火温度，当热量还没有传至心部时，就迅速冷却，这样表层得到高硬度的马氏体组织，而心部仍然保留着韧性和塑性较好的原始组织。根据供热方式的不同，表面淬火主要分为感应加热表面淬火、火焰加热表面淬火、电接触加热表面淬火等，最常用的是前两种。

1. 感应加热表面淬火

1)感应加热的基本原理

感应线圈中通以交流电时即在其内部和周围产生一与电流相同频率的交变磁场。若把工件置于磁场中，则在工件内部产生感应电流并由于电阻的作用而被加热。由于交流电的集肤效应，靠近工件表面的电流密度大，而中心几乎为零，工件表面温度快速升高到相变点以上，而心部温度仍在相变点以下。表面感应加热的示意图如图 4-26 所示。感应加热后，采用水、乳化液或聚乙烯醇水溶液喷射淬火，淬火后进行 180℃～200℃低温回火，以降低淬火应力并保持高硬度和高耐磨性。

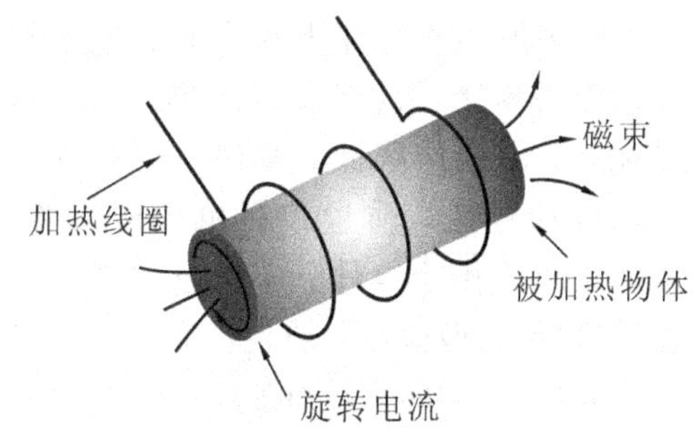

图 4-26 表面感应加热示意图

在淬火温度状态下，电流透入的深度与感应电流的频率有关，电流频率越高，电流透入深度越薄，淬火后硬化层也就越薄。感应电流频率的淬硬深度与适用范围如表 4-5所示。

表 4-5 感应电流频率的淬硬深度与适用范围

名称	频率(Hz)	淬硬深度(mm)	适用零件
高频感应加热	100～1000k	0.2～2	中小型，如小模数齿轮，直径较小的圆柱型零件
中频感应加热	500～10000	2～8	中大型，如直径较大的轴，大中等模数的齿轮
工频感应加热	50	10～15 以上	大型零件，如直径大于 300mm 的轧辊及轴类零件

感应加热表面淬火与普通淬火相比具有如下优点：

(1)热源在工件表层，加热速度快，热效率高。

(2)工件因不是整体加热，故变形小。

(3)工件加热时间短，表面氧化脱碳量少。

(4)工件表面硬度高，缺口敏感性小，冲击韧性、疲劳强度以及耐磨性等均有很大提高，有利于发挥材料的潜力，节约材料消耗，提高零件使用寿命。

(5)设备紧凑，使用方便，劳动条件好。

(6)便于机械化和自动化。

2)感应表面淬火后的性能

(1)表面硬度：经高、中频感应加热表面淬火的工件，其表面硬度往往比普通淬火高 2～3 个单位(HRC)。

(2)耐磨性：高频淬火后的工件耐磨性比普通淬火要高。这主要是由于淬硬层马氏体晶粒细小，碳化物弥散度高，以及硬度比较高，表面的高的压应力等综合的结果。

(3)疲劳强度：高、中频表面淬火使疲劳强度大为提高，缺口敏感性下降。

2. 火焰加热表面淬火

火焰加热表面淬火是用乙炔一氧或煤气一氧等火焰加热工件表面，进行淬火，如图 4-27 所示。

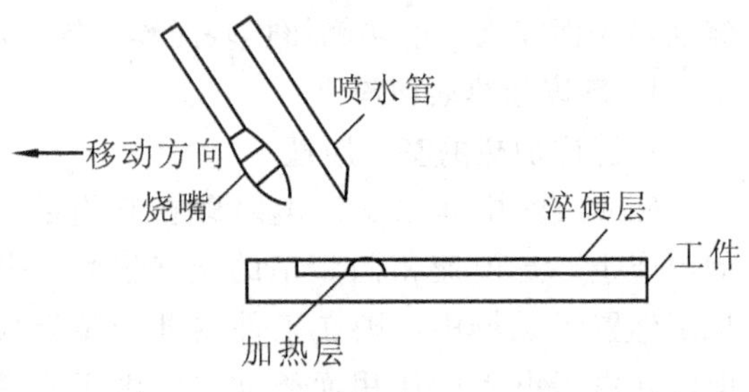

图 4-27　火焰加热表面淬火示意图

火焰加热表面淬火和高频感应加热表面淬火相比，具有设备简单、成本低等优点。但生产率低，零件表面存在不同程度的过热，质量控制也比较困难。因此主要适用于单件、小批量生产及大型零件(如大型齿轮、轴、轧辊等)的表面淬火。

4.6.2　钢的化学热处理

钢的化学热处理是将金属或合金工件置于一定温度的活性介质中保温，使一种或几种元素渗入它的表层，以改变其化学成分、组织和性能的热处理工艺。化学热处理的作用主要有以下两个方面：一方面是提高工件表层的某些力学性能，如表层硬度、耐磨性、疲劳极限等；另一方面是保护工件表面，提高工件表层的物理、化学性能，如耐高温、耐腐蚀等。按渗入元素的不同，化学热处理可分为渗碳、渗氮、碳氮共渗、渗硼、渗铬、渗铝等。

渗入元素介质可以是固体、液体和气体。无论采用哪一种工艺方法，都是由介质的分解、活性原子的吸收、渗入原子的扩散三个基本过程组成的。这三个过程都与温度有关。温度越高，过程进行得越快，扩散层越厚，但温度过高会引起奥氏体粗化，使钢变脆。所以，化学热处理在选定合适的处理介质后，重要是确定加热温度，而渗层的厚度主要由保温时间来控制。

1. 渗碳

渗碳是为了增加钢件表面的碳含量和形成一定的碳浓度梯度，将钢件在渗碳介质中加热并保温使碳原子渗入表层的化学热处理工艺。渗碳的目的是为了使工件在热处理后表面具有高硬度和耐磨性，而心部仍保持一定强度以及较高的韧性和塑性。

根据渗碳介质状态的不同，可分为气体渗碳、固体渗碳和液体渗碳三种。常用的是气体渗碳，而液体渗碳很少应用。

1)气体渗碳

气体渗碳介质主要有两类：一类是液体介质，如煤油、苯和丙酮等，多采用滴注的方式引入渗碳炉，在高温下气化；另一类是气体介质，如天然气、液化石油等。图4-28为井式滴注式气体渗碳炉装置示意图。在一定温度下，通过下列反应产生活性碳原子，使钢件表面渗碳：

$$2CO \rightarrow CO_2 + [C] \tag{4-9}$$

$$CO_2 + H_2 \rightarrow H_2O + [C] \tag{4-10}$$

$$C_nH_{2n} \rightarrow nH_2 + n[C] \tag{4-11}$$

$$C_nH_{2n+2} \rightarrow (n+1)H_2 + n[C] \tag{4-12}$$

根据渗碳保温中控制碳势方法，井式滴注式气体渗碳工艺可分为固定碳势法和分段控制法两种。其中，分段控制法是一种在我国应用较为广泛的气体渗碳工艺，多采用煤油类渗碳介质。渗碳过程由排气、强烈渗碳、扩散及降温四个阶段组成。

(1)排气。排气的目的是尽快地排除炉内氧化性气氛和使炉温重新升到渗碳温度。

(2)强烈渗碳。在此阶段采用较大的滴油量。此阶段的时间主要取决于渗层深度的要求，当试棒的渗层深度达到技术要求的2/3时，便可进入下一阶段。

(3)扩散。扩散的目的是把强烈渗碳阶段所造成的表面过高的碳浓度降低到所需要的程度，使碳浓度梯度趋于平缓，渗层深度也随之加深。此阶段应该大幅度降低煤油滴入量，降低炉内碳势。这一阶段的时间主要根据试棒的渗层深度来确定。

(4)降温出炉。当试棒渗层深度达到要求时即可降温出炉。

分段控制法不仅可以节约煤油用量，缩短渗碳周期，而且可获得较合适的碳浓度分布。

气体渗碳的温度一般在900℃～940℃之间。提高渗碳温度，可以使渗碳速度大大加快，碳浓度梯度平缓，有利于渗碳过程的进行。但是，温度的升高将使零件的变形增加，同时会造成奥氏体晶粒的粗化。所以渗碳温度不能过高。

碳势是指气氛在热处理加热温度下，气氛的气相中提供的活性碳原子与钢表面奥氏体中的含碳量相平衡的能力。

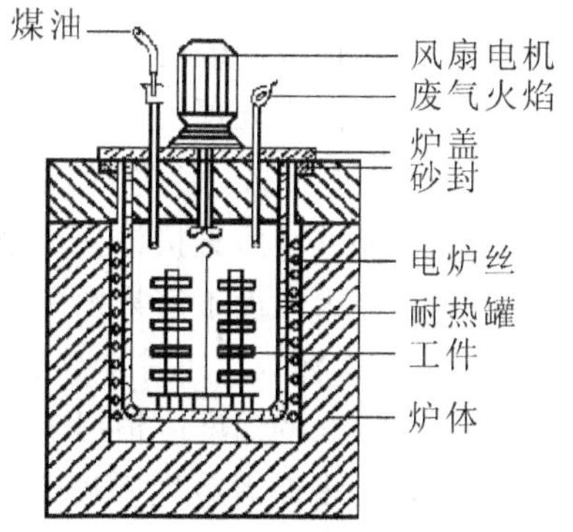

图4-28 滴注法气体渗碳法

在气体渗碳过程中，为了保证渗碳过程的进行，必须不断地补充适量的渗碳剂，提供新的活性碳原子。渗碳剂的供给量直接影响渗层的深度和渗层的碳浓度。在渗碳过程中必须保证合适的碳势。碳势太小工作表面就会发生脱碳反应。但是碳势也不能过大，否则就会在工件表面产生大量的碳黑，反而会阻碍渗碳的正常进行。

在滴注式气体渗碳过程中，可通过煤油的滴入量大小，添加氨、甲醇等稀释剂和丙酮、醋酸乙脂、异丙醇等有机体以产生富化气来调节碳势的大小。

碳势的大小可用红外线气体分析仪或露点仪来测量。其测量原理和方法可参阅相关资料。在测量过程中要求炉气中 CO 和 H_2的含量基本保持不变。

2)固体渗碳

把零件埋在装满固体渗碳剂的容器中加热，在高温下通过碳与催渗剂的化学反应分解出活性碳原子，渗入零件表面。固体渗碳可以在各种加热炉中进行，简单易行，但质量不易控制，周期长，劳动条件差，目前应用不多。固体渗碳装箱示意图如图 4-29所示。

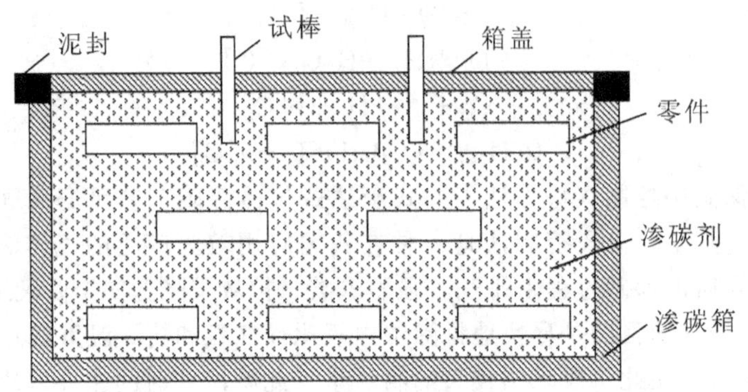

图 4-29　固体渗碳装箱示意图

固体渗碳剂主要由供碳剂和催渗剂两部分组成。供碳剂在渗碳过程中产生活性碳原子，如木炭、焦炭等，约占整个渗碳剂的 90%。催渗剂在渗碳过程中起催化作用，如碳酸钠、碳酸钡等，一般约占整个渗碳剂的 10%。具体的渗碳剂组成可以参阅相关技术手册。

3)渗碳后的热处理

工件渗碳后必须经过淬火和低温回火处理才能使用。淬火的目的是在工件表面形成高碳马氏体或高碳马氏体和粒状碳化物组织。低温回火温度为 150℃～200℃。渗碳工件常用的淬火处理工艺有三种：

(1)直接淬火。工件渗碳后，随炉降温或出炉预冷至稍高于 Ar_1 或 Ar_3 的温度(760℃～850℃)后直接淬火，然后再低温回火。直接淬火不用重新加冷工件，节约了能源，但淬火温度不容易把握。

(2)一次淬火。工件渗碳后先冷至室温，然后再重新加热淬火并低温回火或分级淬火，一次淬火的温度应根据工件的性能要求而定。心部强度要求较高时应选用大于 Ac_3 的温度，当表面耐磨性和硬度要求较高时应选用小于 Ac_3 大于 Ac_1 的温度，在稍低于 Ac_3 的温度下淬火可获得心部和表面综合性能良好的效果。

(3)二次淬火。第一次淬火是为了改善心部组织，细化晶粒并消除网状碳化物组织，淬火温度可选在 Ac_3 以上 30℃～50℃(880℃～900℃)可用油冷或空冷的方式冷却。第二次淬火温度稍低，为 Ac_1 以上 30℃～50℃(770℃～820℃)，主要目的是在表面获得细马氏体和均匀分布的细小碳化物，以获得高强度和高耐磨性。二次淬火工艺复杂，成本较高，而且工件变形大，只应用于要求心部韧性高、表面耐磨的工件。

2. 渗氮

渗氮(氮化)是指在一定温度下，使活性氮原子渗入工件表面的化学热处理工艺。

氮化的目的在于更大限度地提高钢件表面的硬度和耐磨性，提高疲劳强度和抗蚀性。

1)钢件氮化后的组织和性能变化

根据Fe-N相图，氮可溶于铁素体和奥氏体中，并与铁形成γ'相(Fe_4N)与ε相(Fe_2N)。在钢中，这些相也溶有碳。氮化后，工件最外层为一层白色相或γ相的氮化物薄层，硬度很高，但是很脆。中间是暗黑色含氮共析体($\alpha+\gamma'$)层，心部为原始回火组织索氏体。

2)气体渗氮

气体渗氮是目前应用最广泛的氮化技术。

氮化前工件需要经过调质处理，目的是改善工件的机加工性能和均匀的回火索氏体组织，保证较高的强度和韧性。

和渗碳过程一样，气体渗氮也由分解、吸收和扩散三个基本过程组成。氮化过程中供给氮化的氮应该是活性原子[N]。气体渗氮过程中氮通常由氨气(NH_3)分解得到：

$$2NH_3 = 3H_2 + 2[N] \tag{4-13}$$

氨气在200℃以上就开始分解，400℃以上氨分解程度已达到99.5%。钢铁表面对氨的分解有催化作用，对渗氮是有利的。

氮化工艺过程中最重要的工艺参数是加热温度和氨气的分解率，下面分别讨论这两个工艺参数的影响。

(1)氮化加热温度对氮化过程的影响。由于铁素体对氮原子有一定的溶解能力，因此氮化处理一般在低于钢的Ac_1温度(500℃～600℃)下进行。过高的温度会导致氮化物颗粒的粗化，反而得不到良好的组织和性能。

(2)氨分解率对氮化过程的影响。所谓氨分解率是指氨分解过程的氢气(H_2)和氮气(N_2)混合气占炉气体积的百分比。在气体氮化过程中，分解出来的活性氮原子只有一部分被工件表面吸收，剩下的活性氮原子很快就结合成氮分子。所以，氨分解率实质上是炉内氮势的反映。氨分解率低，气氛氮势高，工件表面易于获得较高的氮浓度，从而提高工件的硬度，但氨分解率过低，不仅会造成氨气的浪费，而且会使氮化层脆性增加。氨分解率高，气氛氮势低，表面氮浓度低，降低氮化层脆性。过高的氮分解率(>70%)氮势低，将使氮化层产生所谓的“呆滞”地区，使氮化处于停顿状态。在气体氮化过程中，必须通过氨分解率测定仪定时测定炉内的氨分解率。

氮化温度和氨分解率并不是两个独立的参数。温度升高，氨的分解率提高，气氛的氮势减小，在氮化过程中，通常需要将两个参数配合起来使用，表4-6列出了不同温度下适宜的氨分解率范围。

表4-6 渗氮温度和氨分解率的合适范围

氮化温度(℃)	500	510	525	540	600
氨分解率(%)	15～25	20～30	25～35	35～50	45～60

氮化工艺按加热方法可分为一段氮化法、二段氮化法和三段氮化法。其工艺曲线如图4-30所示。

一段氮化法又称等温氮化法。在保温前期，氨分解率较低，可获得较高的氮浓度

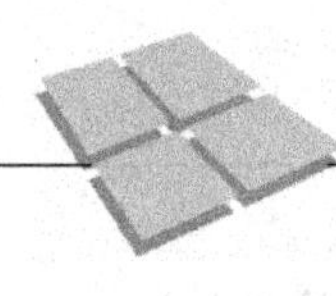

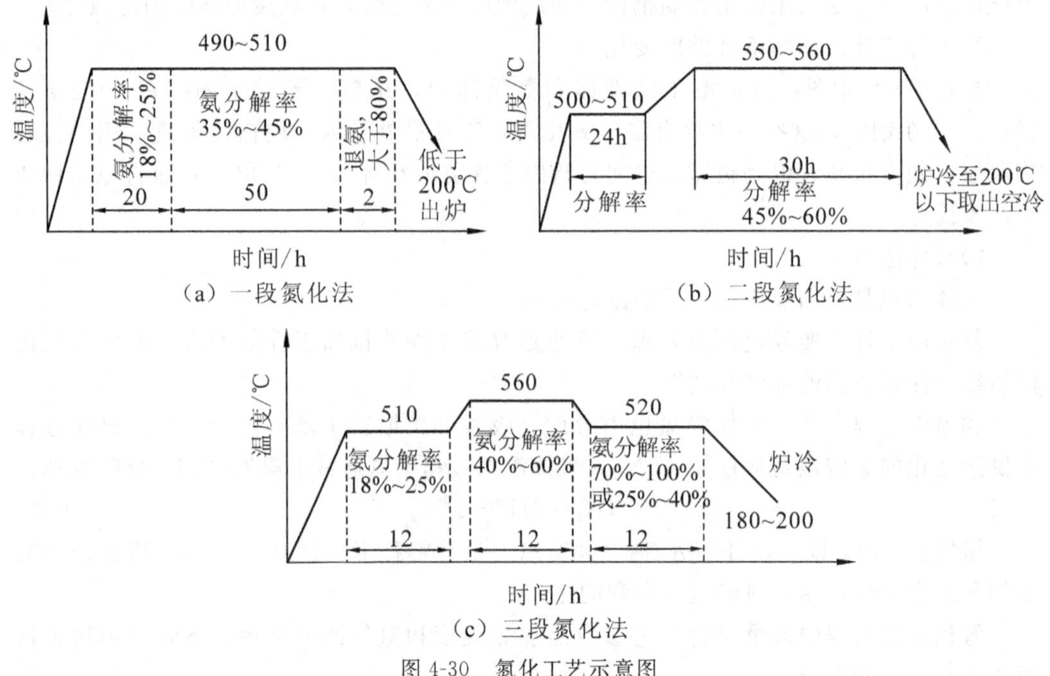

(a) 一段氮化法

(b) 二段氮化法

(c) 三段氮化法

图 4-30 氮化工艺示意图

和硬度。在后期采用较高的氨分解率，在氮势较低的情况下，促使氮原子向内层扩散，得到一定深度的渗层，同时也可避免表层亮白层的厚度过大。后期进一步提高氨分解率，是为了使氮原子吸附作用停止，通过扩散降低表面过高的氮浓度，减轻氮化层的脆化。

二段氮化法和三段氮化法是为了克服一段氮化法温度低、氮化速度慢、周期长的缺点而发展的。其总体思路是在第一阶段采用较低的加热温度和氨分解率，使表层获得较高的氮浓度，形成高弥散度的高硬度的氮化物层，而在紧接下来的阶段采用高的温度和高的氨分解率，加速氮原子扩散，增加渗层深度。三段法在二段法的基础上适当提高了第二阶段的温度，以加速扩散，缩短周期，同时增加了温度和氨分解率均较低的第三阶段。其目的是再次提高表层的氮含量，从而提高硬度。

二段氮化法和三段氮化法加快了氮化速度，缩短了氮化周期。但由于三段氮化法需要多次变换炉温，操作比较复杂，而且变换一次炉温所需要的时间也较长，因此应用不如二次氮化法广泛。

3)离子渗氮

离子渗氮又称辉光渗氮，是利用辉光放电原理进行的。把金属工件作为阴极放入通有含氮介质的负压容器中，通电后介质中的氮氢原子被电离，在阴阳极之间形成等离子区。在等离子区强电场的作用下，氮和氢的正离子以高速向工件表面轰击。离子的高动能转变为热能，加热工件表面至所需温度。由于离子的轰击，工件表面产生原子溅射，因而得到净化，同时由于吸附和扩散作用，氮遂渗入工件表面。

与一般的气体渗氮相比，离子渗氮的特点是：①可适当缩短渗氮周期；②渗氮层脆性小；③可节约能源和减少氨的消耗量；④对不需要渗氮的部分可屏蔽起来，实现局部渗氮；⑤离子轰击有净化表面的作用，能去除工件表面钝化膜，可使不锈钢、耐热钢工件直接渗氮；⑥渗层厚度和组织可以控制。离子渗氮发展迅速，已用于机床丝杆、齿轮、模具等工件的表面氮化。

3. 碳氮共渗

碳氮共渗又称氰化，是一种在一定温度下同时将碳、氮原子渗入工件表层奥氏体中并以渗碳为主的化学热处理工艺。碳渗入后形成的微细碳化物能促进氮的扩散，加快高氮化合物的形成。这些高氮化合物反过来又能提高碳的溶解度。碳氮原子相互促进便加快了渗入速度。此外，碳在氮化物中还能降低其脆性。氮碳共渗后得到的化合物层韧性好、硬度高、耐磨、耐蚀、抗咬合。

常用的氮碳共渗方法有液体法和气体法。下面分别做简单介绍。

1)气体碳氮共渗

气体介质主要有两大类：一类是气体渗碳介质加氨气；另一类是含碳、氮的有机化合物，如甲酰胺、三乙醇胺等。

气体碳氮共渗工艺与渗碳相似，主要过程如下：前期准备→零件装炉→排气→碳氮共渗→淬火→低温回火。

碳氮共渗层的组织由表及里为：马氏体基体上弥散分布的碳氮化合物；马氏体和残余奥氏体(马氏体碳含量高，残余奥氏体含量高)；马氏体和残余奥氏体(马氏体碳含量降低，残余奥氏体量少)。共渗层中碳氮含量不同、组织不同，直接影响共渗层的性能。

在选定气体碳氮共渗介质和配比后，气体碳氮共渗的两个主要工艺参数为共渗温度和时间。

共渗温度主要影响碳氮共渗层碳、氮原子浓度和渗层深度。在前面已经介绍过，氨分解率随着温度的上升而增加，使气氛中的氮势减少，供氮能力减弱，而且温度升高后氮在奥氏体中的溶解度下降，从而使共渗层的氮浓度下降，氮原子的渗入深度变浅。碳原子则正好相反，随着温度的上升，共渗层的碳原子浓度和渗入深度增加。

共渗温度取决于钢种、渗层深度和使用性能的要求，一般为820℃～880℃。共渗温度低，例如在700℃时，容易在共渗层表面出现氮或碳氮化合物ε相，增加渗层的脆性。共渗温度高，例如高于900℃时，碳氮共渗层的组织结构和化学成分和渗碳基本相同，达不到碳氮共渗的性能水平。共渗温度的选择可以遵循如下原则：工件合金元素含量较低、渗层薄、要求渗层表面具有较高的氮浓度、较小的畸变量和残余奥氏体时宜选择较低的共渗温度，反之则选宜用较高的共渗温度。

在共渗温度确定后，共渗时间主要影响共渗层的深度。渗层深度与共渗时间之间符合抛物线规律。

气体碳氮共渗的参数不是孤立的，为了得到满意的共渗层碳氮浓度、组织、性能(硬度、硬度梯度、耐磨性和疲劳强度)和一定的共渗层深度，以及尽可能高的共渗速度，就一定要对共渗温度、共渗时间、共渗介质的类型和流量，或炉气的碳势和氮势的高低等工艺参数进行综合分析，做出最佳选择。

2)液体碳氮共渗

早期的液体碳氮共渗用氰盐，以后又出现了多种盐浴配方。其中常用的有两种：

中性盐通氨气和以尿素加碳酸盐为主的盐，但这些反应产物仍有毒。由于液体渗碳污染环境、劳动条件差，目前已经很少应用。

表面淬火和化学热处理都可以增加工件的表面硬度，提高工件的耐磨性能。这几种表面热处理工艺有着各自的特点和适用范围。表 4-7 列出了表面淬火和几种化学热处理工艺的特点。

表 4-7　表面淬火和化学热处理的比较

处理方法	表面淬火	渗碳	氮化	碳氮共渗
处理工艺	表面加热、淬火、低温回火	渗碳、淬火、低温回火	氮化	碳氮共渗、淬火、低温回火
生产周期	很短几秒至几分钟	长约 3～9 小时	很长约 30～50 小时	短约 1～2 小时
表层深度(mm)	0.5～7	0.5～2	0.3～0.5	0.2～0.5
硬度 HRC	58～63	58～63	65～70	58～63
耐磨性	较好	良好	最好	良好
疲劳强度	良好	较好	最好	良好
耐蚀性	一般	一般	最好	较好
热处理后变形	较小	较大	最小	较小

4. 渗金属

渗金属是指将钢及合金工件加热到适当的温度，使金属元素(Al、Cr、V 等)扩散到表层的化学热处理工艺。

根据渗金属用的介质状态的不同，又可分为固体法、液体法、粉末法、真空法等。由于金属原子在钢中的扩散较碳和氮原子要慢得多，为了获得一定得渗层厚度，渗金属的工艺操作必须采用高温且长的保温时间，因此，这种方法比较昂贵。

1)渗铝

渗铝是将铝渗入工件表层的化学热处理工艺。表面渗铝可以提高工件的抗高温氧化和抗大气腐蚀的性能。

渗铝工艺有很多种，比较常用的是粉末包埋法渗铝。这种方法的原理是靠铝或铝铁合金与催化剂(如氯化铵)，在加热时发生反应：

$$NH_4Cl \rightarrow NH_3 + HCl \tag{4-14}$$

$$6HCl + 2Al \rightarrow 2AlCl_3 + 3H_2 \tag{4-15}$$

$$AlCl_3 + Fe \rightarrow FeCl_3 + [Al] \tag{4-16}$$

反应生成活性铝原子，然后渗入工件表面。

渗铝剂一般由三部分组成：供铝剂(一般为铝粉或铝铁粉)，在渗铝过程中起提供铝源的作用；催化剂(一般为氯化铵)，起催渗的作用；填充剂(氧化铝)，起填充和分散的作用，另外，在渗铝过程中还可以起到防止供铝剂粘结成块的作用。常见的渗铝剂成分如表 4-8 所示。工件除油、去锈后装入渗剂箱(与固体渗碳装箱类似)，加热至 850℃～1100℃，保温 3～12 小时。渗铝后为降低渗层脆性，需在 950℃～1050℃进行一次扩散退火。

表 4-8 粉末渗铝法所用渗剂成分

序号	渗铝剂组成/%			
	铝铁合金	铝	氧化铝	氯化铵
1	60		39～39.5	0.5～1
2	99～99.5			0.5～1
3		50	49～49.5	0.5～1
4		15	85	0.5(溴化铵)

2)渗铬

渗铬就是指将铬渗入工件表层的化学热处理工艺。其目的是提高低碳钢或合金钢零件表面的抗蚀性和抗氧化性，同时也可以提高工件的硬度和耐磨性。和渗铝一样，渗铬通常采用粉末包埋法渗铬。渗铬剂通常也由三部分组成：供铬剂(铬铁粉或铬粉)、催化剂(氯化铵)和填充剂(氧化铝粉)。表 4-9 列出了渗铬剂的常见成分。

表 4-9 常见渗铬剂成分

序号	渗铬剂组成/%				
	铬铁合金	铬	铝	氧化铝	氯化铵
1	60			38	2
2		10	4	84	2
3		50		48	2

4.7 钢的热处理新技术

4.7.1 真空热处理

真空热处理是真空技术与热处理技术相结合的新型热处理技术，真空热处理所处的真空环境指的是低于一个大气压的气氛环境，包括低真空、中等真空、高真空和超高真空；真空热处理是指热处理工艺的全部和部分在真空状态下进行的。真空热处理可以实现几乎所有的常规热处理所能涉及的热处理工艺，但热处理质量大大提高。与常规热处理相比，在进行真空热处理的同时可实现无氧化、无脱碳、无渗碳，可去掉工件表面的磷屑，并有脱脂除气等作用，从而达到表面光亮净化的效果。真空热处理需要在专用的真空设备中进行，设备比较复杂，一次性投资较大，工件热处理的成本较高。

1. 真空退火

真空退火首先在一定真空度下，将工件加热到需要的温度然后保温一段时间，随后按照预定速度冷却。真空退火可以使金属材料获得洁净光亮的表面，省去或减少后

续加工工序，使金属材料软化，达到消除内应力、改善晶体结构、除气、提高材料性能的目的。真空退火主要应用于活性与难熔金属的退火及除气，电工钢、电磁合金、不锈钢及耐热合金的退火，铜及其合金以及钢铁材料的退火等。

2. 真空淬火

真空淬火目前主要应用于空淬钢、各类高速钢、油淬刃具钢等淬透性比较好的材料，也用于不锈钢、镍合金及钛合金的固溶处理，特别是那些精度要求比较高的刃具、量具、模具、轴承等精密零件。

真空淬火用的冷却介质有气、油、水三类，目前以气、油应用较多。

1)气体冷却介质

可以备选的真空淬火气体冷却介质有氮、氩、氦和氢。在这四种气体中，氢气的冷却效果最好，其次是氦，再次是氮，最后是氩。但是，氢气容易爆炸，所以很少使用。有时为了发挥氢气的冷却效果，使用氮、氢混合气体，但这样增加了供气系统的复杂性。氦气属于惰性气体，与工件表面不发生化学反应，但制备价格昂贵，用作气体冷却介质不经济。目前最常用的冷却介质是氮气和氩气。其中，由于氩气价格较贵，只限于某些重要的航天材料处理。

气体的冷却特性与气体的压力、流量及流速、流场有关。

2)真空淬火油

真空淬火油应该具备如下特性：①饱和蒸气压低，也就是说在低压下蒸发少，不污染真空系统和影响真空效果；②随气压的降低，冷却能力变化不大，且在真空下仍有一定的冷却能力；③化学稳定性好，使用寿命长；④杂质与残碳少；⑤酸值低，淬火后表面光亮度高。表 4-10 列出了国产真空淬火油的技术指标。

表 4-10 国产真空淬火油技术指标

真空淬火代号	ZZ-1	ZZ-2
黏度(50℃)($10^{-6}m^2/s$)	20～25	50～55
闪点(℃)不低于	170	210
凝点(℃)不高于	−10	−10
水分(%)	无	无
残炭(%)不大于	0.08	0.1
酸值(mgKOH/g)	0.5	0.7
饱和蒸汽压(20℃)(133Pa)	5×10^{-5}	5×10^{-5}
热氧化安定性	合格	合格
冷却性能：特性温度(℃) 特性时间(s) 800℃冷至 400℃的时间(s)	600～620 3.0～3.5 5～5.5	580～600 3.0～4.0 6～7.5

3)真空淬火工艺

准备工作：①检查，主要是检查工件表面有无磕碰伤和污物；②清洗，用刷子或棉纱清理掉污物及油垢，然后用酒精清洗干净；③装炉。

预热：真空加热炉抽真空，在达到规定的真空度后按照一定的升温速率升温至工艺规定的温度，保温一段时间。

淬火加热：在规定的温度保温一段时间后充入氮气，使气压升到规定值，按一定的升温速率升温至淬火温度，保温一段时间。

冷却：加温保温时间到后，炉内充氮气，当气压升到规定值后断电，启动冷却电机，当炉温降到55℃～65℃时出炉。

3. 真空回火

真空回火是指将工件均匀摆放在回火炉中，抽真空至1.3Pa后再回充高纯氮气至一定真空度，在风扇驱动的气流中将工件加热至预热温度，经充分保温后进行强制风冷。一般来说，经过真空淬火后的工件都应该进行真空回火。经过真空淬火和真空回火后的工件，其静弯曲功明显提高，而且真空回火的去氢作用可以明显提高工件的塑性。

4.7.2 真空化学热处理

真空化学热处理能使表面光亮，提高渗层质量。此外，还能提高钢材和零件的性能，节约能源和缩短处理时间。常用的真空化学热处理有真空渗碳(包括真空碳氮共渗)、真空渗氮等。

1. 真空渗碳

真空渗碳就是零件在真空中加热，在负压渗碳气氛中进行渗碳的工艺方法。真空渗碳早在20世纪70年代初期就开始应用于工业生产。

工件在经过清洗、除油后放入真空渗碳炉中，抽真空到66.5Pa(0.5Torr)开始加热、升温、预热和均热。当工件温度达到渗碳温度并均匀一致后，通入渗碳气体进行渗碳。渗碳剂主要使用甲烷、丙烷或乙炔等气源，纯度要求在96%以上。渗碳气的流量以能使炉内压强保持133Pa/s的增速为宜。炉内较高的渗碳气体压强将使渗碳速度加快，炉内各零件之间及零件本身各部位渗层较均匀。可以在炉内安装搅拌风扇，使渗碳气体产生流动，加快渗碳速度，使渗层更加均匀。但过高的渗碳气体压强将产生较多的炭黑，因此，在保证渗层质量的前提下应选尽可能低的渗碳压强。

渗碳温度一般选在900℃～1100℃，在选择渗碳温度时应该考虑的因素有渗碳时间、渗层深度、碳浓度、渗层均匀性、变形要求、力学性能等。表4-11为真空渗碳温度的选取范围。

表4-11 真空渗碳温度的选取范围

温度范围	零件形状特点	渗层深度	零件类型	渗碳气氛
1040℃(高温)	形状简单，变形要求不严	深	凸轮、轴、齿轮	CH_4、$C_3H_8+N_2$
980℃(中温)	一般	一般	—	C_3H_8、C_2H_2、$C_3H_8+N_2$
980℃以下(低温)	形状复杂、变形要求严格、渗层要求均匀	较浅	柴油机喷嘴等	C_3H_8、C_2H_2、$C_3H_8+N_2$

2. 真空渗氮

真空渗氮是使用真空炉对钢铁零件进行整体加热，充入少量气体，在低压状态下产生活性氮原子渗入并向钢中扩散而实现硬化的。

进行真空渗氮时，将真空炉排气至较高真空度 0.133Pa(1×10^{-3}Torr)后，将工件升温至 530℃～560℃，同时送入以氨气为主的含有活性物质的多种复合气体，并对各种气体的送入量进行精确控制，炉压控制在 0.667Pa(5Torr)，保温 3～5h 后，用炉内惰性气体进行快速冷却。不同的材质，经此处理后可得到渗层深为 20～80μm、硬度为 600～1500HV 的硬化层。

4.7.3 形变热处理

将塑性变形和热处理有机结合起来，以提高材料机械性能的复合热处理工艺，称为形变热处理。在金属同时受到形变和相变时，奥氏体晶粒细化，位错密度增高，晶界发生畸变，碳化物弥散效果强，从而可以获得单一强化方法不可能达到的综合强韧化效果。

根据形变与相变的关系，形变热处理可分为三种基本类型：在相变前进行形变；在相变中进行形变；在相变后进行形变。不管采用哪一种方法，都能获得形变强化和相变强化的综合效果。

形变热处理的主要优点如下：

(1)将金属材料的成形与获得材料的最终性能结合在一起，简化了生产过程，节约了能源消耗及设备投资。

(2)与普通热处理相比，形变热处理后金属材料能达到更好的强度与韧性相配合的机械性能。有些钢特别是微合金化钢，唯有采用形变热处理才能充分发挥钢中合金元素的作用，得到强度高、塑性好的性能。

形变热处理已广泛应用于生产金属与合金的板材、带材、管材、丝材，以及各种零件如板簧、连杆、叶片、工具、模具等。

形变热处理的方法很多，有低温形变热处理、中温形变热处理、高温形变热处理、等温形变热处理、形变时效和形变化学热处理。高温形变热处理及中温形变热处理示意图如图 4-31 和图 4-32 所示。

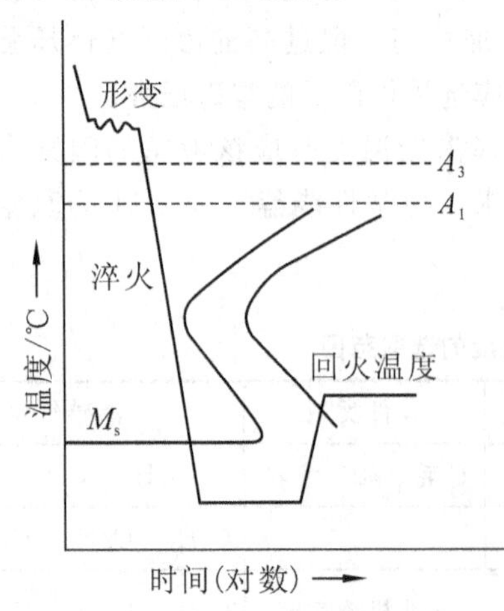

图 4-31 高温形变热处理示意图

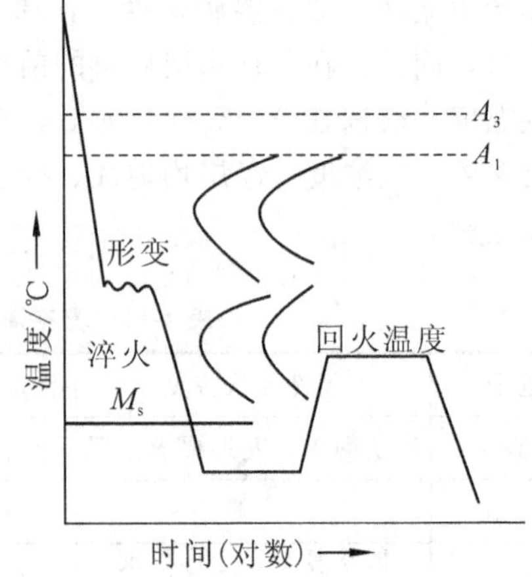

图 4-32 中温形变热处理示意图

4.8 热处理技术条件的标注及工序位置的安排

4.8.1 热处理技术条件的标注

设计者应根据零件性能要求，在零件图上标出热处理技术条件。其内容包括最终热处理方法及热处理后应达到的力学性能指标等，以供热处理生产及检验时用。

零件经热处理后应达到的力学性能指标，一般仅需标出硬度值。但对于某些力学性能要求较高的重要零件，如重型零件、动力机械上的关键零件(如曲轴、连杆、齿轮、螺栓等)等，还应标出强度、塑性、韧性指标，有的还应提出对显微组织的要求。

标定的硬度值应允许有一个波动范围，一般布氏硬度范围在 30～40 单位左右；洛氏硬度范围在 5 个单位左右。例如，“调质 220～250HBW”或“淬火回火 40～45HRC”。

渗碳零件应标明渗碳淬火、回火后硬度(表面和心部)、渗碳的部位(全部或局部)及渗碳层深度等。对于重要渗碳件还应提出对显微组织的要求。

表面淬火零件应标明淬硬层的硬度、深度与淬硬部位。有的还应提出对显微组织及限制变形的要求(如轴淬火后弯曲度、孔的变形量等)。

在图样上标注热处理技术条件时，可用文字对热处理技术条件加以扼要的说明(一般可注在零件图样标题栏的上方)。也可采用 GB/T12603—2005 规定的热处理工艺代号及技术条件来标注。热处理工艺代号标注规定如下：

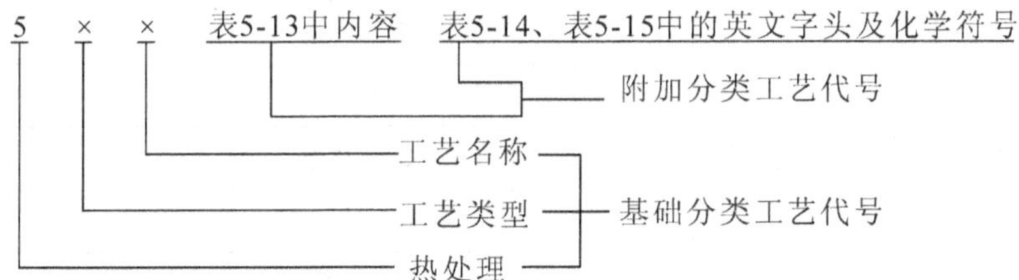

热处理工艺代号由基础分类工艺代号和附加分类工艺代号两部分组成。基础分类工艺代号由三位数组成。第一位数字 5 代表热处理工艺代号；第二、三位数字分别表示表中工艺类型、工艺名称的代号(见表 4-12)。当某个层次不需进行分类时，该层次可用零代替。附加分类工艺代号接在基础分类工艺代号后面，中间用半字线连接。附加分类代号采用两位数和英文字头作后缀的方法。其中加热方式采用两位数字，退火工艺、淬火介质和冷却方法则采用英文字头，具体代号见表 4-13 至表 4-15。多工序热处理代号用破折号将各工艺代号连接组成，但除第一个工艺外，后面的工艺均省略第一个数字 5，如 515—33—01 表示调质和气体渗氮。

4.8.2 热处理工序位置的安排

根据热处理目的和工序位置的不同，热处理可分为预备热处理和最终热处理两大类。其工序位置一般安排如下。

1. 预备热处理的工序位置

预备热处理包括退火、正火、调质等。其工序位置一般均紧接在毛坯生产之后，切削加工之前；或粗加工之后，精加工之前。

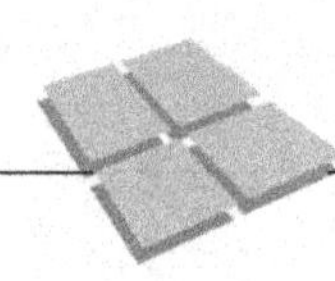

表 4-12　热处理工艺分类及代号(摘自 GB/T12603—2005)

工艺总称	代号	工艺类型	代号	工艺名称	代　号
热处理	5	整体热处理	1	退火	1
				正火	2
				淬火	3
				淬火和回火	4
				调质	5
				稳定化处理	6
				固溶处理；水韧处理	7
				固溶处理和时效	8
		表面热处理	2	表面淬火和回火	1
				物理气相沉积	2
				化学气相沉积	3
				等离子体增强化学气相沉积	4
				离子注入	5
		化学热处理	3	渗碳	1
				碳氮共渗	2
				渗氮	3
				氮碳共渗	4
				渗其他非金属	5
				渗金属	6
				多元共渗	7

表 4-13　加热方式及代号(摘自 GB/T12603—2005)

加热方式	可控气氛（气体）	真空	盐浴（液体）	感应	火焰	激光	电子束	等离子体	固体装箱	流态床	电接触
代号	01	02	03	04	05	06	07	08	09	10	11

表 4-14　退火工艺及代号(摘自 GB/T12603—2005)

退火工艺	去应力退火	均匀化退火	再结晶退火	石墨化退火	脱氢处理	球化退火	等温退火	完全退火	不完全退火
代号	St	H	R	G	D	Sp	I	F	P

表 4-15 淬火介质和冷却方法及代号(摘自 GB/T12603—2005)

淬火介质和冷却方法	空气	油	水	盐水	有机聚合物水溶液	热浴	加压淬火	双介质淬火	分级淬火	等温淬火	形变淬火	气冷淬火	冷处理
代号	A	O	W	B	Po	H	Pr	I	M	At	Af	G	C

(1)退火、正火的工序位置

经热加工的零件一般都先要进行退火或正火处理，以消除毛坯内应力；细化晶粒，均匀组织；改善可加工性；或为最终热处理做组织准备。其工序位置均安排在毛坯生产之后，切削加工之前。对于精密零件，为了消除切削加工的残余应力，在切削加工之间还应安排去应力退火。

退火、正火零件的前阶段加工路线为：

毛坯生产(铸、锻、焊、冲压等)→退火或正火→机械加工

(2)调质的工序位置

调质的目的主要是提高零件的综合力学性能，或为以后表面淬火和为易变形的精密零件的整体淬火做好准备组织准备。调质工序一般安排在粗加工之后、精加工或半精加工之前。若在粗加工之前调质，对于淬透性差的碳钢零件，表面调质层的优良组织很可能在粗加工中大部分被切除掉，失去调质作用。

调质零件的加工路线一般为：

下料→锻造→正火(或退火)→机械粗加工→调质→机械精加工

调质件在淬火时有变形、氧化、脱碳等缺陷，因此无论是型材还是锻件，在调质前进行粗加工时，必须留有加工余量(例如，直径为 10～100mm 的轴，调质前留 2～3.5mm的加工余量)。必要时，在调质后还应增加校直工序以纠正过大的变形。

在实际生产中，灰铸铁铸件、铸钢件和某些钢轧件及钢锻件经退火、正火和调质后，往往不再进行最终热处理。这时，上述热处理也就是最终热处理。

2. 最终热处理工序位置

(1)一般情况下最终热处理包括各种淬火、回火及化学热处理等。零件经这类热处理后硬度较高，除磨削外，不适宜其他切削加工，故其工序位置应尽量靠后，一般均安排在半精加工之后，磨削之前。

①淬火的工序位置，整体淬火与表面淬火的工序位置安排基本相同。淬火件的变形及氧化、脱碳应在磨削中予以去除，故需预留磨削余量(例如，直径 200mm 以下，长度 1000mm 以下的淬火件，磨削余量一般为 0.37～0.75mm)。对于表面淬火件，为了提高其心部力学性能及获得细马氏体的表面淬火组织，常需先进行正火或调质处理。因表面淬火件的变形小，其磨削余量也比整体淬火件小。

• 整体淬火件的加工路线一般为：

下料→锻造→退火(正火)→机械粗加工、半精加工→淬火、回火(低、中温)→磨削

• 感应加热表面淬火件的加工路线一般为：

下料→锻造→退火(正火)→机械粗加工→调质→机械半精加工→感应加热表面淬

火、低温回火→磨削

不经调质的感应加热表面淬火件，锻造后预备热处理必须用正火。当正火后硬度偏高，切削加工性不良时，可在正火后再进行高温回火。

②渗碳的工序位置。渗碳分整体渗碳和局部渗碳两种。当渗碳件局部不允许有高硬度时，应在设计图样上予以注明。该部位可镀铜以防渗碳，或采取多留余量的方法，待零件渗碳后、淬火前，再去掉该部位的渗碳层。故渗碳件的加工路线一般为：

下料→锻造→正火→机械粗加工、半精加工→局部渗碳时，不渗碳部位镀铜(或留防渗余量)→渗碳→淬火、低温回火→磨削

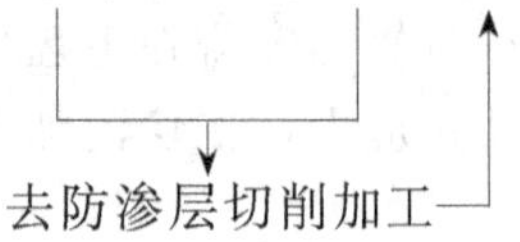

去防渗层切削加工

③渗氮的工序位置。渗氮的温度低、变形小、渗氮层硬而薄。因而其工序应尽量靠后，一般渗氮后只需研磨或精磨。为了防止因切削加工产生的残余应力引起渗氮件变形，在渗氮前常进行去应力退火。又因渗氮层薄而脆，心部必须有较高的强度才能承受载荷，故一般应先进行调质。调质后形成细密、均匀的回火索氏体，可提高心部力学性能，并便于获得均匀的渗氮层。

渗氮零件(38CrMoAlA 钢)的加工路线一般为：

下料→锻造→退火→机械粗加工→调质→机械精加工→去应力退火(常称为高温回火)→粗磨→渗氮→精磨或研磨

对需精磨的渗氮件，粗磨时，直径应留 0.10～0.15mm 的余量；对需研磨的渗氮件，则留 0.05mm 的余量。零件不需渗氮的部位应镀锡(或镀镍)保护，也可留 1mm 的防渗余量，待渗氮后再磨去。

(2)其他情况下安排生产的过程中，由于零件选用的毛坯与工艺过程的需要不同，在制定具体加工路线时，热处理工序还可能会有所增减；同时，为解决一些突出的矛盾(如减少淬火变形、开裂倾向)，则冷热加工工序位置也可能会不按上述原则安排。因此，工序位置的安排还应根据具体情况灵活运用。例如：

①在上述加工路线中，如采用型材毛坯，则锻造及其后面的退火、正火工序便可省去。

②对某些精密零件，为消除机械加工造成的残余应力，应与渗氮零件一样，在粗加工后可穿插去应力退火或稳定化处理。对于需要精磨的精密零件(如精密主轴、丝杠、量具等)，在最终热处理及粗磨后，一般安排稳定化处理，以消除磨削应力，稳定尺寸。

③适当调整工序次序，以减少零件变形与开裂。

思考题

1. 什么叫钢的热处理？为什么要进行钢的热处理？
2. 共析钢在加热时形成奥氏体可分为哪几个步骤？
3. 奥氏体起始晶粒度、实际晶粒度和本质晶粒度的区别有哪些？

4. 共析钢奥氏体化后随炉冷却、在空气中冷却、在油中冷却、在水中冷却后各得到什么组织?
5. 什么叫临界冷却速度?
6. 退火的主要目的是什么? 生产上常用的退火有哪几种?
7. 什么叫完全退火? 说明其应用范围。
8. 什么叫去应力退火? 在去应力退火过程中钢的组织是否发生变化? 为什么?
9. 什么叫正火? 正火和退火的区别是什么?
10. 什么叫淬火? 为什么要进行淬火? 是不是所有的钢种都可以通过淬火的方式来提高性能?
11. 淬火的加热温度如何选择?
12. 常用的淬火冷却方法有哪几种?
13. 简述淬火介质的种类和特点。
14. 亚共析钢和过共析钢在淬火后得到什么组织?
15. 什么叫淬透性? 影响淬透性的因素主要有哪些? 淬透性与淬硬性有何区别?
16. 什么叫回火? 回火的目的是什么?
17. 什么叫第一类回火脆性? 如何防止?
18. 什么叫第二类回火脆性? 如何防止?
19. 钢在回火过程中的组织转变分为哪几个阶段?
20. 什么叫调质处理? 为什么要进行调质处理?
21. 什么叫表面淬火? 表面淬火适用于什么钢?
22. 渗碳处理的的主要目的是什么? 渗碳适用于什么钢? 渗碳后要进行什么样的热处理?
23. 渗氮处理的目的是什么? 与渗碳相比，渗氮有什么特点?
24. 什么叫化学热处理? 化学热处理的基本步骤是怎样的?

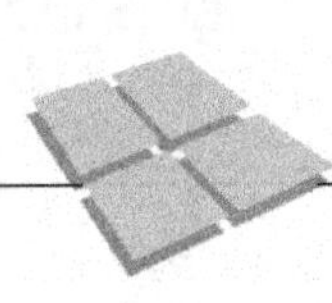

第5章　碳　钢

钢是指以铁为主要元素，碳的质量分数一般在2%以下，并含有其他元素的材料。工业用钢按其化学成分可分为碳素钢和合金钢两大类。其中碳素钢是指含碳量低于2.11%的铁碳合金。合金钢是指为了提高钢的性能，在碳钢基础上有意加入一定量合金元素所获得的铁基合金。工业上实际应用的碳钢中，除铁碳元素外，还含有少量的锰、硅、硫、磷、氧、氮、氢等元素。这些元素并非为改善钢材质量而有意加入的，而是由矿石及冶炼过程中带入的，故称为杂质元素。这些元素中既有有益元素，也有有害元素。这些元素的存在势必会对钢的性能造成影响。

5.1　钢中常见杂质元素的影响

1. 硫的影响

硫是炼钢时由矿石和燃料带进钢中的杂质元素。在钢中，硫是一种有害元素。常以FeS的形式存在，易与Fe在晶界上形成低熔点(985℃)共晶体(如图5-1所示)，热加工时(1150℃～1200℃)，由于其熔化而导致开裂，称热脆性。所以钢中硫含量要严格控制。而且硫含量的多少会直接影响到钢的品质，例如，高级优质钢：$w_S<0.030\%$；优质钢：$w_S<0.035\%$；普通钢：$w_S<0.045\%$。

2. 磷的影响

磷是由矿石带入钢中的，一般来说磷也是有害元素。磷虽能溶于铁素体使钢材的强度、硬度增高，但引起塑性、冲击韧性显著降低。特别是在低温时，它使钢材显著变脆，这种现象称"冷脆"。冷脆使钢材的冷加工及焊接性变坏，故对钢中的含磷量要严格控制。磷含量的多少也会影响到钢的品质，高级优质钢：$w_P<0.030\%$；优质钢：$w_P<0.035\%$；普通钢：$w_P<0.045\%$。图5-2所示为比利时阿尔伯特运河钢桥因含磷过高产生冷脆性断裂坠入河中的照片。

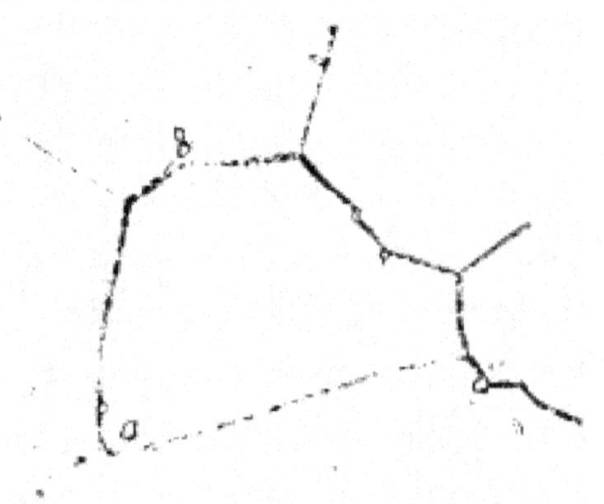

图5-1　合金晶界的低熔点硫化物共晶

图5-2　钢桥含磷过高而产生"冷脆"

3. 锰的影响

锰是炼钢时用锰铁脱氧而残留在钢中的杂质元素。锰在钢中是一种有益元素。它能够将钢中的FeO还原，改善钢的品质，降低钢的脆性；锰还可以减轻钢中硫的热脆性影响，FeS+Mn→Fe+MnS，MnS(如图5-3所示)熔点高(1600℃)，从而可改善钢的热加工性能；锰能大部分溶解于铁素体中，形成置换固溶体，使铁素体强化，对钢有一定的强化作用。一般认为，钢中含锰量在0.5%～0.8%以下时，把锰看成常存杂质。技术条件中规定，优质碳素结构钢中，正常含锰量是0.5%～0.8%；而较高含锰量的结构钢中，其含量可达0.7%～1.2%。

4. 硅的影响

硅石炼钢时采用硅铁脱氧而残留在钢中的。硅也是一种有益元素。首先，它能大部分溶于铁素体中，使铁素体强化，从而提高钢的强度和硬度。其次，它能增加钢液的流动性。在镇静钢中，含硅量通常在0.10%～0.40%之间，在沸腾钢中只含有0.03%～0.07%的硅；当硅含量不多时，对钢的影响不显著。

5. 氮的影响

氮在钢中属于有害元素。室温下N在铁素体中的溶解度很低，钢中过饱和N在常温放置过程中以FeN、Fe_4N的形式析出使钢变脆，称为时效脆化。加入Ti、V、Al等元素可使N固定，消除时效倾向。图5-4所示为氮在钢中的夹杂。

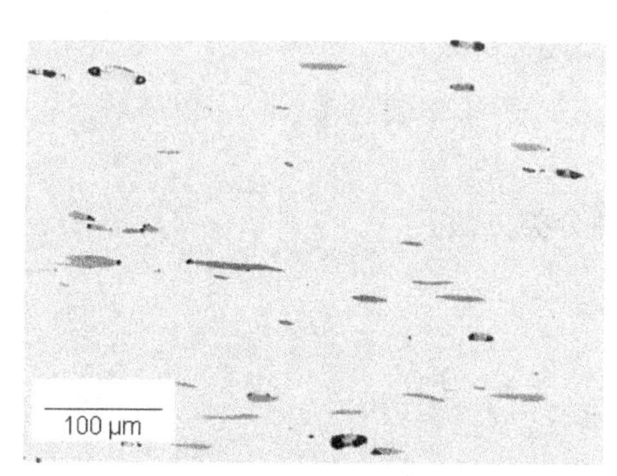

图5-3 钢中的MnS夹杂

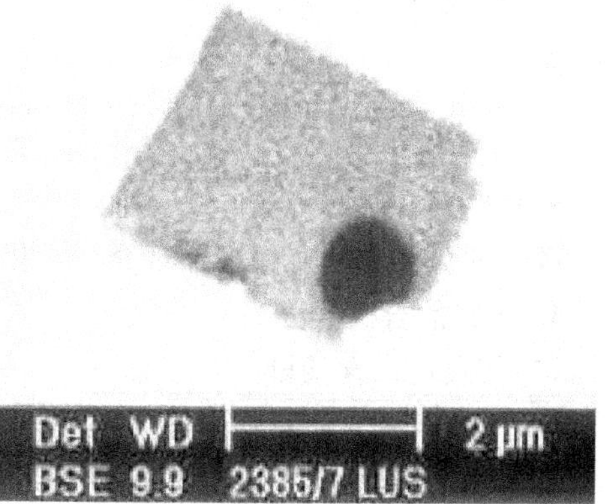

图5-4 钢中的TiN夹杂

6. 氧的影响

氧在钢中也属于有害元素，它是在炼钢过程中自然进入钢中的。氧在钢中以氧化物形式存在，其与基体结合力弱，不易变形，易成为疲劳裂纹源。如图5-5所示为氧在钢中形成的夹杂物。

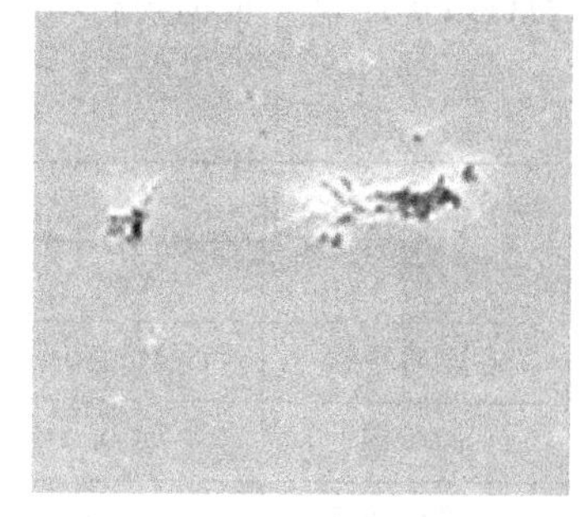

图5-5 钢中氧化物夹杂

7. 氢的影响

在钢中溶有氢是非常不利的，会导致氢脆、白点等缺陷。常温下，氢在钢中的溶解度也很低。当氢在钢中以原子态溶解时，会降低韧性，引起“氢脆”。当氢在缺陷处以分子态析出时，会产生很高的内压，形成微裂纹，

其内壁为白色，称白点或发裂(见图 5-6)。白点常在轧制的厚板、大锻件中发现。

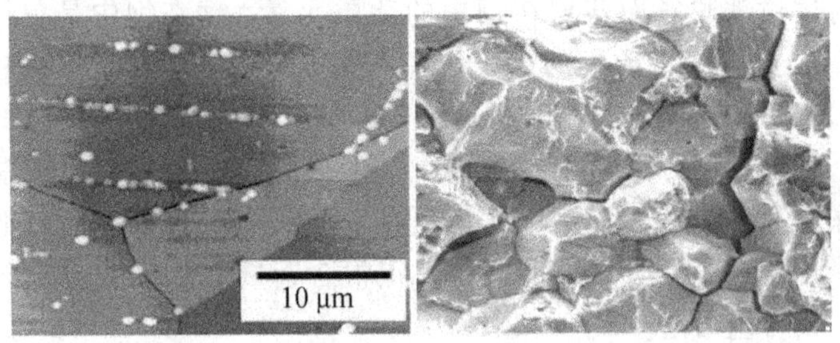

图 5-6　白点(左)以及氢脆(右)断口

8. 铝的影响

铝作为脱氧元素加入钢中。碳钢中铝的含量一般小于 0.01%。加入钢液中的铝部分与氧结合形成 Al_2O_3 或含有 Al_2O_3 的各种夹杂物。其余部分溶入固态铁中，以后随加热和冷却条件的不同，或者在固态下形成弥散的 AlN，或者继续保留在固溶体(奥氏体或铁素体)中。铝除起到脱氧作用外，铝和氮结合所形成的弥散的 AlN 粒子能起阻止奥氏体晶粒长大的作用。

除此之外，由废钢和矿石带入碳钢中的还有其他一些元素，常见的有铜、镍、铬等。为使各类碳钢的性能波动范围不致过大，它们的含量一般限制在 0.3%以内。但这些元素的存在有助于提高热轧钢的强度。

5.2　碳钢的分类、牌号和用途

5.2.1　碳钢的分类

碳钢的分类方法有很多，现介绍常用的三种分类方法。

1. 按钢的含碳量分

(1)低碳钢：含碳量≤0.25%。

(2)中碳钢：含碳量在 0.25%～0.6%之间。

(3)高碳钢：含碳量>0.6%。

2. 按钢的质量分

钢的质量是以磷、硫的含量来划分的，可分为普通质量钢、优质钢、高级优质钢和特级优质钢。根据现行标准，各质量等级钢的磷、硫含量如表 5-1 所示。

表 5-1 钢按质量分类

钢　类	碳素钢		合金钢	
	w_P(%)	w_S(%)	w_P(%)	w_S(%)
普通质量钢	≤0.045	≤0.045	≤0.045	≤0.045
优质钢	≤0.035	≤0.035	≤0.035	≤0.035
高级优质钢	≤0.030	≤0.030	≤0.025	≤0.025
特级优质钢	≤0.025	≤0.020	≤0.025	≤0.015

3. 按用途分

(1)碳素结构钢：主要用于制造各种机械零件和工程结构件，其碳的质量分数一般都小于0.7%。此类钢常用于制造齿轮、轴、螺母、弹簧等机械零件，也用于制作桥梁、船舶、建筑等工程构件。

(2)碳素工具钢：主要用于制造各种工具，如模具、刃具、量具等，其碳的质量分数一般都大于0.7%。

5.2.2 碳钢的牌号及用途

1. 碳素结构钢

这类钢是工程应用最多的钢种，使用性能以强韧性为主，工艺性能以可焊性、淬透性为主。

碳素结构钢的牌号由屈服点字母(Q)、屈服点数值、质量等级符号、脱氧方法四部分按顺序组成。Q表示“屈服强度”，屈服强度值单位是MPa；质量等级符号为A、B、C、D、E，由A到E，其P、S含量依次下降，质量依次提高。脱氧方法符号：沸腾钢—F；镇静钢—Z；半镇静钢—b；特殊镇静钢—TZ。如碳素结构钢牌号表示为Q235AF、Q235BZ。碳素结构钢按GB700—88可分为五类，如表5-2所示。碳素结构钢的冷弯试验如表5-3所示。

碳素结构钢特点及用途：①含碳量小于0.4%，磷、硫以及非金属夹杂物较多；②有良好的塑性和可焊性；③不需进行专门的热处理，热轧空冷态下使用；④使用状态下的组织为$F+P$(铁素体+珠光体)；⑤常以热轧板、带、棒及型钢使用，用量约占钢材总量的70%，用于建筑结构，适合焊接、铆接、栓接等。常见的碳素结构钢如图5-7和图5-8所示。

表5-2 碳素结构钢的牌号，化学成分、力学性能和用途(GB700—88)

牌号	等级	化学成分(%)					脱氧方法	力学性能			用途
		C	Mn	Si	S	P		σ_s/MPa	σ_b/MPa	δ_5/%	
				不大于							
Q195	—	0.06~0.12	0.25~0.50	0.30	0.050	0.045	F、b、Z	(195)	315~390	≤33	塑性较高，有一定强度，通常轧制成薄板、钢筋、钢管、型钢等，用作桥梁、钢结构等，也在机械制造中作地角螺栓、螺钉、铆钉、轴套、开口销、拉杆、冲压零件等
Q215	A	0.09~0.15	0.25~0.55	0.30	0.050	0.045	F、b、Z	≤215	335~410	≤31	
	B				0.045						
Q235	A	0.14~0.22	0.30~0.65	0.30	0.050	0.045	F、b、Z	≤235	375~460	≤26	强度较高，可用作转轴、心轴、拉杆、摇杆，吊钩、链等
	B	0.12~0.20	0.30~0.70		0.045						
	C	≤0.18	0.35~0.80		0.040	0.040	Z				
	D	≤0.17			0.035	0.035	TZ				

续表

牌号	等级	化学成分(%) C	Mn	Si	S	P	脱氧方法	力学性能 σ_s/MPa	σ_b/MPa	δ_5/%	用途
				不大于							
Q255	A	0.18～0.28	0.40～0.70	0.30	0.050	0.045	Z	≤255	410～510	≥24	强度更高，可用作工具，如主轴、摩擦离合器、刹车钢带等
	B				0.045						
Q275	A	0.28～0.38	0.50～0.80	0.35	0.050	0.045	Z	≤275	490～610	≤20	
	B										

注：①Q215A、B级沸腾钢锰含量上限为0.6%

②碳素结构钢的牌号是以钢材厚度(或直径)不大于16mm钢的屈服点(σ_s)数值来划分的，例如，Q215钢当钢材直径不大于16mm时，屈服点(σ_s)等于215MPa；当直径大于16mm时，屈服点(σ_s)小于215MPa。

表 5-3 碳素结构钢的冷弯试验

牌号	试样方向	冷弯试验 $B=2a$，180° 钢材厚度(直径)，mm 60	>60～100	>100～200
		弯心直径 d		
Q195	纵	0	—	—
	横	0.5a		
Q215	纵	0.5a	1.5a	2a
	横	a	2a	2.5a
Q235	纵	a	2a	2.5a
	横	1.5a	2.5a	3a
Q255		2a	3a	3.5a
Q275		3a	4a	4.5a

注：B为试样宽度，a为钢材厚度(直径)。

图 5-7 螺纹钢

图 5-8 圆钢

2. 优质碳素结构钢

这类钢中有害杂质及非金属夹杂物含量较少，化学成分控制得较为严格，塑性和韧性也不错，多用于制造重要零件。

优质碳素结构钢的牌号用两位数字表示。这两位数字表示钢平均含碳量的万分之几。如45钢表示平均含碳量为万分之四十五(即0.45%)的优质碳素结构钢。优质碳素结构钢的牌号、化学成分、力学性能见表5-4。

优质碳素结构钢的应用：8～25号钢塑性好，适合制作要求高韧性的冲击件、焊接件、紧固件，如螺栓、螺母、垫圈等，渗碳淬火后可制造强度低的耐磨件，如凸轮、滑块等。30～55号钢综合力学性能良好，适合制作负荷较大的零件，如连杆、曲轴、主轴、活塞杆(销)，表面淬火齿轮、凸轮等。60～85号钢应用范围基本与普通含锰量的优质非合金相同。

3. 碳素工具钢

碳素工具钢的特点：含碳量高(0.65%～1.35%)，随着含碳量的提高，碳化物量增加，耐磨性提高，但韧性下降。由于碳工钢热硬性、淬透性差，因此只用于制造小尺寸的手工工具和低速刃具。

这类钢的编号方法是在“碳”或T后加数字。其中T表示“碳素工具钢”；数字表示平均含碳量的千分之几，如T8表示其平均含碳量为千分之八(0.8%C)。碳素工具钢都是优质以上质量的。高级优质钢在钢号后加A，如T8A。

碳素工具钢共有七个牌号：T7～T13。其中T7～T9用于制造承受冲击的工具，如手锤、木工钻、木工凿等木工工具(如图5-9、图5-10、图5-11所示)。

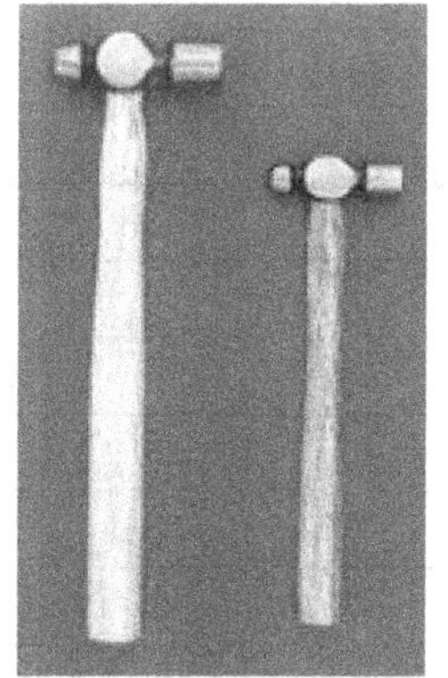

图5-9 手 锤

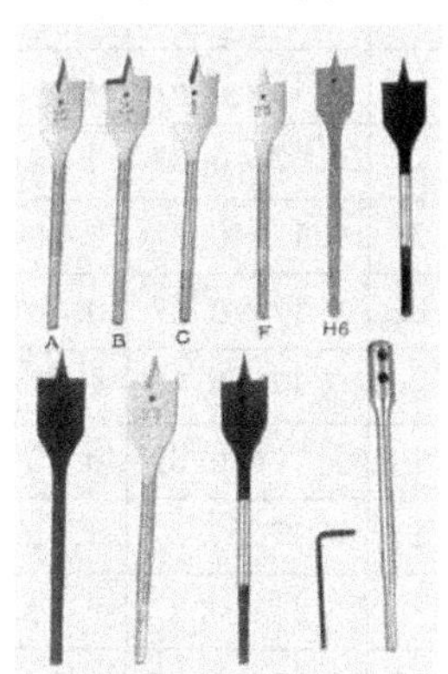

图5-10 木工钻

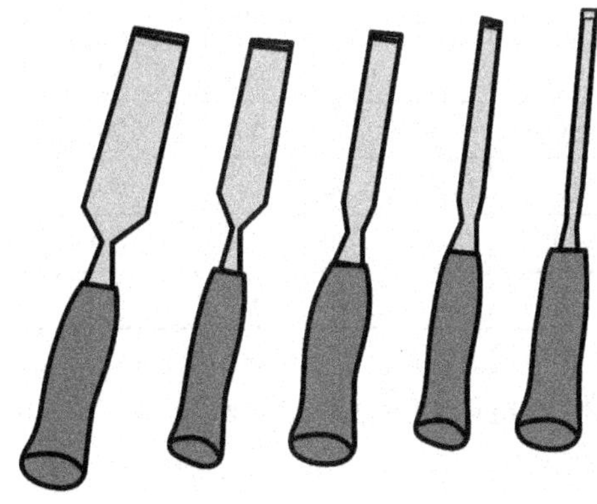

图5-11 木工凿

T10～T11 用于制造低速切削工具，如钻头、丝锥、车刀等(如图 5-12 所示)。

表 5-4　优质碳素结构钢的牌号、化学成分、力学性能

钢号	w_C	w_{Si}	w_{Mn}	力学性能				
				σ_b/MPa	σ_s/MPa	δ_5(%)	ψ(%)	α_k/(J/cm^2)
				不小于				
8	0.05～0.12	0.17～0.37	0.35～0.65	330	200	33	60	—
10	0.07～0.14	0.17～0.37	0.35～0.65	340	210	31	55	—
15	0.12～0.19	0.17～0.37	0.35～0.65	380	230	27	55	—
20	0.17～0.24	0.17～0.37	0.35～0.65	420	250	25	55	—
25	0.22～0.30	0.17～0.37	0.50～0.80	460	280	23	50	90
30	0.27～0.35	0.17～0.37	0.50～0.80	500	300	21	50	80
35	0.32～0.40	0.17～0.37	0.50～0.80	540	320	20	45	70
40	0.37～0.45	0.17～0.37	0.50～0.80	580	340	19	45	60
45	0.42～0.50	0.17～0.37	0.50～0.80	610	360	16	40	50
50	0.47～0.55	0.17～0.37	0.50～0.80	640	380	14	40	40
55	0.52～0.60	0.17～0.37	0.50～0.80	660	390	13	35	—
60	0.57～0.65	0.17～0.37	0.50～0.80	690	410	12	35	—
65	0.62～0.70	0.17～0.37	0.50～0.80	710	420	10	30	—
70	0.67～0.75	0.17～0.37	0.50～0.80	730	430	9	30	—
80	0.77～0.85	0.17～0.37	0.50～0.80	1100	950	6	30	—
85	0.82～0.90	0.17～0.37	0.50～0.80	1150	1000	6	30	—
15Mn	0.12～0.19	0.17～0.37	0.70～1.00	420	250	26	55	—
20Mn	0.17～0.24	0.17～0.37	0.70～1.00	460	280	26	50	—
25Mn	0.22～0.30	0.17～0.37	0.70～1.00	500	300	22	50	90
30Mn	0.27～0.35	0.17～0.37	0.70～1.00	550	320	20	45	80
35Mn	0.32～0.40	0.17～0.37	0.50～0.80	570	340	18	45	70
40Mn	0.37～0.45	0.17～0.37	0.70～1.00	600	360	17	45	60
45Mn	0.42～0.50	0.17～0.37	0.70～1.00	630	380	15	40	50
50Mn	0.48～0.56	0.17～0.37	0.50～0.80	660	400	13	40	40
60Mn	0.57～0.65	0.17～0.37	0.70～1.00	710	420	11	35	—
65Mn	0.62～0.70	0.17～0.37	0.90～1.20	750	440	9	30	—
70Mn	0.67～0.75	0.17～0.37	0.90～1.20	800	460	8	30	—

注：①含 Mn 量为 0.7%～1.0%时，在两位数字后加元素符号 Mn，如 40Mn。

②对于沸腾钢和半镇静钢，在钢号后分别加字母 F 和 b，如 08F、10b。

③高级优质钢在钢号后加字母 A，如 20A。

T12～T13用于制造耐磨工具，如锉刀、锯条等(如图5-13)。

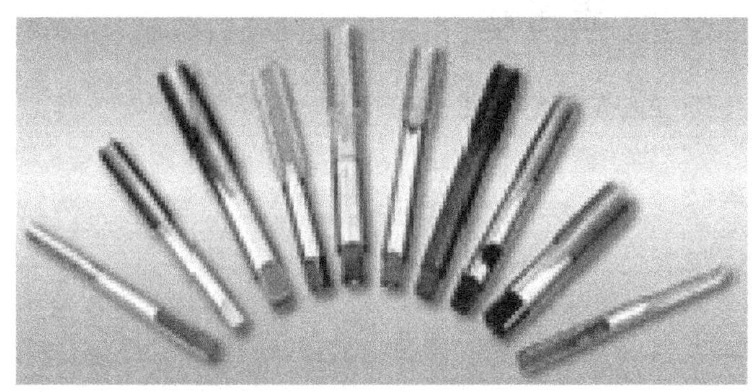

图5-12　丝锥

图5-13　锉刀

碳素工具钢的牌号、化学成分及性能如表5-5所示。

表5-5　碳素工具钢的牌号、化学成分及性能

牌号	化　学　成　分(%)					退火钢的硬度HBS不大于	淬火温度(℃)及冷却剂	淬火后的硬度(HRC)不小于
	w_C	w_{Mn}	w_{Si}	w_S	w_P			
T7	0.65～0.74	≤0.40	≤0.35	≤0.030	≤0.035	187	800～820水	62
T8	0.75～0.84	≤0.40	≤0.35	≤0.030	≤0.035	187	780～800水	62
T8Mn	0.80～0.90	0.40～0.60	≤0.35	≤0.030	≤0.035	187	780～800水	62
T9	0.85～0.94	≤0.40	≤0.35	≤0.030	≤0.035	192	760～780水	62
T10	0.95～1.04	≤0.40	≤0.35	≤0.030	≤0.035	197	760～780水	62
T11	1.05～1.14	≤0.40	≤0.35	≤0.030	≤0.035	207	760～780水	62
T12	1.15～1.24	≤0.40	≤0.35	≤0.030	≤0.035	207	760～780水	62
T13	1.25～1.35	≤0.40	≤0.35	≤0.030	≤0.035	217	760～780水	62

热处理方式是正火＋球化退火＋淬火＋低温回火，其中，球化退火目的是：①降低硬度，便于加工；②为淬火做组织准备。使用状态下的组织：M回＋颗粒状碳化物＋A(少量)。图5-14和图5-15为碳素工具钢热处理可以得到的组织状态显微照片。

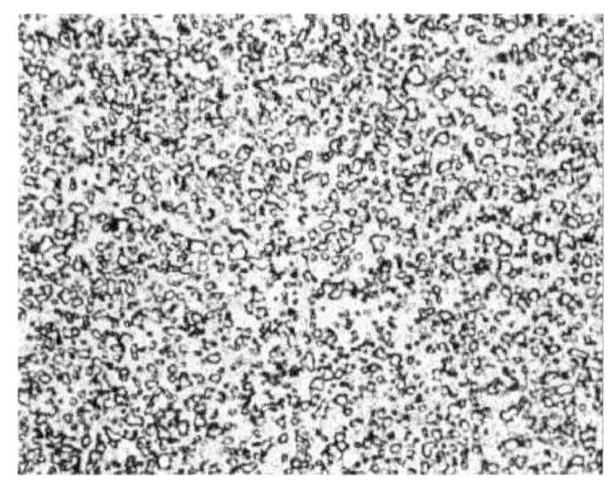

图5-14　球状珠光体

图5-15　T12钢正常淬火组织

思考题

1. 碳钢中主要包括哪些杂质元素？它们各有什么作用？
2. 请简述碳钢的分类方法。
3. 请举例说明碳钢的命名方法。

第 6 章　合金钢

6.1　概述

目前钢铁总产量中碳钢占绝大多数，由于其冶炼、加工简单，价格低廉，因此得到了非常广泛的应用。但是随着科技的发展，对材料的性能提出了越来越高的要求，仅仅通过热处理来提高碳钢的性能并不能够满足所有的使用要求。具体来说，碳钢在如下几个方面存在不足：

(1)综合机械性能不足，强度和屈强比有待提高。

(2)淬透性差；碳钢要求水淬，最大淬透直径为 15～20mm，在制造大尺寸和形状复杂的零件时，不能保证性能的均匀性和几何形状不变。

(3)回火稳定性差。

(4)不能满足某些特殊性能的要求，如抗氧化、耐腐蚀、耐热、耐低温、耐磨以及特殊电磁性能。

合金钢是为了改善和提高碳素钢的性能，在碳素钢的基础上添加一定的合金元素所炼制的一类钢。我国发展合金钢的资源十分丰富，常见的合金添加元素除 Cr、Co 不足，Mn 的品位较低外，W、Mo、V、Ti、Nb 和稀土元素储量都比较丰富。

6.1.1　合金钢的分类

合金钢种类繁多，为了便于生产、管理和使用必须对其进行分类。合金钢的分类方法有很多种。

(1)按照合金元素的多少，可分为：低合金钢(合金元素总含量低于 5%)、中合金钢(5%～10%)、高合金钢(>10%)。

(2)按照所含主要合金元素可分为：铬钢、铬镍钢、锰钢、硅钢、硅锰钢等。

(3)按正火或铸造态的组织可分为：珠光体钢、马氏体钢、铁素体钢、奥氏体钢、莱氏体钢等。

(4)按照用途可分为：结构钢、工具钢、特殊性能钢。

其中，按照合金钢的用途进行分类是最方便的，也是最常用的分类方法。下面对其做简单介绍。

合金结构钢：用于制造各种工程结构(船舶、桥梁、车辆、压力容器等)和机器零件(轴、齿轮、连接件等)的钢种，主要包括低合金高强钢、合金渗碳钢、合金调质钢、弹簧钢、轴承钢、易切削钢等。

合金工具钢：专门用于制造各种加工工具的钢种，包括刃具钢、模具钢和量具钢等。

特殊性能钢：具有特殊物理、化学或力学性能的钢种，包括不锈钢、耐热钢、耐磨钢和电工钢等。

6.1.2 合金钢的牌号

世界各国合金钢的编号方法不一样。我国对于合金钢是按照合金钢的碳含量、合金元素的种类和数量以及质量级别来编号的。不论结构钢还是工具钢均采用数字+化学元素+数字的方法来表示。

在牌号首部用数字标明钢的含碳量。为了表明用途，规定结构钢以万分之一为单位的数字(两位数)、工具钢和特殊性能钢以千分之一为单位的数字(一位数)来表示含碳量(新标准有所变化，将在后续章节中详细介绍)，而工具钢含碳量超过1%时，含碳量不标出。在标明含碳量的数字之后，用元素符号表明钢中主要合金元素，含量由其后的数字标明，平均含量少于1.5%时不标数，平均含量为1.5%～2.49%、2.5%～3.49%等时，相应地标以2、3等。高速工具钢的牌号比较特殊，不论碳含量多少，都不予标出。但当合金成分相同，仅含碳量不同时，对高碳含量者牌号前冠以C字。如牌号W6Mo5Cr4V2与CW6Mo5Cr4V2，前者碳含量为0.80%～0.90%，后者碳含量为0.86%～0.94%。

根据以上编号方法，40Cr钢为结构钢，平均含碳量为0.40%，主要合金元素为Cr，其含Cr量在1.5%以下。5CrNiMo钢为工具钢，平均含碳量为0.5%，含有Cr、Ni、Mo三种主要合金元素，含量皆在1.5%以下。CrWMn钢，也是工具钢，平均含碳量大于1.0%，含有Cr、W、Mn合金元素，合金元素含量都少于1.5%。

专用钢以其用途的汉语拼音字首来标明。例如，滚珠轴承钢钢号前标以G。GCrl5表示含碳量约1.0%、铬约1.5%(含铬量以千分之一为单位的数字表示1)的滚珠轴承钢。对于高级优质钢，则在钢号的末尾加A字表明，如20Cr2Ni4A等。

6.2 合金元素在钢中的作用

在钢中加入合金元素，能够改变钢的使用性能和工艺性能，得到更优良或具有特殊性能的钢。这主要是因为合金元素加入后改变了钢和铁的组织结构。合金元素的加入产生了合金元素与铁、碳及合金元素之间的相互作用，改变了钢中各相的稳定性，并产生了许多新相，从而改变了原有的组织或形成了新的组织。合金元素添加到钢中去后主要发生以下几个方面的作用：①与Fe固溶，改变Fe—C相图中相区的大小和形状；②和碳、氮元素发生反应，生成碳化物、氮化物；③合金元素之间发生相互反应，形成金属间化合物。

6.2.1 合金元素对Fe—C相图的影响

和C元素一样，几乎所有合金元素(Pb除外)都能溶入Fe中，形成固溶体。根据Fe—C相图，Fe在加热和冷却过程中，会发生多晶型转变。

1. 扩大奥氏体区(γ相区)元素

这类元素主要包括Mn、Co、Ni、Cu和N。它们使A_3点下降、A_4点上升，从而扩大γ相的存在范围。因此，这类元素也称为奥氏体稳定化元素。其中，Mn、Co和Ni与γ-Fe可以无限固溶，使δ和α相区缩小，如图6-1(a)所示。当这些元素添加量达到一定值后，甚至可以使A_3降到室温以下，使α相完全消失，称之为完全扩大γ相的元素。例如，奥氏体不锈钢1Cr18Ni9和高锰耐磨钢ZGMn13，在室温下就是单相奥氏体组织。另一类如 Cu、N 等，它们与 γ-Fe 可以有限固溶，可以使 γ 相区扩大，所以它们被称为部分扩大 γ 相的元素，如图 6-1(b)所示。

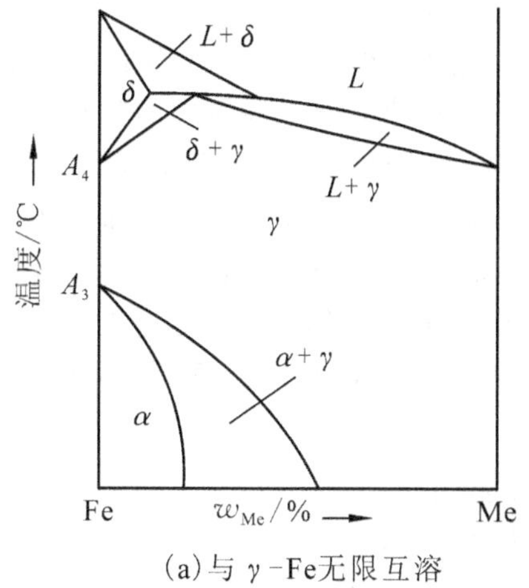

(a)与 γ-Fe无限互溶

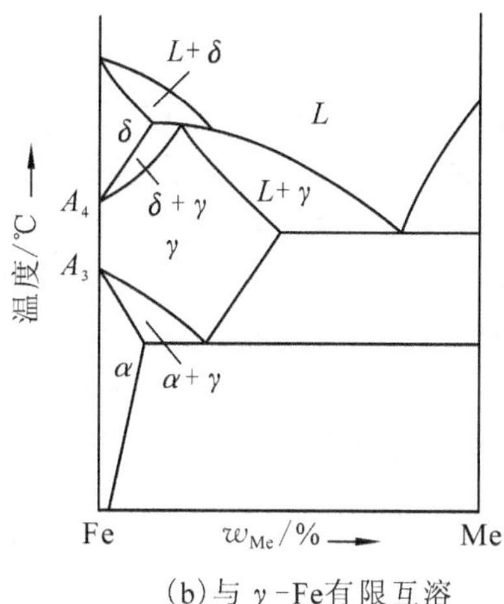

(b)与 γ-Fe有限互溶

图 6-1　扩大 γ 相示意图

2. 缩小奥氏体区(γ 相区)元素

这类元素主要有 Cr、Mo、W、V、Ti、Al、Si、B、Nb、Zr 等。它们使 A_3 点上升，A_4 点下降，从而缩小 γ 相区的存在范围，如图 6-2 所示，使铁素体稳定区扩大，其中 Cr、Mo、W、V、Ti、Al、Si 等元素含量超过一定量后，A_3 点和 A_4 点重合，使 γ 相区被封闭，这使合金在固态范围内一直处于单相 α 相状态，例如，高铬铁素体不锈钢 1Cr17Ti，它们称为完全封闭 γ 相区的元素，另外一些元素如 B、Nb、Zr 等，虽然也会使 γ 相区的温度范围缩小，但是不能使其完全封闭，被称为部分缩小 γ 相区的合金元素，如图 6-2(b)所示。

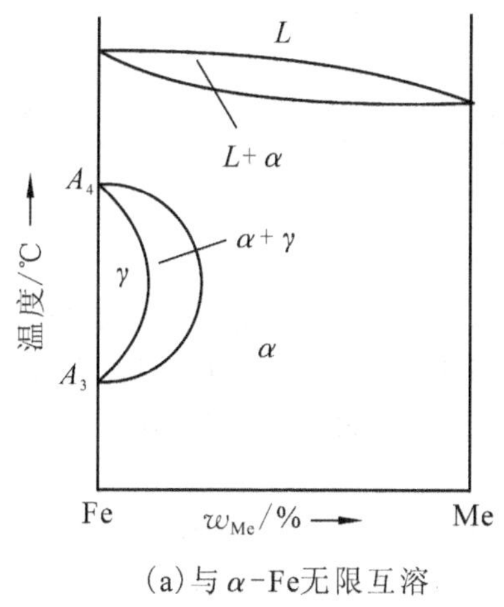

(a)与 α-Fe无限互溶

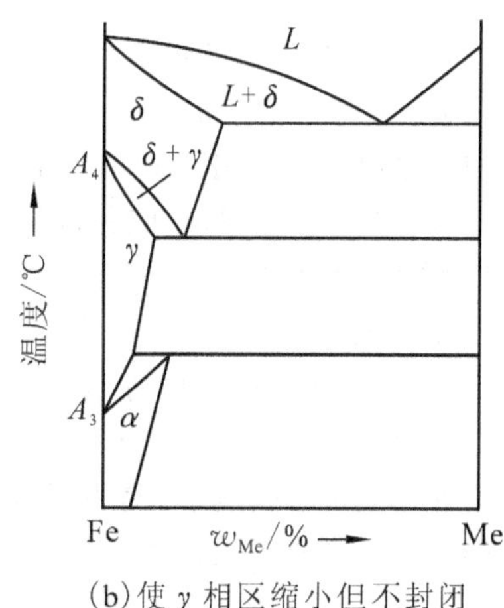

(b)使 γ 相区缩小但不封闭

图 6-2　缩小 γ 相示意图

在这些元素中，只有 C、N、B 与 Fe 形成间隙固溶体，其他元素均与 Fe 形成置换固溶体。对某一种元素来说，究竟是扩大 γ 相区还是缩小 γ 相区与其本身的晶体结构

密切相关。一般来说，凡是具有面心立方晶格的元素在 γ-Fe 中的固溶度较大，可以扩大 γ 相区，并且和 Fe 的原子半径越接近，其固溶度越大。相反，具有体心立方晶格的元素，在 α-Fe 中的固溶度较大，可以扩大 α 相的存在范围，缩小 γ 相区。

合金元素除了对奥氏体和铁素体的存在范围造成影响外，还会对相图的临界点（*S* 点和 *E* 点）造成影响，如图 6-3 所示。扩大 γ 相区的元素使 Fe—C 相图中的共析转变温度下降；缩小 γ 相区的元素则使其上升，并都使共析反应变成在一个温度范围内进行。另外，合金元素还对共析点和共晶点的成分产生影响。几乎所有合金元素都使共析点的碳含量降低，如图 6-4 所示；共晶点也有类似的规律。*S* 点及 *E* 点的左移，使合金钢的平衡组织发生变化，因此不能完全用 Fe—C 相图来分析。例如，含碳量为 0.3%的 3Cr2W8V 热模具钢已经为过共析钢，而含碳量不超过 1%的 W18Cr4V 高速钢，在铸态下已具有莱氏体组织。

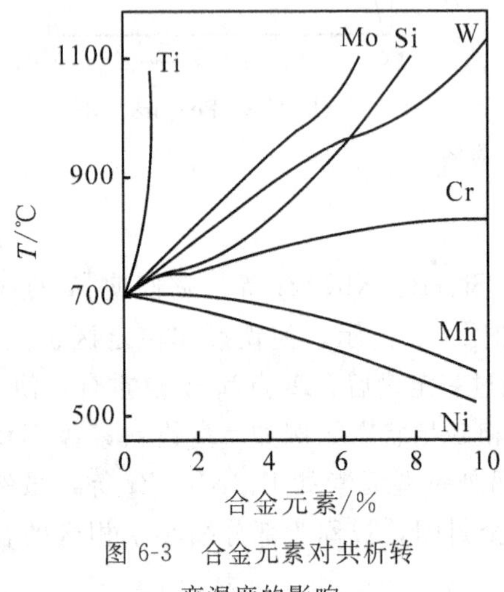

图 6-3　合金元素对共析转变温度的影响

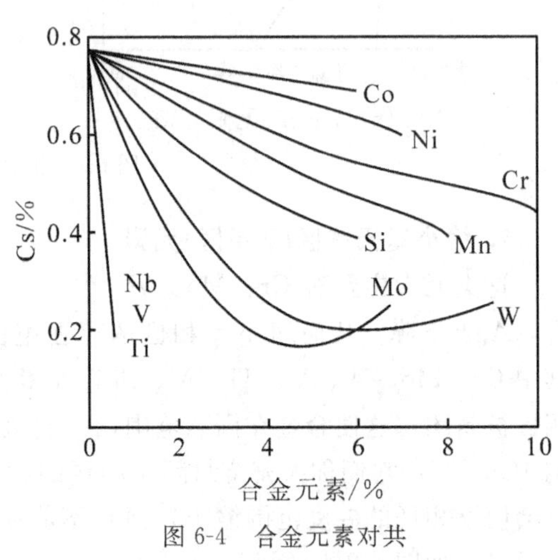

图 6-4　合金元素对共析体含碳量的影响

6.2.2　合金中的碳化物与氮化物

合金元素加入钢中后，有些元素可以和钢中的碳和氮元素发生化学反应，形成碳化物和氮化物。碳化物和氮化物是钢铁中的重要组成相，其类型、成分、数量、尺寸大小、形状及分布对钢的性能有着极其重要的影响。

1. 钢中的碳化物

合金元素按照其与钢中碳亲合力的大小，可分为：碳化物形成元素，如 Mn、Cr、Mo、W、V、Nb、Zr、Ti 等（按照形成碳化物的稳定程度由弱到强的顺序排列）；非碳化物形成元素，如 Ni、Co、Cu、Si、Al、N、B 等（除了少数在高合金钢中形成金属间化合物外，基本上固溶于铁素体和奥氏体中）。

能够与碳形成碳化物的合金元素为位于元素周期表中铁左方的过渡族元素。Mn 与碳亲合力较弱，少部分溶入渗碳体中，大部分溶入铁素体或奥氏体中。与碳亲合力较强的 Cr、Mo、W 等，含量较低时基本上与铁一起形成合金渗碳体；含量较高时可形成新的合金碳化物。而与碳亲合力很强的元素如 V、Nb、Zr、Ti 等，几乎都形成特殊碳化物（Mo_2C、W_2C、VC、TiC 等）。

所谓合金渗碳体，就是部分铁原子被碳化物形成元素置换后的渗碳体，如

$(Fe, Cr)_3C$等，其晶体结构与渗碳体相同，但比渗碳体略稳定，硬度略高，对提高钢的耐磨性有利。合金碳化物比合金渗碳体的稳定性高，而特殊碳化物的稳定性最高。碳化物越稳定，其熔点和硬度越高，加热时也越难以溶于奥氏体中，因此对钢的机械性能影响很大。

2. 钢中的氮化物

钢中的氮来源于冶炼时吸收大气中的氮或用氮进行合金化，进行表面氮化处理时在钢表面也形成各种氮化物。过渡族金属元素与氮发生作用，在钢中形成一系列二元氮化物。与碳化物相似，它们也具有较高的硬度、弹性模量和熔点。氮化物之间也可以互相溶解，形成完全互溶或有限溶解的复合氮化物。氮化物与碳化物之间也可互相溶解，形成碳氮化物如$(Cr, Fe)_{23}(C, N)_6$、V(C，N)、Nb(C，N)等。在微合金钢中，应用氮化物来细化奥氏体晶粒和弥散强化。

6.2.3 钢中的金属间化合物

钢中合金元素之间和合金元素与铁之间相互作用，可以形成各种金属间化合物。合金钢中比较重要的金属间化合物有σ相、AB_2相(拉维斯相)及AB_3相(有序相)。下面分别介绍。

1. σ相

σ相属于正方晶系，周期表中第一长周期的第七族和第八族过渡族金属与第五族和第六族元素能形成σ相，如Cr-Mn、Cr-Fe、Cr-Co、Mo-Mn、Mo-Fe、Mo-Co、W-Fe、W-Co等。在高铬不锈钢、铬镍及铬锰奥氏体不锈钢、高合金耐热钢及耐热合金中都会出现σ相。伴随σ相的析出，钢和合金的塑性和韧性显著下降，脆性、硬度增加。

2. AB_2相(拉维斯相)

AB_2相的晶体结构有三种类型：$MgCu_2$型复杂立方点阵，$MgZn_2$型复杂六方点阵和$MgNi_2$型复杂六方点阵。在含有钨、钼、铌和钛的复杂成分耐热钢和耐热合金中，存在AB_2相。它是现代耐热钢和合金的一种重要强化相。

3. AB_3相(有序相)

钢和合金中使用着多种有序结构相，它们各组元之间不能形成稳定的化合物，处于固溶体到化合物之间的过渡状态。其中一部分有序相的有序无序转变温度较低，超过了此温度就形成无序固溶体，如Ni_3Fe、Ni_3Mn等；另一部分其有序状态可以保持到熔点，更接近于金属间化合物，如Ni_3Al等。在复杂成分耐热钢中，有序相也是一种重要的强化相。

6.2.4 合金元素对钢加热和冷却过程的影响

合金元素对钢加热和冷却过程的影响在上一章的相关内容中已有所介绍，概括起来说主要有以下几点。

1. 合金元素影响加热过程中奥氏体的形成及其晶粒度的大小

强碳化物形成元素(如Cr、Mo、W、V、Ti)与碳的亲合力大，形成难溶于奥氏体的碳化物，显著阻碍碳的扩散，大大减慢奥氏体的形成速度。而对于非碳化物形成元素(如Cr、Ni)则增加碳的扩散速度，使奥氏体的形成速度加快。

大多数合金元素有阻止奥氏体晶粒长大的作用，特别是一些强碳化物形成元素，因形成的碳化物在高温下稳定，不易溶解于奥氏体，能够阻碍奥氏体晶界外移，显著

细化晶粒。但 Mn、P、B 等元素例外，它们会轻微促使奥氏体晶粒长大。

2. 合金元素对过冷奥氏体稳定性的影响

除 Co 外，几乎所有的合金元素都能够使 C 曲线右移，增强过冷奥氏体的稳定性，推迟珠光体类型的转变。过冷奥氏体的稳定性越好，钢的淬透性就越高。提高钢的淬透性效果明显的合金元素主要有 Mo、Mn、Ni、Si、B 等。

3. 合金元素对回火转变的影响

合金元素在回火过程中推迟马氏体的分解和残余奥氏体的转变，提高铁素体的再结晶温度，使碳化物难以聚集长大而保持较大的弥散度，因此提高了钢的回火稳定性。作用比较明显的元素有 V、Si、Mo、W、Ni、Mn、Co 等。另外，Mo、W、V 含量较高的钢在回火过程中还会产生二次硬化现象。但是合金元素的增加，有可能增加钢的回火脆性，如含 Mn、Cr、Ni 等元素的合金钢。可以通过回火后快冷来抑制回火脆性的产生。另外，向钢中添加适量的 Mo、W，可以强烈阻碍和延迟杂质元素在晶界的偏聚，消除回火脆性。

6.2.5 钢的强韧化机制

1. 合金元素对钢的强度的影响

钢的强度是指对塑性变形的抗力，通俗地说是指钢在多大的应力下开始变形。金属的塑性变形是由位错运动引起的，所以，凡是能够阻碍位错运动的措施都会使金属强度提高，造成强化。金属的强化机制主要有固溶强化、细晶强化、第二相强化和位错强化。

1)固溶强化

添加合金元素与 Fe 形成固溶体后，由于合金元素与 Fe 元素原子大小不同，Fe 的晶格发生畸变，并在周围形成一个弹性应力场，和运动位错的应力场发生交互作用，使位错的运动受阻，从而提高钢的强度。但并不是所有的合金元素都能起到固溶强化的作用。一般来说，间隙式固溶原子的强化效果要比置换式固溶原子好。C、N 的固溶强化效果最好，P 的固溶强化效果也很好，但它增加了钢的冷脆性，一般用 Mn、Si 等作为强化元素。Ni、Cr 则不产生固溶强化效果。

2)细晶强化

晶界(分大角晶界和小角晶界)能有效阻碍位错运动，使金属强化。钢的晶粒越细，材料中晶界所占的比例越大，强化作用越大。材料的屈服强度(σ_s)和晶粒尺寸(d)之间满足 Hall-Petch 公式：

$$\sigma_s = \sigma_0 + K_y d - \frac{1}{2} \tag{6-1}$$

其中 σ_0 、K_y为与材料常数。

V、Ti、Nb 等微合金元素能够和 C、N 反应生成弥散分布的碳化物、氮化物和碳氮化合物，这些弥散相都能钉扎晶界，阻碍奥氏体晶粒的长大，细化冷却转变后的组织。Al 为常见的脱氧元素，脱氧过程中生成的 AlN 也能起到细化晶粒的作用。

另外，钢中加入降低 A_3温度的合金元素，可使奥氏体在更低的温度下转变成珠光体、马氏体或者贝氏体，细化钢的显微组织，提高钢的强度。

3)第二相强化

运动位错通过位于滑移面上的第二相粒子时，需要消耗额外的能量，使合金发生强化。获得高弥散度粒子的方法有两种：一种是依靠热处理从过饱和的固溶体中沉淀析出第二相(称为析出强化或沉淀硬化)；另一种是利用机械、化学等方法引入极细的第二相粒子(分散硬化)。

应用V、Nb、Ti的微合金化，使过冷奥氏体发生相间沉淀和从铁素体中析出弥散分布的碳化物和碳氮化物，产生沉淀硬化。

4)位错强化

运动位错碰上与滑移面相交的其他位错时，会发生交割而使运动受阻，使钢的强度提高。合金中的相变，特别是低温下伴随有容积变化的相变，如马氏体相变等，都会造成大量的位错，也能使合金强度显著提高。合金钢在淬火形成马氏体后，由于合金元素的存在，在随后的回火过程中得到的回火组织基本上保留了淬火态的细小晶粒和较高的位错密度，从而起到位错强化的作用。

2. 合金元素对钢的韧性的影响

韧性指的是材料对断裂的抗力。金属的断裂为裂纹的形成和扩展的过程。按照断裂的性质可以分为脆性断裂和韧性断裂。钢的韧性常用使用温度下的冲击韧性或断裂功来衡量，冲击韧性或断裂功越高，钢的韧性就越好。实际材料的断裂的形式主要与温度和应力状态有关。图6-5为中、低碳钢和高强钢的冲击韧性随温度变化的关系图。可见，在低温下发生的是脆性断裂，在高温下发生的是韧性断裂，中间存在着一个从脆性到韧性断裂的转变，转变的温度称为韧脆转变温度(T_c)。对于钢铁材料来说，希望韧脆转变温度越低越好。

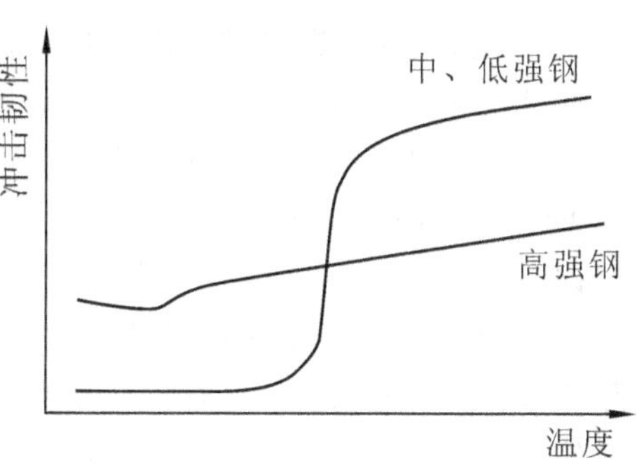

图6-5 中低强钢和高强钢的冲击韧性的温度转变

钢的强化机制对其韧性有影响，如图6-6所示。从图中可以看出，细晶强化和部分元素的置换固溶强化能降低 T_c，可以用来提高钢的韧性；间隙固溶强化和位错强化降低韧性；析出强化对韧性的影响比较小。

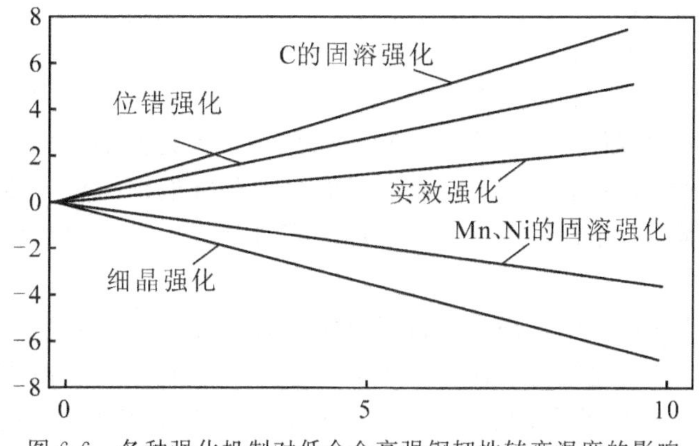

图6-6 各种强化机制对低合金高强钢韧性转变温度的影响

提高钢的韧性主要有以下几个途径。

(1)细化晶粒。一般来说，提高材料强度的同时会或多或少地牺牲其韧性，反之亦然。但通过细化晶粒的途径在提高强度的同时也可以提高材料的韧性，是目前普遍采用的钢铁强韧化手段之一。添加碳化物、氮化物形成元素能够细化晶粒。因为碳化物、氮化物阻碍奥氏体晶粒的长大，使钢的最终组织细化，增加晶界的面积，可以阻碍裂纹的扩展，能显著提高钢的韧性，特别是低温韧性。

(2)改善基体的韧性。Ni、Mn 等合金元素融入铁素体形成置换式固溶体后，能改变位错运动的特点，使其容易绕过某些障碍，避免产生大的应力集中，而不至于导致解理断裂，可以大大改善钢的韧性。但这并不是普遍现象，只有几种特殊的元素能够起到上述作用。

(3)提高回火稳定性。加入能够提高回火稳定性的合金元素(在前面已经有过介绍)可以保证钢在达到相同强度的条件下提高回火温度，充分降低间隙固溶度和位错密度，更多地减轻其脆化作用，提高钢的韧性。

(4)细化碳化物。钢中的碳化物、氮化物以及其他脆性相有可能自身断裂，或与基体脱开，成为解理断裂的核心，从而使韧性下降。粗大的碳化物、氮化物对强度和韧性都没有好处。因此，钢中为提高耐磨性而必须存在的脆性粒子应尽可能地细小且分布均匀。在组织为铁素体和珠光体的钢中，Mn 对碳化物的细化作用最明显。一般，含 Cr 的渗碳体和 Cr、V 的碳化物都比较细小，分布也最为均匀，常用于韧性不高的过共析钢中。

(5)控制非金属夹杂和杂质元素，Mo、W 能抑制杂质元素在晶界的富集，可以消除或减轻钢的回火脆性。稀土元素有强烈的脱氧和去硫能力，对氢的吸附能力也很强，另外，还能够改善非金属夹杂的形态，使其在钢中呈粒状分布，可以显著改善钢的韧性，降低钢的韧脆转变温度。

3. 合金元素对钢的工艺性能的影响

1)对铸造性能的影响

钢的固、液相线的温度越低和结晶温度区越窄，铸造性能越好。合金元素对钢的铸造性能的影响取决于其对相图的影响。另外，许多元素如 Cr、Mo、V、Ti、Al 等，在钢中形成高熔点的碳化物、氮化物或者氧化物质点，增加钢液的黏度，降低其流动性，使铸造性能恶化。

2)对塑性加工能力的影响

塑性加工分为热加工和冷加工。

合金元素溶入固溶体中，或在钢中形成碳化物，都会使钢的变形抗力提高，热塑性明显下降，从而容易断裂。另外，合金元素一般都降低钢的导热性和提高钢的淬透性，为了防止开裂，合金钢锻造加热和冷却时都必须缓慢。总的来说，合金钢的锻造性能比碳钢差很多。

合金元素溶于固溶体中后都会提高钢的冷加工硬化率，使钢变脆、变硬，易开裂，或难以继续成形。碳含量增高，钢的拉伸延伸率降低，所以冷冲压钢都是低碳钢。Si、Ni、Cr、V、Cu 等能够降低钢的深冲性能，Nb、Ti、Zr 和稀土元素能够提高钢的冲压性能。

3)对焊接性能的影响

焊接性能一般指金属的可焊性和焊接区的使用性能，主要由焊后的开裂倾向和焊接区的硬度来评判。合金元素都提高钢的淬透性，促进脆性马氏体组织的形成，对焊接性能不利。通常用碳当量(C_{eq})来估计化学成分对焊接性能的影响，即把合金元素的影响折合成碳的影响。例如：

$$C_{eq}=C+\frac{1}{6}Mn+\frac{1}{24}Si+\frac{1}{40}Ni+\frac{1}{5}Cr+\frac{1}{4}Mo+\frac{1}{14}V(\%) \tag{6-2}$$

上式适用于$C<0.18\%$的Mn钢、热轧钢、调质钢的碳当量计算，其中元素符号代表其重量百分含量。实践表明，当$C_{eq}<0.3\%$时，钢的焊接性能很好，而当$C_{eq}>0.4\%\sim0.5\%$时，焊接有困难，需要采取特殊措施来防止焊接裂纹的产生。

4)对切削性能的影响

切削性能为金属被切削的难易程度和加工表面的质量，通常由切削抗力大小、刀具寿命、表面光洁度和断屑性等因素来衡量。

切削性能与材料的硬度有密切关系。硬度过低，切削时粘刀，易形成刀瘤，加工表面质量差；硬度过高，切削抗力大，刀具易磨损。实践表明，钢最适宜切削加工的硬度范围为HB170～230。一般，合金钢的切削性能比碳钢差，即便是在最佳的切削硬度范围内，由于合金钢中的碳化物比较耐磨，耐热钢具有较高的高温硬度等，因此合金钢比碳钢更难切削。

有些元素，如S、Pb、P等可以改善钢的切削性能，于是形成了一类专用的易切削钢，在后面还要对其专门介绍。这些元素的含量必须控制在合适的范围内，以降低其对钢的其他性能的不利影响。

下面对钢中常见元素的影响做简单的归纳总结。

Cr

(1)在低合金范围内，对钢具有很大的强化作用，提高强度、硬度和耐磨性。

(2)降低钢的临界冷却速度，提高钢的淬透性。

(3)提高钢的耐热性。

(4)在高合金范围内，使钢具有对强氧化性酸类等腐蚀介质的耐腐蚀能力。

Mo

(1)强化铁素体，提高钢的强度和硬度。

(2)降低钢的临界冷却速度，提高钢的淬透性。

(3)提高钢的耐热性和高温强度。

Ni

(1)提高钢的强度，而不降低其塑性，改善钢的低温韧性。

(2)降低钢的临界冷却速度，提高钢的淬透性。

(3)扩大奥氏体区，是奥氏体化的有效元素。

(4)本身具有一定的耐蚀性，对一些还原性酸类有良好的耐蚀能力。

Al

(1)炼钢中能起到良好的脱氧作用。

(2)细化钢的晶粒，提高钢的强度。

(3)提高钢的抗氧化性能，提高不锈钢对强氧化性酸类的耐蚀能力。

RE(稀土元素)

(1)炼钢中起脱硫、去气、净化钢液的作用。

(2)细化钢的晶粒，改善铸态组织。

S

(1)硫在钢中以 FeS—Fe 共晶体的形式存在于钢的晶粒周界，降低钢的力学性能，优制钢含硫量一般应限制在 0.04%以下。

(2)在机械制造中，有时为了改善某些钢的切削加工性能，人为将含硫量提高，以形成硫化物，起中断基体连续性的作用。

(3)硫含量的提高，会增加铸件的热裂倾向。

H

炼钢过程中钢液从炉气中吸收氢，钢液中氢的溶解度随温度升的高而提高，在缓慢凝固条件下，氢以针孔形态析出。快速凝固时，析出氢在铁的晶格内造成高应力状态，导致脆性。

N

炼钢过程中钢液从炉气中吸收氮。

(1)钢液中溶解的氮在凝固过程中因溶解度降低而析出，并与钢中的 Si、Al、Zr 等元素化合，生成 SiN、AlN、ZrN 等氮化物。少量氮化物能细化钢的晶粒。氮化物多时，会使钢的塑性和韧性降低。

(2)氮属于扩大奥氏体区元素，在钢中可部分代替镍的作用，是铬锰氮不锈钢中的合金元素；在超低碳不锈钢中，可代替碳的作用，提高钢的强度。

O

(1)钢液中溶解的 FeO 在凝固前温度降低过程中与钢液中的碳起反应，生成一氧化碳气泡，在铸件中造成气孔。

(2)钢液凝固过程中，FeO 因溶解度下降而析出在钢的晶界处，降低钢的性能。

6.3 合金结构钢

结构钢用来制造工程结构和机械结构，包括工程结构钢和机械结构钢两大类。由于这两类结构钢的工作条件对性能的要求不同，因而其服役的显微组织各异，其主要的合金化方案和在轧后的热处理技术上有很大差别。下面分别对其进行介绍。

6.3.1 工程合金结构钢

工程结构钢是指专门用来制造各种工程结构的一大类钢种，如制造桥梁、船体、油井或矿井架、钢轨、高压容器、管道和建筑结构等，主要用于承受各种载荷，要求具有较高的屈服强度、良好的塑性和韧性，以保证工程结构的可靠性。由于工作环境暴露在大气中，温度可能低到零下 50℃，故要求低温韧性，并要求耐大气腐蚀。此外，还需要有良好的工艺性能，包括良好的冷变形能力，如冷弯、冲压、剪切，以及良好的焊接性能。

工程合金结构钢主要为低合金高强钢。这类钢种是为了满足工程上各种结构承载大、自重轻的要求，我国自力更生发展的具有本国特色的钢种。它是在碳素结构钢的基础上加入少量(＜3%)合金元素而制成的。按强度等级可分成340、390、440、490、540、590、690MPa等不同等级的钢种；按钢的特殊性能分类，可分为低合金耐候钢、低合金耐蚀钢、抗层状撕裂钢、低合金耐磨钢等；按用途可分为管线钢、造船钢、桥梁钢、汽车钢等。

1. 成分特点

为了满足上述性能要求，低合金高强钢的成分有如下特点。

(1)低碳，由于韧性、焊接和冷成型性能要求高，因此这类钢的含碳量不超过0.2%。

(2)合金元素以锰为主，我国生产的低合金高强钢基本上不添加贵重的Ni、Cr等合金元素，而以资源丰富的Mn为主要合金元素。Mn除了产生较强的固溶强化效应外，因它大大降低奥氏体分解温度，细化了铁素体晶粒，并使珠光体片变细，消除了晶界上的粗大片状碳化物，从而提高了钢的强度和韧性。

(3)加入铌、钛或钒等辅加元素，这些元素在钢中形成细小的碳化物或氮化物，阻碍钢热轧时晶粒的长大，起到细化晶粒的作用。另外上述元素部分固溶于奥氏体内，而在冷却时弥散析出，可以起到一定的析出硬化作用，从而提高钢的强度以及韧性。

(4)可以加入少量铜(≤0.4%)和磷(0.1%左右)等，起到提高抗腐蚀能力的作用。另外，加入少量稀土元素，可以脱硫、去气，使钢材净化，改善韧性和工艺性能。

2. 钢种及牌号

列入国家标准(GB/T221—2000)的低合金高强度结构钢有5个级别。GB/T221—2000新牌号表示方法将低合金高强度结构钢分为通用钢和专用钢两类，新牌号的表示方法与GB/T1591—94《低合金高强度结构钢》、GB700—88《碳素结构钢》相同，并与碳素结构钢的牌号组成工程用钢的系列。低合金高强度结构钢按脱氧方法分为镇静钢和特殊镇静钢，但在牌号中没有表示脱氧方法的符号。专用低合金高强度结构钢一般采用代表屈服点的拼音字母Q、屈服点数值(单位为MPa)，并在尾部加按产品用途的拼音第一个字母表示。如：压力容器用钢牌号表示为Q345R；焊接气瓶用钢牌号表示为Q295HP；锅炉用钢牌号表示为Q390g；桥梁用钢牌号表示为Q420q等。

常用低合金高强度结构钢的牌号、成分见表6-1。

表6-1为1994年国家标准公布低合金高强度钢的新牌号，与原标准旧牌号的对照见表6-2。

工程用高强度低合金钢中16Mn是典型钢种，它属于屈服强度345MPa级，为我国低合金高强钢中发展最早、使用最多、产量最大的钢种。其中，Mn主要起固溶强化、细化铁素体晶粒和降低钢的冷脆性的作用。16Mn使用状态的组织为细晶粒的铁素体—珠光体，强度比普通碳钢A3(Q235)高约20%～30%，耐大气腐蚀性能高20%～38%。用它制造工程结构时，重量可以减轻20%～30%。应用实例如南京长江大桥、广州电视塔等。

15MnTi、16MnNb、15MnV是具有代表性的中等强度级别的低合金高强钢钢种，屈服强度为390MPa级。利用加入微量钛、铌、钒起细晶强化和沉淀强化的作用。这类钢用于制造桥梁、船舶、容器。15MnVN钢强度属于450MPa级别，是为适应建筑

表 6-1 低合金高强度结构钢牌号及化学成分(摘自 GB/T 1591—1994)

牌号	质量等级	化学成分(%)										
		$w_C\leqslant$	w_{Mn}	$w_{Si}\leqslant$	$w_p\leqslant$	$w_S\leqslant$	w_V	w_{Nb}	w_{Ti}	$w_{Al}\geqslant$	$w_{Cr}\leqslant$	$w_{Ni}\leqslant$
Q295	A	0.16	0.80～1.50	0.55	0.045	0.045	0.02～0.15	0.015～0.060	0.02～0.20	—		
	B	0.16	0.80～1.50	0.55	0.040	0.040	0.02～0.15	0.015～0.060	0.02～0.20	—		
Q345	A	0.20	1.00～1.60	0.55	0.045	0.045	0.02～0.15	0.015～0.060	0.02～0.20	—		
	B	0.20	1.00～1.60	0.55	0.040	0.040	0.02～0.15	0.015～0.060	0.02～0.20	—		
	C	0.20	1.00～1.60	0.55	0.035	0.035	0.02～0.15	0.015～0.060	0.02～0.20	0.015		
	D	0.18	1.00～1.60	0.55	0.030	0.030	0.02～0.15	0.015～0.060	0.02～0.20	0.015		
	E	0.18	1.00～1.60	0.55	0.025	0.025	0.02～0.15	0.015～0.060	0.02～0.20	0.015		
Q390	A	0.20	1.00～1.60	0.55	0.045	0.045	0.02～0.20	0.015～0.060	0.02～0.20	—	0.30	0.70
	B	0.20	1.00～1.60	0.55	0.040	0.040	0.02～0.20	0.015～0.060	0.02～0.20	—	0.30	0.70
	C	0.20	1.00～1.60	0.55	0.035	0.035	0.02～0.20	0.015～0.060	0.02～0.20	0.015	0.30	0.70
	D	0.20	1.00～1.60	0.55	0.030	0.030	0.02～0.20	0.015～0.060	0.02～0.20	0.015	0.30	0.70
	E	0.20	1.00～1.60	0.55	0.025	0.025	0.02～0.20	0.015～0.060	0.02～0.20	0.015	0.30	0.70
Q420	A	0.20	1.00～1.70	0.55	0.045	0.045	0.02～0.20	0.015～0.060	0.02～0.20	—	0.40	0.70
	B	0.20	1.00～1.70	0.55	0.040	0.040	0.02～0.20	0.015～0.060	0.02～0.20	—	0.40	0.70
	C	0.20	1.00～1.70	0.55	0.035	0.035	0.02～0.20	0.015～0.060	0.02～0.20	0.015	0.40	0.70
	D	0.20	1.00～1.70	0.55	0.030	0.030	0.02～0.20	0.015～0.060	0.02～0.20	0.015	0.40	0.70
	E	0.20	1.00～1.70	0.55	0.025	0.025	0.02～0.20	0.015～0.060	0.02～0.20	0.015	0.40	0.70
Q460	C	0.20	1.00～1.70	0.55	0.035	0.035	0.02～0.20	0.015～0.060	0.02～0.20	0.015	0.70	0.70
	D	0.20	1.00～1.70	0.55	0.030	0.030	0.02～0.20	0.015～0.060	0.02～0.20	0.015	0.70	0.70
	E	0.20	1.00～1.70	0.55	0.025	0.025	0.02～0.20	0.015～0.060	0.02～0.20	0.015	0.70	0.70

和桥梁工程而开发的钢种。钢中加入氮(≤0.022%)以形成稳定的VN，能比VC更有效地起到细晶强化和沉淀强化的作用。

表6-2　低合金高强钢新旧牌号对照表

新牌号	旧牌号	主要特征
Q259	09MnV、09MnNb、09Mn2、12Mn	合金元素极少，强度不高，但具有良好的塑性、冷弯、焊接机耐蚀性
Q345	12MnV、14MnNb、16Mn、16MnRE、18Nb	钢的强度高，具有良好的综合性能和焊接性能
Q390	15MnV、15MnTi、16MnNb	晶粒细化，强度提高，具有良好的力学性能、工艺性能和焊接性能
Q420	15MnVN、14MnVTiRE	具有良好的综合性能和焊接性能
Q460	—	强度最高，在正火、正火回火或淬火加回火状态下有很好的综合力学性能

强度级别进一步提高后，铁素体一珠光体组织难以满足要求，于是发展出了低碳贝氏体型钢。与含碳量相同的铁素体一珠光体组织相比，低碳贝氏体组织具有更高的强度和韧性。钢中的主要合金元素是能显著推迟先共析铁素体和珠光体转变，而对贝氏体转变推迟较少的钼和硼，在此基础上再加入锰、铬、镍等元素，进一步推迟先共析铁素体和珠光体转变，并使贝氏体的起始转变温度下降，以获得下贝氏体组织。14MnMoV和14MnMoVBRE钢是我国发展的低碳贝氏体钢，用于制造容器的板材和其他钢结构，其屈服强度为490MPa级。

3. 热处理特点

低合金高强钢一般在热轧空冷状态下使用，不需要进行专门的热处理。在有特殊要求时，如为了改善焊接区性能，可进行一次正火处理。

4. 发展前景

低合金高强钢由于机械性能和加工性能良好，不需要进行热处理，越来越受到重视，是今后钢铁生产的发展方向之一。这类钢的强度级别在不断提高，现在已达到1000MPa级，相当于调质钢的水平。当前主要的发展方向如下：

(1)低碳超低碳。较低的碳含量能显著提高钢的韧性，改善钢的焊接性。现代的低合金高强度钢普遍采用转炉顶底复合吹炼，大幅度降低了钢中的碳含量(<0.06%)，有的甚至可达0.02%，显著降低了钢的焊接碳当量，降低了焊接预热温度，改善了焊接性和韧性。低碳和超低碳是今后低合金高强度钢的重要发展方向。

(2)高纯度。随着冶金技术的发展，现代的低合金高强度钢普遍采用铁水预处理、转炉吹炼和RH真空脱气，使钢中有害杂质元素之和([S+P+O+N+H])小于1×10^{-6}，显著净化了钢质，改善了钢的韧性和综合力学性能，低合金高强度钢正逐步向高纯净化的方向发展。

(3)微合金化。低合金高强度钢是在高纯净度和低碳的基础上，为提高钢的强度和

综合性能普遍采用微合金化技术。目前，低合金高强度钢的微合金化，已从单一(如单独添加铌、钒、钛等)转变到复合微合金化(如复合添加铌—钒、铌—钛、钒—钛、铌—硼—钛等)，进一步提高了钢的综合性能。

(4)控制轧制和控制冷却。在低合金高强度钢中，控轧控冷技术逐步获得了广泛的应用。控制轧制已发展到奥氏体再结晶区控轧、奥氏体未再结晶区控轧和两相区控轧。轧后控制冷却技术也发展很快，有层流冷却、水幕冷却、雾化冷却和穿水冷却等。可控轧控冷的中板厚度已达50mm。因此，采用先进的在线控轧控冷技术生产高质量的低合金高强度钢也是今后的重要发展方向。

6.3.2 机械合金结构钢

机械制造结构钢用于制造各种机械零件，如轴类、齿轮、紧固件、轴承和高强度结构，广泛应用在汽车、拖拉机、机床、工程机械、电站设备、飞机及火箭等装置上。这些零件的尺寸虽然差别很大，但工作条件是相似的，主要是承受拉、压、弯、扭、冲击、疲劳应力，而且往往是几种载荷同时作用。可以是恒载或变载，作用力的方向是单向或反复的。工作环境是大气、水和润滑油，温度在－50℃～100℃范围之内。机械零件要求有良好的服役性能，有足够高的强度、塑性、韧性和疲劳强度等。

机械制造结构钢根据钢的生产工艺和用途，可以分为合金渗碳钢、合金调质钢、合金氮化钢、合金弹簧钢、轴承钢等。

1. 合金渗碳钢

合金渗碳钢是指经过渗碳热处理后使用的低碳合金结构钢，主要应用于制造在摩擦力，交变接触应力和冲击条件工作的零件，如汽车、拖拉机中的变速齿轮、内燃机上的凸轮轴、活塞等。这些工件在工作中遭受强烈的摩擦和磨损，同时承受较高的交变载荷特别是冲击载荷。所以这类钢经渗碳处理后，应具有表面耐磨而心部抗冲击的特点。

1)性能要求

根据使用特点，渗碳钢应具有以下性能。

(1)渗碳层硬度高，以具有优异的耐磨和接触疲劳抗力，同时要求有适当的塑性和韧性。

(2)渗碳件心部有较高的韧性和足够高的强度，心部韧性不足时，在冲击载荷或过载荷的作用下容易断裂；强度不足时，硬脆的渗碳层缺乏足够的支撑，而容易破碎、剥落。

(3)有良好的热处理工艺性能，在高的渗碳温度(900℃～950℃)下奥氏体晶粒不易长大，并且具有良好的淬透性。

2)成分特点

(1)一般渗碳钢的碳含量(w_C)在0.10%～0.20%之间(个别可达到0.30%)，以保证渗碳件心部有较高的韧性。

(2)主要合金元素为铬($w_{Cr}<3\%$)、锰($w_{Mn}<2\%$)、镍($w_{Ni}<4.5\%$)、硼($w_B<0.0035\%$)，其作用主要是增加钢的淬透性，使渗碳淬火后心部得到低碳马氏体，以提高强度，同时保持良好的韧性。主加合金元素还能提高渗碳层的强度和塑性，尤其以镍的作用最为明显。微量的硼能够显著提高钢的淬透性。

(3)加入少量的钼、钨、钒、钛等强碳化物形成元素，以阻止高温渗碳时晶粒长大，起到细化晶粒的作用。细晶粒组织对防止渗碳层剥落及提高心部性能有利，并且渗碳后可直接淬火，简化热处理工序。这些辅加元素形成的碳化物还可以增加渗碳层的耐磨性。

3)热处理和组织性能

合金渗碳钢热处理工艺为渗碳后直接淬火，再低温回火。对渗碳时容易过热的20Cr、20Mn2 等需先正火消除过热组织，然后进行淬火和低温回火。进行热处理后，表面渗碳层的组织由合金渗碳体与回火马氏体及少量残余奥氏体组成，硬度为60HRC～62HRC。心部组织与钢的淬透性及零件截面尺寸有关。完全淬透时为低碳回火马氏体，硬度为 40HRC～48HRC。多数情况下是屈氏体、回火马氏体和少量铁素体，硬度为 25HRC～40HRC，心部韧性一般都高于 700kJ/m^2。

4)牌号及分类

常用的合金渗碳钢的牌号、成分、热处理、性能及用途见表 6-3。

按照淬透性大小，合金渗碳钢可以分为三类。

(1)低淬透性钢。这类钢水淬临界淬透直径为 20～35mm，用于制作受力不太大，不需要很高强度的耐磨零件。属于这类钢的有 20Mn2、20Cr、20MnV 等。

(2)中淬透性钢。这类钢油淬透直径为 25～60mm 左右，用于制作承受中等载荷的耐磨零件。属于这类钢的有 20CrMnTi、12CrNi3、20MnVB 等。

(3)高淬透性钢。这类钢油淬透性直径约为 100mm 以上，甚至空冷也能淬成马氏体，属于马氏体钢，用于制造承受重载荷与强烈磨损的重要大型零件。属于这类钢的有 12Cr2Ni4、20Cr2Ni4 及 18Cr2Ni4W 等。

2. 合金调质钢

结构钢在淬火＋经高温回火后具有良好的机械性能，具有较高的强度、良好的韧性和塑性。适用于这种热处理工艺的钢被称为调质钢。

调质钢广泛用于制造汽车、拖拉机、机床和其他机器上的齿轮、轴类件、连杆、高强螺栓等重要零件。大多承受多种和较复杂的工作载荷，要求具有高水平的综合力学性能。但不同零件的受力状况不同，其性能要求有所差别，截面受力均匀的零件如连杆，要求整个截面都有较高的强韧性。截面受力不均匀的零件，如承受扭转或弯曲应力的传动轴，主要要求受力较大的表面区有较好的性能，心部要求可低一些。因此性能上要求：

(1)高的屈服强度及疲劳极限和良好的韧性塑性，即要求综合的力学性能。

(2)局部表面要求一定的耐磨性。

(3)好的淬透性。

1)成分特点

(1)中碳

含碳量一般在 0.25％～0.50％之间，以 0.40％居多。含碳量过低，不易淬硬，回火后强度不足；含碳量过高则韧性不够。

(2)合金元素的作用

①提高淬透性：在碳钢的基础上常单独或多元复合加入提高淬透性元素 Mn、Cr、

表 6-3 常用渗碳钢的牌号、成分、热处理、力学性能及用途

种类	钢 号	化学成分(%)								热处理工艺				力学性能(不小于)①				
		w_C	w_{Mn}	w_{Si}	w_{Cr}	w_{Ni}	w_{Mo}	w_V	$w_{其他}$	渗碳(℃)	第一次淬火温度(℃)	第二次淬火温度(℃)	回火温度(℃)	σ_s/MPa	σ_b/MPa	δ_5(%)	Ψ(%)	A_k/J
	15Cr	0.12～0.18	0.40～1.80	0.17～0.37	0.70～1.00	—	—	—	—	900～950	880 水油	780～820 水油	200 水空气	490	735	11	45	55
	20Cr	0.18～0.24	0.50～0.80	0.17～0.37	0.70～1.00	—	—	—	—		880 水油	780～820 水油	200 水空气	540	835	10	40	47
	20MnV	0.17～0.24	1.30～1.60	0.17～0.37	—	—	—	0.07～0.12	—		880 水油	—	200 水空气	590	735	10	40	55
中淬透性合金渗碳钢	20CrMnTi	0.17～0.23	0.80～1.10	0.17～0.37	1.00～1.30	—	—	—	Ti0.04～0.10		880 油	870 油	200 水空气	853	1080	10	45	55
	20Mn2B	0.17～0.24	1.50～1.80	0.17～0.37	—	—	—	—	B0.0005～0.0035		880 油	—	200 水空气	785	980	10	45	55
	20CrMnMo	0.17～0.23	0.90～1.20	0.17～0.37	1.10～1.40	—	0.20～0.30	—	—		850 油	—	200 水空气	885	1175	10	45	55
高淬透性合金渗碳钢	12Cr2Ni4	0.10～0.16	0.30～0.60	0.17～0.37	1.25～1.75	3.25～3.65	—	—	—		860 油	780 油	200 水空气	835	1080	10	50	71
	20Cr2Ni4	0.17～0.23	0.30～0.60	0.17～0.37	1.25～1.75	3.25～3.65	—	—	—		880 油	780 油	200 水空气	1080	1175	10	45	78
	18Cr2Ni4WA	0.13～0.19	0.30～0.60	0.17～0.37	1.35～1.65	4.00～4.50	—	—	W0.80～1.20		950 空气	850 空气	200 水空气	835	1175	10	45	78

Ni、Mo、Si、B等，钢的淬透性增大，不仅使零件在截面上得到均匀的力学性能，而且能使用较缓和的冷却介质淬火，大大减小了淬火变形开裂的倾向。

②固溶强化：合金元素溶入铁素体形成置换固溶体，能使基体得到强化。虽然这种强化效果不及提高淬透性的贡献，但仍是有效的。在常用合金元素中以Si、Mn、Ni的强化效果最为显著。

③防止第二类回火脆性：调质钢的高温回火温度正好处于第二类回火脆性温度范围内，钢中所含的Mn、Ni、Cr、Si、P元素会增大回火脆性倾向。为了防止和消除回火脆性的影响，除在回火后采用快冷方法外，还可在钢中加入Mo或W，使第二类回火脆性大大减弱，这对于较大截面的调质钢特别有意义。

④细化晶粒：在钢中加入碳化物形成元素W、Al、V、Ti可以有效地阻止奥氏体晶粒在淬火加热时长大，使最终组织细化，降低了钢的韧脆转变温度。

2)热处理和组织性能

调质钢的最终热处理为淬火+高温回火。对珠光体钢可先在Ac_3点以上进行一次正火预备热处理，马氏体钢则可以先在Ac_3点以上进行一次空冷淬火。合金调质钢的淬透性较高，一般都用油淬，淬透性特别大的甚至可以采用空冷，这样能减少热处理缺陷。回火温度决定调质钢的最终性能，一般采用500℃～600℃。为了防止回火脆性，回火后快冷有利于韧性的提高。合金调质钢常规热处理后的组织是回火索氏体。有一些调质钢制作的零件，根据性能要求，淬火后可采用中温或低温回火，获得回火屈氏体或者回火马氏体组织。

如果零件除了要求有较高的强度、韧性和塑性配合外，还在某些部位(如轴类零件的轴颈和花键部分)要求具有良好的耐磨性能时，则可以在调质处理后再进行表面淬火。对耐磨性能要求更高的还可以进行表面化学热处理，如渗氮。

3)钢种及牌号

合金调质钢的种类很多，常用钢种的牌号见表6-4。按照淬透性的高低，合金调质钢可大致分为三类。

(1)低淬透性调质钢。油淬临界直径大约在30～40mm之间。最典型的钢种是40Cr，广泛用于制造一般尺寸的重要零件。为了节省铬资源，发展了40MnB、40MnVB代用钢，其中前者的淬透性稍较差，切削加工性能也差一些。

(2)中淬透性调质钢。油淬临界直径约为40～60mm，典型牌号有35CrMo等，主要用于制造截面较大的零件，如曲轴、连杆等。

(3)高淬透性调质钢。油淬临界直径约60～100mm，多数含有铬、镍两种合金元素。比较典型的钢种如37CrNi3，有比较良好的机械性能，但回火脆性倾向比较大，不适合制作大截面零件。在此基础上添加适当的钼而发展出来的40CrNiMo钢则不仅具有良好的淬透性和冲击韧性，还可以消除回火脆性，用于制造大截面、重载荷的重要零件，如汽轮机主轴、叶轮、航空发动机轴等。

3. 弹簧钢

弹簧钢是一种专用结构钢，主要用于制造各种弹簧和类似弹簧性能零件。

1)性能要求

在机器设备中，这类零件主要是利用弹性变形吸收能量以缓和振动和冲击，或依

表 6-4　常用调质用钢的牌号、成分、热处理、力学性能(摘自 GB/T699—1999、GB/T3077—1999)

种类	钢　号	化学成分(%)								热处理		力学性能(不大于)①				
		w_C	w_{Si}	w_{Mn}	w_{Cr}	w_{Ni}	w_V	w_{Mo}	$w_{其他}$	淬火温度/℃	回火温度/℃	σ_s/MPa	σ_b/MPa	δ(%)	φ(%)	A_k/J
低淬透性合金调质钢	45Mn2	0.42～0.49	0.17～0.37	1.40～1.80	—	—	—	—	—	840 油	550 水 油	735	685	10	45	47
	40Cr	0.37～0.45	0.17～0.37	0.50～0.80	0.80～1.10	—	—	—	—	850 油	520 水 油	785	980	9	45	47
	35SiMn	0.32～0.40	1.10～1.40	1.10～1.40	—	—	—	—	—	900 水	570 水 油	735	885	15	45	47
	42SiMn	0.39～0.45	1.10～1.40	1.10～1.40	—	—	—	0.07～0.12	—	880 水	590 水	735	885	15	40	47
	40MnB	0.37～0.44	0.17～0.37	1.10～1.40	—	—	—	—	—	850 油	500 水 油	785	980	10	45	47
	40CrV	0.37～0.45	0.17～0.37	0.50～0.80	0.80～1.10	—	0.10～0.20	—	B0.0005～0.0035	880 油	650 水 油	735	885	10	50	71
中淬透性合金调质钢	40CrMn	0.37～0.35	0.17～0.37	0.90～1.20	0.90～1.20	—	—	—	—	840 油	550 水 油	835	980	9	45	47
	40CrNi	0.37～0.44	0.17～0.37	0.50～0.80	0.45～0.75	1.00～1.40	—	—	—	820 油	500 水 油	785	980	10	45	55
	42CrMo	0.38～0.45	0.17～0.37	0.50～0.80	0.90～1.20	—	—	0.15～0.25	—	850 油	560 水 油	930	1080	12	45	63

续表

种类	钢号	化学成分(%)								热处理		力学性能(不大于)[1]				
		w_C	w_{Si}	w_{Mn}	w_{Cr}	w_{Ni}	w_V	w_{Mo}	$w_{其他}$	淬火温度/℃	回火温度/℃	σ_s/MPa	σ_b/MPa	δ(%)	φ(%)	A_k/J
中淬透性合金调质钢	30CrMnSi	0.27～0.34	0.90～1.20	0.80～1.10	0.80～1.10	—	—	—	—	880 油	520 水 油	885	1080	10	45	39
	35CrMo	0.32～0.40	0.17～0.37	0.40～0.70	0.80～1.20	—	—	0.15～0.25	—	850 油	550 水 油	835	980	12	45	63
	38CrMoAlA	0.35～0.42	0.20～0.45	0.30～0.60	1.35～1.65	—	—	0.15～0.25	Al0.70～1.10	水 940 油	640 水 油	835	980	14	50	71
高淬透性合金调质钢	37CrNi3	0.34～0.41	0.17～0.37	0.30～0.60	1.25～1.60	3.00～3.50	—	—	—	820 油	500 水 油	980	1130	10	50	47
	40CrNiMoA	0.37～0.44	0.17～0.37	0.50～0.80	0.60～0.90	1.25～1.65	—	0.15～0.25	—	850 油	600 水 油	835	980	12	55	78
	25Cr2Ni4WA	0.21～0.28	0.17～0.37	0.30～0.60	1.35～1.65	4.00～4.50	—	—	W0.80～1.20	850 油	550 水 油	930	1080	11	45	71
	40CrMnMo	0.37～0.45	0.17～0.37	0.90～1.20	0.90～1.20	—	—	0.20～0.30	—	850 油	600 水 油	785	980	10	45	63

靠弹性储能来起驱动作用。根据工作要求，弹簧钢应有以下性能。

(1)高的弹性极限 σ_e 。保证弹簧具有高的弹性变形能力和弹性承载能力，为此，应具有高的屈服强度 σ_s 和屈强比$\frac{\sigma_s}{\sigma_b}$。

(2)高的疲劳极限 σ_r 。因弹簧一般在交变载荷下工作。另外，弹簧钢表面不应有脱碳、裂纹、折叠、斑疤和夹杂等缺陷。

(3)足够的塑性和韧性。以免受冲击时发生脆断。

此外，弹簧钢还应有较好的淬透性，不易脱碳和过热，容易绕卷成形以及在高温和腐蚀性条件下工作具有好的环境稳定性等。

2)成分特点

合金弹簧钢的化学成分有以下特点。

(1)中、高碳，为保证高的弹性极限和疲劳极限，弹簧钢的含碳量应比调质钢高，一般为 0.45%～0.70%。含碳量过高，塑性、韧性降低，易发生脆断，疲劳抗力也下降。

(2)加入以 Si、Mn 为主的提高淬透性的元素，同时也提高屈强比，强化铁素体基体并提高回火稳定性。

(3)加入 Cr、W、V 作为辅加合金元素，克服 Si、Mn 钢的不足(过热、石墨化倾向)。此外，弹簧钢的净化对疲劳强度有很大的影响，所以弹簧钢均为优质钢或高级优质钢。

3)加工、热处理与性能

弹簧的加工方法分为热成型和冷成型。热成型方法一般用于大中型弹簧和形状复杂的弹簧，热成型后再经淬火和中温回火。冷成形方法则适用于小尺寸弹簧，用已强化的弹簧钢丝冷成形后再进行去应力退火。

(1)热成形弹簧

热成形弹簧的成型往往是和热处理结合进行的，钢材加热到热加工温度，先进行压弯，当温度下降到 840℃～870℃时即入油淬火。为了防止氧化脱碳，提高弹簧的表面质量和疲劳强度，应尽量快速加热，并最好在盐浴炉或有保护气氛的炉中进行。弯片降温应控制在 30℃～50℃。淬火后的弹簧应立即回火，回火温度在 500℃左右，因为此温度仍处于第二类回火脆性区，回火后应快冷。回火组织为回火屈氏体，硬度 42HRC～45HRC。弹簧热处理后再进行喷丸，使其表面强化并形成残余压应力，减少表面缺陷的不良影响，提高疲劳强度。

弹簧钢采用等温淬火获得下贝氏体，提高钢的韧性和冲击强度，减小热处理变形。

(2)冷成形弹簧

将已经强化的弹簧钢丝用冷成形方法制造弹簧的工艺路线(主要工序)是：绕簧→去应力退火→磨端面→喷丸→第二次去应力退火→发蓝。这类弹簧钢丝按强化工艺可分为三种：铅浴等温冷拔钢丝、冷拔钢丝和油淬回火钢丝。这三种钢丝在成形后应进行低温退火(一般为 250℃～300℃，1h)以消除应力，稳定尺寸。因冷成形产生包申格效应而导致弹性极限下降的现象也因低温退火而得以消除。

弹簧的弯曲和扭转应力最大，所以表面状态非常重要，最忌讳的是发生氧化脱碳。

加热时一定要严格控制温度，并尽量缩短加热时间。弹簧热处理的常见缺陷及其对策见表6-5。

表6-5　弹簧热处理常见缺陷及其对策

缺陷类型	对弹簧性能的影响	缺陷产生的原因	防止及补救措施
脱碳	疲劳寿命降低	①空气炉加热未通保护气 ②盐浴脱氧不彻底	①控制加热炉气氛 ②采用快速加热工艺
淬火后硬度不足	产生残余变形，降低使用寿命	①非马氏体组织多 ②心部出现铁素体 ③淬火加热温度低 ④淬火介质冷却能力差	①选用淬透性好的钢材 ②提高淬火介质的冷却能力 ③在 Ar_3 以上进入淬火介质 ④适当提高淬火加热温度 ⑤淬火后对金相组织进行检验
过热	晶粒粗大，脆性增加	①淬火加热温度过高 ②热成型温度过高	①正确选择加热温度 ②适当降低成型温度 ③校对仪表，保证测温准确
开裂	脆性增加	①加热温度高，介质冷却能力太强 ②表面脱碳 ③回火不及时	①严格控制淬火加热温度 ②淬火时冷至250℃～300℃出炉空冷 ③及时回火

4)钢种及牌号

常见弹簧钢的牌号见表6-6。弹簧钢按照化学成分的不同主要可分为锰弹簧钢、硅—锰系弹簧钢、铬系弹簧钢。

(1)锰弹簧钢

主要牌号是65Mn钢。因在钢中加入0.8%～1.2%左右的锰，使其淬透性有所提高，脱碳倾向减小，但有过热倾向。锰钢价格便宜、资源丰富，可以利用这类钢制造截面尺寸8～15mm左右的小型弹簧。

(2)硅—锰系弹簧钢

最典型的是60Si2Mn钢，因钢中加入硅、锰元素而使铁素体显著强化。硅的加入提高了钢的弹性极限，使屈强比达到0.8～0.9；还显著提高了淬透性和回火稳定性；同时，疲劳强度也有所提高。但是，硅具有增加钢材脱碳倾向的缺点，当硅、碳含量较高时会出现石墨化倾向。

(3)铬系弹簧钢

最常用的是50CrVA钢。钢中加入1%的铬能提高淬透性和回火稳定性。加入钒是为了形成稳定的VC化合物，阻止奥氏体晶粒的长大，从而细化晶粒，提高材料的强韧性。这类钢主要用来制造大截面、高负荷的螺旋弹簧，以及工作温度在300℃以下的气阀弹簧。

4. 轴承钢

轴承钢是指用于制造各种滚动轴承内外套圈及滚珠、滚柱、滚针等滚动体的专用

结构钢。从化学成分上看，它属于工具钢，所以也适用于制造精密量具、冷冲模、机床丝杠等耐磨件。

1)工作条件及性能要求

滚动轴承工作时，一般内套圈常与轴紧密配合，并随轴一起转动，外圈则装在轴承座上固定不动。在转动时，滚动体与内外套圈在滚道上均受变动载荷作用，套圈与滚动体之间呈点或线接触，接触面积较小，应力较大，易使轴承工作表面产生疲劳破坏与磨损。因而要求轴成材料具有如下性能。

(1)高的接触疲劳强度。轴承元件如滚珠与套圈，运转时为点或线接触，接触处的压应力高达1500～5000MPa；应力交变次数1min达几万次甚至更多，往往造成接触疲劳破坏，产生麻点或剥落。

(2)高硬度和耐磨性。滚动体和套圈之间不但有滚动摩擦，而且有滑动摩擦，轴承常常因过度磨损而破坏，因此必须具有高而均匀的硬度。一般应为62～64HRC。

(3)足够的韧性和淬透性。

(4)在大气和润滑介质中有一定的耐蚀能力。

(5)良好的尺寸稳定性。

2)成分特点

(1)含碳量高，一般为0.95%～1.1%。高碳含量是为了保证轴承钢的高硬度、高耐磨性和高强度。

(2)铬为基本合金元素，含量在0.40%～1.65%为宜。铬可以提高淬透性，铬呈细密、均匀状分布，提高钢的耐磨性特别是接触疲劳强度。但含铬量过高会增大残余奥氏体量和碳化物分布的不均匀性，反而使钢的硬度和疲劳强度降低。

(3)加入硅、锰、钒等。硅、锰进一步提高淬透性，便于制造大型轴承。硅还可以提高钢的回火稳定性。钒部分溶于奥氏体中，部分形成碳化物(VC)，提高钢的耐磨性并防止过热。无铬钢中皆含有钒。

(4)纯度要求极高，规定$w_S<0.02\%$，$w_P<0.027\%$。非金属夹杂对轴承钢接触疲劳性能影响大，因此轴承钢一般采用电炉冶炼并采用真空脱气等新冶炼技术来提高纯度。

3)热处理工艺

轴承钢的热处理主要为球化退火、淬火和低温回火。

(1)球化退火

球化退火的目的是降低硬度，便于加工，更重要的是获得细的球状珠光体和均匀分布的过剩的细粒状碳化物，为零件的最终热处理做组织准备。在退火前原始组织中网状碳化物级别超过3级时，应先正火消除再进行球化退火。

球化退火过程：加热到750℃～770℃，保温一定时间，再缓慢冷却到600℃以下进行空冷。

(2)淬火

淬火温度要求十分严格，温度过高会过热，晶粒长大，使韧性和疲劳强度降低；温度过低，奥氏体溶解碳化物不足，钢的淬透性和淬硬性均不够。淬火加热温度应在840℃左右。

表 6-6 常用弹簧钢的牌号、成分、热处理、力学性能(摘自 GB/T1222—2007)及用途

种类	牌号	化学成分						热处理		力学性能(不小于)				用途举例
		w_C	w_{Si}	w_{Mn}	w_{Cr}	w_V	$w_{其他}$	淬火温度/℃	回火温度/℃	σ_s/MPa	σ_b/MPa	δ(%)	φ(%)	
碳素弹簧钢	65	0.62～0.70	0.17～0.37	0.50～0.80	≤0.25	—	—	840 油	500	785	980	9	35	适于 Φ12 的一般机器上的弹簧,或拉成钢丝作小型机械弹簧
碳素弹簧钢	85	0.82～0.90	0.17～0.37	0.50～0.80	≤0.25	—	—	820 油	480	980	1130	6	30	小于 Φ12 的汽车、拖拉机和机车等机械上承受震动的螺旋弹簧
碳素弹簧钢	65Mn	0.62～0.70	0.17～0.37	0.90～1.20	≤0.25	—	—	830 油	540	785	980	8	30	小于 Φ25 各种弹簧如弹簧发条
合金弹簧钢	55SiMnVB	0.52～0.60	0.70～1.00	1.00～1.30	≤0.35	0.80～0.16	B0.0005～0.0035	860 油	460	1225	1375	5	30	代替 60Si2MnA 制作重型、中小型汽车的板簧和其他中型断面的板簧和螺旋弹簧
合金弹簧钢	60Si2Mn	0.56～0.64	1.50～2.00	0.70～1.00	≤0.35	—	—	870 油	480	1180	1275	5	25	用于 Φ25～30mm 减振板簧与螺旋板簧,工作温度低于230℃
合金弹簧钢	50CrVA	0.46～0.54	0.17～0.37	0.50～0.80	0.80～1.10	0.10～0.20	—	850 油	500	1130	1275	10 (δ_5)	40	用于 Φ30～50mm 承受大应力的各种重要的螺旋弹簧,也可用作大截面的及工作温度低于400℃的气阀弹簧、喷油嘴弹簧等
合金弹簧钢	60Si2CrVA	0.56～0.64	1.40～1.80	0.40～0.70	0.90～1.20	0.10～0.20	—	850 油	410	1665	1860	6 (δ_5)	20	用于线径与板厚＜50mm 弹簧,工作温度低于 250℃的极重要的和重载荷下工作的板簧与螺旋弹簧
合金弹簧钢	30W4Cr2VA	0.26～0.34	0.17～0.37	≤0.40	2.00～2.50	0.50～0.80	W4.00～4.50	1050～1100 油	600	1325	1470	7 (δ_5)	40	用于高温下(500℃)的弹簧,如锅炉安全阀用弹簧

①淬火及淬火介质

• 淬火颜色(经验)白色最硬而脆，黄色硬而韧，兰色软而韧。

• 淬火介质

* 水：一般温度不超过 40°，不得有油，肥皂等杂质。

* 盐及碱的水溶液：水中加 5%～10%的盐或碱。

盐溶液的冷却速度是水的 10 倍，硬度高而均匀，但组织应力大，有一定的锈蚀作用，温度小于 60℃。碱溶液(苛性钠水溶液)腐蚀性大，适用范围小。

油：包括机油、锭子油、变压器油、柴油等，可减小变形与开裂，不适用碳钢。

②油温度：在 60℃～80℃，最高不超过 100℃～120℃。

(3)回火

轴承钢采用低温回火，温度为 150℃～250℃。可在保持高硬度和高耐磨性的前提下，降低内应力和脆性，以免使用时崩裂或过早损坏。硬度为 58HRC～64HRC。

轴承钢经过淬火回火后的组织为极细的回火马氏体、均匀分布的细粒状碳化物以及少量的残余奥氏体。

精密轴承必须保证在长期存放和使用过程中不变形。引起尺寸变化的主要原因是存在有内应力和残余奥氏体发生转变。为了稳定尺寸，淬火后可立即进行“冷处理”(－60℃～－80℃)，并在回火和磨削加工后进行低温时效处理(在 120℃～130℃，保温 5～10 小时)。

表 6-7　滚珠轴承钢的钢号、成分和热处理规范

钢　号	主要化学成分,%							热处理规范		
	w_C	w_{Cr}	w_{Si}	w_{Mn}	w_V	w_{Mo}	w_{RE}	淬火℃	回火℃	回火后 HRC
GCr6	1.05～1.15	0.40～0.70	0.15～0.35	0.20～0.40				800～820	150～170	62～66
GCr9	1.0～1.10	0.9～1.2	0.15～0.35	0.20～0.40				800～820	150～160	62～66
GCr9SiMn	1.0～1.10	0.9～1.2	0.40～0.70	0.90～1.20				810～830	150～200	61～65
GCr15	0.95～1.05	1.30～1.65	0.15～0.35	0.20～0.40				820～840	150～160	62～66
GCrSiMn	0.95～1.05	1.30～1.65	0.40～0.65	0.90～1.20				820～840	170～200	>62
* GMnMoVRE	0.95～1.05		0.15～0.40	1.10～1.40	0.15～0.25	0.4～0.6	0.05～0.10	770～810	170±5	≥62
* GSiMoMnV	0.95～1.10		0.45～0.65	0.75～1.05	0.2～0.3	0.2～0.4		780～820	175～200	≥62

说明：钢号前标有 * 者为新钢种，供参考；RE 为稀土元素。

4)钢种及牌号

常见轴承钢的牌号、热处理规范及用途见表6-7。我国轴承钢分为以下两类。

(1)铬轴承钢。最有代表性的是GCr15，其使用量占轴承钢的绝大部分。由于淬透性不高，多用于制造中、小型轴承，也常用来制造冷冲模、量具、丝锥等。

(2)添加Mn、Si、Mo、V的轴承钢。其中Si、Mn可以提高淬透性，如GCr15SiMn钢等，用于制造大型轴承。Mo、V可以替代铬，如GSiMnMoV、GSiMnMoVRE等，其性能与GCr15相当。

6.4 合金工具钢

对各种材料进行加工，需要采用各种工具，主要是各种刃具和模具，随着加工工业的飞速进步，刃具和模具的负载不断加大，因而要求使用更耐用的材料制造。工具钢按照其用途可分为刃具钢、模具钢和量具钢。

6.4.1 合金刃具钢

合金刃具钢分为两类：一类主要用于低速切削，为低合金刃具钢，工作温度一般不超过300℃，常用于制造截面较大、形状复杂、切削条件较差的刃具，如搓丝板、丝锥、板牙等；另一类用于高速切削，为高速钢，工作温度可高达500℃～600℃，高速钢的热硬性和耐磨性均优于碳素刃具钢和低合金刃具钢，应用广泛。

1. 性能要求

对刃具材料来说，除要求适当的强度和韧性，防止刃具受冲击或震动时折断和崩刃外，还要求具有高硬度和耐磨性，且必须在高温下具有高硬度(通常称为红硬性)。

2. 成分特点

1)低合金刃具钢

合金刃具钢是在碳素工具钢的基础上加入少量(＜5％)合金元素，由进一步提高耐磨性及热处理性能发展而来。

(1)高碳，含碳量一般为0.9％～1.1％，以保证钢淬火后具有高的硬度，并可以与合金元素形成适当数量的合金碳化物，以增加耐磨性。保证刃具具有高的硬度和耐磨性。

(2)主要合金元素为Cr、Mn、Si、W、V。Cr、Mn、Si主要用于提高钢的淬透性，Cr是碳化物形成元素，当含量低于3％时只形成合金渗碳体并部分溶于固溶体，含量过高时，则会增加碳化物的不均匀性，Si还能提高钢的回火稳定性。W、V能提高钢的硬度和耐磨性，并防止加热时过热，这两种元素还能形成比较稳定的碳化物。

2)高速钢

(1)含碳量高，含碳量在0.70％以上，最高可达1.5％。高的含碳量一方面保证钢与合金元素形成足量的碳化物，细化晶粒，增大耐磨性；另一方面，保证基体溶入足量的碳获得高硬度马氏体。但含碳量也不宜过高，否则会产生严重的碳化物偏析，降低钢的塑韧性。

(2)加入Cr提高淬透性。在奥氏体化过程中铬溶入奥氏体，大大提高钢的淬透性，回火时形成细小的碳化物，提高材料的耐磨性和热硬性。所有高速钢的含铬量几乎为

4%。此外，Cr 还能提高钢的抗氧化脱碳和耐腐蚀性能。

(3)加入 W、Mo 造成二次硬化，保证高的热硬性。退火状态下 W 或 Mo 主要以 M6C 型的碳化物形式存在。淬火加热时，一部分碳化物溶于奥氏体中，淬火后固溶于马氏体中，在 560℃左右回火时，碳化物以 W2C 或 Mo2C 的形式弥散析出，产生二次硬化作用。这种碳化物在 500℃～600℃温度范围内非常稳定，不易聚集长大，从而使钢产生良好的热硬性。淬火加热时，未溶的碳化物能起到阻止奥氏体晶粒长大及提高耐磨性的作用。

(4)加入钒提高耐磨性和红硬性。钒形成的碳化物非常稳定，极难溶解，硬度极高且颗粒细小，分布均匀，因此，钒对提高钢的硬度和耐磨性有很大的作用。钒也产生二次硬化作用，但因总含量不高，对提高热硬性的作用不大。

(5)加入钴显著提高红硬性和二次硬度，耐磨性、导热性和磨削加工性改善明显。

3)加工及热处理工艺

(1)低合金刃具钢

低合金刃具钢的加工过程是球化退火、机加工、然后淬火和低温回火。淬火温度应根据工件形状、尺寸及性能要求严格控制，一般都要预热，回火温度为 160℃～200℃。热处理后的组织为回火马氏体、剩余碳化物和少量残余奥氏体。

(2)高速钢

高速钢属于莱氏体钢，铸态组织中还有大量层鱼骨状分布的粗大共晶碳化物，大大降低了钢的机械性能，特别是韧性。这些碳化物的不能通过热处理来消除。锻造不仅仅改变高速钢的形状和尺寸，更重要的是通过反复的镦粗拔长，打碎碳化物，改善碳化物的不均匀性使钢的化学成分更加均匀。锻造中的主要缺陷是裂纹，除材料因素外，停锻温度过低、冷速快，加热不足和加热不均匀都能引起开裂。当停锻温度过高(大于 1000℃左右)会造成晶粒过分长大，极易引起裂纹。

高速钢的奥氏体稳定性很好，锻造后虽然缓冷，但硬度仍较高，并产生残余应力。为了便于机械加工，消除残余应力，并为淬火做好组织准备，必须进行球化退火。生产中常采用等温球化退火(即在 860℃～880℃保温后，迅速冷却到 720℃～750℃等温)。球化退火后的组织为索氏体基体和在其中均匀分布的细小碳化物颗粒，硬度为 207～255HBW。

高速钢属于高合金钢，塑性与导热性较差。淬火加热时，为了减少热应力，防止变形和开裂，必须在 800℃～900℃进行预热，待工件在截面上里外温度均匀后，再送入高温炉加热，对截面大、形状复杂的刃具，可采用 600℃～650℃与 800℃～900℃的二次预热。

高速钢中含有大量的 W、Mo、Cr、V 等难溶碳化物，它们只有在 1200℃以上才能多量地溶于奥氏体中，以保证钢淬火、回火后获得高的热硬性，因此，高速钢的淬火加热温度非常高。但加热温度过高，将使钢过热，奥氏体晶粒粗大，碳化物聚集，致使处理后工具的力学性能变坏，甚至造成过热，使晶界熔化而报废。高速钢淬火温度一般为 1220℃～1280℃。淬火冷却一般采用盐浴分级淬火或油冷淬火。高速钢淬火后，正常组织为隐针马氏体、碳化物颗粒及 20%～30%(体积分数)的残余奥氏体。

高速钢在淬火后必须及时回火，目的是消除淬火应力，减少残余奥氏体含量，稳定组织。

回火时钢中的马氏体、残余奥氏体和碳化物都将发生变化，一是淬火马氏体转变为回火马氏体；二是残余奥氏体在回火冷却时转变为淬火马氏体。回火过程中，钒和钨的合金碳化物，使钒、钨、铬的含量降低，以及细小的粒度弥散分布在马氏体基体上，使其硬度升高，造成二次硬化。二次硬化还与回火后冷却过程中残余奥氏体转变为二次马氏体有关，由低硬度的残余奥氏体转变为高硬度的二次马氏体，也是造成硬度升高的原因。

表 6-8　常用合金刃具钢的牌号、成分、热处理(GB/T1299—2000)及用途

牌号	化学成分(%)					试样淬火		退火状态/HBW	用途举例
	w_C	w_{Mn}	w_{Si}	w_{Cr}	$w_{其他}$	淬火温度/℃	HRC(≥)		
Cr06	1.30～1.45	≤0.40	≤0.40	0.50～0.70	—	780～810 水	64	241～187	锉刀、刮刀、刻刀、刀片、剃刀
Cr2	0.95～1.10	≤0.40	≤0.40	1.30～1.65	—	830～860 油	62	229～179	车刀、插刀、铰刀、冷轧辊等
9SiCr	0.85～0.95	0.30～0.60	1.20～1.60	0.95～1.25	—	820～860 油	62	241～197	丝锥、板牙、钻头、冷冲模等
8MnSi	0.75～0.85	0.80～1.10	0.30～0.60	—	—	800～820 油	60	≤229	长铰刀、长丝锥
9Cr2	0.80～0.95	≤0.40	≤0.40	1.30～1.70	—	820～850 油	62	217～179	尺寸较大的铰刀、车刀等刃具
W	1.05～1.25	≤0.40	≤0.40	0.10～0.30	W 0.80～1.20	800～830 水	62	229～187	低速切削硬金属刃具，如麻花钻等

在回火工艺中，回火温度为 560±10℃，保温 1 小时，回火次数为 3 次。这是因为高速钢淬火后大部分转变为马氏体，残余奥氏体量是 20%～25%，甚至更高。第一次回火后，又有 15%左右的残余奥氏体转变为马氏体，还有 10%左右的残余奥氏体，15%左右新转变未经回火的马氏体，会产生新的应力，对性能还有一定的影响。为此，要进行二次回火，这时又有 5%～6%的残余奥氏体转变为马氏体，因为同样的原因，为了使剩余的残余奥氏体发生转变，和使淬火马氏体转变为回火马氏体并消除应力，需进行第三次回火。经过三次回火残余奥氏体约剩 1%～3%左右。

高速钢回火时所得到的高硬度，在以后的切削过程中，即使切削部位温度上升到 600℃左右仍保持高的硬度，这是因为：

(1)以 VC 型为主的钒和钨碳化物，既弥散析出造成二次硬化，又具有较好的稳定性，难以发生聚集。

(2)析出碳化物后的马氏体中尚有相当高含量的钨，使马氏体难以继续分解。

这两方面的原因保证了高速钢的热硬性。

4)钢种及牌号

常用合金刃具钢的牌号、成分、热处理及用途见表 6-8。

(1)低合金刃具钢

典型钢种 9SiCr，含有提高回火稳定性的 Si，经 230℃～250℃回火，硬度不低于 60HRC，使用温度达 250℃～300℃，广泛用于制造各种低速切削刃具，如板牙，也可用作冷冲模。

(2)高速钢

可分为通用型高速钢和高性能高速钢两类。常见高速工具钢的牌号、成分、热处理及性能见表 6-9。

表 6-9　常用高速工具钢的牌号、成分(GB/T9943—2008)、热处理及性能

牌号	化学成分(%)						热处理			硬度	
	w_{C}	w_{Cr}	w_{W}	w_{Mo}	w_{V}	$w_{其他}$	预热温度/℃	淬火温度盐浴炉/℃	回火温度/℃	退火HBW	淬火+回火HRC(>)
W18Cr4V (18—4—1)	073～0.83	3.80～4.50	17.20～18.70	—	1.00～1.20	—		1250～1270	550～570	≤255	63
CW6Mo5Cr4V2	0.86～0.94	3.80～4.50	5.90～6.70	4.70～5.20	1.75～2.10	—		1190～1210	540～560	≤255	64
W6Mo5Cr4V2 (6—5—4—2)	0.80～0.90	3.80～4.40	5.50～6.75	4.50～5.50	1.75～2.20	—	800～900	1200～1220	540～560	≤255	64
W6Mo5Cr4V3 (6—5—4—3)	1.15～1.25	3.80～4.50	5.90～6.70	4.70～5.20	2.70～3.20	—		1190～1210	540～560	≤262	64
W6Mo5Cr4V2Al	1.05～1.15	3.80～4.40	5.50～6.75	4.50～5.50	1.75～2.20	Al 0.80～1.20		1200～1220	550～570	≤269	65

①通用型高速钢。通用型高速钢的含碳量在 0.7%～0.9%。这类高速钢具有较高的硬度和耐磨性、高的强度、良好的磨削性，因此广泛用于制造各种形状复杂的刃具。根据高速钢的主要成分，通用型高速钢又可分为钨系高速钢和钼系高速钢两种。

• 钨系高速钢。典型的牌号是 W18Cr4V。它具有良好的综合性能，在我国应用较为广泛。这种钢通用性强，可用于制造各种复杂刃具，如拉刀、螺纹铣刀、齿轮刀具、各种铣刀等。由于这种钢含钒量少，故磨削性好，所以常用于制造各种精加工刃具，如螺纹车刀、宽刃精刨刀、精车刀、成型车刀等。这种钢由于含碳化物较多，淬火时过热倾向小，塑性变形抗力也较大，但其碳化物分布不均匀、颗粒大，这将影响薄刃刀具和小截面刃具的耐用度。此外，钨的价格较贵，使得钨系高速钢的使用量正逐渐减少。

• 钼系高速钢。钼系高速钢是用钼代替一部分钨，典型牌号是W6Mo5Cr4V2。加入钼后使结晶温度间隔变窄，铸态共晶莱氏体细小，因而它的碳化物比钨系高速钢均匀细小，使钢在950℃～1100℃具有良好的塑性，便于压力加工，并且在热处理后也有较好的韧性。由于这种钢的含钒量较多，故耐磨性要优于W18Cr4V。但热处理时脱碳倾向较大，热硬性略低于W18Cr4V。因此，这种钢适用于制造要求耐磨性和韧性较好的刃具，如铣刀、插齿刀、锥齿轮刨刀等。目前钼的价格是钨的3倍，钼系高速钢的成本更高。

②高性能高速钢

高性能高速钢是在通用型高速钢成分中再增加碳、钒含量，有时还添加钴、铝等合金元素，以提高耐磨性和热硬性而发展的新钢种。这类钢适合加工奥氏体不锈钢、高温合金、钛合金、超高强度钢等难加工材料。高性能高速钢包括高碳高速钢(9W18Cr4V)、钴高速钢(W6Mo5Cr4V2Co8)、铝高速钢(W6Mo5Cr4V2Al)等。

6.4.2 合金模具钢

用来制造各种模具的钢称为模具钢。用于冷态金属成形的模具钢称为冷作模具钢，如各种冷冲模、冷挤压模、冷拉模的钢种等。这类模具工作时的实际温度一般不超过200℃～300℃。用于热态金属成形的模具钢称为热作模具钢，如制造各种热锻模、热挤压模、压铸模的钢种等。这类模具工作时型腔表面的工作温度可达600℃以上。

1. 性能要求

1)冷作模具钢

冷作模具工作时承受很大压力、弯曲力、冲击载荷和摩擦。主要形式是磨损，也常出现崩刃、断裂和变形等失效现象。因此冷作模具应具有以下基本性能：

(1)高硬度，一般为HRC58～62。

(2)高耐磨性。

(3)足够的韧性与疲劳抗力。

(4)热处理变形小。

2)热作模具钢

热作模具在工作时承受很大的冲击载荷、强烈的塑性摩擦。剧烈的冷热循环所引起的不均匀热应力和热应变，以及高温氧化，常出现崩裂、塌陷、磨损、龟裂等失效现象。因此，热作模具应具有以下基本性能：

(1)高的热硬性。

(2)高的抗氧化性能。

(3)高的热强性和足够高的韧性，尤其是受冲击较大的热锻模具钢。

(4)高的热疲劳抗力，以防止龟裂破坏。

(5)较高的淬透性和导热性，适合制作大型的热作模具。

2. 成分特点

1)冷作模具钢

(1)高碳，多在1.0%以上，有时达2.0%，保证高硬度(一般为60HRC)和高耐磨性。

(2)加入 Cr、Mo、W、V 等合金元素形成难熔碳化物，提高耐磨性，尤其是 Cr，典型的 Cr12 和 Cr12MoV，含铬量高达 12%。铬与碳形成 Cr_7C_3 碳化物，极大地提高了钢的耐磨性并显著提高淬透性。Mo、V 进一步细化晶粒，使碳化物分布均匀，提高耐磨性和韧性。

2)热作模具钢

(1)中碳，含碳量一般为 0.3%～0.6%，保证高强度、韧性、硬度(35HRC～52HRC)和较高的热疲劳抗力。

(2)加入较多提高淬透性的元素，如 Cr、Ni、Mn、Si 等。Cr 是提高淬透性的主要元素，同时和 Ni 一起提高钢回火稳定性。Ni 在强化铁素体的同时还增加了钢的韧性，并与 Cr、Mo 一起提高钢淬透性和耐热疲劳性能。另外，可提高整体性能均匀性，并有固溶强化作用。

(3)加入产生二次硬化的 Mo、W、V 等元素，其中 Mo 还能防止第二类回火脆性，提高高温强度和回火稳定性。

3. 加工、热处理特点

冷作模具钢热处理的特点与低合金刃具钢类似，热处理方案有以下两种。

(1)一次硬化法。在较低温度(950℃～1000℃)下淬火，然后低温(150℃～180℃)回火，硬度可达 61HRC～64HRC，使钢具有较好耐磨性和韧性，适用于重载模具。

(2)二次硬化法。在较高温度(1100℃～1150℃)下淬火，然后于 510℃～520℃多次(一般为三次)回火，产生二次硬化，使硬度达 60HRC～62HRC，红硬性和耐磨性较高(但韧性较差)，适用于在 400℃～450℃温度下工作的模具或者需要进行碳氮共渗的模具。Cr12 型钢热处理后组织为回火马氏体、碳化物和残余奥氏体。

热作模具钢中热锻模钢的热处理与调质钢相似，淬火后高温(550℃左右)回火，获得回火索氏体—回火屈氏体组织。热压模钢淬火后在略高于二次硬化峰值温度(600℃左右)下回火，组织为回火马氏体和粒状碳化物。与高速钢类似，回火多次保证热硬性。

4. 钢种及牌号

常见模具钢的牌号、成分、热处理及用途见表 6-10。

大部分要求不高的冷作模具用低合金刃具钢制造，如 9Mn2V、9SiCr、CrWMn 等。大型冷作模具用 Cr12 型钢，目前应用最普遍的、性能较好的为 Cr12MoV 钢。这种钢的热处理变形很小，适合于制造重载和形状复杂的模具。

热锻模钢对韧性要求较高而热硬性要求不高时，典型钢种有 5CrMnMo 和 5CrNiMo(其在截面尺寸较大时使用)等；热锻模钢受冲击载荷较小时，但对热强度要求较高，常用钢种有 3Cr2W8V 等。

6.4.3 合金量具钢

量具是测量工件尺寸的工具，如游标卡尺、千分尺、塞规、块规、样板等。

1. 性能要求

(1)高硬度、高耐磨性。

(2)高的尺寸稳定性，热处理变形要小，在存放和使用过程中尺寸不发生变化。

(3)良好的磨削加工性，使量具能达到很小的粗糙度值。

表 6-10 常用模具钢的牌号、成分、热处理及用途

种类	钢号	化学成分,%					热处理					用途举例
							淬火				回火	
		w_C	w_{Mn}	w_{Si}	w_{Cr}	$w_{其他}$	淬火加热温度,℃	冷却介质	硬度HRC	回火温度℃	硬度HRC	
冷模具钢	Cr12	2.00～2.30	≤0.35	≤0.40	11.50～13.00	—	980	油	62～65	120～180	60～62	冷冲模冲头、冷切剪刀、钻套、量规、螺纹滚模等
						—	1080	油	45～50	500～520（三次）	59～60	
	Cr12MoV	1.45～1.70	≤0.35	≤0.40	11.00～12.50	V0.15～0.30 Mo0.40～0.60	1030	油	62～63	160～180	61～62	冷切剪刀、圆锯、切边模、滚边模、缝口模等
							1120	油	41～50	510（三次）	60～61	
热模具钢	5CrNiMo	0.50～0.60	0.50～0.80	≤0.35	0.50～0.80	Ni1.40～1.80 Mo0.15～0.30	830～860	油	≥47	530～550	HB364～402	料压模、大型锻模等
	5CrMnMo	0.50～0.60	1.20～1.60	0.25～0.60	0.60～0.90	Mo0.15～0.30	820～850	油	≥50	560～580	HB324～364	中型锻模等
	6SiMnV	0.55～0.65	0.90～1.20	0.80～1.10	—	V0.15～0.30	820～860	油	≥56	490～510	HB374～444	中、小型锻模等
	3Cr2W8V	0.30～0.40	0.20～0.40	≤0.35	2.20～2.70	W7.50～9.00 V0.20～0.50	1050～1100	油	>50	560～580（三次）	44～48	高应力压模、螺钉或铆钉热压模、热剪切刀、压铸模等

2. 成分特点

量具钢的成分与低合金刃具钢相同，为高碳(0.9%～1.5%)并加入提高淬透性的元素，如Cr、W、Mn等。

3. 热处理工艺

量具热处理基本与刃具一样，须进行球化退火及淬火、低温回火处理。为获得高的硬度与耐磨性，其回火温度较低。量具钢热处理的主要问题是保证尺寸稳定性。量具尺寸不稳定的原因主要为：残余奥氏体转变引起尺寸膨胀；马氏体在室温下继续分解引起尺寸收缩；淬火机磨削中产生的残余应力未消除彻底而引起变形。为满足使用性能的要求，量具可按下面的工艺进行热处理。

(1)在保证硬度的前提下尽量降低淬火温度，以减少残余奥氏体量。

(2)淬火后立即进行－70℃～－80℃的冷处理，使残余奥氏体尽可能地转变为马氏体，然后进行低温回火。

(3)对于精度要求高的量具，在淬火、冷处理和低温回火后需进行120℃～130℃下几至几十小时的时效处理，使马氏体正方度降低、残余奥氏体稳定和残余应力消除。为了去除研磨加工中产生的应力，还要在120℃～150℃保温8h，进行第二次(或多次)时效处理。

4. 钢种及牌号

量具钢没有专用钢。尺寸小、形状简单、精度较低的量具，用高碳钢制造；复杂的精密量具一般用低合金刃具钢制造，见表6-11。精度要求较高的量具用CrMn、CrWMn、GCr15等制造。GCr15钢冶炼质量好，耐磨性及尺寸稳定性好，是优秀的量具材料。渗碳钢及氮化钢可在进行渗碳及氮化后制作精度不高，但耐冲击性的量具。在腐蚀介质中则使用不锈钢(如95Cr18、40Cr13)作为量具。

表6-11 常用合金量具钢应用举例

用　途	选用举例	
	钢类别	钢 牌 号
精度不高、耐冲击的卡板、样板、直尺	渗碳钢	15/20/15Cr
块规、螺纹塞规、环规、样柱、样套	低合金工具钢	CrMn、9CrWMn、CrWMn
块规、塞规、样柱	滚动轴承钢	GCr15
各种要求精度的量规	冷作模具钢	9Mn2V、Cr12MoV、Cr12
要求精度和耐腐蚀性量具	不锈钢	30Cr13、40Cr13、95Cr18

6.5 特殊性能用钢

特殊性能钢具有特殊物理或化学性能，用来制造除要求具有一定的力学性能外，还要求具有特殊性能的零件。其种类很多，本节主要介绍不锈钢、耐热钢。通常划归为特殊性能钢种的耐磨钢将在下一章的铸钢部分介绍。

6.5.1 不锈钢

不锈钢是指在大气和一般介质中具有很高耐腐蚀性能的钢种。有时仅把能抵抗大气腐蚀的钢称为不锈钢，而在某些侵蚀性介质中抗腐蚀的钢则称为耐酸钢。一般不锈钢不一定耐酸，而耐酸钢则一般都具有良好的耐蚀性能。

1. 用途及性能要求

不锈钢在石油、化工、原子能、宇航、海洋开发、国防工业和一些尖端科学技术以及日常生活中都得到广泛应用，主要用来制造各种在腐蚀性介质中工作并具有较高抗腐蚀能力的零件和结构，如化工装置中的各种管道、阀门和泵、热裂设备零件、医疗手术器械、防锈刃具和量具等。

对不锈钢的性能要求最主要的一点就是耐蚀性。此外，制作工具的不锈钢，还要求高硬度、高耐磨性；制作重要结构零件时，要求有高强度；某些不锈钢还要求有较好的加工性能。

2. 成分特点

材料在一般的酸碱环境中，电化学作用是其腐蚀失效的主要原因。影响不锈钢抗腐蚀性能的因素有很多，大致可分为内因和外因两大类。内因有化学成分、组织、内应力、表面粗糙度等；外因有腐蚀介质、外加载荷等。根据电化学腐蚀的基本原理，对不锈钢通常采取以下措施来提高其性能。

(1)尽量获得单相的均匀的金相组织，在腐蚀介质中不会产生原电池作用。

(2)通过加入合金元素提高金属基体的电极电位。

(3)加入合金元素使金属表面在腐蚀过程中形成致密保护性氧化膜(又称钝化膜)，使金属材料与腐蚀介质隔离开，以防止进一步腐蚀。例如，Cr、Al、Si 等合金元素就易于在材料表面形成致密的氧化膜 Cr_2O_3、Al_2O_3、SiO_2 等。

(4)提高极化能力，使极化曲线具有稳定钝化区，在该区内有小的腐蚀电流密度。

因此，不锈钢的成分应具有如下特点。

1)碳含量低

碳增加阴极相(碳化物)，特别是碳能够与合金元素铬形成复合碳化物在晶界析出，使晶界周围基体严重贫铬，当铬贫化到耐蚀性能所必需的最低含量(约 12%)以下时，造成晶间腐蚀。因此，必须降低不锈钢的含碳量，耐蚀性要求越高，碳含量就应该越低。但用于制造刃具和滚动轴承等的不锈钢，其碳含量应较高，此时必须相应地提高铬含量。

2)加入最主要的合金元素铬

铬能提高基体的电极电位，在含量为 12.5%(原子百分数)时，基体电极电位可由−0.56V跃升至+0.12V。铬是铁素体形成元素，含量超过 12.7%时，可使钢呈单一的铁素体组织。另外，铬在氧化性介质，如水蒸气、大气、海水、氧化性酸等，中极易钝化，形成致密的氧化膜，使钢的耐蚀性大大提高。

3)加入镍

镍是不锈钢中另一主要元素，它是扩大奥氏体区元素，形成单相固溶体，也可提高材料电极电位，但镍资源比较稀缺。钢中镍与铬配合使用则会大大提高其在氧化性及非氧化性介质中的耐蚀性。

4)加入锰、氮

奥氏体化元素，在钢中可部分代替镍的作用。其中2%的锰可以代替1%的镍，以氮代镍的比例为0.025∶1。

5)加入钼、铜

铬在非氧化性酸(如盐酸、稀硫酸和碱溶液等)中的钝化能力差，加入钼、铜等元素，可以提高钢在非氧化性介质中的耐蚀能力。

6)加入钛、铌

钛、铌能够优先同碳形成稳定的碳化物，使铬保留在基体中，避免晶间贫铬，从而减轻钢的晶界腐蚀倾向。

3. 钢种及牌号

常见不锈钢的牌号、成分、热处理及用途见表6-12。表6-13为几种常见不锈钢的中外牌号对照表。2008年发布了不锈钢新牌号标准，新牌号与旧牌号标识上基本没有太大的变动，主要的化学元素标识都没有变动，只有碳含量标识和个别钢种里面的化学元素发生了变动。

1)碳含量标识

(1)旧牌号：Cr之前的数字表示碳的千分之几的含量，如1Cr17Mn6Ni5N(201)：碳含量千分之一；2Cr13(420)，7Cr17(440A)分别表示碳含量千分之二和千分之七；如果C≤0.08%为低碳，标识为0，如0Cr18Ni9(304)；C≤0.03%为超低碳，标识为00，如00Cr17Ni14Mo2(316L)。

(2)新牌号：Cr之前的数字表示碳的万分之几的含量，如1Cr17Mn6Ni5N(201)牌号为12Cr17Mn6Ni5N，表示碳含量万分之十二(0.12%)；0Cr18Ni9(304)牌号为06Cr19Ni10，表示碳含量万分之六(0.06%)；00Cr17Ni14Mo2(316L)牌号为022Cr17Ni12Mo2，表示碳含量万分之二点二(0.022%)。其他标识基本不变。新牌号中碳含量较之以前更加明确，对产品生产技术也有了更高的要求。

2)个别材质元素含量发生调整

06Cr18Ni9(304)中Cr和Ni的含量分别上涨了1个点；022Cr17Ni14Mo2(316L)中Ni的含量上涨2个点；019Cr19Mo2NbTi(444)中Cr含量上涨了1个点并加入了Nb、Ti微量元素；06Cr18Ni11Ti(321)中Ni含量减少了1个点；06Cr19Ni10N(304N)中Ni含量减少了1个点。各钢种之间做了不同程度的调整，镍奥氏体中调整幅度比例比较大。

按照化学成分，不锈钢可分为铬不锈钢、镍铬不锈钢、铬锰不锈钢等。按照金相组织特点，则可以分为马氏体型不锈钢、铁素体型不锈钢、奥氏体型不锈钢、奥氏体—铁素体型不锈钢以及沉淀硬化型不锈钢等。

(1)马氏体型不锈钢

这类钢中含碳量较铁素体型不锈钢高，淬火后能够得到马氏体，故称为马氏体型不锈钢。铬含量≥12%，属于铬不锈钢，有足够高的耐蚀性。因只用铬进行合金化，故它们只在氧化性介质中耐蚀，在非氧化性介质中不能达到良好的钝化，耐蚀性很低。随着钢中碳含量的增加，钢的强度、硬度、耐磨性提高，但耐蚀性下降。马氏体型不锈钢的耐蚀性、塑性、焊接性不如奥氏体、铁素体型不锈钢，但它有较好的力学性能

表 6-12 常用不锈钢的牌号、成分、热处理、力学性能及用途(摘自 GB/T1220—2007)

类别	牌号		化学成分(%)			热处理		力学性能(不小于)			硬度 HBW	用途举例
	新牌号	旧牌号	w_C	w_{Cr}	$w_{其他}$	淬火温度/℃	回火温度/℃	$\sigma_{0.2}$/MPa	σ_b/MPa	δ(%)		
马氏体型	1Cr13	1Cr13	≤0.15	11.50～13.50	—	950～1000 油	700～750 快冷	345	540	25	≥159	汽轮机叶片、水压机阀、螺栓、螺母等抗弱腐蚀介质并承受冲击的零件
马氏体型	20Cr13	2Cr13	0.16～0.25	12.00～14.00	—	920～980 油	600～750 快冷	440	635	20	≥192	汽轮机叶片、水压机阀、螺栓、螺母等抗弱腐蚀介质并承受冲击的零件
马氏体型	30Cr13	3Cr13	0.26～0.40	12.00～14.00	—	920～980 油	600～750 快冷	540	735	12	≥217	作耐磨的零件，如热油泵轴、阀门、刃具
马氏体型	68Cr13	7Cr13	0.60～0.75	16.00～18.00	—	1010～1070 油	100～180 快冷	—	—	—	≥54HRC	作轴承、刃具、阀门、量具等
铁素体型	06Cr13Al	0Cr13Al	≤0.08	11.50～14.50	Al0.10～0.3	780～830 空冷或缓冷	—	177	410	20	≤183	汽轮机材料，复合钢材，淬火用部件
铁素体型	10Cr17	1Cr17	≤0.12	16.00～18.00	—	780～850 空冷或缓冷	—	205	450	22	≤183	通用钢种，建筑内装饰用，家庭用具等
铁素体型	008Cr30Mo2	00Cr30Mo2	≤0.01	28.5～32	—	900～1050 快冷	—	295	450	20	≤228	C、N 含量极低，耐蚀性很好。制造苛性钠设备及有机酸设备

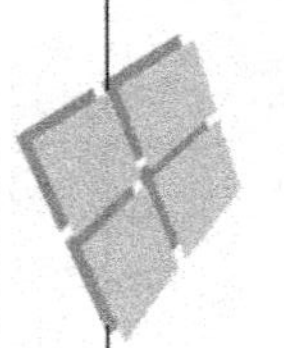

续表

类别	牌号		化学成分(%)			热处理		力学性能(不小于)			硬度 HBW	用途举例
	新牌号	旧牌号	w_C	w_{Cr}	$w_{其他}$	淬火温度/℃	回火温度/℃	$\sigma_{0.2}$/MPa	σ_b/MPa	δ(%)		
奥氏体型	Y12Cr18Ni9	Y1Cr18Ni9	≤0.15	17～19	P≤0.2 S≤0.15 Ni8～10	固溶处理 1010～1150 快冷	—	205	520	40	≤187	提高可加工型、最适用于自动车床。作螺栓、螺母等
	06Cr19Ni10	06Cr18Ni9	≤0.08	18～20	Ni8～11	固溶处理 1010～1150 快冷	—	205	520	40	≤187	作为不锈耐热钢使用最广泛。食用品设备、化工设备、核工业用
	06Cr19Ni10N	0Cr19Ni9N	≤0.08	18～20	Ni7～10.5N0.1～0.25	固溶处理 1010～1150 快冷	—	275	550	35	≤217	在0Cr19Ni9中加N强度提高，塑性不降低。作结构用强度部件
	06Cr18Ni11Ti	06Cr18Ni10Ti	≤0.08	17～19	Ni9～12 Ti≥5×w_C	固溶处理 920～1150 快冷	—	205	520	40	≤187	作焊芯、抗磁仪表、医疗器械、耐酸容器、输送管道
铁素体、奥氏体型	14Cr18Ni11SiAlTi	1Cr18Ni11Si4AlTi	0.10～0.08	17.5～19.5	Ni10～12 Si3.4～4 Ti0.4～0.7 Al0.1～0.3	780～850 空冷或缓冷	—	440	715	25	—	可用于制作抗高温、浓硝酸介质的零件和设备，如排酸阀门等
	022Cr19Ni5Mo3Si2N	00Cr18Ni5Mo3Si2	≤0.03	18～19.5	Ni4.5～5.5 Mo2.5～3 Si1.3～2	固溶处理 950～1050 快冷	—	390	590	20	≤30HRC	作石油化工等工业热交换器或冷凝器等
沉淀硬化型	07Cr17Ni7Al	0Cr17Ni7Al	≤0.09	16～18	Ni6.5～7.75 Al0.75～1.5	固溶处理 1000～1100 快冷	65℃时效	960	1140	5	≥363	作弹簧垫圈、机器部件

与耐蚀性能相结合，故应用较为广泛。含碳量较低的12Cr13、20Cr13等钢类似调质钢，用于制造力学性能要求高，又要有一定耐蚀性的零件，如汽轮机叶片、医疗器械等。30Cr13、32Cr13Mo等类似工具钢，用于制造医用手术工具、量具及轴承等耐磨工件。

马氏体型不锈钢的热处理与结构钢相同。用作高强度结构零件时进行调质处理，如12Cr13、20Cr13。用作弹簧元件时进行淬火和中温回火处理；用作医疗器械、量具时进行淬火和低温回火处理，如30Cr13、32Cr13Mo。

(2)铁素体型不锈钢

常用的铁素体不锈钢中，碳含量<0.15%、铬含量为12%～30%，属于铬不锈钢。铬是缩小奥氏体相区的元素，可使这类钢获得单相铁素体组织。其抗大气腐蚀与耐酸能力强，具有良好的抗高温氧化性能，特别是抗应力腐蚀性能较好，但力学性能不如马氏体型不锈钢，故多用于受力不大的耐酸结构件和作为抗氧化钢使用。

铁素体型不锈钢按铬的含量有三种类型：①Cr13型，如06Cr13Al、022Cr12，常作耐热钢用(如汽车排气阀)；②Cr17型，如10Cr17、10Cr17Mo等，可耐大气、稀硝酸等介质的腐蚀；③Cr27-30型，如008Cr30Mo2、008Cr27Mo，是耐强腐蚀介质的耐酸钢。

铁素体型不锈钢在退火或正火状态下使用，不能利用马氏体来强化。

(3)奥氏体型不锈钢

是应用最广的不锈钢，属镍铬不锈钢。典型钢种是Cr18Ni9型(即18-8型不锈钢)。这类不锈钢含碳量很低，大多在0.1%左右，铬含量为17%～19%，镍含量为8%～11%。因镍的加入，扩大了奥氏体区而获得单相奥氏体组织，故有很好的耐蚀性及耐热性。

奥氏体型不锈钢在450℃～850℃时，在晶界处析出碳化物($(Cr, Fe)_{23}C_6$)，从而使晶界附近贫铬，容易引起晶间腐蚀。有晶间腐蚀的钢稍受应力即沿晶界开裂或粉碎。这钢中常加入Ti或Nb，防止晶间腐蚀。这类钢强度、硬度很低，无磁性，塑性、韧性和耐蚀性均较Cr13型不锈钢更好。现已在18-8型的基础上发展了许多新钢种。一般利用冷塑性变形进行强化，切削加工性较差。其热处理工艺多与防止产生晶间腐蚀有关。

表6-13 几种常见不锈钢的中外牌号对照表

序列	中国标准		日 本(JIS)	美 国	
	新标准	旧标准		ASTM	UNS
1	06Cr19Ni10	0Cr18Ni9	SUS304	304	S30400
2	022Cr17Ni12Mo2	00Cr17Ni14Mo2	SUS316L	316L	S31603
3	019Cr19Mo2NbTi	00Cr18Mo2	SUS444	444	S44400
4	06Cr18Ni11Ti	0Cr18Ni10Ti	SUS321	321	S32100
5	06Cr19Ni10N	0Cr19Ni9N	SUS304N1	304N	S30451

①固溶处理：将钢加热至1050℃～1150℃，使碳化物充分溶解，然后进行水冷，获得单相奥氏体组织，提高钢的耐蚀性(避开出现晶界沉淀和发生晶间腐蚀的曲线区间)。

②稳定化处理：主要用于含钛或铌的钢，一般是在固溶处理后进行。将钢加热到850℃～880℃，使铬的碳化物完全溶解，而钛等的碳化物不会完全溶解，然后缓慢冷却，让溶于奥氏体的碳化钛充分析出。这样，碳几乎全部形成碳化钛，不再可能形成碳化铬，因而能有效地防止晶间腐蚀的产生。

③消除应力退火：一般是将钢加热到300℃～350℃消除冷加工应力；加热到850℃以上，消除焊接残余应力。

(4)铁素体—奥氏体型不锈钢(双相不锈钢)

双相不锈钢是近年发展起来的新型不锈钢，其中奥氏体和铁素体相约各占50%，最低相比例应大于30%。它的成分是在铬含量18%～26%、镍含量4%～7%的基础上，再根据不同用途加入锰、钼、硅等元素组合而成的，如022Cr19Ni5Mo3Si2N等。双相不锈钢具有奥氏体不锈钢和铁素体不锈钢两者的优点，即把奥氏体不锈钢优良的韧性、焊接性与铁素体不锈钢较高强度和耐应力腐蚀性结合起来。

6.5.2 耐热钢

耐热钢的发展是为了满足高温下工作的动力机械的需要，如火电厂的蒸汽锅炉、蒸汽涡轮，航空工业的喷气发动机，以及航天、舰船、石油和化工等工业部门的高温工作部件。

1. 性能要求

耐热钢都在高温下承受各种载荷，如拉伸、弯曲、扭转、疲劳和冲击等。此外，它们还与高温蒸汽、空气或燃气接触，表面发生高温氧化或气体腐蚀。在高温下工作，钢将发生原子扩散过程，并引起组织转变，这是与低温工作部件的根本不同点。耐热钢的基本要求：一是有良好的高温强度及与之相适应的塑性；二是有足够高的化学稳定性。

2. 成分特点

根据使用范围的不同，耐热钢可以分为热化学稳定性钢和热强性钢两类。热化学稳定性为钢在高温下对各类介质化学腐蚀的抗力；热强性为钢在高温下的强度性能。

1)热化学稳定性钢的合金化

合金化作用的关键是在钢的表面形成一层完整的、致密的和稳定的氧化物保护膜。最有效的合金元素是Cr、Si和Al，这些元素能够生成致密的Cr_2O_3、SiO_2、Al_2O_3保护膜，阻碍氧化反应的继续进行。但是Si、Al含量较高时，钢材变脆，所以它们只能作为辅加元素，一般都是以Cr为主。此外再加入微量的稀土元素Ce、La、Y等，可以显著提高钢的抗氧化能力。

2)热强钢的合金化

(1)低碳，铁素体基耐热钢的碳含量在0.1%～0.2%之间。碳含量越高，组织越不稳定，碳化物容易聚集长大，甚至发生石墨化，使热强度大大降低。奥氏体基耐热钢要利用碳形成碳化物起第二相强化的作用，因此比铁素体基耐热钢碳含量高，多在0.1%以上，可达0.4%。

表 6-14 常用耐热钢的牌号、成分、热处理及用途(摘自 GB/T1221—2007)

类别	牌号		化学成分							热处理	用途举例
	新牌号	旧牌号	w_C	w_{Mn}	w_{Si}	w_{Ni}	w_{Cr}	w_{Mo}	$w_{其他}$		
铁素体型钢	16Cr25N	2Cr25N	≤0.20	≤1.50	≤1.00	≤0.06	23.00~27.00	—	N≤0.25	退火 780℃~880℃(快冷)	耐高温,耐蚀性强,1082℃以下不产生易剥落的氧化皮,用作1050℃以下炉用构件
	06Cr13Al	0Cr13Al	≤0.08	≤1.00	≤1.00	≤0.06	11.50~14.50	—	Al≤0.10~0.30	退火 780℃~880℃(空冷)	最高使用温度900℃,用于制作各种承受应力不大的炉用构件,如喷嘴、退火炉罩等
奥氏体型钢	06Cr25Ni20	0Cr25Ni20	≤0.08	≤2.00	≤1.50	19.00~22.00	24.00~26.00	—	—	固溶处理 1030℃~1180℃(快冷)	可用作1035℃以下炉用材料
	12Cr16Ni13	1Cr16Ni35	≤0.15	≤2.00	≤1.50	33.00~37.00	14.00~17.00	—	—	固溶处理 1030℃~1180℃(快冷)	抗渗碳、抗渗氮性好,在1035℃以下可反复加热
	26Cr18Mn12Si2N	3Cr18Mn12Si2N	0.22~0.30	10.50~12.50	1.40~2.20	—	17.00~19.00	—	N0.22~0.33	固溶处理 1100℃~1150℃(快冷)	最高使用温度1000℃,制作渗碳炉构件等
	10Cr17	0Cr18Ni10Ti	≤0.08	≤2.00	≤1.00	9.00~12.00	17.00~19.00	—	Ti5×w_C~0.7	固溶处理 920℃~1150℃(快冷)	作400~900℃腐蚀条件下使用部件,高温用焊接结构部件
	008Cr30Mo2	4Cr14Ni14W2Mo(14—14—2)	0.40~0.50	≤0.70	≤0.80	13.00~15.00	13.00~15.00	0.25~0.40	W2.0~2.75	固溶处理 820℃~850℃(快冷)	有效高热强行,用于内燃机重负荷排气阀

续表

类别	牌号		化学成分							热处理	用途举例
	新牌号	旧牌号	w_{C}	w_{Mn}	w_{Si}	w_{Ni}	w_{Cr}	w_{Mo}	$w_{其他}$		
珠光体型钢	15CrMo[①]		0.12～0.18	—	—	—	0.80～1.10	0.40～0.55	—	930℃～960℃正火	制作高压锅炉等
	35CrMoV[①]		0.30～0.38	—	—	—	1.00～1.30	0.20～0.30	V0.10～0.20	980℃～1020℃正火或调质处理	高应力下工作的重要机件，如520℃以下的汽轮机转子叶轮等
马氏体型钢	12Cr13	1Cr13	0.08～0.15	≤1.00	≤1.00	≤0.60	11.50～13.50	—	—	950℃～1000℃油淬或700℃～750℃回火(快冷)	作800℃以下耐氧化用部件
	13Cr13Mo	1Cr13Mo	0.08～0.18	≤1.00	≤0.60	≤0.60	11.50～14.00	—	—	固溶处理1030℃～1180℃(快冷)	叶轮机叶片、高温高压耐氧化用部件
	14Cr11MoV	1Cr11MoV	0.11～0.18	≤0.60	≤0.50	≤0.60	10.00～11.50	0.50～0.70	V0.25～0.40	1050℃～1100℃空淬或720℃～740℃回火(空冷)	有较高的热强行、良好的减振性及组织稳定性。用于涡轮叶片及导向叶片
	15Cr12WMoV	1Cr12WMoV	0.12～0.18	0.50～0.90	≤0.50	0.40～0.80	11.00～13.00	0.50～0.70	W0.7～1.1 V0.15～0.30	1000℃～1150℃油淬或680℃～700℃回火(空冷)	性能同上。用于涡轮机叶片、紧固件，转子及轮盘
	42Cr9Si2	4Cr9Si2	0.35～0.50	≤0.70	2.00～3.00	≤0.60	8.00～10.00	—	—	1020℃～1040℃油淬或700℃～780℃回火(油冷)	有较高的热强性。作内燃机气阀、轻负荷发动机的排气件
	40Cr10Si2Mo	4Cr10Si2Mo	0.35～0.45	≤0.70	1.90～2.60	≤0.60	9.00～10.50	0.70～0.90	—	1020℃～1040℃油淬或720℃～760℃回火(空冷)	

注：①15CrMo、35CrMoV为GB/T3077—1999中的牌号。

(2)加入大量铬、镍，总量一般在25%以上。Ni为奥氏体形成元素，保证获得稳定的奥氏体组织；Cr主要用于提高热化学稳定性和热强性。

(3)加入钨、钼等提高再结晶温度，并析出较稳定的碳化物来提高热强性。

(4)加入钒、钛、铝等形成稳定的第二相(碳化物，如VC；金属间化合物，如$Ni_3(Al, Ti)$)，以提高热强性。

3. 钢种及牌号

耐热钢按照正火状态下组织的不同，可分为珠光体型钢、马氏体型钢、奥氏体型钢等。常用的耐热钢牌号、成分、热处理及用途见表6-14。

1)热化学稳定钢

常用钢种有3Cr18Ni25Si2、3Cr18Mn12Si2N等。它们的抗氧化性能很好，最高工作温度可达约1000℃，多用于制造加热炉的受热构件、锅炉中的吊钩等。它们常以铸件的形式使用，主要热处理是固溶处理，以获得均匀的奥氏体组织。

2)热强钢

常用钢种的牌号、化学成分、热处理、性能介绍如下。

(1)珠光体耐热钢：这类钢在450℃～600℃范围内使用，按碳含量及应用特点可分为低碳耐热钢和中碳耐热钢。前者主要用于制造锅炉管等，常用牌号是12CrMo、15CrMo和12CrMoV等。它们一般在正火—回火状态下使用，组织为细珠光体或索氏体加部分铁素体。后者主要用于制造耐热紧固件、汽轮机转子、叶轮等，常用牌号有25Cr2MoVA、35CrMoV等。

(2)马氏体耐热钢：工作温度在450℃～620℃之间，含有大量Cr，抗氧化性及热强性均高，淬透性好，最高工作温度与珠光体耐热钢相近，但热强性要高得多。多用于制造600℃以下受力较大的零件，如汽轮机叶片等，多在调质状态下使用。常用钢种为12Cr13以及在其基础上发展的13Cr13Mo、14Cr11MoV及15Cr12WMoV等。此外，42Cr9Si2及40Cr10Si2Mo等铬硅钢是另一类马氏体型耐热钢，它们的含碳量为中碳，耐磨性较好，常用作制造内燃机的气阀，故又称为气阀钢。

(3)奥氏体耐热钢：奥氏体型钢的可加工性差，但由于其耐热性、焊接性、冷作成型性好，故得到了广泛的应用。最常用的钢种是06Cr18Ni9Ti，它是奥氏体型不锈钢，同时又有很高强的抗氧化性，并在600℃时仍具有足够的强度，常用作温度低于900℃腐蚀条件下的部件、高温用焊接构件等。

思考题

1. 何谓合金元素？合金元素在钢中有哪些作用？
2. 合金元素为什么能提高钢的淬透性？淬透性对钢有何影响？
3. 合金元素为什么能提高钢的回火稳定性？回火稳定性高的钢有什么优点？
4. 简述合金结构钢和合金工具钢牌号编制的原则。
5. 简述低合金高强钢的合金化特点。
6. 合金渗碳钢一般采用什么热处理工艺？热处理后的组织是什么？
7. 简述合金调制钢的成分特点。

8. 简述 40Cr 的特点及应用。
9. 简述弹簧钢的热处理特点。
10. 简述 GCr15 轴承钢的热处理工艺。
11. 高速钢为什么要选用很高的淬火温度，并要求在较高的温度下多次回火？
12. 不锈钢的成分有何特点？为什么不锈钢很耐蚀？
13. 耐热钢中常加入哪些合金元素？加入这些合金元素后为什么能耐热？

第 7 章　铸铁与铸钢

铸铁与铸钢一样，都是以铁(Fe)和碳(C)为主要成分的铁合金。铸铁是含碳量大于2.11%的铁碳合金，而钢的含碳量在 2.11%以下。在工业生产中，因冶炼、原材料等因素，铸铁中还含有一定数量的硅、锰、硫、磷等杂质；而普通碳钢中的硅、锰、硫、磷等杂质较少。这些成分上的差异影响了铸铁和普通碳钢的组织和性能。

7.1　概　论

中国早在春秋时期就已发明了铸铁技术。最初的铸铁件，形制与同类青铜铸件相近。铁矿石由竖炉熔炼，得到铁水后直接用陶范铸造。早期的铸铁都是高碳低硅的白口铁，硬而脆，易断裂。为使铸铁能制作生产工具，战国前期发明了韧性铸铁；战国中期以后，铸铁器逐步取代铜、木、石、蚌器，成为主要的生产工具，出土实物有犁、铧、铲、镰、锄、斧、锛、凿等。对铁器的大量需求，促成了铁范(铸铁金属型)的发明。1953 年，河北兴隆燕国冶铸遗址出土的铁范，曾用来铸造铁斧、锄、镰和车具。这些铁范结构合理，壁厚均匀，形状和铸件轮廓相一致，并已使用铁芯。有的铁范能一次铸两件器物(如图 7-1 所示)，表明铸铁技术在这个时期已达到较高的水平。汉代已有炉膛容积达 40～50m^3 的炼铁炉，使用人力、畜力和水力鼓风。南阳瓦房庄冶铁遗址有专设的铸铁工区和高约 2m 的化铁炉。铁范的应用在汉代更为普遍，除直接用来铸造各种生产工具和构件外，后来还用于铸造成形铁板，再通过脱碳热处理得到钢质板材，用以锻打成形器件。公元 10 世纪已能铸造重达 50t 的特大型铁铸件。唐宋时期南方冶铁生产发展迅速，湖北、湖南、广东、福建等地的铁都以质地良好而著称。广东佛山成为著名的冶铸中心，所产铁锅远销东南亚。

图 7-1　双镰范

20 世纪 60 年代以来，全世界铸件发展很快。到 20 世纪 80 年代后，铸铁材料发展进入了顶峰期，随后，世界的铸铁产量便出现急剧下降，然而铸铁仍是当今金属材料中应用最为广泛的基础材料。20 多年来，美国铸件产量从 1981 年的 1388 万吨，降至

2002 年的 1181 万吨，日本也略有下降，德国基本持平。中国由于汽车、建筑、机械、能源等主要支柱产业的迅速发展，铸件产量从 1981 年的 500 余万吨，增加到 2002 年的 1626 万吨，增长了 2 倍多，自 2000 年以后连续位居世界第一。

铸铁作为一种传统的金属材料，在其质量、性能和价格等方面正面临着严酷的挑战。目前，为了满足工程界对工程材料节能性、环保性两方面的要求，适应“人类可持续发展战略”的需要，我国灰铸铁向薄壁化、轻量化、强韧化的方向发展；同时不仅要开发新孕育技术和球墨铸铁的新品种及其新工艺，推动高强度灰铸铁的发展，并使球墨铸铁、蠕墨铸铁的生产更趋完善；还要开发特殊铸铁和铸铁的表面强化技术，使其应用于特殊环境。

7.1.1 铸铁的成分及其存在形态

铸铁是以铁和碳为主要组成的铁基合金。除铁、碳外，铸铁还含有硅、锰、磷等元素和其他几十种微量元素。通常所说的铸铁的五大元素分别是碳、硅、锰、硫、磷，主要是因为这五种元素在铸铁中的含量较多，对铸铁的性能影响最大。另外，为了提高铸铁的性能，还在铸铁中添加一些合金元素，如钼、镍、铜、钛、锡、铬、锑等。

在铸铁中，除了铁之外，碳是第一位元素。碳在铁中的数量和形态对铸铁性能的影响很大，尤其是碳在铸铁中的存在形态起决定性作用。碳在铁中有一定的溶解度，其溶解度随温度变化很大。在高温 1154℃左右，溶解度最大，为 2.08%。随着温度的降低，溶解度降低，在 738℃时，还不到 0.02%。当温度降至室温时，其溶解度仅为 0.006%以下。所以在室温下，以固溶形态存在的碳是极少的，甚至可以忽略。铸铁中的含碳量一般在 2.5%以上。它们几乎都以游离碳，或化合碳的形态存在。这游离碳就是石墨；而化合碳则是渗碳体(Fe_3C)。影响碳在铸铁中存在形态的因素很多，主要影响因素是化学成分(特别是碳硅含量)和冷却速度。

硅在铸铁中与碳处于同等重要地位的元素。在一般铸铁中，含硅量大致在 1.3%～3.0%之间。硅在铸铁中的溶解度比碳要大得多。即使在有碳存在的情况下，硅的溶解度仍然很大。铸铁中，含硅量在 1.3%～3.0%之间时，硅可以完全溶入铁中。所以，硅在铸铁中的存在形态为固溶态。而且硅的加入，会明显影响碳在铸铁中的存在形态。随着硅含量的增加，碳在铸铁中以石墨形态存在的可能性加大。

在铁碳合金中，锰可以溶解在铁的固溶体中，并和碳组成碳化物(Mn_3C)。锰的碳化物可以与 Fe_3C 互溶，组成复杂的碳化物——$(Fe, Mn)_3C$。铸铁中的锰有一部分和硫组成化合物(MnS)，从而抵消了硫的有害作用。锰对铸铁中碳的存在形态有一定的影响，随着锰含量的增加，铸铁中的碳以化合态存在的可能性加大。

硫可以溶解在液态铁中，而几乎不溶解在固态铁中，所以铸铁中的硫几乎都是以硫化物或硫化物共晶体的形态存在的。FeS 的熔点为 985℃。铸铁中的 FeS 易和 Fe、Fe_3C 组成三元共晶体(熔点为 975℃)，在铸铁凝固过程中最后凝集在晶粒边界上，而导致铸铁的热脆性。由于硫的有害作用，铸铁中含硫量越低越好，含硫量至少要低于 0.12%。

磷在固态铁中的最大溶解度为 2.6%。随着温度的降低，溶解度减小。室温下，磷在铸铁中的溶解度约为 1.2%。当铁中有碳存在时，磷的溶解度随含碳量增加而降低。当含磷量超过溶解度时就会出现磷铁化合物(Fe_3P)，Fe_3P 往往和铁中的 Fe_3C、铁的固溶体共同组成三元磷共晶体。在铸铁中 Fe_3C 很少或没有的情况下，Fe_3P 就只有与铁的固溶体组成二元磷共晶体。磷共晶体硬而脆，在普通铸铁中会因为其存在而增加铸铁的脆性。所以磷也属于有害元素而应当加以限制。

7.1.2 铸铁双重相图

在铁碳合金中，碳以固溶在铁素体和奥氏体中，化合物态的渗碳体(Fe_3C)和游离态的石墨(G)的形式存在。渗碳体具有复杂的斜方结构。石墨具有特殊的简单六方晶格，如图7-2所示，原子呈层状排列，其底面碳原子呈六方网格排列，原子间为共价键结合，间距小(1.42×10^{-10} m)，结合力较强；而底面层之间以分子键结合，面间距较大(3.04×10^{-10} m)，结合力较弱，易滑移，使晶体容易发展成片状。所以石墨的强度和硬度不高，塑韧性都很低。

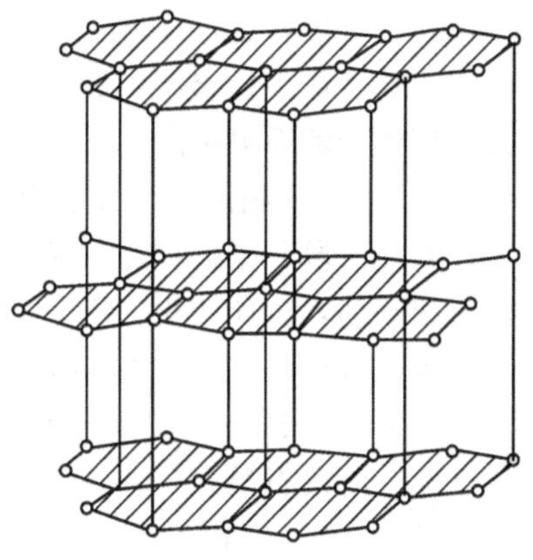

图7-2 石墨的晶体结构

石墨为稳定相。渗碳体为亚稳相，在一定条件下能分解为铁和石墨($Fe_3C\rightarrow3Fe+C$)。所以，在不同条件下，铁碳合金可以有亚稳定平衡的 Fe-Fe_3C 相图和稳定平衡的 Fe-G 相图，即铁碳合金相图应该是复线相图：Fe-Fe_3C 相图(实线)和 Fe-G 相图(虚线)，如图7-3所示。在铁碳合金双重相图中，亚稳定平衡的 Fe-Fe_3C 相图与稳定平衡的 Fe-G 相图的主要区别为：Fe-G 相图中的 *EC* 线和 *PS* 线均上移，对应温度分别为1154℃和738℃(原来为1148℃和727℃)；*E*、*C*、*S* 点碳含量均相应减小，分别为2.08%、4.26%、0.68%(原来为2.11%、4.30%、0.77%)。铁碳合金究竟按哪种相图变化，决定于加热、冷

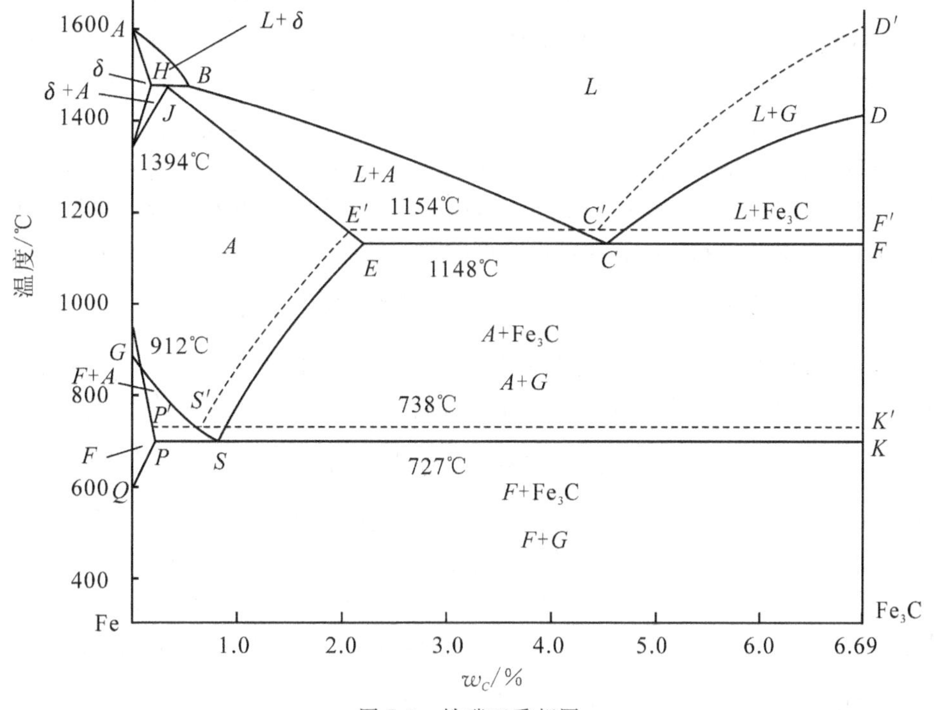

图7-3 铁碳双重相图

却条件或获得的平衡性质(亚稳平衡还是稳定平衡)。虚线相图的分析方法，与前面讨论过的实线相图的分析方法相同。

7.1.3 铸铁的石墨化过程

铸铁中碳原子析出并形成石墨的过程称为铸铁的石墨化过程。石墨既可以直接从奥氏体中析出，也可以通过渗碳体分解获得。灰口铸铁、球墨铸铁和蠕墨铸铁中的石墨主要从液体中析出；可锻铸铁中的石墨则是完全由白口铸铁经过长时间的高温退火，由渗碳体分解而得到的。

按照Fe-G相图，碳含量为2.5%～4.0%的铸铁石墨化过程可分为三个阶段。

第一阶段石墨化：过共晶铸铁从液体中结晶出一次石墨和在1154℃时通过共晶反应形成石墨，反应式为$LC' \rightarrow AE' + G$(共晶)。

第二阶段石墨化：在1154℃～738℃范围内冷却过程中，奥氏体中由于碳的溶解度下降，沿$E'S'$线析出二次石墨。

第三阶段石墨化：在738℃时，奥氏体通过共析反应形成共析石墨，其反应式为$A_S' \rightarrow F_P' + G$(共析)。

7.1.4 影响石墨化的因素

由于高温下原子的扩散能力强，因此第一阶段和第二阶段的石墨化过程较易进行，而第三阶段的石墨化过程，因温度较低，扩散条件差，有可能部分或全部被抑制，于是铸铁结晶后可得到三种不同的组织，即$F+G$、$F+P+G$、$P+G$。铸铁石墨化程度受许多因素的影响，其中铸铁的化学成分和浇注时的冷却速度是两个主要的因素。

1. 化学成分的影响

(1)碳和硅。铸铁中的C和Si是促进石墨化的元素，它们的含量越高，石墨化过程就越容易进行，越容易得到灰口铸铁。但是，铸铁中C和Si的含量越多，析出的片状石墨越多越粗大，组织中铁素体数量增多，珠光体数量减少，铸铁的力学性能降低。反之，石墨越少越细小。所以，为了避免形成白口铸铁，灰口铸铁必须有一定数量的C(3.2%～4%)和Si(1%～3%)。此外，硅还降低了铸铁的共晶成分和共析成分的碳浓度，相变温度都相应地有所上升。实验中发现一个规律：每增加1%的硅，共晶点的含碳量相应地下降0.333%。这就说明硅可以向左移动共晶点，其移动量大约相当于碳含量的1/3。为了综合碳和硅的影响，通常可以把硅量折合成碳量，并把这个折合碳量加上原有碳量后的总量称为碳当量(CE)，表示为$\mathrm{CE\%}=\mathrm{C\%}+\frac{1}{3}\mathrm{Si\%}$。

碳当量的影响很重要，例如，某铸铁含碳量为3.8%，含硅量为2.1%，如果不考虑硅的影响，含碳量为3.8%的铁碳合金属于亚共晶铸铁；如果考虑含硅量的影响，其碳当量$\mathrm{CE\%}=3.8\%\ \frac{1}{3}\ 2.1\%=4.5\%$。这种铸铁就属于过共晶铸铁了，就会有石墨出现。

(2)硫。硫是强烈阻碍石墨化并促进形成白口组织的元素，并且会降低铸铁的流动性和力学性能。所以必须严格控制铸铁中硫的含量，一般在0.10%～0.15%之间。

(3)磷。磷可以使共晶点左移，这一点作用与硅类似。实践证明，磷对共晶点的移动量也相当于碳的1/3。也就是说加入3%的磷，相当于多加了1%的碳。因此，也可以把磷量和硅量一起折合成碳量，这就是包括磷的碳当量$\mathrm{CE\%}=\mathrm{C\%}+\frac{1}{3}(\mathrm{Si}+\mathrm{P})\%$。

不过一般铸铁中的磷含量较少，所以其对石墨化的影响可忽略不计。

另外，磷含量超过 0.3%时，形成硬而脆的磷共晶组织，增加了铸铁的脆性。所以在铸铁中限量使用磷，除了耐磨铸铁的含磷量可达 0.5%～1.0%之外，一般应控制在 0.3%以下，高强度铸铁的含磷量应控制在 0.12%以下。

(4)锰。一般认为，锰阻碍石墨化。锰对共晶转变和二次石墨析出的阻碍作用不强烈，只是较强烈地阻碍共析转变时的石墨化过程，即锰能促进生成珠光体，或锰是稳定珠光体的元素。而且，在铸铁的实际生产中，锰和硫共存，形成 MnS，可以减弱硫的有害作用。所以当生产中发现铸铁的强度、硬度不高时(主要是铸铁中的铁素体含量较多)，可相应地增加锰含量，以增加珠光体的数量，从而提高铸铁的强度和硬度。一般情况下，锰含量应控制在 0.5%～1.4%。

除了 C 和 Si 外，铸铁中的 Al、Cu、Ni、Co 等合金元素也会促进石墨化，而 Cr、W、Mo、V 等碳化物形成元素则会阻止石墨化。

2. 冷却速度的影响

冷却速度对铸铁的石墨化影响很大。冷却速度越慢，原子扩散时间越充分，越有利于按 Fe-G 相图进行转变，即越有利于石墨化过程的进行。反之，冷却速度越快，越有利于按 Fe-Fe_3C 相图进行转变，即越容易出现渗碳体。

铸件的冷却速度主要取决于浇注温度、铸型材料和铸件壁厚。浇注温度越高，采用砂型铸造，铸件壁厚越大时，冷却速度越慢，即过冷度越小，越有利于原子的扩散，对石墨化越有利。反之，当铸件冷却速度较快时，不利于石墨化过程的进行，碳可能以渗碳体的形式存在，甚至会出现白口。

图 7-4 表示在一般砂型铸造条件下，铸铁成分(碳含量和硅含量)、冷却速度(以铸件壁厚表征)对铸铁组织的影响。从图中可以看出，铸件的壁厚越小，碳含量和硅含量越少，越容易形成白口组织。实际生产中不可能采用调整壁厚的方法调整铸铁的组织，

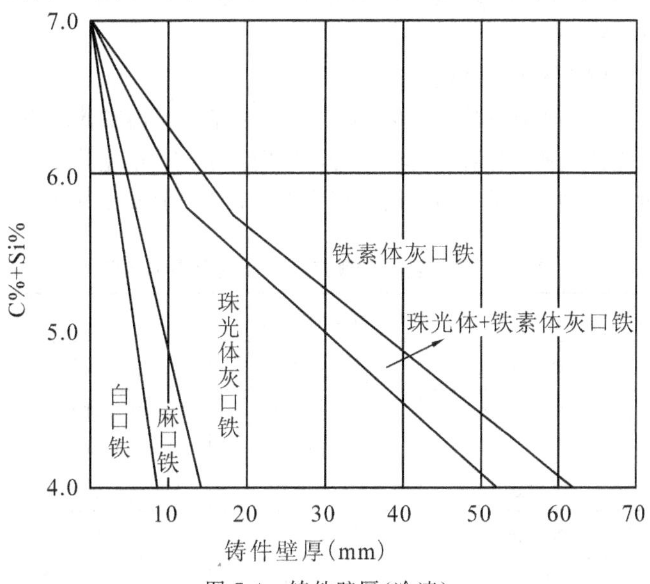

图 7-4　铸件壁厚(冷速)和化学成分对铸件组织的影响

只能根据铸件的壁厚调整铸铁熔体中的碳含量和硅含量来控制铸铁的组织和性能，以获得所需要的灰口组织。

7.1.5 铸铁的分类

1. 按石墨化程度分类

根据结晶过程中石墨化过程进行的程度，铸铁可分为白口铸铁、灰口铸铁和麻口铸铁。

白口铸铁是第一、二、三阶段的石墨化过程全部被抑制，完全按照 $Fe\text{-}Fe_3C$ 相图进行结晶而得到的铸铁，其中的碳几乎全部以 Fe_3C 形式存在，断口呈银白色。此类铸铁中含有大量莱氏体，硬而脆，切削加工较困难，主要用做炼钢原料。

灰口铸铁是第一、二阶段的石墨化过程充分进行而得到的铸铁，其中的碳主要以石墨形式存在，断口呈灰暗色。此类铸铁是工业上应用最多最广的铸铁。

麻口铸铁是第一阶段的石墨化过程部分进行而得到的铸铁，其中一部分碳以石墨形式存在；另一部分碳以 Fe_3C 形式存在，其组织介于白口铸铁和灰口铸铁之间，断口黑白相间构成麻点。此类铸铁硬而脆，切削加工困难，工业上使用较少。

2. 按石墨形态分类

根据石墨存在形态的不同，铸铁可分为灰口铸铁、可锻铸铁、球墨铸铁和蠕墨铸铁。

灰口铸铁中的石墨呈片状，其力学性能较差，但生产工艺简单、成本低廉，工业上应用最广。

可锻铸铁中的石墨呈团絮状，其力学性能高于灰口铸铁，但生产工艺较复杂、成本高，故只用来制造一些重要的小型铸件。

球墨铸铁中的石墨呈球状，其力学性能较好，生产工艺比可锻铸铁简单，故得到广泛应用。

蠕墨铸铁中的石墨呈短小的蠕虫状，其强度和塑性介于灰口铸铁和球墨铸铁之间，但铸造性、耐热疲劳性比球墨铸铁好，因此可用来制造大型复杂的铸件以及在较大温度梯度下工作的铸件。

7.1.6 铸铁的组织和性能特点

铸铁中的碳主要以石墨(G)形式存在，所以铸铁的组织是由基体和石墨组成的。铸铁的基体有铁素体、珠光体、铁素体加珠光体三种，它们都是钢中的基体组织。因此，铸铁的组织特点，可以看做是在钢的基体上分布着不同形态的石墨。其类型如表 7-1 所示。

表 7-1 铸铁经不同程度石墨化后所得的组织

名称	石墨化程度			显微组织
	第一阶段	第二阶段	第三阶段	
灰口铸铁	充分进行 充分进行 充分进行	充分进行 充分进行 充分进行	充分进行 部分进行 不进行	$F+G$ $F+P+G$ $P+G$
麻口铸铁	部分进行	部分进行	不进行	$Le'+P+G$
白口铸铁	不进行	不进行	不进行	$Le'+P+Fe_3C$

铸铁的性能包括抗拉强度、屈服强度、伸长率、弹性模量、疲劳极限、硬度、冲击韧性、密度、比热容、热导率、线膨胀系数、电阻率等，主要取决于基体组织及石墨的数量、形状、大小和分布。石墨的硬度仅为3～5HBS，抗拉强度约为20MPa，伸长率接近于零，故分布于基体上的石墨可视为空洞或裂纹。由于石墨的存在，一方面，减少了铸件的有效承载面积，且受力时石墨尖端处产生应力集中，大大降低了基体强度的利用率。因此，铸铁的抗拉强度、塑性和韧性都比碳钢低。

另一方面，石墨的存在使铸铁具有了一些碳钢所没有的性能，如良好的耐磨性、消振性、低的缺口敏感性以及优良的切削加工性能。此外，铸铁的成分接近共晶成分，因此铸铁的熔点低(约为1200℃左右)、液态流动性好，且石墨结晶时产生体积膨胀，从而导致铸铁在铸造时收缩率低，其铸造性能优于碳钢。

各种铸铁由于其化学成分、石墨化程度、组织特点和生产方法不同而具有不同的性能。表7-2列出了各种铸铁的性能，表7-3列出了各种铸铁与铸钢的性能比较。

表7-2 各种铸铁的性能

性能名称	灰口铸铁	球墨铸铁	可锻铸铁	白口铸铁	铸钢
锻造性	A	A	B	C	D
可加工性	A	B	B	—	C
可靠性	E	A	C	D	B
减振性	A	B	B	D	D
表面淬透性	A	A	A	—	C
弹性模量	C	A	B	—	A
抗冲击性	E	B	C	—	A
耐磨性	C	B	D	A	E
耐蚀性	A	A	B	B	D
比强度	E	A	D	—	C
制造成本	A	B	C	C	D

表7-3 各种铸铁与铸钢的性能比较

材料种类	组织	抗拉强度	屈服强度	抗弯强度	延伸率	冲击韧性	硬度HB
铁素体灰口铸铁	$F+G_{片}$	100～150	—	260～330	<0.5	10～110	143～229
珠光体灰口铸铁	$P+G_{片}$	200～250	—	400～470	<0.5	10～110	170～240
孕育铸铁	$P+G_{细片}$	300～400	—	540～680	<0.5	10～110	207～296
铁素体可锻铸铁	$F+G_{团}$	300～370	190～280	—	6～12	150～290	120～163
珠光体可锻铸铁	$P+G_{团}$	450～700	280～560	—	2～5	50～200	152～270
铁素体球墨铸铁	$F+G_{球}$	400～500	250～350	—	5～20	>200	147～241

续表

材料种类	组织	抗拉强度	屈服强度	抗弯强度	延伸率	冲击韧性	硬度 HB
珠光体球墨铸铁	$P+G_{球}$	600～800	420～560	—	>2	>150	229～321
白口铸铁	$P+Fe_3C+Le$	230～480	—	—	—	—	375～530
铁素体蠕墨铸铁	$F+G_{虫}$	>286	>204	—	>3	—	>120
珠光体蠕墨铸铁	$P+G_{虫}$	>393	>286	—	>1	—	>180
45 钢	$F+P$	610	360	—	16	800	<229

7.2 灰口铸铁

铸铁的种类较多，其中断口呈暗灰色，石墨呈片状的铸铁，一般称为灰口铸铁(或灰铸铁)，简称灰铁。灰口铸铁的铸造性能、切削性能、减振性能都优于其他各类铸铁，而且灰口铸铁是加工便宜、应用最广泛的铸铁材料。在各类铸铁的总产量中，灰口铸铁占 80%以上。

7.2.1 灰口铸铁的成分

灰口铸铁的成分一般为 $w_C=2.5\%\sim4.0\%$，$w_{Si}=1.1\%\sim3.0\%$，$w_{Mn}=0.6\%\sim1.2\%$，$w_S\leqslant0.15\%$，$w_P\leqslant0.3\%$。碳含量和硅含量越高，越容易进行石墨化过程，但当碳当量 CE 为过共晶成分时，会从液相中直接结晶出粗大的一次片状石墨(G_{I})。所以，对于灰口铸铁来说，碳当量一般控制在接近共晶成分，约为 4%。

7.2.2 灰口铸铁的组织和性能

1. 灰口铸铁的组织

材料的性能取决于显微组织，而显微组织受化学成分、冷却速度、凝固条件及液体金属的性能等因素影响。灰铸铁的显微组织是由片状石墨和金属基体所组成的，石墨嵌在金属基体中。灰口铸铁的铸造性能和使用性能都与石墨有关，而且石墨的影响是主要的，而基体金属对灰口铸铁性能的影响是次要的。由于石墨的机械性能很差，而灰口铸铁中金属基体的机械性能与钢类似，因此，石墨的存在削弱了金属基体承受载荷的能力。但是，在铸铁中，石墨的存在也赋予了其某些良好的使用性能。

金属基体按共析阶段石墨化进行的程度不同可分为铁素体、铁素体—珠光体和珠光体三种。相应地有三种不同基体组织的灰铸铁，它们的显微组织如图 7-5 所示。

铁素体的强度和硬度低，而塑性、韧性高。铁素体基体灰口铸铁机械强度低，而塑性、韧性由于石墨片割裂金属基体，致使延伸率和冲击韧性均很低。珠光体的强度和硬度高、耐磨性良好。珠光体基体灰口铸铁的强度、硬度和耐磨性均优于铁素体基体灰铸铁，而塑性、韧性相差无几，所以珠光体基体灰铸铁的应用更为广泛。也就是说，如果灰口铸铁的化学成分、石墨大小及分布一样，只是基体组织不一样，那么灰口铸铁的性能也不一样，如表 7-4 所示。实际生产中，获得百分之百珠光体基体组织的灰铸铁是比较困难的，通常灰铸铁在铸态的基体组织都是珠光体加铁素体组织。普通灰铸铁的金属基体以珠光体为主，并含有少量铁素体；高强度铸铁主要是珠光体基体。

(b) 铁素体灰口铸铁

(b) 珠光体灰口铸铁

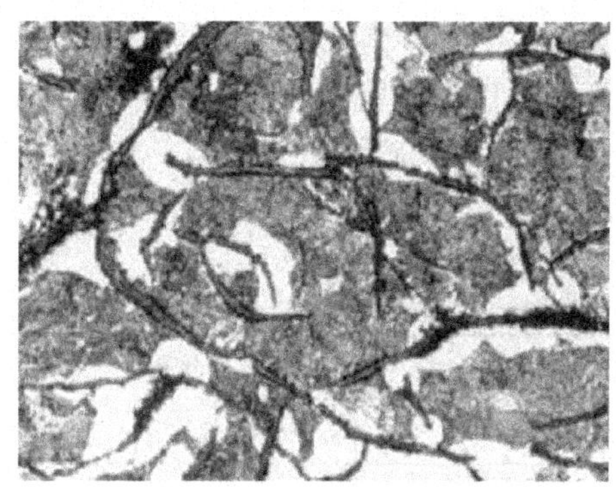
(c) 珠光体—铁素体灰口铸铁

图 7-5　三种灰口铸铁的显微组织

铁素体基体的灰口铸铁主要是高硅铸铁。

表 7-4　不同基体组织的灰口铸铁的性能

类型 \ 机械性能	冲击值（千克力·米/厘米^2）	抗弯强度（千克力/毫米^2）	挠度（毫米）
铁素体灰口铸铁	0.9	38	4.4
珠光体灰口铸铁	0.5	49	4.0

2. 灰口铸铁的性能

灰铸铁的性能与其化学成分和组织有密切的联系。

1)优良的铸造性能

由于灰口铸铁的化学成分接近共晶点，熔点低(约为 1200℃)，铁水流动性好，而且由于石墨比容较大，部分地补偿了凝固时基体的收缩，使铸件凝固时的收缩量减少(一般从铁水注入铸型凝固冷却至室温其收缩率约为 0.5%~1%)，因此铸造工艺简单，铸件的应力较小，组织较致密。灰口铸铁可以铸造非常复杂的零件，成本低廉、应用广泛。

2)优良的耐磨性和减振性

在灰口铸铁的耐磨性和减摩性方面，石墨起到了良好的作用。石墨的强度低、质软、极易剥落，起到固体润滑剂的作用，可以减小摩擦力，减少磨损量。另外，石墨从基体金属上剥落后，留下的凹坑可以储存润滑剂，形成液体薄膜，减少摩擦。此外，由于铸件中存在硬度很高的磷共晶，又能使耐磨性进一步提高。因此，灰口铸铁可以用来制造承受磨损或要求摩擦力小的零件，如缸套、活塞环等。在灰口铸铁的减振方面，石墨还表现出了良好的作用。零件受到交变载荷产生振动，石墨可以随着振动不断地吸收能量，起到缓冲作用，使振动不能传播开来。石墨片越粗大，数量越多，则减振性越好。所以，灰口铸铁很适合于制造承受压力载荷和振动的机器底座、支架等零件。

3)较低的缺口敏感性和良好的切削加工性能

由于石墨的存在，铸铁的使用性能对于一些外来的孔洞，如加工表面粗糙，加工的孔和沟槽以及圆角等不敏感，而钢却对这方面很敏感。铸铁的缺口敏感性比钢低，这一点对于承受交变载荷的零件来说特别重要。对于钢来说，如果有了缺口，承受交变载荷的能力(一般采用疲劳极限来衡量)大大下降，如表 7-5 所示，而灰口铸铁则恰恰相反，其疲劳极限几乎没有变化。

表 7-5　缺口对灰口铸铁和钢的疲劳极限的影响

机械性能 / 材料	抗拉强度(千克力/mm^2)	弯曲疲劳极限(千克力/mm^2)		缺口作用系数 β $\beta=\frac{\sigma_{-1}(\text{无缺口})}{\sigma_{-1}(\text{有缺口})}$
		无缺口	有缺口	
灰口铸铁	21	9	9	1
灰口铸铁	27	11.5	11.5	−1
碳(铸)钢	44	23	15.5	1.5

由于灰口铸铁中的石墨可以起断屑和排屑作用，并对刀具起润滑作用，所以其具有优良的切削加工性。

4)灰铸铁的机械性能

灰口铸铁的抗拉强度、塑性、韧性及弹性模量都低于碳素钢。灰口铸铁的抗压强度和硬度主要取决于基体组织。一般说来，石墨数量越多，石墨“共晶团”越粗大，石墨片的长度越长，石墨的两端越尖锐，则抗拉强度越低。灰铸铁的金属基体中珠光体数量越多，珠光体中 Fe_3C 片层越细密，则抗拉强度越高。

灰铸铁的抗压强度一般其比抗拉强度高出三四倍，这是灰口铸铁的一种特性。因此，灰铸铁被广泛地用做机床底座、床身和支柱等耐压零件。

铸铁的硬度随其成分和组织的变化而变化，一般在 HB130～270 范围内变化。随着共晶度的增加，石墨增加，铸铁的硬度降低。灰铸铁中碳、硅总量越低，石墨数量越少，石墨片越细小，冲击韧性值越高；反之，冲击韧性值越低。

7.2.3　灰口铸铁的牌号和应用

灰口铸铁的牌号用“灰铁”两字的汉语拼音的第一个字母大写“HT”和三位数字来表示，其后数字表示抗拉强度。例如，HT100 表示最低抗拉强度为 100MPa 的灰口铸铁。根据国家标准 GB/T5612—2008 的规定，当要表示铸铁的组织特征或特殊性能时，代表铸铁组织特征或特殊性能的汉语拼音的首字母用大写正体字母书写，排列于基本代号之后，如 HTA 表示奥氏体灰铸铁，有 HTANi20Cr2 等；HTL 表示冷硬灰铸铁，有 HTLCr1Ni1Mo 等；HTM 表示耐磨灰铸铁，有 HTMCu1CrMo 等；HTR 表示耐热灰铸铁，有 HTRCr 等；HTS 表示耐蚀灰铸铁，有 HTSNi2Cr 等。以 HTSSi15Cr4RE 为例，15 表示 Si 的名义含量，4 表示 Cr 的名义含量，RE 是稀土元素符号。

常用灰口铸铁的牌号、力学性能和显微组织如表 7-6 所示。

表 7-6　常用灰口铸铁的牌号、力学性能和显微组织

分类	牌号	铸件主要壁厚(mm)	试棒毛坯直径 D(mm)	抗拉强度 σ_b (MN/m²)	抗压强度 σ_{bc} (MN/m²)	硬度 HB	显微组织	
				≥			基体	石墨
普通灰口铸铁	HT100	所有尺寸	30	100	500	143～229	$F+P$(少)	粗片
	HT150	4～8	13	280	650	170～241	$F+P$	较粗片
		>8～15	20	200		170～241		
		>15～30	30	150		163～299		
		>30～50	45	120		163～299		
		>50	60	100		143～299		
	HT200	6～8	13	320	750	187～255	P	中等片
		>8～15	20	250		170～241		
		>15～30	30	200		170～241		
		>30～50	45	180		170～241		
		>50	60	160		163～299		
孕育铸铁	HT250	>8～15	20	290	1000	187～255	细珠光体	较细片
		>15～30	30	250		170～241		
		>30～50	45	220		170～241		
		>50	60	200		163～299		
	HT300	>15～30	30	300	1100	187～255	索氏体或屈氏体	细小片
		>30～50	45	270		170～241		
		>50	60	160		170～241		
	HT350	>15～30	30	350	1200	197～269		
		>30～50	45	320		187～255		
		>50	60	310		170～241		
	HT400	>20～30	30	400	—	207～269		
		>30～50	45	380		187～269		
		>50	60	370		197～269		

灰口铸铁的应用范围很广。一般铁素体灰口铸铁和铁素体—珠光体灰口铸铁主要应用于受力不大、形状复杂的薄壁小零件，如盖、外罩等，以及振动和摩擦的零件，如基座，机床身、汽缸体、齿轮箱等。

(1)HT100 铁素体灰口铸铁。强度低、对金相组织及强度没有太高的要求，铸造性能良好，铸造工艺简单，铸造应力小，无须人工时效处理，减振性优良，可以在负荷

低、对摩擦或磨损性能没有特殊要求、变形很小的工作条件下使用。适用于制造盖、外罩、油盘、手轮、手把、支架、底板、重锤等形状简单、不太重要的零件以及对强度没有要求的其他机械零部件。

(2)HT150 铁素体—珠光体灰口铸铁。中等强度、铸造性能好、铸造工艺简单、铸造应力小，无须人工时效处理，有一定的机械强度和良好的减振性。可用来制造承受中等应力的零件，以及摩擦面间的单位面积压力小于 0.49MPa 下受磨损的零件及在弱腐蚀介质中工作的零件。应用于一般机械制造中的铸件，如支柱、底座、罩壳、齿轮箱、床身、工作台、阀体、管路附件、刀架、刀架座及其形状复杂、对强度要求不高、不允许有太大变形又不能进行人工时效处理的零件，工作压力不大的管子配件以及壁厚≤30mm 的耐磨轴套等，在纯碱或染料介质中工作的化工零件。在水泵行业中，用于制造各类中小型清水泵的泵体、叶轮、轴套、密封环、填料环等，各类杂质泵的底座、轴承端盖、填料箱、密封环、轴承体等。

(3)HT200、HT250 较高强度铸件，基体组织为珠光体。其强度、耐磨性、耐热性、减振性、铸造性能较好，需要进行人工时效处理。工作条件为承受压力的零件(弯曲应力＜29.4MPa)；摩擦面间的单位面积压力＞0.49MPa；要求一定的气密性或耐酸性介质。例如①一般机械制造中较为重要的铸件，如汽缸、齿轮、机座、金属切削机床床身及床面等；②汽车、拖拉机的汽缸体、气缸盖、活塞、刹车轮、联轴器盘以及汽油机和柴油机的活塞环、泵的密封环、填料环等；③具有测量平面的检验工件，如划线平板、V 形铁、平尺、水平仪框架等；④承受 7.85MPa 以下中等压力的液压缸、泵体、阀体以及要求有一定耐腐蚀性的泵壳、容器等；⑤圆周速度＞12～20m/s 的带轮以及其他符合所列工作条件的零件。

(4)HT300、HT350 高强度、高耐磨性铸件，基体组织为 100%珠光体，属于需要采用孕育处理的铸件。主要特征是强度高、耐磨性好、白口倾向大、铸造性能差、需要进行人工时效处理。工作条件为：①承受弯曲应力及抗拉应力；②摩擦面间的单位面积压力≥1.96MPa；③要求保持高度气密性。例如机械制造中重要的铸件：床身导轨、车床、冲床、剪床和其他重型机械等受力较大的床身、机座、主轴箱、卡盘、齿轮、凸轮、衬套，大型发动机的曲轴、汽缸体、缸套、缸盖等；高压的液压缸、泵体、阀体；镦锻和热锻锻模、冷冲模等；需要表面淬火的零件；圆周速度＞20～25m/s 的带轮以及其他符合所列工作条件的零件。

7.2.4 孕育处理

由于灰口铸铁内存在片状石墨，而石墨是一种密度小、强度低、硬度低、塑性和韧性趋于零的组分。它的存在如同在钢的基体上存在大量小缺口，既减少承载面积，又增加裂纹源，所以灰口铸铁强度低、韧性差，不能进行压力加工。为了细化灰口铸铁的组织，提高铸铁的机械性能，并使其均匀一致。通常在浇注前往铁水中加入少量强烈促进石墨化的物质(孕育剂)进行处理，这一处理过程称为孕育处理。经过孕育处理的灰口铸铁称孕育铸铁。

常用的孕育剂有硅铁(Si75)、硅钙、稀土合金等，其中最常用的是硅铁和硅钙合金。孕育剂的加入量与铁水的化学成分、温度、铸件壁厚、铸型冷却速度以及孕育剂的性质和处理工艺等有关。以保证厚壁铸件不出现铁素体和薄壁铸件不产生白口为原则。壁厚 20～50mm 的铸件，硅铁的加入量通常为铁水重量的 0.3%～0.7%，壁厚越小，加入量越多。

孕育剂的作用是促使石墨非自发形核，因而孕育铸铁的金相组织是在细密的珠光体基体上，均匀分布细小的石墨，其抗拉强度可达 300～400MPa，硬度可达 HB170～270，α_k可达 3～8J/cm^2，延伸率达 0.5%左右，都比普通灰铸铁高。孕育处理后的高强度灰口铸铁的金相组织要求以细片状珠光体为基体，细片状的 A 型 1～2 级石墨均匀分布，磷共晶夹杂物应尽量少。灰口铸铁孕育前后的金相照片如图 7-6 所示。

(a) 孕育处理前

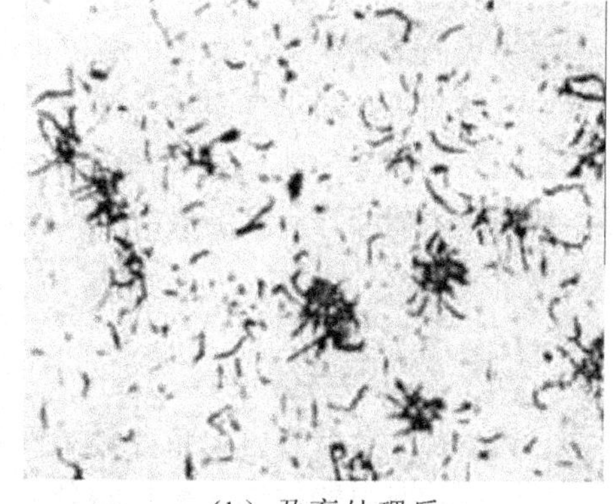
(b) 孕育处理后

图 7-6　灰口铸铁孕育前后的金相组织

孕育铸铁主要用于截面较大、载荷较高的重要零件，如齿轮、凸轮、压力机机身、滑阀壳体等。

7.2.5　灰口铸铁的热处理

热处理只能改变灰口铸铁的基体组织，不能改善石墨的形状和分布。灰口铸铁经热处理的强化效果不如钢和球墨铸铁那样显著。到目前为止，灰口铸铁热处理的目的主要局限于消除内应力和改变铸件硬度两方面。灰铸铁的热处理主要是退火、正火和表面热处理。

1. 消除内应力退火

一些形状复杂和尺寸稳定性要求高的重要铸件，如机床床身、柴油机汽缸体等，为了防止变形和开裂，需进行消除应力退火。其工艺通常是将铸件以 60℃～100℃/h 的速度缓慢加热到弹—塑性转变温度区(350℃～450℃)以上，保温 4～8h，使铸件各部位和表里温度均匀，残余应力在此加热温度下得到松弛和稳定化。然后以 20℃～40℃/h 的冷却速度缓冷至 200℃左右出炉空冷，内应力可消除 90%以上。

2. 石墨化退火

石墨化退火的目的是消除白口，降低硬度，改善缺陷加工性能。退火在共析温度上进行，使渗碳体分解成石墨，所以又称高温退火。石墨化退火工艺：加热到 850℃～900℃，保温 2～5h，然后随炉冷却，至 250℃～400℃后出炉空冷。退火后铸件的硬度可下降 HB20～40。

3. 正火

灰口铸铁正火的目的是增加铸铁基体的珠光体组织，提高铸件的强度、硬度和耐

磨性，并可作为表面热处理的预先热处理，改善基体组织。灰口铸铁正火的工艺：通常把铸件加热到850℃～900℃，若有游离渗碳体时应加热到900℃～960℃。保温时间根据加热温度、铸铁化学成分和铸件大小而定，一般为1～3h。冷却方式一般采用空冷、风冷或喷雾冷却。冷却速度越快，基体组织中珠光体量越多，组织越弥散，强度、硬度越高，耐磨性越好。

4. 表面淬火

表面淬火的目的是改变铸件表层的基体组织，提高强度、硬度、耐磨性和疲劳强度。

表面淬火的工艺：采用高、中频淬火法，把铸件表面快速加热到900℃～1000℃高温，然后进行喷水冷却。表面层获得一层淬硬层，其组织为马氏体＋石墨。

有些铸件如机床导轨、缸体内壁等，因需要提高硬度和耐磨性，可进行表面淬火处理，如高频表面淬火、火焰表面淬火等，经表面淬火后表面硬度可达到HRC50～55。

7.3 球墨铸铁

灰口铸铁由于片状石墨尖角处具有严重的应力集中，几乎丧失了金属基体原有的塑性和韧性，使灰口铸铁成为脆性材料，而不能承受冲击载荷，限制了灰口铸铁的应用范围。从力学角度看，尖角孔洞应力集中严重，只要尖角变钝后，应力集中就会减轻，而圆形的孔洞的应力集中就更小了。20世纪50年代，在铁水(球墨生铁)浇注前加一定量的球化剂(常用的有硅铁、镁等)使铸铁中石墨球化，即获得呈球状的石墨分布在铁基体上的铸铁，称为球墨铸铁，简称球铁。

7.3.1 球墨铸铁的成分

球墨铸铁的成分要求比较严格，一般是3.6%～3.9%C，2.0%～2.8%Si，0.6%～0.8%Mn，<0.07%S，<0.1%P，0.03%～0.06%Mg，0.02%～0.05%RE(稀土)。与灰口铸铁相比，球墨铸铁的碳、硅含量较高，其碳当量一般为过共晶成分，约为4.5%～4.7%，以利于石墨球化。另外，锰在球墨铸铁中不再起抑制硫的作用，而仅起到稳定碳化物和珠光体的作用，所以国内外生成的球墨铸铁向着降低锰含量的趋势发展。磷含量较多时，会生成多角状磷共晶，分布在晶粒边界上，会显著降低球墨铸铁的塑韧性；硫是反球化元素，所以要严格控制硫、磷的含量。镁和稀土元素是球化元素，同时又是十分强烈的反石墨化元素，因此，残留镁量和残留稀土量不可过低，但也不可过高。表7-7是常用球墨铸铁的化学成分及其与灰口铸铁的比较。

表7-7 常用球墨铸铁的化学成分及其与灰口铸铁的比较

铸铁类别	化学成分(%)						
	w_C	w_{Si}	w_{Mn}	w_P	w_S	$w_{Mg残}$	$w_{RE残}$
珠光体球墨铸铁	3.6～3.9	2.0～2.5	0.5～0.6	≤0.1	<0.03	0.03～0.06	0.02～0.05
铁素体球墨铸铁	3.6～3.9	2.5～3.2	0.3～0.5	0.05～0.07	<0.03	0.03～0.06	0.02～0.05

续表

铸铁类别	化学成分(%)						
	w_C	w_{Si}	w_{Mn}	w_P	w_S	$w_{Mg残}$	$w_{RE残}$
贝氏体球墨铸铁	3.6～3.9	2.7～3.1	0.25～0.5	<0.07	<0.03	0.03～0.06	0.02～0.05
灰口铸铁	2.7～3.5	1.0～2.2	0.5～1.3	≤0.03	<0.15	—	—

7.3.2 球墨铸铁的组织和性能

球墨铸铁的显微组织是由铁基体和其上所分布的球状石墨组成。在铸态下，球墨铸铁的基体组织为铁素体、珠光体和少量渗碳体。这是由于球化剂增大了铸铁白口化倾向，因而在铸铁薄壁处容易出现渗碳体和珠光体。经不同的热处理可以获得不同铁基体的球墨铸铁组织，以满足各种零件的性能要求。经热处理后可以获得平衡基体组织的球墨铸铁，分别是铁素体球墨铸铁、珠光体球墨铸铁和铁素体＋珠光体球墨铸铁等，显微组织如图 7-7 所示。也可以通过调质处理获得回火索氏体球墨铸铁，或在等温淬火下得到下贝氏体球墨铸铁。

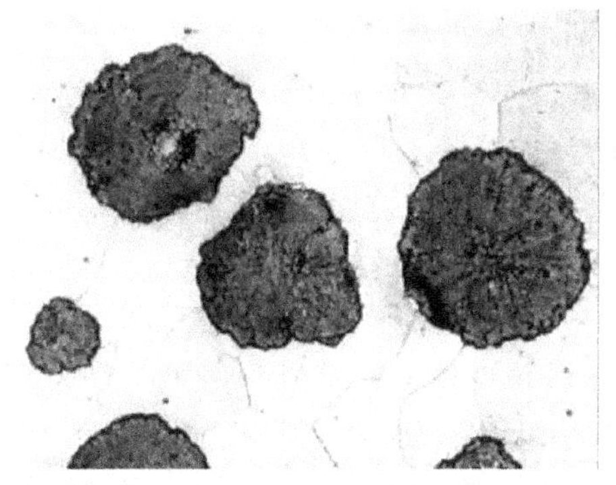

(a) 铁素体球墨铸铁

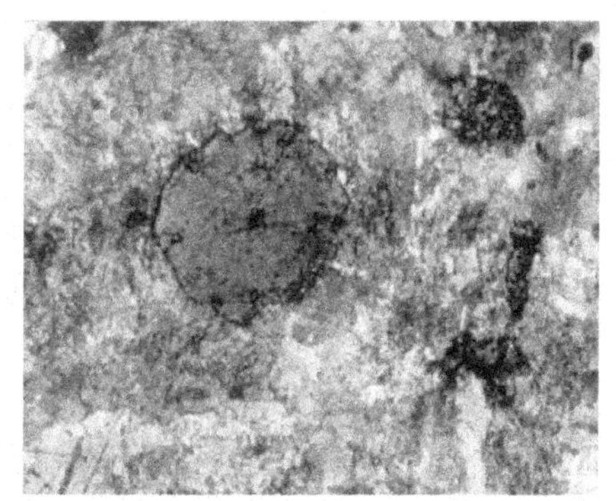

(b) 珠光体球墨铸铁

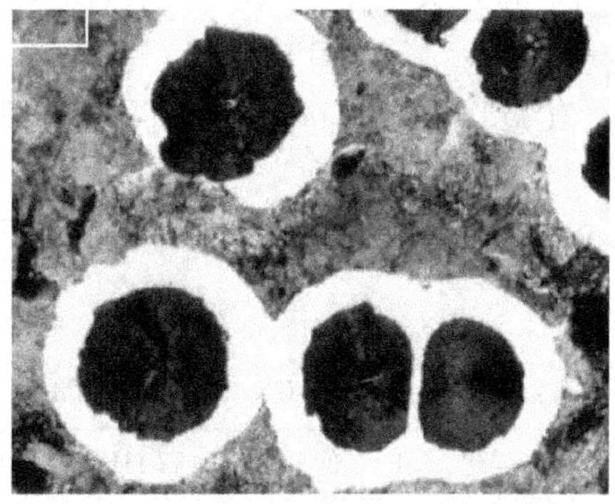

(c) 珠光体＋铁素体球墨铸铁

图 7-7　三种常见球墨铸铁的显微组织

由于石墨以球状存在于铸铁基体中，改善其对基体的割裂作用，球墨铸铁的抗拉强度、屈服强度、塑性、冲击韧性大大提高；并具有良好的耐磨性、减振性和工艺性，及较低的成本等优点。球墨铸铁的性能有以下特点。

(1)与灰口铸铁相比，球墨铸铁具有：

①较大的抗拉强度，比灰口铸铁大1～3倍以上；

②相当高的塑性和韧性，可以承受一定的冲击载荷；

③较高的弯曲疲劳极限，可以承受较大的交变载荷；

④较高的综合机械性能。采用热处理的方法改变金属基体组织，从而可以大幅度改变其强度、塑性和韧性的配比，而灰口铸铁机械性能决定于铸态组织，即使采用热处理，其性能也不会有明显的变化。

(2)与铸钢相比，球墨铸铁具有：

①相近或较高的抗拉强度；

②韧性仍较差，不能用于大冲击载荷下工作的零件；

③与普通碳钢相近的弯曲疲劳极限，但远低于某些低合金钢，如18CrMnTi等；

④具有良好的耐磨性，适于制造耐磨零件。

(3)由于石墨呈球状，使得球墨铸铁的减振性不及灰口铸铁，却优于铸钢或锻钢。

(4)球墨铸铁虽具有良好的切削性能，但受金属基体影响较大。表面光洁度不及钢材。

(5)球墨铸铁可以焊补和切割。

(6)由于球墨铸铁有较高的碳含量和硅含量，同时又有镁、稀土等合金元素，使得它的铸造性能比灰口铸铁的差，但是优于铸钢。

总之，球墨铸铁兼有灰口铸铁及铸钢的优点，同时又克服了它们的某些不足之处，再加上其生产工艺简单、成本低，因而就成为一种很重要的结构材料。

7.3.3 球墨铸铁的牌号和应用

根据国家标准GB/T5612—2008规定，球墨铸铁用QT符号和两组数字表示，其中QT是“球”“铁”两字的汉语拼音首字母，前一组数字表示最低抗拉强度(σ_b)，后一组数字表示最低延伸率(δ)。当要表示铸铁的组织特征或特殊性能时，代表铸铁组织特征或特殊性能的汉语拼音的首字母用大写正体字母排列在基本代号的后面，如QTA表示奥氏体球墨铸铁，有QTANi30Cr3等；QTL表示冷硬球墨铸铁，有QTLCrMo等；QTM表示抗磨球墨铸铁，有QTMMn8-300等；QTR表示耐热球墨铸铁，有QTRSi5等；QTS表示耐蚀球墨铸铁，有QTSNi20Cr2等。以QTMMn8-300为例，QTM表示抗磨球墨铸铁，8表示Mn的名义含量，300表示抗拉强度(MPa)。表7-8列出了常用球墨铸铁的牌号和性能。

表7-8　常用球墨铸铁的牌号和性能(GB/T5612—2008、GB/T1348—2009)

牌号	抗拉强度/MPa	屈服强度/MPa	伸长率/δ	HBW	主要基体组织
QT450-10	450	310	10	160～210	铁素体
QT500-7	500	320	7	170～230	铁素体+珠光体
QT550-5	550	350	5	180～250	铁素体+珠光体
QT600-3	600	370	3	190～270	铁素体+珠光体
QT700-2	700	420	2	225～305	珠光体

续表

牌号	抗拉强度/MPa	屈服强度/MPa	伸长率/δ	HBW	主要基体组织
QT800-2	800	480	2	245～335	珠光体或索氏体
QT900-2	900	600	2	280～360	回火马氏体或屈氏体+索氏体

常用的球墨铸铁的应用介绍如下：

(1)QT400-18是铁素体球墨铸铁，该材料的强度，延伸率和冲击值都高于可锻铸铁，具有较高的承受常温一次大能量冲击载荷的能力。其常温和低温的小能量多冲击抗力皆优于可锻铸铁。另外，它还具有一定的耐腐蚀性能(优于灰铸铁)。可用于制造轴流泵或旋涡泵的转轮、井用潜水泵的进水节等。

(2)QT450-15是铁素体(>80%)球墨铸铁，有近似于低碳钢的性能，即有较高的韧性、塑性；在低温下有较低的韧性-脆性转变温度和较高的冲击值。此外焊接性和可加工性较好，塑性略低于QT400-18，而强度与小能量冲击韧度优于QT400-18。这种球墨铸铁还具有一定的耐热性能和耐腐蚀性能。主要应用于制造要求较高韧性、塑性及低温工作要求具有一定冲击(抗力)的零件。在泵行业中，用于制造多级离心泵的联轴器、泵座的进口法兰、轴流式旋涡泵的转轮、井用潜水泵的进水节等。

(3)QT500-7是铁素体珠光体混合基体(<80%～50%)的球墨铸铁，具有优良的综合机械性能。耐磨性一般比灰铸铁好，它的硬度一般比可锻铸铁高，因此耐磨性也比可锻铸铁好。耐腐蚀性能高于普通珠光体灰铸铁，但远远低于铁素体球墨铸铁。适于制造承受一般动载荷及静载荷零件。水泵行业广泛用于制造多种离心式杂质泵的泵体、泵盖、托架、轴承体、卡箍及各种胶泵的骨架零件和船用电动往复泵的连杆等。

(4)QT600-3是珠光体+少量铁素体基体(<80%～50%)的球墨铸铁，具有较高的强度、硬度、耐磨性和一定的塑性和韧性，屈强比高于45号钢，耐腐蚀性能远低于铁素体球墨铸铁。一般用于要求较高强度、耐磨性的动载零件。水泵行业中用来制造船用电动往复泵的曲轴、连杆，计量泵的连杆、弓形架，大、中型矿潜泵的壳体，以及高压泵的曲轴等。

(5)QT700-2、QT800-2是基体组织为珠光体或回火索氏体的球墨铸铁，具有较高的强度、耐磨性、低韧性(或低塑性)。主要用途同QT600-3。

(6)QT900-2是基体组织为下贝氏体或回火马氏体、回火索氏体的球墨铸铁，具有高强度、高耐磨性、较高的弯曲疲劳强度和接触疲劳强度及一定的韧性。适用于制造农机具中的犁铧、耙片、低速农用轴承套圈，汽车中的曲线齿锥齿轮、转向节、传动轴，拖拉机中的减速齿轮，以及内燃机中的曲轴、凸轮轴等。

7.3.4 球墨铸铁的处理工艺

球墨铸铁是用一定化学成分的铁水经球化处理和孕育处理后获得的。

1. 球化处理

球化处理是将球化剂加入到铁水中，促使石墨球化的工艺。常用的球化剂有纯镁、镁合金、稀土镁硅铁合金、钙系球化剂等。

采用纯镁作为球化剂时，必须采用压力包处理，因为纯镁加入到铁水中会产生猛

烈的沸腾现象，这种处理工艺需要专用设备，操作不安全而且废品(缩松、黑斑等)较多。

国内外多采用稀土硅铁合金作为球化剂。这种合金的镁含量较低，沸腾较微弱，可以采用冲入法处理，不需要专用设备，且操作简单，生成安全，质量稳定，废品较少。我国大部分企业采将纯镁、稀土硅铁合金、硅铁等材料，按照一定的配比，混合熔制而成该球化剂。

由于镁属于稀缺金属，因此也可以采用钙系球化剂。但是钙的球化能力比镁弱得多，石墨球型较差，并且对原铁水的硫含量很敏感。硫含量过高，这类球化剂的加入量必须相应地增加才可保证球化效果。钙系球化剂的球化反应较弱，不易起爆，加入一定量的熔剂(如萤石)，就可以加速球化反应的进行。而且采用钙系球化剂球化处理后的铸铁其铸造缺陷较少。

2. 孕育处理

孕育处理是球墨铸铁处理过程中很重要的一个环节，不仅能消除球化处理过程中所产生的白口，同时还会使石墨球变小、变圆，使分布更均匀，提高球墨铸铁的性能。常采用的孕育剂为 Si75、铝-硅铁合金、硅铁-铝-锰铁合金等。孕育方法有一次孕育、二次孕育、瞬时孕育法等。

7.3.5 球墨铸铁的热处理

热处理可以改善球墨铸铁的金属基体的组成，是提高球墨铸铁性能的一个重要手段。目前，几乎所有钢所采用的热处理方法都能用于球墨铸铁，而且根据球墨铸铁自身的相变特点还研究出了球墨铸铁特有的热处理方法。

1. 退火

为了消除铸态组织中的游离渗碳体，并增加金属基体中铁素体的含量，提高球墨铸铁的塑韧性，改善切削性能，消除铸造应力，需要对其进行退火处理。球墨铸铁的退火处理可分为高温退火和低温退火。

1)高温退火

高温退火的目的是使铸态组织中的游离渗碳体和珠光体中的共析渗碳体分解，增加铁素体数量，从而提高球墨铸铁的塑韧性。高温退火的工艺是：将铸件随炉升温至900℃～950℃，保温后随炉缓冷至600℃出炉空冷。保温时间的长短根据铸件的大小、厚薄及铸态组织中渗碳体含量不同等因素而定。高温退火工艺如图 7-8 所示。

2)低温退火

铸态金属基体中没有渗碳体或其含量很少时，可以采用低温退火，使珠光体中的共析渗碳体分解，金属基体中的铁素体数量增加。低温退火的工艺是：将铸件随炉升温至720℃～760℃(共析转变温度稍下)，保温 3～6h，然后随炉冷却至600℃，出炉空冷。低温退火工艺规范如图 7-9 所示。

需要注意的是：无论高温退火还是低温退火，出炉空冷温度都不能过高(铁素体数量不足)，同时也不能过低，否则将会使铸件产生“回火脆性”，而导致铸件的塑韧性明显下降。出炉空冷温度以600℃～650℃为宜。

2. 正火

球墨铸铁正火的目的是为了获得珠光体基体组织，并细化晶粒，均匀组织，使球

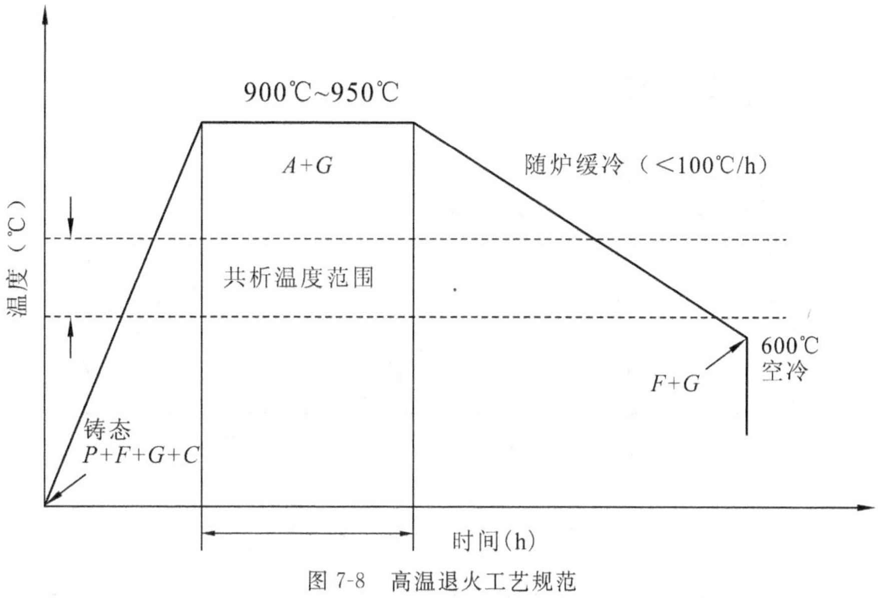

图 7-8　高温退火工艺规范

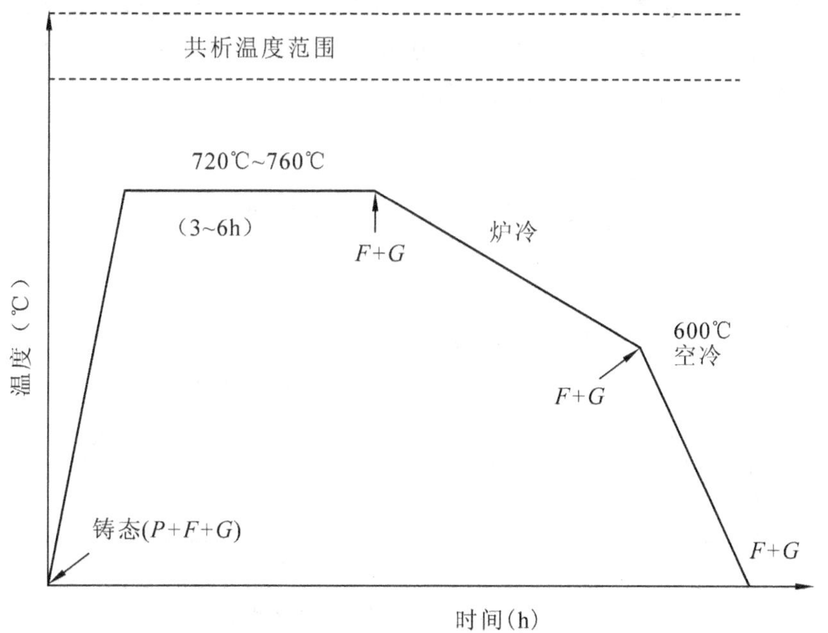

图 7-9　低温退火工艺规范

墨铸铁具有较高的强度和耐磨性。有时正火也是球铁表面淬火在组织上的准备，正火分高温正火(完全奥氏体化正火)和低温正火(不完全奥氏体化正火)。

高温正火温度一般加热到 880℃～920℃，保温 3h(保温时间一般以铸件烧透 30min 为宜)，然后立即出炉风冷。当铸件厚大或天气炎热时可采用喷雾冷却。为了消除铸件由于正火而产生的残余应力，正火后通常进行回火处理。回火处理是将铸件随炉升温至 550℃左右，保温 1～3h，然后出炉空冷。正火＋回火工艺规范如图 7-10 所示。

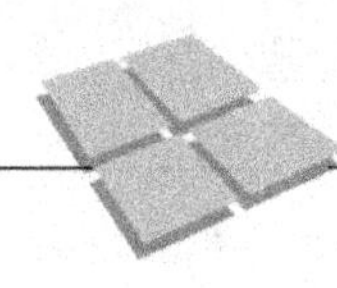

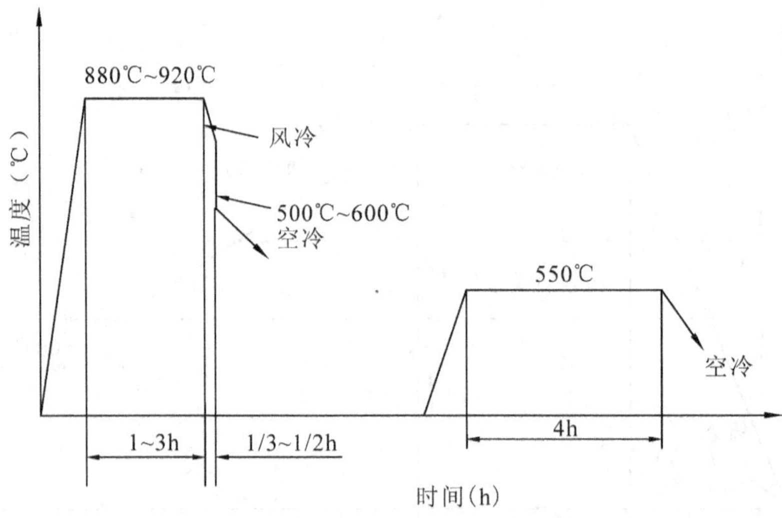

图 7-10　正火＋回火工艺规范

低温正火一般加热到共折温度区间 820℃～860℃，保温一定时间，使基体部分转变为奥氏体，部分保留为铁素体，空冷后得到的珠光体和少量破碎铁素体的基体。这种组织使球墨铸铁不仅具有较高的强度，还具有比一般正火处理要高一些的塑性和韧性，即具有较好的综合性能，其工艺如图 7-11 所示。

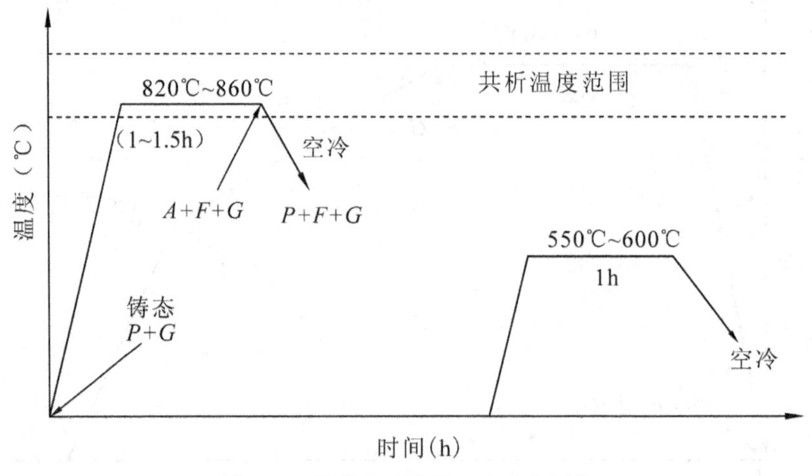

图 7-11　部分奥氏体化正火工艺规范

3. 调质

对于球墨铸铁连杆、曲轴等要求具有较高的综合机械性能，可以对球铁采用调质处理。调质处理的工艺为：加热到 850℃～900℃，使金属基体转变为奥氏体，在油中淬火得到马氏体，然后经 550℃～600℃ 回火，空冷后获得回火索氏体基体组织，如图 7-12所示。调质处理一般适用于小尺寸的铸件，如果铸件的尺寸过大，内部淬不透，则调质处理效果不好。

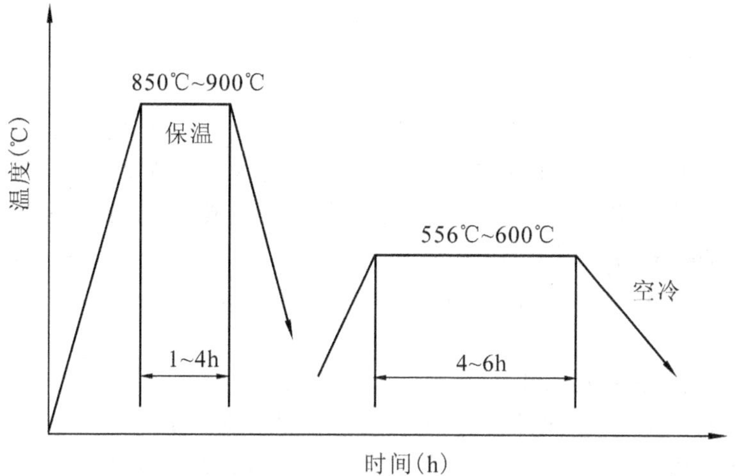

图 7-12 球墨铸铁调质处理工艺规范

回火索氏体不仅强度高，而且塑韧性比正火处理后的珠光体组织要好(见表 7-8)，在生产中应用广泛。

4. 等温淬火

球墨铸铁经等温淬火后可以获得高强度，同时兼有较好的塑性和韧性。等温淬火加热温度的选择主要考虑使原始组织全部奥氏体化、不残留铁素体，同时也避免奥氏体晶粒长大。加热温度一般采用 Afc1 以上 30℃～50℃，等温处理温度为300℃～350℃以保证获得具有综合机械性能的下贝氏体组织，其等温淬火工艺规范如图 7-13 所示。稀土镁铝球墨铸铁等温淬火后 $\sigma_b = 1200 \sim 1400$MPa，$\alpha_k = 3 \sim 3.6$J/cm^2，HRC＝47～51。但应注意，等温淬火后再加一道回火工序。一些重要的齿轮(如拖拉机大、小减速齿轮，螺旋伞齿轮等)、拖拉机履带板等零件都是采用这种热处理工艺获得的球墨铸铁。

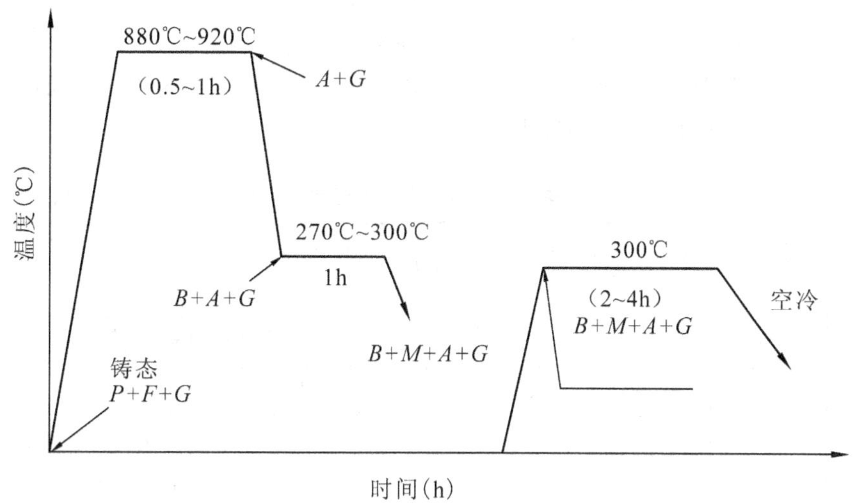

图 7-13 等温淬火＋回火工艺规范

7.4 蠕墨铸铁

蠕墨铸铁是在一定成分的铁水中加入适量的蠕化剂而炼成的，其铸造方法和工艺与球墨铸铁基本相同。因石墨形态形似蠕虫状，故称为蠕墨铸铁。

目前主要采用的蠕化剂有镁钛合金、稀土镁钛合金或稀土镁钙合金等。

7.4.1 蠕墨铸铁的成分

蠕墨铸铁的一般成分范围为：3.5%～3.9%C，2.1%～2.8%Si，0.4%～0.8%Mn，＜0.1%S，＜0.1%P。

7.4.2 蠕墨铸铁的组织和性能

蠕墨铸铁的组织由金属基体和石墨组成。石墨具有介于片状和球状之间的中间形态，在光学显微镜下显示为互不相连的短片，与灰口铸铁的片状石墨类似。所不同的是，其石墨片的长厚比较小，端部较钝。蠕墨铸铁根据基体的不同，可以分为铁素体蠕墨铸铁、珠光体蠕墨铸铁和铁素体＋珠光体蠕墨铸铁，其显微组织如图 7-14 所示。

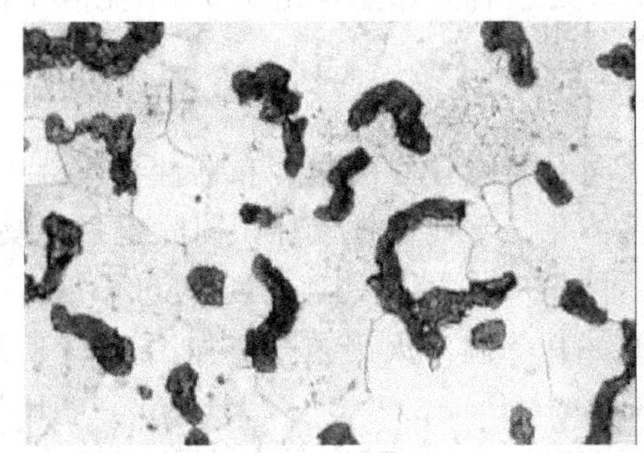

(a) 铁素体蠕墨铸铁

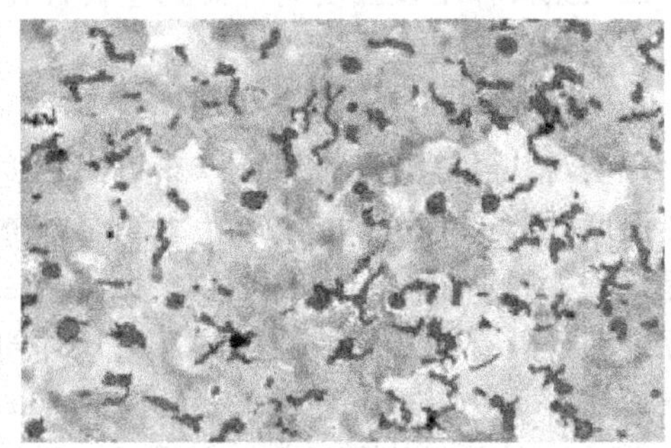

(b) 珠光体蠕墨铸铁

图 7-14 蠕墨铸铁的显微组织

蠕墨铸铁是一种新型高强铸铁材料。它的强度接近于球墨铸铁，并且有一定的韧性和较高的耐磨性；同时又有和灰口铸铁一样良好的铸造性。另外，蠕墨铸铁具有较高的热导率，可以制造承受热疲劳的零件，这是灰口铸铁和球墨铸铁所不及的。表 7-9 列出了蠕墨铸铁的牌号、性能和应用。

表 7-9 蠕墨铸铁的牌号、性能和应用举例

牌号	抗拉强度/MPa	屈服强度/MPa	伸长率/%	HBS	基体组织	应用举例
RuT420	420	335	0.75	200～280	*P*	活塞环、制动盘、钢珠研磨盘、吸淤泵体等
RuT380	380	300	0.75	193～274	*P*	
RuT340	340	270	1.0	170～249	*P*＋*F*	重型机床件、大型齿轮箱体、盖、座、飞轮、起重机卷筒等

续表

牌号	抗拉强度/MPa	屈服强度/MPa	伸长率/%	HBS	基体组织	应用举例
RuT300	300	240	1.5	140～217	$F+P$	排气管、变速箱体、气缸盖、液压件、烧结机箅条
RuT260	260	260	3	121～197	F	增压器废气进气壳体、汽车底盘零件等

7.4.3 蠕墨铸铁的牌号和应用

按GB/T5612—2008规定，蠕墨铸铁的牌号表示方法与灰铸铁相似。蠕墨铸铁牌号是以RuT后面一组数字组成。RuT为蠕铁两字的汉语拼音缩写，其后的数字表示最低抗拉强度，如RuT300、RuT420等，如表7-9所示。目前，蠕墨铸铁的具体牌号参见JB/T4403—1999。

蠕墨铸铁已成功地用于高层建筑中高压热交换器、内燃机、汽缸和缸盖、汽缸套、钢锭模、液压阀等铸件。对于要求强度高、导热性能好、热变形量小的铸件，应该选用蠕化率较高的蠕墨铸铁，如用于生产汽缸盖及排气管等铸件。对于要求在承受疲劳条件下能持久工作的铸件，如钢锭模、金属型等，则选用蠕化率低的蠕墨铸铁可以具有更好的热疲劳性能，但此时铸件的热变形量会相应地增大。

RuT420、RuT380基体为珠光体，具有高强度、高硬度、高耐磨性和较高的热导率。铸件材质中需要加入合金元素或经正火处理，适于制造要求强度和耐磨性高的零件，如活塞环、汽缸套、制动盘、玻璃模具、刹车鼓、钢珠研磨盘、吸淤泵体等。

RuT340基体为铁素体＋珠光体，具有较高的强度、硬度、耐磨性和热导率，适用于制造要求较高强度、刚度及要求耐磨性好的零件，如带导轨面的重型机床件、大型龙门铣横梁、大型齿轮箱体、盖、座、刹车鼓、飞轮、玻璃模具、起重机卷筒、烧结机滑板等。

RuT300基体为铁素体＋珠光体，强度和硬度适中，有一定的塑韧性，热导率较高，致密性好，适用于制造要求较高强度及承受热疲劳的零件，如排气管、变速箱体、气缸盖、纺织机零件、液压件、钢锭模、某些小型烧结机箅条等。

RuT260基体为铁素体，强度一般，硬度较低，塑韧性和热导率较高，铸件一般需要经过退火处理，适用于制造承受冲击载荷及热疲劳的零件，如增压机废气进气壳体、汽车及拖拉机的某些地盘零件等。

7.5 可锻铸铁

可锻铸铁是由白口铸件经热处理而得的一种高强度铸铁，也称玛钢。与灰口铸铁相比，它的强度、塑性和韧性较高，耐磨性和减振性优于普通碳素钢，所以可部分代替碳钢、合金钢和有色金属。

可锻铸铁分为黑心可锻铸铁和白心可锻铸铁。黑心可锻铸铁是将白口铸铁进行高

温退火，使渗碳体石墨化而获得的。它的断口呈现黑色团絮状，边缘有白色的脱碳层。白口可锻铸铁是将白口铸铁置于氧化介质中，采用脱碳的方法获得的。在国外几乎已经不再使用白口可锻铸铁，而被黑口可锻铸铁所取代。我国生产的可锻铸铁，90%以上都是黑心铁素体可锻铸铁。

7.5.1 可锻铸铁的成分

可锻铸铁的碳含量和硅含量较低，成分是2.2%～2.8%C，1.0%～1.8%Si，0.4%～1.2%Mn，<0.18%S，<0.2%P。

7.5.2 可锻铸铁的组织和生产

可锻铸铁的基体有铁素体和珠光体两种，如图7-15所示。

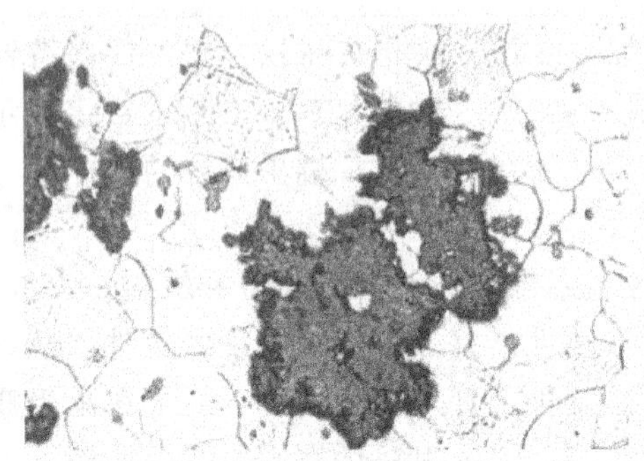

(a) 铁素体可锻铸铁

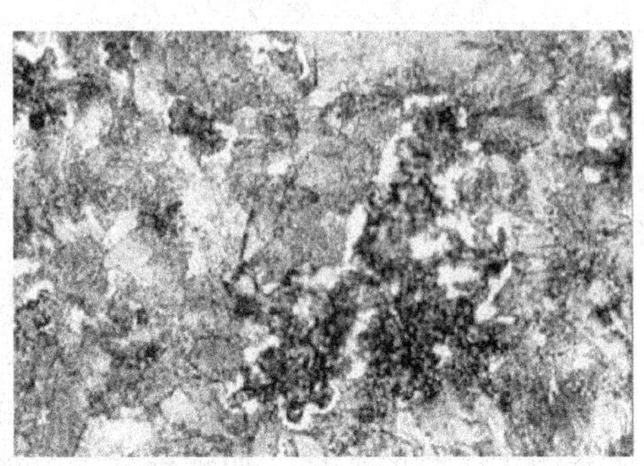

(b) 珠光体可锻铸铁

图7-15 可锻铸铁的金相组织

可锻铸铁的生产分为以下两个步骤。

1. 铸造成白口铸铁

如果铸铁中存在石墨，那么在随后的退火过程中，从渗碳体中分解出的碳在已有的石墨上结晶，得不到团絮状石墨。所以，为了保证可锻铸铁中碳呈现团絮状，即在常规的冷却条件下铸件可以得到完全的白口组织，就要降低铁中的碳含量和硅含量。另外，碳含量和硅含量也不能太低，否则会延长随后的退火时间，降低生产效率，浪费能源。

此外，为了缩短可锻铸铁的退火时间，可以对铁熔体进行孕育处理。孕育剂的作用有两方面，一是阻碍石墨化，以保证获得白口组织；二是在退火时，促进石墨化，以缩短退火周期。

2. 石墨化退火

为了获得团絮状石墨，可锻铸铁需要进行长时间的石墨化退火，黑心可锻铸铁的退火工艺如图7-16所示。第一阶段石墨化过程：将白口铸铁加热到900℃～950℃，并长时间保温，使共晶渗碳体不断溶入奥氏体而逐渐消失，团絮状石墨逐渐形成。随后快速(100℃/h)冷却，当冷却到共析转变温度范围(720℃～760℃)时，奥氏体转变为珠光体，可以得到珠光体可锻铸铁。另外，奥氏体中碳的溶解度降低而析出过饱和的碳，并附着在已生成的石墨团上。

第二阶段石墨化过程：第一阶段石墨化后，在冷至720℃～760℃后继续保温，使珠光体中的渗碳体再次分解，析出的碳聚集在已生成的石墨团上。在650℃～700℃出炉冷却至室温，可以得到铁素体基体的可锻铸铁。

可锻铸铁的基体组织是铁素体还是珠光体，取决于通过共析转变温度的冷却条件(冷却速度、停留温度及保温时间等)。冷却速度快，得到珠光体可锻铸铁；冷却速度慢，得到铁素体可锻铸铁。

另外，可锻铸铁的退火时间非常长，往往需要几十个小时，为了缩短退火时间，同时细化组织，提高可锻铸铁的机械性能，有时对其采用孕育处理。例如，采用0.001%硼、0.006%铋和0.008%铝的孕育剂，可将退火时间由70多小时缩短至30小时。

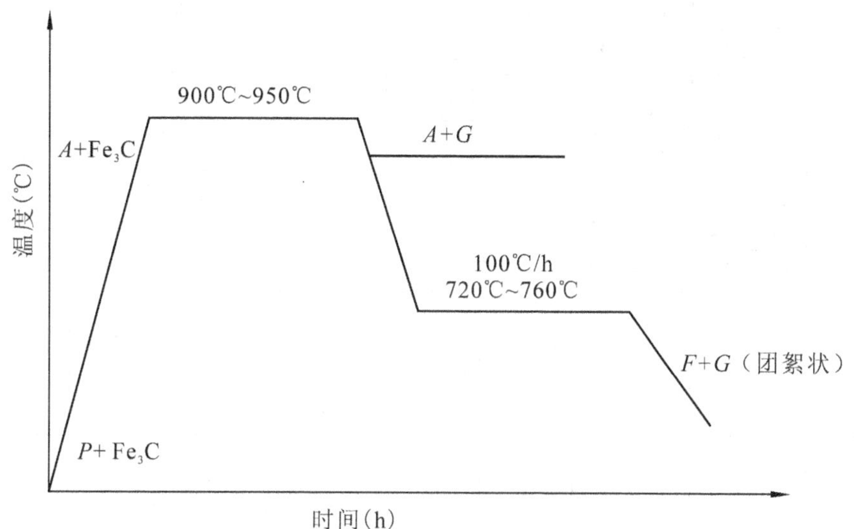

图7-16 黑心可锻铸铁的石墨化退火工艺

7.5.3 可锻铸铁的特点

可锻铸铁与灰口铸铁一样，也是由金属基体与石墨组成的，只是可锻铸铁的石墨呈团絮状，因而减轻了石墨对基体金属的割裂作用。可锻铸铁的碳含量和硅含量较低，凝固温度高(1280℃～1300℃)，所以铁水的流动性差，导致铁水需要高的出炉温度和浇注温度。可锻铸铁的白口坯件收缩性大，容易产生缩松、缩孔等缺陷，所以浇注系统应具有良好的补缩性。白口坯件容易产生热裂、冷裂和显微裂纹，故铸型应具有良好的退让性。

与灰口铸铁相比，可锻铸铁的机械性能较高(强度 σ_b 为300～375MPa)，尤其是塑性(延伸率为6%～12%)和韧性(无缺口试样的冲击韧性可达100～137kJ/m^2)。

与球墨铸铁相比，可锻铸铁的质量稳定，常温机械性能与其相近，而可锻铸铁的低温机械性能常常超过球墨铸铁，这是由于可锻铸铁具有较低的硅含量和较少的石墨数量。

室温下，可锻铸铁的塑性和韧性远低于铸钢或锻钢。

可锻铸铁，尤其是铁素体可锻铸铁，其硬度较灰口铸铁低，故容易进行机械加工，而且容易组织流水线生产。另外，可锻铸铁具有极好的耐热性能、耐大气腐蚀性能和减振性能。

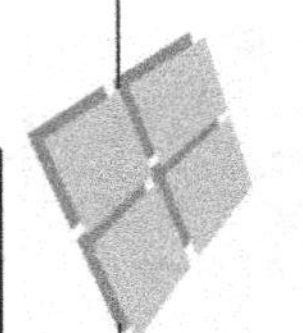

表 7-10 可锻铸铁的牌号、机械性能及用途

类型	牌号	试样直径 d(mm)	抗拉强度 σ_b(MPa)≥	屈服强度 $\sigma_{0.2}$(MPa)≥	伸长率 δ_5(%)≥	硬度 HBS	用途
黑心可锻铸铁	KTH300-06	12 或 15	300	—	6	≤150	适用于承受低动载荷及静载荷、要求气密性好的零件，如管道配件、中低压阀门等
	KTH330-08		330	—	8		适用于承受中等动载荷及静载荷的零件，如农机上的犁刀、犁柱、车轮壳、钢丝绳轧头等
	KTH350-10		350	200	10		适用于承受较高的冲击、振动及扭转载荷的零件，如汽车、拖拉机上的前后轮壳、转向节壳、制动器等，农机上的犁刀、犁柱，铁道零件，冷暖器接头，船用电机壳等
	KTH370-12		370	—	12		
珠光体可锻铸铁	KTZ450-06	12 或 15	450	270	6	150～200	适用于承受较高载荷、耐磨损并要求有一定韧性的重要零件，如曲轴、凸轮轴、连杆、齿轮、摇臂、活塞环、滑动轴承、犁刀、耙片、万向接头、棘轮、扳手、传动链条、矿车轮等
	KTZ550-04		550	340	4	180～230	
	KTZ650-02		650	430	2	210～260	
	KTZ700-02		700	530	2	240～290	
白心可锻铸铁	KTB350-04	9	340	—	5	≤230	适用于薄壁铸件(壁厚<15mm)和焊后不需要进行热处理的零件。因工艺复杂、生产周期长、强度及耐磨性较差，故应用不多
		12	350	—	4		
		15	360	—	3		
	KTB380-12	9	320	170	15	≤200	
		12	380	200	12		
		15	400	210	8		
	KTB400-05	9	360	200	8	≤220	
		12	400	220	5		
		15	420	230	4		
	KTB450-07	9	400	230	10	≤220	
		12	450	260	7		
		15	480	280	4		

7.5.4 可锻铸铁的牌号和用途

根据GB/T9440—1988，可锻铸铁用KT符号表示，是可锻铸铁中可铁两字汉语拼音的首字母，其后的两项数字分别表示最低抗拉强度σ_b(MPa)和伸长率δ(%)。KTH表示黑心可锻铸铁；KTZ表示珠光体可锻铸铁；KTB表示白心可锻铸铁。

珠光体可锻铸铁具有较高的强度、硬度和耐磨性，而塑性和韧性较差。它可以用于制造受冲击不大，但要求有一定韧性的曲轴、连杆、齿轮、凸轮轴、摇臂、活塞环等。

铁素体可锻铸铁具有较高的强度和冲击韧性。可以应用于制造承受冲击和振动的零件，尤其适合于制造形状复杂、工作时受振动而强度、韧性要求高的薄壁零件，如汽车、拖拉机的后桥外壳、低压阀门等。这些零件如果采用灰口铸铁制造，则强度、韧性等力学性能达不到要求；如果采用球墨铸铁制造，则容易形成白口；如果采用铸钢制造，由于铸造性能不好，产品质量不能保证。因此，铁素体可锻铸铁广泛应用于工业生产中。另外，铁素体可锻铸铁由于具有较好的耐蚀性，可以应用于制造耐蚀零件，如在潮湿空气、炉气和水等介质中服役的零件(管接头、阀门等)。如泵行业通常应用KTH300-06制造泵的配管的接头等，应用KTH330-08、KTH300-10制造泵的进口法兰等，应用KTH330-08和KTH300-12制造泵的进口法兰等。表7-10列出了可锻铸铁的牌号、机械性能和应用举例。

但是，由于可锻铸铁的退火时间很长，导致生产周期长、工艺复杂，使得它的应用和发展受到很大的限制。

7.6 特种铸铁

特种铸铁通常是在普通铸铁的基础上加入一些合金元素而获得的，因此也称为合金铸铁。按合金加入量的多少，可分为低合金铸铁(合金元素小于3%)、中合金铸铁(合金元素为3%～10%)、高合金铸铁(合金元素大于10%)。特种铸铁具有特殊的使用性能，如耐磨性、耐热性或耐蚀性等。按使用性能的不同，可分为耐磨铸铁、耐热铸铁、耐蚀铸铁等。特种铸铁可用来制造在高温、高摩擦或腐蚀介质中工作的机器零件，其应用范围广泛。

7.6.1 耐磨铸铁

根据工作条件的不同，耐磨铸铁可以分为减摩铸铁和抗磨铸铁两类。

1. 减摩铸铁

减摩铸铁的特点是在润滑条件下，摩擦系数小(0.05～0.16)，在工作中磨损少、动力消耗小。减摩铸铁的金相组织是软基体上嵌有坚硬的强化相。软基体被磨损后形成的沟槽可储存润滑油利于润滑，降低磨损。而坚硬的强化相可承受摩擦。细片层状珠光体基体的灰口铸铁能够满足这种要求，其中铁素体为软基体，渗碳体为坚硬的强化相，石墨起着储油和润滑的作用。通常在灰口铸铁中加入适量的Cu、Cr、Mo、V、Ti、P等合金元素形成减摩铸铁。减摩铸铁用于制造在润滑条件下工作的零件，如机床床身、轴承、导轨和汽缸套等。这些零件要求较小的摩擦系数。目前常用的减摩铸铁有高磷铸铁、磷铜钛铸铁、铬钼铜铸铁等。

1)高磷铸铁

当珠光体灰口铸铁的磷含量较大时，形成硬而脆的磷共晶以坚硬的骨架存在于软基体上，显著提高其耐磨性。一般把磷含量大于0.4%的铸铁称为高磷铸铁。磷含量在0.4%~0.6%时，磷共晶呈断续网状分布；磷含量在0.7%以上时，磷共晶多呈连续网状分布。提高耐磨性最重要的方法是控制磷共晶，理想的磷共晶应是断续、碎网状、细小而均匀分布的，通常含磷量控制在0.4%~0.6%。这种铸铁的耐磨性比普通灰口铸铁高1~2倍，可用来制造机床床身等零件。此外，高磷铸铁熔炼方便，而且由于磷降低了液相线及共晶温度，从而延长了保持液态时间，流动性较好。

2)磷铜钛铸铁

为了克服高磷铸铁"脆、裂、松"的缺陷，在其基础上加入铜(0.6%~1.0%)和钛(0.09%~0.15%)形成磷铜钛铸铁。在铸铁凝固时，铜有利于石墨化，共析转变时又阻碍石墨化，所以既能阻止莱氏体的出现，又能稳定和细化珠光体，使石墨均匀分布。钛溶解在铁素体中，提高其硬度，改善铸铁的耐磨性，还能形成硬质相TiC。因此磷铜钛铸铁的耐磨性超过高磷铸铁。磷铜钛铸铁适用于制造精密机床和易磨损的机床铸件等。

3)铬钼铜铸铁

铬是强烈碳化物稳定元素，形成Fe-Cr-C复杂化合物。加入铬(0.2%~0.7%)可提高铸铁的耐磨性；铬常与铜、钼并用，加入铜(0.5%)能阻碍凝固过程的石墨化，使组织细密，细化珠光体和石墨；钼既能形成固溶体，使共析碳分量增加，也能提高耐磨性。铬钼铜铸铁的组织是细片层状珠光体、细片状石墨、少量磷共晶和碳化物。这种铸铁的耐磨性比灰口铸铁也高1倍，适用于制造机床、缸套、齿轮等。

2. 抗磨铸铁

抗磨铸铁用来制造在无润滑、干摩擦条件下工作的零件，如轧辊、球磨机磨球、货车闸瓦、犁铧、抛丸机叶片等。它的组织特点是，基体组织均匀且硬度高，主要是依靠高硬度来提高耐磨性。普通白口铸铁具有高耐磨性和脆性，所以在生产中常常将适量的Mo、Cu、Mn、Ni、Cr等合金元素加入其中，形成抗磨白口铸铁。抗磨白口铸铁具有一定的韧性以及更高的硬度和耐磨性。根据GB/T8263—1999，抗磨白口铸铁用KmTB+合金元素+数字表示，其中KmTB分别是"抗磨"、"铁"、"白"的汉语拼音首字母，其后的数字表示合金元素的含量。表7-11所示为抗磨白口铸铁的牌号和化学成分。

7.6.2 耐热铸铁

炉底板、坩埚、换热器、钢锭模、煤粉烧嘴、烧结机箅条、链式加热炉炉爪等铸铁零件在高温条件下工作时，通常会产生氧化和生长等现象，所以要求具有良好的耐热性，应采用耐热铸铁。氧化是指铸铁在高温下受氧化性气体的侵蚀而产生烧损。由于表面形成氧化皮，减少了铸件的有效断面，因而降低了铸件的承载能力。生长是指铸铁在高温下反复加热冷却时，氧化性气体沿着石墨片的边界和裂纹渗入铸铁内部，造成内部氧化，而且渗碳体分解成石墨，发生不可逆的体积长大，造成零件尺寸增大，并使机械性能降低。铸件在高温和负荷的共同作用下，由于氧化和生长导致零件变形、翘曲、产生裂纹，甚至破裂。所以铸铁在高温下抵抗破坏的能力通常是指铸铁的抗氧

表 7-11 抗磨白口铸铁件的牌号与化学成分(摘自 GB/T8263—1999)

牌号	化学成分/%									硬度≥				金相组织		使用性能
	w_C	w_{Si}	w_{Mn}	w_{Cr}	w_{Mo}≤	w_{Ni}	w_{Cu}	w_S≤	w_P≤	铸态或铸态并去应力退火		硬化态或硬化态并去应力退火		铸态或铸态并去应力退火	硬化态或硬化态并去应力退火	
										HRC	HB	HRC	HB			
KmTBNi4Cr2-DT	2.4～3.0	≤0.8	≤2.0	1.5～3.0	1.0	3.3～5.0	—	0.15	0.15	53	550	56	600	共晶碳化物 M_3C+马氏体+贝氏体+奥氏体	共晶碳化物 M_3C+马氏体+贝氏体+残余奥氏体	可用于中等冲击载荷的磨料磨损
KmTBNi4Cr2-GT	3.0～3.6	≤0.8		1.5～3.0	1.0	3.3～5.0	—	0.15	0.15	53	550	56	600			用于较小冲击载荷的磨料磨损
KmTBCr9Ni5	2.5～3.6	≤2.0		7.0～11.0	1.0	4.5～7.0	—	0.15	0.15	50	500	56	600	共晶碳化物(M_7C_3+少量 M_3C)+马氏体+奥氏体	共晶碳化物(M_7C_3+少量 M_3C)+二次碳化物+马氏体+残余奥氏体	有很好的淬透性，可用于中等冲击载荷的磨料磨损
KmTBCr2	2.1～3.6	≤1.2		1.5～3.0	1.0	≤1.0	≤1.2	0.10	0.15	46	450	56	600	共晶碳化物 M_3C+珠光体	共晶碳化物 M_3C+二次碳化物+马氏体+残余奥氏体	用于较小冲击载荷的磨料磨损
KmTBCr8	2.1～3.2	1.5～2.2		7.0～11.0	1.5	≤1.0	≤1.2	0.06	0.10	46	450	56	600	共晶碳化物(M_7C_3+少量 M_3C)+细珠光体	共晶碳化物(M_7C_3+少量 M_3C)+二次碳化物+贝氏体+马氏体+奥氏体	有一定的耐蚀性，可用于中等冲击载荷的磨料磨损
KmTBCr12	2.0～3.3	≤1.5		11.0～14.0	3.0	≤2.5	≤1.2	0.06	0.10	46	450	56	600	共晶碳化物 M_7C_3+奥氏体及其转变产物	共晶碳化物 M_7C_3+二次碳化物+马氏体+残余奥氏体	可用于中等冲击载荷的磨料磨损
KmTBCr15Mo	2.0～3.3	≤1.2		14.0～18.0	3.0	≤2.5	≤1.2	0.06	0.10	46	450	58	650	共晶碳化物 M_7C_3+奥氏体及其转变产物	共晶碳化物 M_7C_3+二次碳化物+马氏体+残余奥氏体	可用于中等冲击载荷的磨料磨损
KmTBCr20Mo	2.0～3.3	≤1.2		18.0～23.0	3.0	≤2.5	≤1.2	0.06	0.10	46	450	58	650	共晶碳化物 M_7C_3+奥氏体及其转变产物	共晶碳化物 M_7C_3+二次碳化物+马氏体+残余奥氏体	有很好的淬透性，有较好的耐蚀性，可用于较大冲击载荷的磨料磨损
KmTBCr26	2.0～3.3	≤1.2		23.0～30.0	3.0	≤2.5	≤2.0	0.06	0.10	46	450	56	600	共晶碳化物 M_7C_3+奥氏体	共晶碳化物 M_7C_3+二次碳化物+马氏体+残余奥氏体	有很好的淬透性，有良好的耐蚀性，可用于较大冲击载荷的磨料磨损

注：DT——低含碳量；GT——高含碳量。

化性和抗生长能力。耐热铸铁是指在高温条件下具有一定的抗氧化和抗生长性能，并能承受一定的载荷。

目前生产中主要通过在铸铁中加入硅、铬、铝等合金元素来提高铸铁的抗氧化和抗生长能力。其作用是：①在铸铁表面形成一层致密、连续的氧化膜，阻止氧渗入铸铁内部；②提高铸铁的固态相变温度，使其在服役温度范围内不发生组织转变，如采用单相组织，铁素体基体可以保持体积稳定，减缓生长；③稳定碳化物，使得铸铁在高温下不存在渗碳体分解成石墨的可能性，避免由于析出石墨而引起体积膨胀；④尽量消除或减少氧化性气体渗入铸铁内部。例如，采用球状石墨，因为球状石墨通常互不相连、独立地分布在基体中，则氧化性气体渗入铸铁内部的通道不畅，还可以采用合金元素细化基体组织，提高致密度，阻止氧化性气体渗入内部。

耐热铸铁的种类很多，目前常用的有含铬耐热铸铁、高铬耐热铸铁、高硅耐热铸铁、高铝耐热铸铁以及高硅、高铝、硅铝耐热球铁等。表 7-12 是耐热铸铁的牌号、化学成分、性能、使用条件和应用举例。

7.6.3 耐蚀铸铁

铸铁是一种多相合金，在电解质中各相具有不同的电极电位，其中以石墨的电极电位最高，渗碳体次之，铁素体最低。电位高的相是阴极，电位低的相是阳极，形成腐蚀微电池。铁素体作为阳极不断被消耗掉，一直深入到铸铁内部，所以普通铸铁的耐蚀性很差。在腐蚀介质中服役的具有耐蚀能力的铸铁称为耐蚀铸铁。

通过在铸铁中加入适量的 Al、Si、Cr、Cu、Ni 等合金元素来提高铸铁的耐蚀性。合金元素的作用是提高铸铁基体相的电极电位，并在铸铁的表面形成一层致密的保护性氧化膜。致密、均匀的单相组织，即 A 或 F 有利于提高铸铁的耐蚀性。此外，球状或团絮状且互不相连的石墨也有利于提高铸铁的耐蚀性。

耐蚀铸铁可分为高硅耐蚀铸铁、高铝耐蚀铸铁、高铬耐蚀铸铁等。其中高硅耐蚀铸铁应用最为广泛，它的牌号、成分、力学性能、主要特征和应用举例见表 7-13 所示。

7.7 铸钢

对于一些形状复杂，强度、塑性和韧性要求更高，难以用锻压方法成形的零件，若采用铸铁不能满足性能要求，则可采用铸钢件，如水压机横梁、轧钢机机架、重载大齿轮等。铸钢是一种很重要的金属结构材料，具有良好的综合机械性能和物理化学性能。将一些合金元素加入其中，还可以获得耐磨、耐热、无磁、不锈等特殊性能。

7.7.1 铸钢的分类

铸钢的种类很多，按照化学成分的不同，铸钢可分为碳素铸钢和合金铸钢两大类。其中以碳素铸钢应用最为广泛，占铸钢总产量的 80%以上。按照用途，铸钢可分为结构钢、工具钢、不锈钢、耐热钢、耐磨钢、磁钢等。

7.7.2 铸钢的牌号

按 GB/T5613—1995《铸钢牌号表示方法》，铸钢牌号中 ZG 是铸钢两字汉语拼音的首字母。

(1)以强度表示的铸钢牌号，则 ZG 后面的两组数字表示力学性能，第一组数字表

表 7-12　耐热铸铁的牌号、化学成分、性能、使用条件和应用举例(摘自 GB/T9437—2009)

类别	牌号	化学成分(质量分数)/%							室温力学性能		高温(℃)短时抗拉强度 σ_b/MPa					使用条件	应用举例
		w_C	w_{Si}	w_{Mn} ≤	w_P ≤	w_S ≤	w_{Cr}	w_{Al}	抗拉强度 σ_b/MPa≥	硬度 HBS	500	600	700	800	900		
耐热铸铁	HTRCr	3.0～3.8	1.5～2.5	1.0	0.10	0.08	0.50～1.00	—	200	189～288	225	144	—	—	—	在空气炉气中，耐热温度达 550℃，具有高的抗氧化性和体积稳定性	适用于急冷急热的，薄壁，细长件。用于炉条、高炉支梁式水箱、金属型、玻璃模等
耐热铸铁	HTRCr2	3.0～3.8	2.0～3.0	1.0	0.10	0.08	1.00～2.00	—	150	207～288	243	166	—	—	—	在空气炉气中，耐热温度达 600℃，具有高的抗氧化性和体积稳定性	适用于急冷急热的，薄壁，细长件。用于煤气炉内灰盒、矿山烧结车挡板等
耐热铸铁	HTRCr16	1.6～2.4	1.5～2.2	1.0	0.10	0.05	15.00～18.00	—	340	400～450	—	—	—	144	88	在空气炉气中耐热温度到 900℃，具有高的室温和高温强度，高的抗氧化性，但常温脆性较大，耐硝酸的腐蚀	可在室温和高温下做抗磨件使用。用于退火罐、煤粉烧嘴、炉栅、水泥焙烧炉零件、化工机械零件等
耐热铸铁	HTRSi5	2.4～3.2	4.5～5.5	0.8	0.10	0.08	0.50～1.00	—	140	160～270	—	—	41	27	—	在空气炉气中，耐热温度到 700℃，耐热性较好，承受机械和热冲击能力较差	用于炉条、煤粉烧嘴、锅炉用梳形定位板、换热器针状管、二硫化碳反应瓶等
耐热球	QTRSi4	2.4～3.2	3.5～4.5	0.7	0.07	0.015	—	—	420	143～187	—	—	75	35	—	在空气炉气中耐热温度到 650℃，力学性能较 QTRSi5 好	用于玻璃窑烟道闸门、玻璃引上机墙板、加热炉两端管架等

续表

类别	牌号	化学成分(质量分数)/%							室温力学性能		高温(℃)短时抗拉强度 σ_b/MPa					使用条件	应用举例
		w_C	w_{Si}	w_{Mn} ≤	w_P ≤	w_S ≤	w_{Cr}	w_{Al}	抗拉强度 σ_b/MPa≥	硬度 HBS	500	600	700	800	900		
墨铸铁	QTRSi4Mo	2.7～3.5	3.5～4.5	0.5	0.07	0.015	Mo0.5～0.9	—	520	188～241	—	—	101	46	—	在空气炉气中耐热温度到 680℃，高温力学性能较好	用于内燃机排气歧管、罩式退火炉导向器、烧结机中后热筛板、加热炉吊梁等
	QTRSi4Mo1	2.7～3.5	4.0～4.5		0.05	0.015	Mo1.0～1.5	Mg0.01～0.05	550	200～240	—	—	101	46	—	在空气炉气中耐热温度到 800℃，高温力学性能较好	用于内燃机排气歧管、罩式退火炉导向器、烧结机中后热筛板、加热炉吊梁等
	QTRSi5	2.4～3.2	4.5～5.5	0.7	0.07	0.015	—	—	200	228～302	—	—	67	30	—	在空气炉气中耐热温度到 800℃，常温及高温性能优于 RTSi5	用于煤粉烧嘴、炉条、辐射管、烟道闸门、加热炉中间管架等
	QTRAl4Si4	2.5～3.0	3.5～4.5	0.5	0.07	0.015	—	4.0～5.0	300	285～341	—	—	—	82	32	在空气炉气中耐热温度到 900℃，耐热性良好	适用于高温轻载下工作的耐热件。用于烧结机箅条、炉用件等
	QTRAl5Si5	2.3～2.8	4.5～5.2	0.5	0.07	0.015	—	5.0～5.8			—	—	—	167	75	在空气炉气中耐热温度到 1050℃，耐热性良好	
	QTRAl22	1.6～2.2	1.0～2.0	0.7	0.07	0.015	—	20.0～24.0			—	—	—	130	77	在空气炉气中耐热温度高，具有优良的抗氧化能力，较高的室温和高温强度，韧性好，抗高温硫蚀性好	适用于高温(1100℃)，载荷较小，温度变化较缓的工件。用于锅炉用侧密封块、链式加热炉炉爪、黄铁矿焙烧炉零件等

注：牌号的符号中，“TR”表示耐热铸铁，“Q”表示球墨铸铁，其余字母为合金元素符号，数字表示合金元素的平均含量(质量分数)的百倍。

表 7-13　高硅耐蚀铸铁件的牌号、化学成分、力学性能、主要特征和应用(摘自 GB/T8491—2009)

牌号	化学成分(质量分数)/%									力学性能			主要特征	应用
	w_C	w_{Si}	$w_{Mn}\leqslant$	$w_P\leqslant$	$w_S\leqslant$	w_{Cr}	w_{Mo}	w_{Cu}	$w_{RE残}\leqslant$	最小抗弯强度 σ_b/MPa	最小挠度 f/mm	最大硬度 HRC		
HTSSi1Cu2CrR	≤1.20	10.00～12.00	0.5	0.1	0.1	0.60～0.80	—	1.8～2.2	0.1	190	0.80	42	具有较好的力学性能,可用一般的机械加工方法进行生产。在质量分数大于或等于10%的硫酸、质量分数小于或等于46%的硝酸或由上述两种介质组成的混合酸、质量分数大于或等于70%的硫酸加氯、苯、苯磺酸等介质中,具有较稳定的耐蚀性,但不允许有急剧的交变载荷、冲击载荷和温度突变	卧式离心机,潜水泵、阀门、旋塞、塔罐、冷却排水管、弯头等化工设备和零部件等
HTSSi15R	0.65～1.10	14.20～14.75	1.50	0.1	0.1	≤0.50	≤0.50	≤0.50	0.1	118	0.66	48	在氧化性酸(例如:各种温度和浓度的硝酸、硫酸、铬酸等),各种有机酸和一系列盐溶液介质中都有良好的耐蚀性,但在卤素的酸、盐溶液(如氢氟酸、氟化物等)和强碱溶液中不耐蚀。不允许有急剧的交变载荷、冲击载荷和温度突变	各种离心泵、阀类、旋塞、管道配件、塔罐、低压容器及各种非标准零部件
HTSSi15Cr4MoR	0.75～1.15	14.20～14.75	1.50	0.1	0.1	3.25～5.00	0.40～0.60	≤0.50	0.1	118	0.66	48	适用于强氯化物的环境	
HTSSi15Cr4R	0.70～1.10	14.20～14.75	1.50	0.1	0.1	4.0～5.0	≤0.20	≤0.50	0.1	118	0.66	48	具有优良的耐电化学腐蚀性能,并有改善抗氧化性条件的耐蚀性能。高硅铬铸铁中的铬可提高其钝化性和点蚀击穿电位,但不允许有急剧的交变载荷和温度突变	在外加电流的阴极保护系统中,大量用做辅助阳极铸件

示其屈服强度最低值，第二组数字表示其抗拉强度最低值。两组数字间用“-”隔开。例如：ZG200-400，其中200表示屈服强度(MPa)，400表示抗拉强度(MPa)。

(2)以化学成分表示的铸钢牌号，则ZG后面的一组数字表示铸钢的万分碳含量。平均碳含量大于1%，在牌号中不表示，平均碳含量小于0.1%，其第一位数字为0。在碳含量后面排列各主要合金元素符号，每个元素符号后面用整数标出其百分含量。当主要合金元素多于三种时，可在牌号中只标注前两种或前三种的含量。例如，ZG20Cr13，其中20为碳的万分含量，Cr是铬的元素符号，13是铬的名义百分含量。

(3)另加一些字母和符号分别表示不同的含义，如ZGD345-570为一般工程与结构用低合金铸钢；ZG200-400H为焊接结构用碳素铸钢。

7.7.3 碳素铸钢(铸造碳素钢)

碳素铸钢中除铁以外，还有碳、硅、锰、硫、磷等元素。碳是影响碳素铸钢力学性能的主要元素，其他元素的含量在各类碳素铸钢中基本不变。随着碳含量的增加，碳素铸钢的屈服点和抗拉强度均升高，且抗拉强度比屈服点上升得更多。另外，随着碳含量增加，碳素铸钢的塑性和韧性降低。当碳素铸钢中碳含量超过0.45%时，屈服点升高得很少，而塑性和韧性却显著降低。随着碳含量的增加，碳素铸钢的凝固温度降低，钢水的流动性和铸造性能变好。

碳素铸钢件尺寸一般较大，在铸型中的冷却速度较慢，且无须锻压加工，所以组织特点是晶粒粗大且不均匀，而偏析较明显，较普遍地存在树枝状、柱状、网状组织和魏氏组织。此外，碳素铸钢件的内应力较大，力学性能较差，特别是断面收缩率和冲击韧性低。但是因为碳素铸钢具有良好的综合机械性能和铸造性能，而且对原材料的要求不高，合金元素消耗少、成本低，熔炼和铸造工艺简单，所以广泛应用于矿山机械、冶金机械、机车车辆、船舶、水压机、水轮机等大型钢制零件和其他形状复杂的钢制零件。碳素铸钢的产量约占全部铸钢件产量的75%～80%。

一般工程用的这五种碳素铸钢的特点和用途如下。

ZG200-400具有良好的塑性、韧性和焊接性，一般用于韧性要求较高的各种机械零件，如机座、变速箱壳等。ZG230-450具有一定的强度和较好的塑性、韧性，有良好的焊接性，而且切削性尚好，常用于韧性要求较高的的各种机械零件，如砧座、轴承盖、外壳、底板、阀体等。ZG270-500具有较好的塑性和强度，良好的铸造性能，焊接性能尚好，其应用广泛，用于机架、卷筒、轴承座、连杆、箱体、横梁、缸体、挡环等。ZG310-570的强度和被切削性良好，一般用于制造负荷较高的耐磨零件，常用作辊子、缸体、制动轮、滚轮、大齿轮等。ZG340-640具有有较高的强度、硬度和耐磨性，被切削性中等，焊接性较差，流动性好，裂纹敏感性较差，一般用于齿轮、棘轮、吊头等。

7.7.4 合金铸钢

根据合金元素总量的多少，合金铸钢可分为低合金钢和高合金钢两大类。

1. 低合金铸钢

低合金铸钢的牌号、硫和磷的含量及力学性能如表7-15所示。低合金铸钢多用于制造齿轮、水压机工作缸和水轮机转子等零件。

表 7-14　一般工程用铸造碳钢件的牌号、化学成分和力学性能(GB/T11352—2009)

牌号	元素含量(质量分数)/%≤											力学性能					
	w_C	w_{Si}	w_{Mn}	w_S	w_P	残余元素						屈服强度 $R_{eH}(R_{p0.2})$/MPa	抗拉强度 R_m/MPa	伸长率 A_S/%	按合同规定		
						w_{Ni}	w_{Cr}	w_{Cu}	w_{Mo}	w_V	$w_残$				断面收缩率 Z/%	冲击吸收功 A_{KV}/J	冲击韧度 A_{KU}/J
ZG200-400	0.20	0.60	0.80	0.035	0.035	0.40	0.35	0.40	0.20	0.05	1.00	200	400	25	40	30	47
ZG230-450	0.30		0.90									230	450	22	32	25	35
ZG270-500	0.40											270	500	18	25	22	27
ZG310-570	0.50											310	570	15	21	15	24
ZC340-640	0.60											340	640	10	18	10	16

①对上限每减少 W_c0.01%的允许增加 Mn0.04%，对 ZG200-400Mn 最高至 1.00%，其余四个牌号 Mn 最高至 1.20%。

②表中所列的各牌号性能，适应于厚度为 100mm 以下的铸件。当铸件厚度超过 100mm 时，表中规定的 $R_{eH}(R_{p0.2})$屈服强度仅供设计使用。

③表中冲击吸收功 A_{KV}的试样缺口为 2mm。

表 7-15　一般工程用低合金铸钢的牌号、化学成分和力学性能(GB/T14408—1993)

牌号	最高含量/%		力学性能≤			
	w_S	w_P	屈服强度 σ_b/MPa	抗拉强度 σ_b/MPa	延伸率 δ/%	收缩率 Ψ/%
ZGD270-480	0.040	0.040	270	480	18	35
ZGD290-510			290	510	16	35
ZGD345-570			345	570	14	35
ZGD410-620			410	620	13	35
ZGD535-720			535	720	12	30
ZGD650-830			650	830	10	25
ZGD730－910	0.035	0.035	730	910	8	22
ZGD840－1030			840	1030	6	20

说明：表中机械性能值取 28mm 厚标准试块。

2. 高合金铸钢

高合金铸钢具有耐磨、耐热或耐腐蚀等特殊性能。例如，高锰钢 ZGMn13 是一种耐磨钢，主要用于制造在干摩擦工作条件下使用的零件，如挖掘机的抓斗前壁和抓斗齿、拖拉机和坦克的履带等；铬镍不锈钢 ZG1Cr18Ni9 和铬不锈钢 ZG1Cr13 和 ZGCr28 等，对硝酸的耐腐蚀性很高，主要用于制造化工、石油、化纤和食品等设备上的零件。

思考题

1. 什么是铸铁的石墨化？请说明石墨化发生的条件和过程。
2. C、Si、S、P 等元素在铸铁中是以何种形式存在的？
3. 化学成分和冷却速度对铸铁的石墨化过程和铸件组织有何影响？
4. 铸铁的抗拉强度高时，硬度也很高吗？为什么？
5. 灰口铸铁的组织和性能有什么特点？列举出灰口铸铁的用途。
6. 为什么说灰口铸铁的热处理有局限性？一般采用什么热处理工艺？
7. 球墨铸铁的组织特点是什么？一般采用什么热处理工艺？其目的是什么？
8. 与灰口铸铁相比，为什么球墨铸铁的力学性能更好一些？
9. 为什么可锻铸铁适合生产薄壁零件，而球墨铸铁不宜制造薄壁零件？
10. 常用的特种铸铁有哪些？其主要特性和用途是什么？
11. 铸钢的牌号如何表示？说明铸钢的分类及其主要用途。

第8章　有色金属及其合金

除了钢和铸铁外，其余金属如铝、铜、镁、钛、镍、锌等及其合金都称为有色金属及其合金。它们由于具有比密度小、比强度高等特点，广泛应用于航天航空、原子能、计算机等领域。有色金属及其合金的种类繁多，本章仅介绍在工业领域广泛应用的铝及其合金、铜及其合金、钛及其合金、镁及其合金和轴承合金。

8.1　铝及铝合金

8.1.1　纯铝

铝在地壳中的含量仅次于氧和硅，是含量最高的金属元素。在自然界中极少发现元素状态的铝，它以化合态形式存在于各种岩石或矿石中，如长石、云母、高岭土、铝土矿、明矾石等。纯铝呈银白色，具有面心立方晶格，无同素异构转变，具有以下性能特点：

(1)密度小，为 2.72g/cm^3，仅为铁或铜密度的 1/3；

(2)具有良好的导电性和导热性，仅次于铜、银、金，位于第四位。

(3)强度低(σ_b约为 70～100MPa)，塑性好(δ=30%～50%，φ=80%)，易塑性变形加工成材，如丝、线、箔、片等；

(4)熔点低，与其纯度有关，纯度为 99.996%时熔点为 660.24℃，可铸造各种形状零件；

(5)抗大气腐蚀性好，表面会生成致密的 Al_2O_3 薄膜，与大气隔绝，但不耐酸、碱和盐的腐蚀；

(6)抗磁化、毒副作用小；

(7)具有良好的吸音性和反射性，可反射可见光和紫外线。

根据上述性能特点，纯铝的主要用途是：制造飞机、火箭、飞船、汽车、火车、地铁、船舶等陆海空交通工具，以减轻自重，增加装载量；冲压各种零件、生产电线电缆、包装材料、散热器、热交换器、蒸发器、加热电器、炊事用具、化学反应器、医疗器械、冷冻装置、石油精炼装置、液态天然气的输送管道、广播室和现代化大建筑内的天花板等。

纯铝中含有铁、硅、铜、锌等杂质元素，使其性能略有下降。根据纯度不同，纯铝可分为以下三类。

(1)高纯铝：纯度为 99.93%～99.99%，主要用于科学研究及制作电容器等。

(2)工业高纯铝：纯度为 98.85%～99.9%，用于制作铝箔、包铝及冶炼铝合金的原料。

(3)工业纯铝：纯度为 98.0%～99.0%，用于制作电线、电缆、器皿及配制合金。

我国工业纯铝依其杂质含量以国际四位数字及四位字符体系来编制(GB/14764—1996、GB/T3190—1996)。铝含量不小于 99.00%时为纯铝，其牌号用 1×××系列表示，牌号的最后两位数字表示最低铝百分含量。当最低铝百分含量精确到0.01%时，牌号的最后两位数字就是最低铝百分含量中小数点后面的两位。牌号第二位的字母表示原始纯铝的改型情况。如果第二位的字母为A，则表示为原始纯铝；如果是B～Y的其他字母，则表示为原始纯铝的改型，与原始纯铝相比，其元素含量略有改变。如1A99等。纯铝牌号及化学成分见表8-1。

表8-1　纯铝牌号及化学成分(摘自GB/T3190—1996)

牌号	化学成分 w/(%)											旧牌号(GB3190—1982)
	w_{Si}	w_{Fe}	w_{Cu}	w_{Mn}	w_{Mg}	w_{Zn}		w_{Ti}	$w_{其他}$		w_{Al}	
									单个	合计		
1A99	0.003	0.003	0.005	—	—	—	—	—	0.002		99.99	LG5
1A97	0.015	0.015	0.005	—	—	—	—	—	0.005		99.97	LG4
1A95	0.030	0.030	0.010	—	—	—	—	—	0.005		99.95	
1A93	0.040	0.040	0.010	—	—	—	—	—	0.007		99.93	LG3
1A90	0.060	0.060	0.010	—	—	—	—	—	0.01		99.90	LG2
1A85	0.08	0.10	0.01	—	—	—	—	—	0.01		99.85	LG1
1070A	0.20	0.25	0.03	0.03	0.03	0.07	—	0.03	0.03		99.70	
1060	0.25	0.35	0.05	0.03	0.03	0.05	V：0.05	0.03	0.03		99.60	
1050A	0.25	0.40	0.05	0.05	0.05	0.07		0.05	0.03		99.50	
1035	0.35	0.6	0.10	0.05	0.05	0.10	V：0.05	0.03	0.03		99.35	
1200	Si+Fe：1.00	—	0.05	0.05	—	0.10		0.05	0.05	0.15	99.00	
8A06	0.55	0.50	0.10	0.10	0.10	0.10	Si+Fe：1.00	—	0.05	0.15	余量	L6

8.1.2　铝合金的分类及表示方法

在纯铝中加入硅、铜、镁、锰等元素组成铝合金，根据合金元素的含量和加工工艺性能的特点，铝合金可分为变形铝合金和铸造铝合金两大类。其分类方法是根据二元铝合金相图来确定的，如图8-1所示。图中成分小于D的铝合金，加热到高温时能形成单相固溶体组织，具有良好的塑性，适于变形加工，称为**变形铝合金**。成分小于F的变形铝合金，在加热冷却过程中，α固溶体不变，即不能通过热处理手段来强化，称为**不可热处理强化的变形铝合金**。成分位于F～D之间的铝合金，在加热冷却过程中，会析出第二相提高强度，称为**可热处理强化的变形铝合金**。成分大于D的铝合金，冷却时会发生共晶反应，液态金属流动性较好，适合于铸造成形，称为**铸造铝合金**。

此外，铝合金按合金系列又分为Al-Mn合金、Al-Cu合金、Al-Si合金和Al-Mg合金等。

根据GB/14764—1996的规定，新的牌号表示方法采用变形铝和铝合金国际牌号注册组织推荐的国际四位数字体系牌号命名方法。其中第一个数字表示铝及铝合金的类别，其含义分别是：①1×××系列是工业纯铝，例如，工业纯铝有 1035、1060 等；②2×××系列是 Al-Cu、Al-Cu-Mn 合金；③3×××系列是 Al-Mn 合金；④4×××系列是 Al-Si 合金；⑤5×××系列是 Al-Mg 合金；⑥6×××系列是 Al-Mg-Si 合金；⑦7×××系列是 Al-Mg-Si-Cu 合金；⑧8×××系列是其他。

一些老牌号的铝及铝合金化学成分与国际四位数字体系牌号不完全吻合，不能采用国际四位数字体系牌号来代替，为保留国内现有的非国际四位数字体系牌号，不得不采用四位字符体系牌号命名方法，以便逐步与国际接轨。例如，老牌号 LF21 的化学成分与国际四位数字体系牌号 3003 不完全吻合，于是，四位字符体系表示的牌号为 3A21。

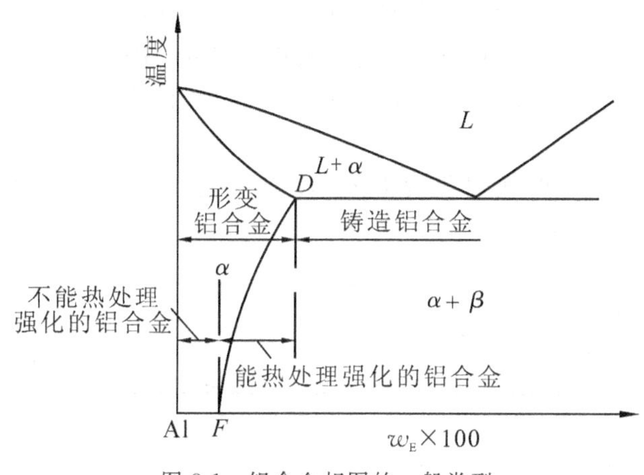

图 8-1 铝合金相图的一般类型

8.1.3 铝合金的强化

通过冷变形和热处理方法强化铝合金后，其抗拉强度可达 500～1000MPa，相当于低合金结构钢的强度，可用来制造承受较大载荷的机械零件和构件。此外，铝合金的比强度较一般高强度钢高得多，广泛应用于航天航空领域。

铝合金的主要强化机理有固溶强化、冷变形(加工硬化)、细晶强化、时效强化和第二相(过剩相)强化。

1. 固溶强化

将 Cu、Mg、Zn、Si、Mn 等合金元素加入铝基体中，可形成铝基固溶体，晶格发生畸变，起固溶强化作用，使其强度提高。根据合金化的一般规律，形成无限固溶体或高浓度的固溶体型合金时，不仅能获得高强度，而且还能获得优良的塑性与良好的加工性能。铝合金一般都形成有限固溶体，如 Al-Cu、Al-Mg，Al-Zn、Al-Si、Al-Mn 等二元合金，并且都有较大的极限溶解度，能起到较强的固溶强化效果。

2. 细晶强化

细化组织是提高铝合金机械性能的一种重要手段，包括细化铝合金固溶体基体和过剩相组织。一般在铸造铝合金浇注前加入变质剂进行变质处理，以增加结晶核心、抑制晶粒长大，有效地细化晶粒，从而提高合金强度，故称细晶强化。

3. 时效强化

由于合金元素在铝中有较大固溶度且随温度降低而急剧减小，故成分位于 $F \sim D$ 之间的铝合金被加热到 α 相区，经保温后淬火，可以得到过饱和的 α 固溶体，这种组织是不稳定的，放置在室温或加热到某温度时，其强度、硬度随时间的延长而明显增大，塑性、韧性则降低，这一过程称为时效(时效强化)。在室温下进行称自然时效；在加热条件下进行称人工时效。淬火加时效处理是铝合金强化的重要手段。

现以 Al-Cu 合金(图 8-2)为例说明时效强化的基本规律。若将含 4%Cu 的铝合金加热到高于固溶度曲线的某一温度(如 550℃)并保温一段时间后，得到均匀的单相 α 固溶体，再将其放入水中快冷，θ 相($CuAl_2$)来不及从 α 固溶体中析出，从而获得过饱和的 α 固溶体组织，其强度由退火状态的 $\sigma_b=200$MPa 略提高到 $\sigma_b=250$MPa。随后，将其在室温下放置 4～5d，其强度、硬度明显提高，σ_b 可达 400MPa。因此，将淬火后铝合金在室温或低温加热后保温一段时间，随时间延长其强度、硬度显著升高。图 8-3 为该合金的自然时效曲线；图 8-4 为该合金在不同温度下的时效强化曲线。由图可知，随时效温度的提高，孕育期缩短，时效速度加快，但强度峰值越低，强化效果越低；在室温以下时效时，温度愈低，时效强化效果愈小，当温度低至 －50℃时，强度几乎不变，即低温可以抑制时效的进行。

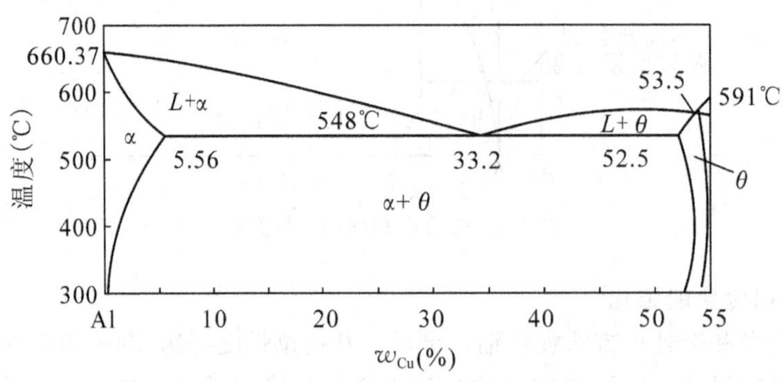

图 8-2　Al-Cu 合金相图

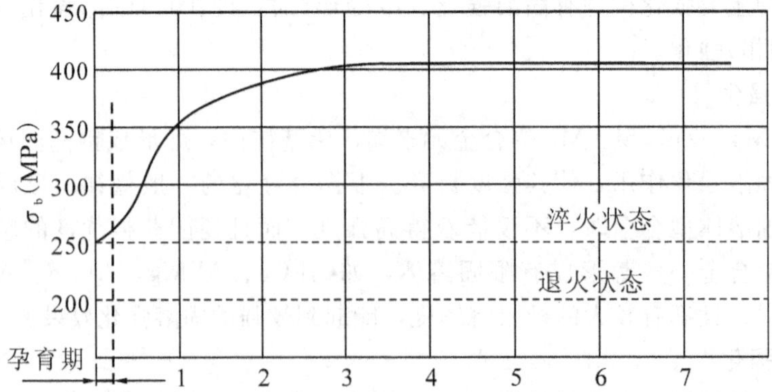

图 8-3　含 4%Cu 的 Al-Cu 合金的自然时效曲线

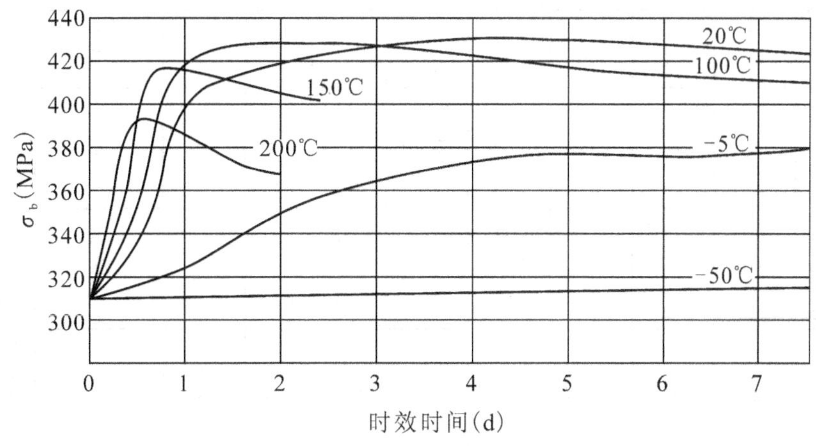

图 8-4 含 4%Cu 的 Al-Cu 合金在不同温度下的时效曲线

若时效温度过高或保温时间过长，溶质原子偏聚区转化为过渡相 θ'，使固溶体的晶格畸变减弱，则合金趋于软化。当最终形成稳定的 θ 相 $CuAl_2$，并与母相 α 固溶体完全脱离联系，使 α 固溶体的晶格畸变大为减轻，时效产生的强化效果显著减弱，合金软化，这种现象称为“过时效”。

自然时效后的铝合金，在 230℃～250℃短时间(几秒至几分钟)加热后，快速水冷至室温时，可以重新变软。如再在室温下放置，则又能发生正常的自然时效，这种现象称为回归。一切能进行时效强化的合金都有回归现象。回归现象在实际生产中具有重要意义。时效强化后的铝合金可在回归处理后的软化状态进行各种冷变形。例如，利用这种现象，可随时进行飞机的铆接和修理等。

4. 过剩相(第二相)强化

当铝基体中加入的合金元素超过其极限溶解度时，淬火加热时便有一部分不能溶入固溶体而以第二相出现，成为过剩相。这类过剩相多为硬而脆的金属间化合物，起阻碍滑移和位错运动的作用，提高铝合金的强度和硬度，但会降低其塑、韧性。当过剩相过多时，合金变脆，强度急剧下降。对于铸造铝合金，过剩相强化是主要手段。

5. 变形强化(加工硬化)

金属材料在再结晶温度以下冷变形时，金属内部位错密度增大，且相互缠绕并形成位错塞结，阻碍位错运动。变形度越大，位错塞结缠绕越严重，变形抗力越大，强度越高，这种现象称为变形强化或加工硬化。其强化程度与变形度、变形温度及材料本身的性质有关。同一材料在同一温度下冷变形时，变形度越大则强度越高。塑性随变形程度的增加而降低。对于不能热处理强化的防锈铝合金施以冷压力加工，产生加工硬化而强化。

8.1.4 变形铝合金

根据化学成分和性能的不同，变形铝合金可分为防锈铝合金、硬铝合金、超硬铝合金、锻铝合金等，见表 8-2。

1. 防锈铝合金

防锈铝合金中主要添加的合金元素是 Mn 和 Mg。Mn 的主要作用是提高耐蚀性，同时还有固溶强化的作用。Mg 除了起固溶强化作用之外，还可以降低合金的密度，减

表 8-2　常用变形铝合金的牌号、成分和力学性能(摘自 GB/T3190—1996、GB/14764—1996、GB/T3880.2—2006)

类别	代号	化学成分/%					直径及板厚/mm	供应状态	试样状态	力学性能		原代号
		w_{Cu}	w_{Mg}	w_{Mn}	w_{Zn}	$w_{其他}$				σ_b MN/m²	δ/%	
防锈铝合金	5A05	0.10	4.8～5.5	0.3～0.6	0.20	Si0.5Fe0.5	≤φ200	BR	BR	265	15	LF5
	3A21	0.20	—	1.0～1.6	—	Si0.6Fe0.7 Ti0.15	所有	BR	BR	<167	20	LF21
硬铝合金	2A01	2.2～3.0	0.2～0.5	0.20	0.10	Si0.5Fe0.5 Ti0.15	—	—	BM BCZ	—	—	LY1
	2A11	3.8～4.8	0.4～0.8	0.4～0.8	0.30	Si0.7Fe0.7 Ti0.15	>2.5～4.0	Y	M CZ	<235 373	12 15	LY11
	2A12	3.8～4.9	1.2～1.8	0.3～0.9	0.3	Si0.5Fe0.5 Ti0.15	>2.5～4.0	Y	M CZ	<216 456	14 8	LY12
超硬铝合金	7A04	1.4～2.0	1.8～2.8	0.2～0.6	5.0～7.0	Si0.5Fe0.5 Cr0.1～ 0.25Ti0.10	0.5～4.0	Y	M	245	10	LC4
							>2.5～4.0	Y	CS	490	7	
							φ20～φ100	BR	BCS	549	6	
锻铝合金	6A02	0.2～0.6	0.45～0.90	或 Cr0.15～0.35	—	Si0.5～1.2 Ti0.15Fe0.5	φ20～φ150	R,BCZ	BCS	304	8	LD2
	2A50	1.8～2.6	0.4～0.8	0.4～0.8	0.30	Ti0.15 Si0.7～1.2 Fe0.7	φ20～φ150	R,BCZ	BCS	382	10	LD5

说明:试样状态:B 不包铝(无 B 为包铝的);R 热加工;M 退火;CZ 淬火＋自然时效;CS 淬火＋人工时效;C 淬火;Y 硬化(冷轧)。

轻零件的自重。防锈铝合金经锻造退火后获得单相固溶体组织，具有良好的塑性和耐蚀性。防锈铝合金不能进行时效强化，即不能通过热处理来强化，属于不可热处理强化的铝合金，只能采用冷变形产生加工硬化来提高强度。

常用的防锈铝合金有5A50(LF5)、3A21(LF21)等。5A05是Al-Mg合金，它的密度比纯铝小，强度比Al-Mn合金高，具有较高的塑性、耐蚀性、疲劳强度、抗振性和焊接性能，但是切削加工性能差，主要应用于航天航空，如焊接管道、容器、铆钉及承受中等载荷的零件或制品，也可用做铆钉。3A21是Al-Mn合金，其抗蚀性和强度高于纯铝，具有良好的塑性和焊接性能，但是切削加工性能差，主要应用于制造需要弯曲、冲压加工的零件，如油罐、油箱、管道、铆钉或焊接零件。

2. 硬铝合金

硬铝合金基本上是Al-Cu-Mg合金，其中还含有少量的Mn。合金中Cu和Mg可以形成强化相$\theta(CuAl_2)$及s相$(CuMgAl_2)$，起时效强化作用；Mn的作用是提高合金的耐蚀性，并起到一定的固溶强化作用。根据合金元素含量和性能特点，可将硬铝分为低合金硬铝、标准硬铝和高强度硬铝三种。

(1)低强度硬铝。Mg和Cu的含量较低，强度低，塑性高。采用淬火和自然时效可以提高其强度和硬度，但是时效速度较慢。主要应用于制造铆钉，故又称铆钉硬铝，如2A01(LY1)、2A10(LY10)等。与2A01相比，2A10的Cu与Mg的含量比值更高，具有较高的塑性和抗剪强度，是飞机上常用的铆钉材料。

(2)标准硬铝。Mg和Cu的含量中等，强度和塑性在硬铝合金中属于中等水平，故又称中强度硬铝。合金淬火和退火后有较高的塑性，可进行冷弯、卷边、冲压。时效处理后，抗拉强度可达400MPa，具有中等强度和塑性，以及良好的切削加工性能，主要应用于制造轧材、锻材、冲压件、飞机螺旋桨叶片、铆钉等，如2A11(LY11)等。

(3)高强度硬铝。Mg和Cu的含量高，强度和硬度较高，塑性和变形加工能力差，有较好的耐热性，适于作航空模锻件和重要的销轴等，如2A12(LY12)等。

在加工和使用硬铝合金时，需要特别注意它的不足之处：①耐蚀性差，尤其是在海水等环境中容易产生晶间腐蚀，所以通常将高纯铝包覆在硬铝合金表面以提高耐蚀性；②固溶处理的加热温度区间狭窄，如2A11的固溶温度为505℃～510℃，2A12的固溶温度为495℃～503℃。加热温度低于上述范围，固溶体中Mg和Cu等溶入量较少，固溶体的过饱和度不足，淬火时效处理后强化效果较差；加热温度高于上述范围，存在较多低熔点组成物的晶界会熔化。因此，实际操作中必须严格控制加热温度。

3. 超硬铝合金

超硬铝合金属于Al-Mg-Zn-Cu合金，另外还含有少量的Cr、Mn等元素，其时效强化相除有θ及s相外，主要强化相有η相$(MgZn_2)$和T相$(Al_2Mg_3Zn_3)$。超硬铝经固溶处理和时效处理后，具有很高的强度和硬度，σ_b可达600MPa，是目前强度最高的一类铝合金。但是超硬铝合金的耐蚀性较差，有应力腐蚀开裂倾向，常采用$W_{Zn}=1\%$的铝锌合金或纯铝进行包铝，以提高耐蚀性。另外，耐热性也较差，服役温度超过120℃时就会变软。主要应用于要求重量轻、工作温度不超过120℃～130℃的受力较大的结构件，如飞机的蒙皮、壁板、大梁、起落架部件和隔板等，以及光学仪器中要求轻且受力较大的结构件。常用的超硬铝合金是7A04(LC4)、7A09(LC9)。

4. 锻铝合金

锻铝合金有两类，一类是 Al-Cu-Mg-Si 系普通锻铝合金，主要有 6A02(LD2)、2A50(LD5)、2B50(LD6)、2A14(LD10)等，其中 Mg 和 Si 的作用是形成强化相 Mg_2Si 相。这类合金的力学性能与硬铝接近，热塑性和耐蚀性较好，适于锻造，故名锻铝，主要应用于制造要求中等强度、较高塑性及耐蚀零件的锻件或模锻件，如喷气发动机的压缩机叶轮、导风轮及飞机上的接头、框架、支杆等；另一类是 Al-Cu-Mg-Fe-Ni 系耐热锻铝合金，主要有 2A70(LD7)、2A80(LD8)、2A90(LD9)等(顺序号越大，耐热性越差)，其中 Fe 和 Ni 形成耐热强化相 Al_9FeNi 相，主要应用于制造服役温度为 150℃～225℃的铝合金零件，如发动机的压缩机叶片、叶轮、超音速飞机的蒙皮、隔框、桁条等。

锻铝合金的自然时效效率低，强化效果较差，所以一般采用淬火＋人工时效来强化，其淬火加热温度为 500℃～530℃，人工时效温度为 150℃～190℃。淬火后若在室温停留时间过长，会由于析出 Mg_2Si 相而显著降低随后的人工时效强化效果。

8.1.5 铸造铝合金

铸造铝合金是用于制造铸件的铝合金，其力学性能不如变形铝合金，但其铸造性能好，可进行各种铸造成形，生产形状复杂的零件。铸造铝合金的种类很多，主要有铝-硅系、铝-铜系、铝-镁系、铝-锌系四类，其中以铝一硅系应用最为广泛。

铸造铝合金牌号由 Z("铸"字汉语拼音首字母)＋Al(基体金属)＋主要合金元素的化学元素符号及其平均质量分数×100 的数字组成。如牌号后面加 A 表示优质合金。如 ZAlSi12 表示为 Si 含量为 12%，其余为 Al 的铝硅铸造合金。如果合金元素质量分数小于 1%，一般不标数字，必要时可用一位小数表示。

铸造铝合金代号用"铸铝"两字的汉语拼音首字母 ZL 及三位数字表示，其中第一位数字表示合金系列(1 为铝硅系、2 为铝铜系、3 为铝镁系、4 为铝锌系)，后两位数字表示合金顺序号，序号不同者，化学成分也不同。如果是优质合金在代号后面加 A。如 ZL102、ZL203、ZL302、ZL401 等。表 8-3 所示为常用铸造铝合金的代号、牌号、化学成分、力学性能和用途。

1. Al-Si 系铸造铝合金

Al-Si 系铸造铝合金又称硅铝明，是铸造性能与力学性能配合最佳的一种铸造铝合金，其相图如图 8-5 所示。铝硅明可分为简单(或普通)铝硅明和复杂(或特殊)铝硅明。

1)简单(或普通)铝硅明

简单(或普通)铝硅明不含有其他合金元素，如 ZL102(ZAlSi12)，其 Si 含量介于 10%～13%之间，相当于共晶成分(图 8-5)，铸造后几乎全部得到 α＋Si 共晶组织。它的密度小、铸造性能好(熔点低、流动性好、热裂倾向小)，耐蚀性、耐热性和焊接性能也相当好。但是，由于 ZL102 中硅晶体呈粗针状，因此其强度低、塑性差。为了改善其性能，在浇注前，向合金熔体中加入变质剂(常用钠盐混合物：2/3NaF＋1/3NaCl)进行变质处理。图 8-6 是 ZL102 变质前后的金相照片。钠不仅促进硅形核，还可以抑制晶粒长大，细化硅晶体，使其较均匀的分布在铝基体上。此外，钠盐还可以使共晶点右移。ZL102 经变质后，其力学性能明显改善，σ_b 由 140MPa 提高到 180MPa。适于制造形状复杂但强度要求不高的铸件，如仪表和水泵的壳体等。

表 8-3　常用铸造铝合金的代号、牌号、化学成分、力学性能和用途(摘自 GB/T1173—1995)

类别	代号	化学成分/%						铸造方法	热处理	机械性能			用途
		w_{Si}	w_{Cu}	w_{Mg}	w_{Mn}	w_{Zn}	w_{Ti}			σ_b MN/m^2	/	HBW	
铝硅合金	ZL101 ZAlSi7Mg	6.5～ 7.5	—	0.25～ 0.45	—			J S	T5 T5	205 195	2 2	60 60	形状复杂的砂型、金属型和压力铸造零件，如飞机、仪器零件、抽水机壳体，工作温度不超过185℃
	ZL102 ZAlSi12	10.0～ 13.0	—	—	—	—	—	J SB,JB SB,JB	F F T2	155 145 135	2 4 4	50 50 50	形状复杂的砂型、金属型和压力铸造零件，如仪表、抽水机壳体，工作温度在 200℃以下，要求气密性承受低载荷的零件
	ZL105 ZAlSi5Cu1Mg	4.5～ 5.5	1.0～ 1.5	0.4～ 0.6	—	—	—	J S S	T5 T5 T6	205 195 225	0.5 1 0.5	70 70 70	形状复杂，工作温度在 225℃以下的零件，如风冷发动机气缸头、机匣、液压泵壳体等
	ZL108 ZAlSi12Cu2Mg1	11.0～ 13.0	1.0～ 2.0	0.4～ 1.0	0.3～ 0.9	—	—	J J	T1 T6	195 255		85 90	要求高温强度及低温膨胀系数的高速内燃机活塞及其他耐热零件
铝铜合金	ZL201 ZAlCu5Mn	—	4.5～ 5.3	—	0.6～ 1.0	—	0.15～ 0.35	S S	T4 T5	295 335	8 4	70 90	砂型铸造工作温度为 175℃～300℃以下工作的零件，如内燃机活塞、气缸头、支臂、挂架梁等
	ZL201A ZAlCu5MnA	—	4.8～ 5.3	—	0.6～ 1.0	—	0.15～ 0.35	S,J	T5	390	—8	100	同上
铝镁合金	ZL301 ZAlMg10	—	—	9.5～ 11.5	—	—	—	S,J	T4	280	10	60	砂型铸造在大气或海水中工作的零件，工作温度不超过 150℃，承受大振动载荷、外形不太复杂的零件，如舰船配件、氨用泵体等。
铝锌合金	ZL401 ZAlZn11Si7	6.0～ 8.0	—	0.1～ 0.3	—	9.0～ 13.0	—	J S	T1 T1	245 195	1.5 2	90 80	压力铸造的零件，工作温度不超过 200℃，结构形状复杂的汽车、飞机，仪器零件，也可制造日用品

注:J 金属模铸造;S 砂型铸造;B 变质处理;T1 人工时效(铸件快冷后进行，不进行淬火);T2 退火(290±10℃);T4 淬火+自然时效;T5 淬火+不完全人工时效(时效温度低，或时间短);T6 淬火+完全人工时效(约 180℃，时间较长);F 铸态。

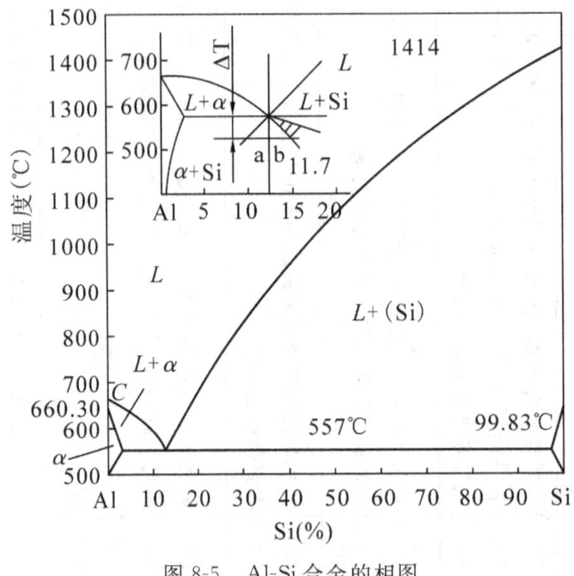

图 8-5　Al-Si 合金的相图

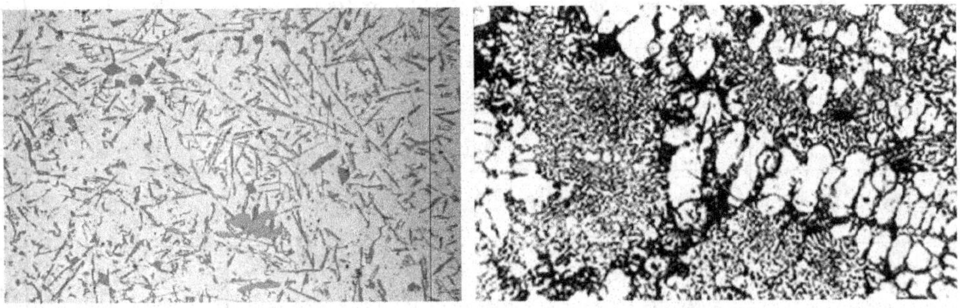

(a) 未作变质处理　　(b) 变质处理后

图 8-6　ZL102 合金的铸态组织(100×)

2)复杂(或特殊)铝硅明

在简单铝硅明的基础上，加入适量的 Cu、Mn、Mg、Ni 等合金元素，发展成为可时效强化的铝硅合金，称复杂(或特殊)硅铝明。这类合金除了变质处理外，还可以采用淬火时效形成 $CuAl_2$、Mg_2Si、$CuMgAl_2$ 等强化相，使合金的强度进一步提高。特殊硅铝明具有良好的铸造性能、较高的耐蚀性和强度。其常用代号有 ZL101、ZL104、ZL105、ZL107、ZL108、ZL109 等。

ZL101 与 ZL104 的各种性能相近，只是 ZL104 铸件产生气孔的倾向较大。ZL104 的热处理工艺是：530℃～540℃加热，保温 5h，在热水中淬火，随后在170℃～180℃时效 6～7h。经热处理后，其强度可达 200～230MPa，用于制造低强度、形状复杂的零件，如气缸体、叶轮、电动机壳体以及承受低载荷的零件等。

ZL105 用于制造工作温度为 150℃～250℃的发动机零件，如汽车机油泵壳体，机匣等气压、液压等泵用零件。ZL107 经淬火和人工时效后，强度可达 250～280MPa。主要应用于较高强度的形状复杂铸件，如气缸体、变速箱体、风机叶片等。ZL108 和

ZL109 的密度小、耐蚀性好、线膨胀系数小、强度和硬度较高，耐磨性和耐热性较好，常用于制造发动机活塞。ZL111 主要用于制造形状复杂、承受高负荷、气密性高的泵用零件，如液压齿轮泵泵体、泵盖、油缸等。

2. Al-Cu 系铸造铝合金

Al-Cu 系铸造铝合金的 Cu 含量不低于 4%，强度较高，耐热性较好，还可通过热处理提高强度。但是其铸造性能不好，有热裂和疏松倾向，耐蚀性和强度低于 Al-Si 合金。其常用代号有 ZL201、ZL202、ZL203 等。

ZL201 的室温强度和塑性较好，适于铸造在 300℃以下工作的零件，如活塞、支架等。ZL202 的铸造性能较好，但塑性较差，常用来制造不受冲击的零件。ZL203 经淬火＋时效处理后，其强度较高，可用来制造承受中等载荷的形状简单的零件。

3. Al-Mg 系铸造铝合金

Al-Mg 系铸造铝合金的优点是耐蚀性和机加工性好，密度很小(仅为 $2.55g/cm^3$，比纯铝还轻)，但是其铸造性能不好(Mg 易燃)，耐热性较差，可进行时效强化。其常用的代号有 ZL301、ZL303 等。ZL301 在海水、大气等介质中有很高的耐蚀性，一般用于制造食品行业耐腐蚀介质条件下、承受冲击载荷的泵用零件，如泵体、泵盖、叶轮等。ZL303 具有优良的耐蚀性，在海水、大气和碱溶液中耐蚀性均优于其他铸造铝合金。但是其熔炼工艺比较复杂，所以仅在对耐蚀性有特殊要求条件下或工作温度较高(200℃左右)时使用，如海水或碱水用泵体、泵盖、叶轮等零件。

4. Al-Zn 系铸造铝合金

Al-Zn 系铸造铝合金，具有良好的铸造性能，而且价格便宜。经变质和时效处理后，有较高的强度，但是耐蚀性较差，热裂倾向较大。其常用的代号有 ZL401、ZL402 等。可用于制造机动车辆发动机零件及形状复杂的仪表零件。

工业上所采用的铸造铝合金中，除了 ZL102 和 ZL302 外，均可采用淬火＋时效来提高强度。但是，与变形铝合金相比，铸造铝合金的金相组织较粗大、偏析严重，所以其淬火温度应更高，保温时间应更长，使粗大的析出相充分溶解，并且使固溶体成分均匀化。因为铸造铝合金铸件的形状较为复杂，为了避免产生淬火变形，常采用油淬或在 50℃～100℃的水中进行淬火。淬火后一般采用人工时效。

8.2 铜及铜合金

8.2.1 纯铜(紫铜)

纯铜呈紫红色，故又称紫铜，密度为 $8.94g/cm^3$，熔点为 1083℃，具有面心立方晶格结构，没有同素异构转变。纯铜的性能特点如下：

(1)良好的导电、导热性，仅次于银居第二位；

(2)良好的塑性和铸造性，可冷热压力加工；

(3)在大气、淡水中均有优良的耐蚀性；在温水中耐蚀性较差。在大多数非氧化性介质(HF、HCl)中耐蚀性较好，而在氧化性介质(HNO_3、H_2SO_4)中易被腐蚀；

(4)具有抗磁性；

(5)强度较低；

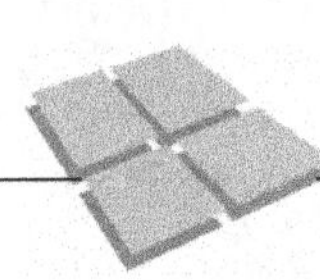

(6)色泽美观。

纯铜中的微量杂质铋、铅、硫、磷等不仅使其导电能力下降，还影响力学性能。它们与铜形成低熔点共晶组织，如形成熔点为270℃的(Cu＋Bi)和熔点为326℃的(Cu＋Pb)共晶体，分布在铜的晶界上，在正常的热加工温度820℃～860℃下，晶界先熔化，发生晶间断裂，导致“热脆”。硫和氧则易与铜形成共晶体Cu＋Cu_2S(1067℃)和Cu＋Cu_2O(1065℃)，且沿晶界分布，熔点较高，不会引起热脆。但是Cu_2S和Cu_2O是脆性化合物，在冷加工时容易破裂断开，导致“冷脆”。因此应严格控制S、O含量(S≤0.0015%;O：0.0015%～0.05%)。纯铜主要用作电导体、散热器、冷凝器和配制合金。

工业纯铜分为未加工铜(铜锭、电解铜)和加工铜两种。未加工铜有Cu-1、Cu-2两种。根据杂质含量不同，加工铜有T1、T2、T3等，其中T是“铜”的汉语拼音首字母，其后的数字越小，则纯度越高。表8-4所示为加工铜的牌号、化学成分和用途。

8.2.2 铜的合金化和分类

1. 铜的合金化

在纯铜中加入合金元素Zn、Sn、Al、Mn、Ni、Fe、Be、Ti、Si、Cr等后，可以获得具有良好的导电性、导热性、耐蚀性、抗磁性等特殊性能的铜合金，并且具有良好的力学性能，可用做结构材料。

铜与近20种元素有一定的互溶能力，可形成二元合金。工业上通常通过在铜中加入固溶度为10%左右的锌、铝、锡、镍、锰等作为产生固溶强化的合金元素来提高铜的强度。但是在提高强度的同时，由于点阵畸变会导致铜基体的电导率下降，为了避免这种矛盾，通常同时采用固溶强化和时效强化。Be、Ni、Si等元素在铜中的固溶度随温度下降会急剧减小，它们形成的铜合金可进行淬火时效强化。

铜合金也可采用细晶强化，即在浇注前，在熔体中加入适量的合金元素(如Fe、Ti)和稀土元素来细化晶粒，提高铜合金的强度，而且细晶强化对材料电导率影响不大。

铜合金中的合金元素超过最大溶解度时，会产生过剩相，使合金的强度提高。过剩相多为脆性化合物，数量较少时，对塑性影响不太大；数量较多时，会使合金脆化，强度和塑性同时急剧降低。铜合金还可以采用机械或化学的方法(如内氧化等)从体系外引入第二相物质进行弥散强化，其强度主要和基体及弥散相的本性、含量、大小、分布、形态以及弥散相与基体的结合情况有关，也与成形工艺有关。第二相强化是制备高强高电导率铜合金最为理想的方法。

铜合金经冷变形加工硬化后，强度显著增大，但是塑性也随变形量的增加而下降。此外，冷变形金属加热到再结晶温度时，其强化效果将全部消失。所以，通常联合采用加工硬化和时效强化，即要求较高强度时，采用固溶＋时效＋冷变形工艺；当要求较高电导率时，采用固溶＋冷变形＋时效工艺。

2. 铜合金的分类

按照化学成分的不同，铜合金可分为黄铜、青铜和白铜三大类，应用最广泛的是黄铜和青铜。按照生产方法不同，铜合金可以分为压力加工产品和铸造产品两类。

表 8-4 加工铜的牌号、化学成分和用途(GB/T5231－2001)

组别	牌号		化学成分/%													用途
	名称	代号	w_{Cu+Ag}	w_P	w_{Ag}	w_{Bi}	w_{Sb}	w_{As}	w_{Fe}	w_{Ni}	w_{Pb}	w_{Sn}	w_S	w_{Zn}	w_O	
纯铜	一号铜	T1	99.95	0.001	—	0.001	0.002	0.002	0.005	0.002	0.003	0.002	0.005	0.005	0.02	导电和高纯度的合金用
	二号铜	T2	99.90	—	—	0.001	0.002	0.002	0.005	—	0.005	—	0.005	—	—	导电用铜材及高级合金用
	三号铜	T3	99.70	—	—	0.002	—	—	—	—	0.01	—	—	—	—	一般用铜材和铜合金
无氧铜	零号无氧铜	TU0	Cu 99.99	0.0003	0.0025	0.0001	0.0004	0.0005	0.0010	0.0010	0.0005	0.0002	0.0015	0.0001	0.0005	真空仪器、仪表用铜材
			w_{Se}:0.0003,w_{Te}:0.0002,w_{Mn}:0.00005,w_{Cd}:0.0001													
	一号无氧铜	TU1	99.97	0.002	—	0.001	0.002	0.002	0.004	0.002	0.003	0.002	0.004		0.002	
	二号无氧铜	TU2	99.95	0.002	—	0.001	0.002	0.002	0.004	0.002	0.004	0.002	0.004	0.003	0.003	
磷脱氧铜	一号脱氧铜	TP1	99.90	0.004～0.012	—	—	—	—	—	—	—	—	—	—	—	焊接用铜材
	二号脱氧铜	TP2	99.9	0.015～0.040	—	—	—	—	—	—	—	—	—	—	—	电子管用铜材
银铜	0.1银铜	TAg0.1	Cu99.5	—	0.06～0.12	0.002	0.005	0.01	0.05	0.2	0.01	0.05	0.01	—	0.1	导电及高级合金用

8.2.3 黄铜

黄铜是以锌为主要合金元素的铜合金。按照化学成分，黄铜可以分为普通黄铜和复杂黄铜两种。

1. 普通黄铜

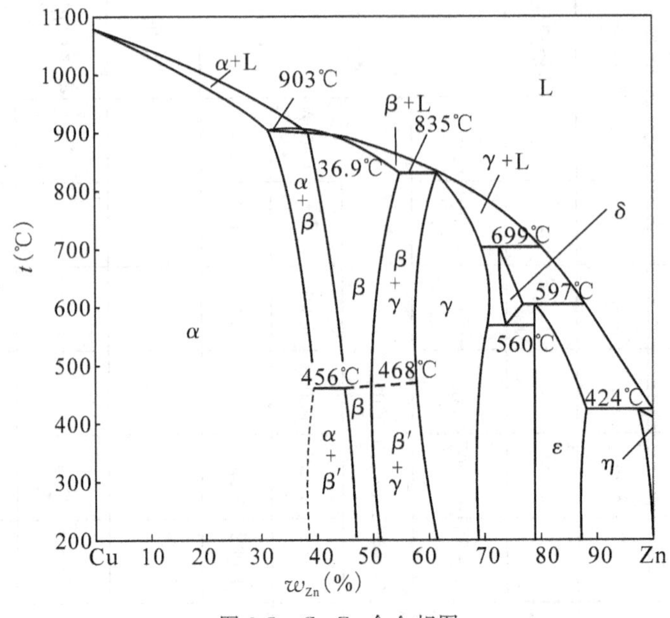

图 8-7 Cu-Zn 合金相图

普通黄铜是铜锌二元合金，其相图如图 8-7 所示。由图可见，不同含锌量的普通黄铜在冷却时发生五个包晶反应，一个共析反应，共有七个单相。

Zn 溶入 Cu 中形成单相 α 固溶体，溶解度随温度下降而增大，在 456℃时达到最大溶解度(约 39%Zn)，456℃以下溶解度略有减小。α 相具有面心立方晶格，塑性好，适宜进行冷、热加工，并且具有优良的锻造、焊接和镀锡能力。β 相具有体心立方晶格，是以电子化合物 CuZn 为基，高温下的 β 相中的 Zn、Cu 原子分布没有规律，处于无序状态，塑性好，可进行热加工。当温度下降到 456℃～468℃以下时，β 相发生有序转变，转变成有序固溶体 β'。β' 相的脆性很大，冷加工困难。γ 相是以电子化合物 $CuZn_3$ 为基的固溶体，具有六方晶格，脆性大，合金的强度和塑性很低，没有使用价值。所以，工业上应用的铜锌合金的锌含量不超过 50%。当锌含量小于 39%时，室温下平衡组织为单相 α 固溶体，称为 α 黄铜(又称单相黄铜)；当锌含量为 39%～45%时，室温下平衡组织为 $\alpha+\beta'$，称 $\alpha+\beta'$ 黄铜(又称两相黄铜)。图 8-8 所示为单相黄铜的显微组织；图 8-9 所示为两相黄铜的显微组织，白色为 α 相，黑色为 β' 相。

普通黄铜的力学性能与含锌量的关系密切，如图 8-10 所示。由图可知，当含锌量小于 30%～32%时，随着含锌量增加，由于固溶强化作用使黄铜的强度和伸长率提高。当含锌量大于 32%后，在实际生产条件下，组织中已出现 β' 硬脆相，塑性开始下降，但是少量的 β' 相能起强化作用，使合金的强度继续升高。但当含锌量超过 45%后，组织中全部为脆性的 β' 相，黄铜的强度和塑性急剧下降，无实用价值。

图 8-8　单相黄铜(H68)的显微组织

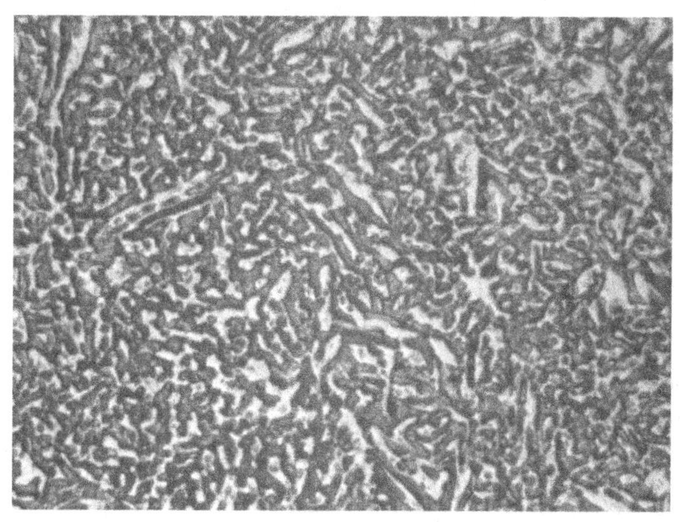

图 8-9　两相黄铜(H62)的显微组织

黄铜不仅具有良好的压力加工性能，而且具有良好的铸造性能。因为铜锌合金的结晶温度间隔很小，所以熔体的流动性好，较易形成集中缩孔。黄铜铸件的组织较致密，偏析倾向较小。

普通黄铜的抗蚀性好，与纯铜相近，超过铁、碳钢及大多数合金钢。但含锌量大于 7%(尤其是大于 20%后)的冷加工黄铜，由于存在残余应力，在海水、潮湿大气、高温高压水、蒸汽以及一切含氨的环境中，容易产生应力腐蚀开裂现象，常称季裂或氨脆。为防止这种破坏形式，冷加工后的黄铜零件(如弹壳)应该进行去应力退火(250℃～300℃保温 1～3h)，或者在黄铜中加入适量的锡、硅、铝、镍等合金元素，来降低应力腐蚀开裂的敏感性。此外，黄铜脱锌腐蚀是黄铜的主要破坏形式，一般在热海水、淡水或大气环境中容易发生；在供氧不充分的中性溶液中也容易产生脱锌腐蚀。

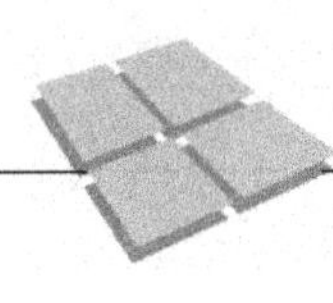

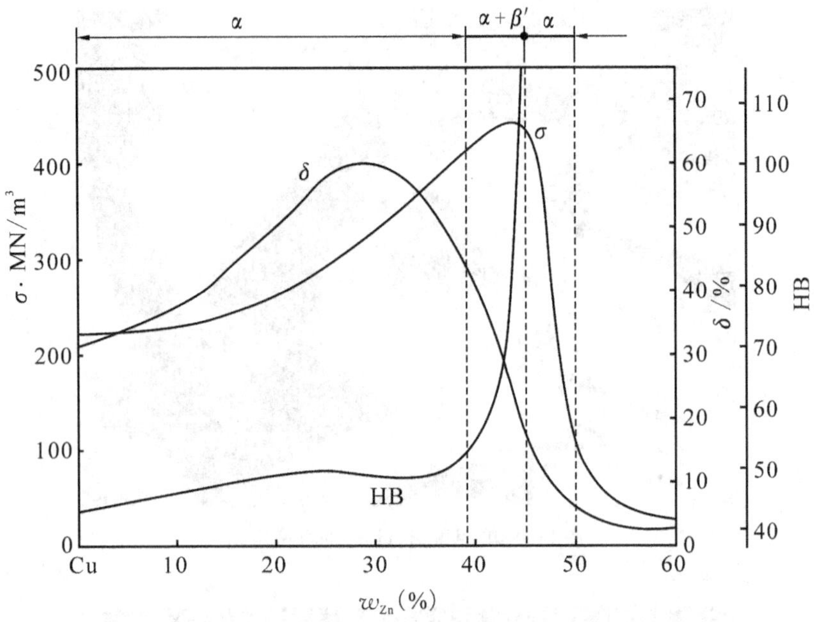

图 8-10 普通黄铜的力学性能与含锌量的关系

普通黄铜的牌号以“黄”的汉语拼音首字母 H+数字表示，数字表示铜的含量，如 H68 表示含铜量为 68%，其余为锌的普通黄铜。单相黄铜塑性好、强度较低，退火后通过冷塑性加工可制成冷轧板材、冷拔线材、管材及形状复杂的深冲压零件。其常用代号有 H80、H70、H68 等，尤其是 H68、H70 大量用作枪、炮弹壳，故有“弹壳黄铜”之称。两相黄铜的常用代号有 H62、H59 等，一般热轧成棒材、板材等。表 8-5 列出了常用普通黄铜加工产品的牌号、成分、性能和用途。

2. 复杂黄铜

在普通黄铜的基础上，加入 Al、Fe、Si、Mn、Pb、Sn、Ni 等元素形成复杂黄铜。根据所加入元素种类的不同，复杂黄铜可分为锡黄铜、铅黄铜、铝黄铜、硅黄铜、锰黄铜、镍黄铜等。合金元素的加入都可相应地提高强度；加入 Al、Mn、Si、Sn 可提高黄铜的抗蚀性；加入 Si 可以改善铸造性能；而加入铅则可改善切削加工性。复杂黄铜的牌号以“黄”的汉语拼音首字母 H+主加元素符号+铜含量+主加元素含量来表示。例如，HPb63-3 表示铜含量为 63%、铅含量为 3%，其余为锌的铅黄铜。复杂黄铜还可以分为压力加工黄铜(以黄铜加工产品的形式供应)和铸造黄铜两种。铸造黄铜则在上述牌号前加 Z。表 8-6 和表 8-7 列出了常用复杂黄铜加工产品和部分铸造黄铜的牌号、成分、性能和用途。

8.2.4 青铜

青铜原指铜锡合金，但是工业上习惯把除黄铜和白铜之外的铜合金都称为青铜，即含铝、硅、铅、锰、铍等合金元素的铜基合金，所以实际上青铜包括铝青铜、硅青铜、铅青铜、锰青铜、铍青铜等。青铜也可以分为压力加工青铜(以青铜加工产品的形式供应)和铸造青铜两类。青铜的牌号是以“青”的汉语拼音首字母 Q+主加元素符号+主加元素含量+其他元素含量来表示，数字表示铜的含量，如 QSn4-3 表示 Sn 含量为

表 8-5 常用普通黄铜加工产品的牌号、成分、性能和用途(GB/T5231—2001)

牌号		化学成分						力学性能			主要特点	用途举例
名称	代号	w_{Cu}	w_{Fe}	w_{Pb}	w_{Ni}	w_{Zn}	$w_{杂质总和}$	σ_b/MPa	δ/%	HBS		
96 黄铜	H96	95.0～97,0	0.10	0.03	0.5	余量	0.2	450	2	—	优良的冷、热加工性能，无应力腐蚀	冷凝管、散热器、导电零件
90 黄铜	H90	88.0～91.0	0.10	0.03	0.5	余量	0.3	480	4	130	优良的冷、热加工性能，良好的力学性能，耐蚀性高	奖章、双金属片、供水和排水管
85 黄铜	H85	84.0～86.0	0.10	0.03	0.5	余量	0.3	550	4	126		虹吸管、蛇形管、冷却设备制件及冷凝器件
80 黄铜	H80	79.0～81.0	0.10	0.03	0.5	余量	0.3	640	5	145		造纸网、薄闭关
70 黄铜	H70	68.5～71.5	0.10	0.03	0.5	余量	0.3	660	3	150	塑性高、强度较高、冷成形性能和耐蚀性好	弹壳、造纸用管、机械和电气零件
68 黄铜	H68	67.0～70.0	0.10	0.03	0.5	余量	0.3	660	3	150	塑性高、强度较高、在大气、淡水和海水中有较高的耐腐蚀性;冷加工后有季裂	复杂的冷冲件、散热器外壳、导管、弹壳
65 黄铜	H65	63.0～68.0	0.10	0.03	0.5	余量	0.3	700	4	—	力学性能和工艺性能良好，可以冷、热加工	小五金、小弹簧及机械零件
62 黄铜	H62	60.0～63.5	0.15	0.8	0.5	余量	0.5	500	3	164	强度和耐蚀性较高，有季裂倾向，热态下塑性好	在水泵行业中主要用来制作油泵导管、叶轮口环、密封环及口环稳定沉钉等零件，还有销钉，铆钉，垫圈等
59 黄铜	H59	57.0～60.0	0.3	0.5	0.5	余量	1.0	500	10	103	强度较高，热加工性好，耐蚀性一般	机械、电器用零件，焊接件、热冲压件

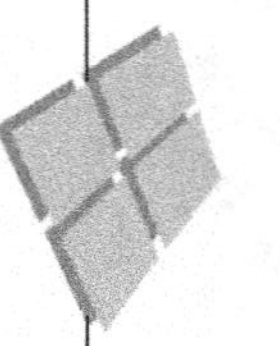

表 8-6 常用复杂黄铜加工产品的牌号、成分、性能和用途(GB/T5231—2001)

组别	牌号		化学成分,%				机械性能(硬)			用途
	名称	代号	w_{Cu}	$w_{其他}$	w_{Zn}	$w_{杂质总和}$	σ_b MN/m^2	δ%	HB	
铅黄铜	63-3 铅黄铜	HPb63-3	62.0～65.0	Fe0.1 Pb2.4～3.0Ni0.7	余量	—	600	5	—	钟表零件、汽车、拖拉机及一般机器零件
	60-1 铅黄铜	HPb60-1	58.0～62.0	Fe0.15Pb0.6～1.2	余量	—	610	4	—	
锡黄铜	90-1 锡黄铜	HSn90-1	88.0～91.0	Fe0.1 Pb0.03 Sn0.25～0.75 Ni0.5	余量	0.2	520	5	148	汽车、拖拉机弹性套管船舶零件
	62-1 锡黄铜	HSn62-1	61.0～63.0	Fe0.1 Pb0.10 Sn0.7～1.1 Ni0.5	余量	0.3	700	4	—	
铝黄铜	77-2 铝黄铜	HAl77-2	76.0～79.0	Fe0.06 Pb0.07 Al1.8～2.5 Ni0.02～0.06	余量	—	650	12	170	海船冷凝器管及耐蚀零件齿轮、涡轮、轴及耐蚀零件船舶、电机、化工机械等常温下工作的高强度耐蚀零件
	60-1-1 铝黄铜	HAl60-1-1	58.0～61.0	Fe0.70～1.50 Pb0.40 Al0.70～1.50 Mn0.1～0.6Sn0.5	余量	0.7	750	8	180	
	59-3-2 铝黄铜	HAl59-3-2	57.0～60.0	Fe0.50 Pb0.10 Al2.5～3.5 Sn2.0～3.0	余量	0.9	650	15	150	
硅黄铜	80-3 硅黄铜	HSi80-3	79.0～81.0	Fe0.6 Pb0.1 Si1.0～2.0 Pb2.5～4.0 Ni0.5	余量	1.5	600	8	160	耐磨锡青铜的代用材料,船舶及化工机械零件
锰黄铜	58-2 锰黄铜	HMn58-2	57.0～60.0	Fe1.0 Pb0.1 Mn1.0～2.0 Ni0.5	余量	1.2	700	10	175	船舶零件及轴承等耐磨零件
铁黄铜	59-1-1 铁黄铜	HFe59-1-1	57.0～60.0	Fe0.6～1.2 Pb0.2 Al0.1～0.5 Mn0.5～0.8 Sn0.3～0.7 Ni0.5	余量	0.3	700	10	160	摩擦及海水腐蚀下工作的零件
镍黄铜	65-5 镍黄铜	HNi65－5	64.0～67.0	Fe0.15 Pb0.03 Ni5.0～6.5	余量	0.3	700	4	—	船舶用冷凝管、电机零件

表 8-7 部分铸造黄铜的牌号、成分、性能和用途(GB1176－1987,GB1176－74)

<table>
<tr><th rowspan="2">组别</th><th rowspan="2">代号
(GB1176—74)</th><th rowspan="2">牌号
(GB1176—1987)</th><th colspan="5">化学成分,%</th><th colspan="4">机械性能</th><th rowspan="2">用途</th></tr>
<tr><th>w_{Cu}</th><th>w_{Al}</th><th>w_{Mn}</th><th>w_{Fe}</th><th>w_{Zn}</th><th>铸造方法</th><th>σ_b MN/m^2</th><th>δ%</th><th>HB</th></tr>
<tr><td>普通黄铜</td><td>ZH62</td><td>ZCuZn38</td><td>66.0～63.0</td><td></td><td></td><td></td><td>余量</td><td>J
S</td><td>300
300</td><td>30
30</td><td>70
60</td><td>散热器</td></tr>
<tr><td>铝黄铜</td><td>ZHAl67-2.5
ZHAl66-6-3-2</td><td>ZCuZn31Al2
ZCuZn25Al6Fe3Mn3</td><td>66.0～68.0
64.0～68.0</td><td>2.0～3.0
5～7</td><td>1.5～2.5</td><td>2～4</td><td>余量
余量</td><td>J,S
J,S</td><td>400,300
650,650</td><td>15,12
7,7</td><td>90,80
160,160</td><td>海运机械及其他机械耐蚀零件重型蜗杆、轴承</td></tr>
<tr><td>硅黄铜</td><td>ZHSi80-3</td><td>ZCuZn16Si4</td><td>79.0～81.0</td><td></td><td>Si2.5～4.5</td><td></td><td>余量</td><td>J
S</td><td>350
300</td><td>20
15</td><td>100
90</td><td>船舶零件、内燃机散热器本体</td></tr>
<tr><td>锰黄铜</td><td>ZHMn55-3-1
ZHMn58-2-2</td><td>ZCuZn40Mn3Fe1
ZCuZn38Mn2Pb2</td><td>53.0～58.0
57.0～60.0</td><td>Pb1.5～2.5</td><td>3～4
1.5～2.5</td><td>0.5～1.5</td><td>余量
余量</td><td>J,S
J,S</td><td>500,450
350,250</td><td>10,15
18,10</td><td>110,100
80,70</td><td>螺旋桨等海船零件轴承、衬套等耐磨零件</td></tr>
</table>

4%，Zn 含量为 3%，其余为 Cu 的锡青铜。铸造青铜则在上述牌号前面加 Z。

1. 锡青铜

锡青铜是以锡为主加合金元素的铜基合金。Cu-Sn 合金的相图如图 8-11 所示。α 相是 Sn 溶于 Cu 中的固溶体(最大溶解度为 15.8%)，具有面心立方结构，塑性好，易于冷、热变形。β 相是以电子化合物 Cu_5Sn 为基的固溶体，具有面心立方晶格，在高温下塑性好，可热变形。β 相在 586℃发生共析转变，形成(α+γ)共析体。γ 相是以电子化合物 Cu_3Sn 为基的固溶体，在 520℃发生共析转变，形成(α+δ)共析体。δ 相是以电子化合物 $Cu_{31}Sn_8$ 为基的固溶体，呈复杂立方结构，性硬而脆。在 350℃发生共析转变，形成(α+ε)共析体。

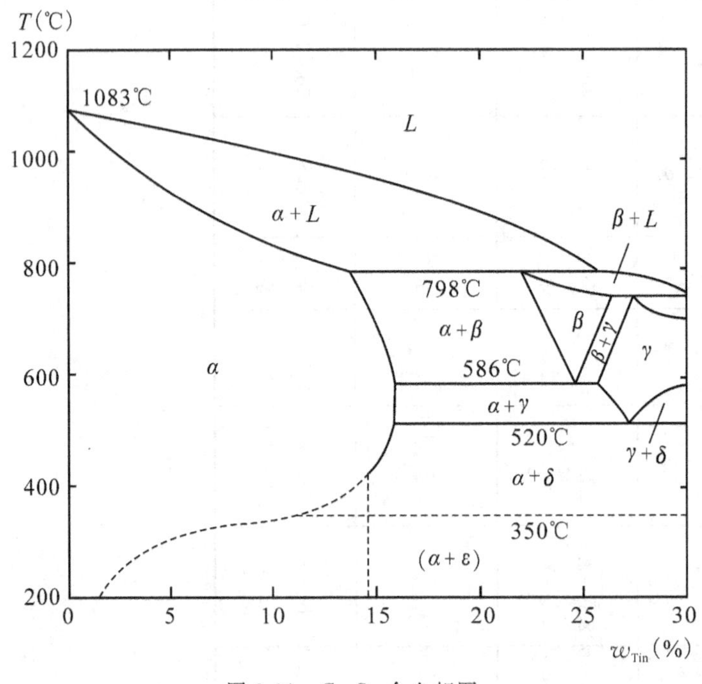

图 8-11　Cu-Sn 合金相图

含锡量对锡青铜的力学性能的影响很大。当含锡量小于 6%时，室温组织为单相 α 固溶体，而且锡产生固溶强化使锡青铜的强度随含锡量增加而升高，塑性较好。当含锡量超过 6%时，组织中出现的硬脆 δ 相使塑性急剧下降，但强度还会继续升高。当含锡量超过 20%时，合金中含有大量的 δ 相，合金的脆性加大而强度急剧下降。因此，工业锡青铜的含锡量一般为 3%～14%之间；压力加工锡青铜含锡量一般低于 7%～8%，含锡量大于或等于 10%的锡青铜适宜铸造。表 8-8 和表 8-9 列出了常用锡青铜加工产品和部分铸造锡青铜的牌号、成分、性能和用途。

2. 铝青铜

以铝为主加合金元素的铜合金为铝青铜。铝含量对铝青铜机械性能的影响较大。随着铝含量的增加，合金的强度和塑性均有升高。铝含量小于 5%时，铝青铜的强度很低；铝含量大于 5%后，铝青铜的强度上升较高。当铝含量为 10%左右时，铝青铜的强度最高，一般在铸态或经热加工后使用。铝含量为 5%～7%时，铝青铜的塑性最好，

表 8-8　常用锡青铜加工产品的牌号、成分、特性和用途(GB/T5231—2001)

牌号		化学成分%									特性	应用
名称	代号	w_{Sn}	w_{Al}	w_{Zn}	w_{Ni}	w_{Fe}	w_{Pb}	w_{P}	w_{Cu}	$w_{杂质总和}$		
4-3 锡青铜	QSn4-3	3.5～4.5	0.002	2.7～3.3	0.2	0.05	0.02	0.03	余量	0.2	具有高弹性、耐磨性和抗磁性，冷热加工性能良好，切削性、焊接性良好，在大气、淡水、海水中耐蚀性好	化工设备的耐磨、耐蚀零件，弹簧及各种弹性元件、抗磁元件
4-4-2.5 锡青铜	QSn4-4-2.5	3.0～5.0	0.002	3.0～5.0	0.2	0.05	1.5～3.5	0.03	余量	0.2	具有较高的减摩性，易切削加工，良好的焊接性，在大气、淡水、海水中耐蚀性好，热加工有脆性，4-4-4 锡青铜的热强性好	用于制造承受摩擦的零件，如轴套、衬套、轴承等
4-4-4 锡青铜	QSn4-4-4	3.0～5.0	0.002	3.0～5.0	0.2	0.05	3.5～4.5	0.03	余量	0.2		
6.5-0.1 锡青铜	QSn6.5-0.1	6.0～7.0	0.002	0.3	0.2	0.05	0.02	0.10～0.25	余量	0.1	具有高的强度、弹性、耐磨性、抗磁性、冷态下压力加工性良好，切削加工性好，焊接性好，在大气和淡水中耐蚀	用于制造精密仪器中的耐磨零件和抗磁元件、弹簧及需要导电性良好的弹性接触片
6.5-0.4 锡青铜	QSn6.5-0.4	6.0～7.0	0.002	0.3	0.2	0.02	0.02	0.26～0.40	余量	0.1	具有高的强度、弹性、耐磨性和抗疲劳强度，只适合冷加工，在大气、淡水、海水中耐蚀	用于制造弹簧、耐磨元件及造纸行业中的耐磨铜网
7-0.2 锡青铜	QSn7-0.2	6.0～8.0	0.01	0.3	0.2	0.05	0.02	0.10～0.25	余量	0.15	具有高强度及良好的弹性、耐磨性和焊接性，可热加工和切削加工，在大气、淡水、海水中耐蚀	用于制造中等载荷、中等滑动速度下承受摩擦的零件，如轴承、轴套、涡轮等耐磨零件

适于冷加工。但当铝含量大于7%～8%后，塑性急剧下降。当铝含量超过11%时，铝青铜的塑性很差，加工困难。所以常用的铝青铜的铝含量一般是5%～11%。表8-10列出了铝青铜的牌号、成分、性能和用途。

表8-9 部分铸造锡青铜的牌号、成分、性能和用途

代号或牌号	化学成分(%)		力学性能			主要用途
	w_{Sn}	$w_{其他元素}$	σ_b/MPa	δ/%	HBW	
ZCuSn10P1	9.0～11.5	P0.5～1.0 余量Cu	$\frac{220}{310}$	$\frac{3}{2}$	$\frac{78}{88}$	重要的减摩零件，如轴承、轴套、涡轮、摩擦轮、机床丝杠螺母等
ZCuSn5Pb5Zn5	4.0～6.0	Zn4.0～6.0 P4.0～6.0 余量Cu	$\frac{220}{310}$	$\frac{13}{13}$	$\frac{59}{59}$	低速、中载荷的轴承、轴套及涡轮等耐磨零件

说明：力学性能中分母的数值对应于金属型铸造时的数值；分子数值对应于砂型铸造时的数值。

铝青铜不仅具有良好的铸造性能，而且还具有良好的耐磨性和耐蚀性，在大气、海水、碳酸及大多数有机酸中的耐蚀性都比黄铜和锡青铜高，并能进行热处理强化，主要用于制造机械、化工、造船及汽车工业中的高强度、耐磨和耐蚀零件，如轴套、齿轮、涡轮、螺旋桨、阀座、轴承等零件。

3. 铍青铜

以铍为主加合金元素的铜合金称为铍青铜，含铍量一般为1.7%～2.5%。Be溶于Cu中形成α固溶体，其溶解度受温度的影响较大，在866℃时的溶解度最大(2.7%)，在室温时降至0.2%。因此可以采用时效强化的方法提高铍青铜的力学性能。实践证明，铍青铜经淬火+时效处理后可以获得高强度和高硬度：σ_b达1200～1500MPa，δ=2%～4%，330～400HBS，其性能优于其他铜合金。表8-11列出了铍青铜的牌号、成分、性能和用途。

铍青铜具有高的强度、硬度、耐磨性、弹性极限、抗蚀性、导电性和导热性，并具有耐低温性、无磁性和受冲击时不起火花，以及良好的冷、热加工和铸造性能等优良特性，但其价格昂贵，在工业中的应用受到限制。常用的铍青铜有QBe2、QBe1.7、QBe1.9，只用于制造重要的弹性元件、耐磨零件、防爆工具及在高温、高速、高压下工作的轴承。

4. 硅青铜

以硅为主加合金元素的铜合金称为硅青铜。硅在铜中的最大溶解度为4.6%，室温时降为3%。硅青铜的机械性能高于锡青铜，而且价格较低。此外，硅青铜具有良好的铸造性能和冷、热压力加工性能。表8-11列出了硅青铜的牌号、成分、性能和用途。

8.2.5 白铜

以镍为主加合金元素的铜基合金称为白铜。工业上应用的白铜有普通白铜和特殊白铜。普通白铜仅含铜和镍；特殊白铜是在普通白铜的基础上加入锌、锰、铁、铝等合金元素，分别称为锌白铜、锰白铜、铁白铜、铝白铜等。

表 8-10　加工铝青铜的牌号、成分、性能和用途(GB/T5231—2001)

牌号或代号	化学成分/%											性能	用途
	w_{Sn}	w_{Al}	w_{P}	w_{Si}	w_{Mn}	w_{Zn}	w_{Ni}	w_{Fe}	w_{Pb}	w_{Cu}	$w_{杂质总和}$		
5 铝青铜 QAl5	0.1	4.0～6.0	0.01	0.1	0.5	0.5	0.5	0.5	0.03	余量	1.6	具有较高的强度、弹性、耐磨性，在冷态和热态下承受压力加工性能良好，不易钎焊，不能淬火、回火强化，在大气、淡水、海水和某些酸中耐腐蚀，QAl7 的强度比 QAl5 的高	用于制造弹簧等弹性元件，可作为 QSn6.5-0.4，QSn4-3，QSn4-4-4 的代用品
7 铝青铜 QAl7	—	6.0～8.5	—	0.10	—	0.20	0.5	0.50	0.02	余量	—		
9-2 铝青铜 QAl9-2	0.1	8.0～10.0	0.01	0.1	1.5～2.5	1.0	0.5	0.50	0.02	余量	1.7	具有高的强度，热态、冷态下压力加工性能良好，不易钎焊，在大气、海水、淡水中耐蚀性好	用于制造高强度耐蚀零件，以及 250℃ 下蒸汽中工作的管件及零件
10-4-4 铝青铜 QAl10-4-4	0.1	9.5～11.0	0.01	0.1	0.3	0.5	3.5～5.5	3.5～5.5	0.02	余量	1.0	具有高的强度和良好的高温力学性能、耐蚀性、减摩性，可热处理强化，可切削加工，可热态下压力加工，不易钎焊	用于制造高强度耐磨零件和高温下工作的零件，如轴衬、轴套、法兰盘、齿轮和其他重要的耐蚀耐磨零件
11-6-6 铝青铜 QAl11-6-6	0.2	10.0～11.5	0.1	0.2	0.5	0.6	5.0～6.5	5.0～6.5	0.05	余量	1.5		

表 8-11　铍青铜和硅青铜的牌号、成分、性能和用途

组别	牌号或代号	化学成分/%					机械性能			特性	用途
		w_{Be}	w_{Si}	$w_{其他}$	w_{Cu}	$w_{杂质总和}$	σ_b/MN/m²	δ/%	HV		
铍青铜	2 铍青铜 QBe2	1.80～2.1	0.15	Al0.15　Ni0.2～0.5　Fe0.15　Pb0.005	余量	0.5	1250	2～4	330	具有优良的综合性能，热处理后具有高的强度、硬度、弹性、耐磨性、耐热性及疲劳极限，同时还具有高导电性、导热性和耐寒性，无磁性，易焊接，耐蚀性好	用于制造重要的弹簧与弹性元件，耐磨零件及在高温、高速、高压下工作的轴承
	1.9 铍青铜 QBe1.9	1.85～2.1	0.15	Al0.15　Ni0.2～0.4　Fe0.15　Pb0.005　Ti0.10～0.25	余量	0.5	1250	2.5	380		
	1.7 铍青铜 QBe1.7	1.6～1.85	0.15	Al0.15　Ni0.2～0.4　Fe0.15　Pb0.005　Ti0.10～0.25	余量	0.5	1150	3.5	360		
硅青铜	1-3 硅青铜 QSi1-3	—	0.6～1.1	Al0.02　Sn0.1　Mn0.1～0.4　Zn0.2　Ni2.4～3.4　Fe0.1　Pb0.15	余量	0.5	—	—	—	具有高强度和极好的耐磨性，经热处理后强度、硬度可大幅度提高，切削性、焊接性、耐蚀性好	用于制造工作温度低于 300℃、工作条件较差或腐蚀介质中工作的零件
	3-1 硅青铜 QSi3-1	—	2.7～3.5	Sn0.25　Mn1.0～1.5　Zn0.5　Ni0.2　Fe0.3　Pb0.03	余量	1.1	—	—	—	具有高强度和良好的弹性、塑性、耐磨性，在冷热态下压力加工，可与不同合金良好焊接，对大气、淡水、海水、氯化物及强碱耐蚀，不能热处理强化	用于制造腐蚀介质中工作的弹性元件，以及涡轮、蜗杆、轴套和焊接结构
	3.5-3-1.5 硅青铜 QSi3.5-3-1.5	—	3.0～4.0	Sn0.25　Mn0.5～0.9　Zn2.5～3.5　Ni0.2　Fe1.2～1.8　Pb0.03　P0.03　As0.002　Sb0.002	余量	1.1	—	—	—	性能与 QSi3-1 相似，但耐热性较好	多用于制造高温环境工作的轴套、轴衬

注：铍青铜的机械性能是经淬火＋时效处理后测得。

表 8-12　常用白铜的牌号、成分和用途(GB/T5231—2001)

组别	牌号和代号	化学成分/%													特性	用途
		w_{Ni+Co}	w_{Fe}	w_{Mn}	w_{Zn}	w_{Pb}	w_{Al}	w_{Si}	w_{P}	w_{S}	w_{C}	w_{Mg}	w_{Cu}	$w_{杂质总和}$		
普通白铜	0.6 白铜 B0.6	0.57～0.63	0.005	—	—	0.005	—	0.002	0.002	0.005	0.002	—	余量	0.1	电工用白铜,温差电动势小,最大工作温度为100℃	铂—铂铑热电偶补偿导线
	5 白铜 B5	4.4～5.0	0.20	—	—	0.01	—	—	0.01	0.01	0.03	—	余量	0.5	结构白铜,强度、耐蚀性较铜高	船舶用耐蚀零件
	19 白铜 B19	18.0～20.0	0.5	0.5	0.3	0.005	—	0.15	0.01	0.01	0.05	0.05	余量	1.8	结构白铜,力学性能与耐蚀性能很好,冷热态压力加工性能良好,切削性不好	在蒸汽、淡水和海水中工作的精密仪器仪表零件,金属网和抗化学腐蚀的零件
	25 白铜 B25	24.0～26.0	0.5	0.5	0.3	0.005	—	0.15	0.01	0.01	0.05	0.05	余量	1.8	结构白铜,力学性能和耐蚀性很好,压力加工性能良好,性能较B19、B5好	在腐蚀环境工作的零件和高温高压下工作的金属管和冷凝管
	30 白铜 B30	29～33	0.9	1.2	—	0.05	—	0.15	0.006	0.01	0.05	—	余量	—	耐高度污染海水腐蚀,工作温度可达400℃	在蒸汽海水工作的耐蚀零件和高温高压下工作的金属管和冷凝管
锌白铜	15-20 锌白铜 BZn15-20	13.5～16.5	0.5	0.3	余量	0.02	—	0.15	0.005	0.01	0.03	0.05	63.5～66.5	—	结构白铜,具有高强度和良好的耐蚀性恶化可塑性,冷热态均可压力加工,切削性和焊接性差	在潮湿条件下和强腐蚀介质中工作的仪表零件和工业用器皿

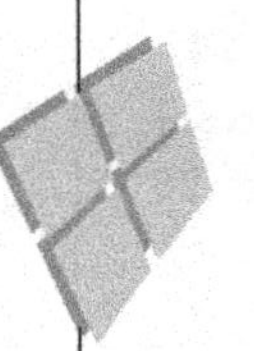

续表

组别	牌号和代号	化学成分/%													特性	用途
		w_{Ni+Co}	w_{Fe}	w_{Mn}	w_{Zn}	w_{Pb}	w_{Al}	w_{Si}	w_P	w_S	w_C	w_{Mg}	w_{Cu}	$w_{杂质总和}$		
铝白铜	13-3 铝白铜 BAl13-3	12.0～15.0	1.0	0.50	—	0.003	2.3～3.0	—	0.01	—	—	—	余量	1.9	结构白铜，具有高强度和良好的耐蚀性、弹性和低温力学性能，可以热处理	高强度耐蚀件
铝白铜	6-1.5 铝白铜 Bal6-1.5	5.5～6.5	0.50	0.20	—	0.003	1.2～1.8	—	—	—	—	—	余量	1.1	结构白铜，具有高强度和耐蚀性，可热处理	用于制造弹簧、高强耐蚀件
锰白铜	3-12 锰白铜 BMn3-12	2.0～3.5	0.20～0.50	11.5～13.5	—	0.020	0.2	0.1～0.3	0.005	0.020	0.05	0.03	余量	0.5	电工白铜，电阻率和电阻稳定性高，电阻温度系数低，对铜的热电势小	电气工业及测量仪表用电阻(100℃以下)
锰白铜	40-1.5 锰白铜 BMn40-1.5	39.0～41.0	0.50	1.0～2.0	—	0.005	—	0.10	0.005	0.02	0.10	0.05	余量	0.9	电工白铜，具有高热电势和电阻率，以及良好的耐热性、耐蚀性和力学性能	用于制造工作温度900℃以下的热电偶及500℃以下的加热器和变阻器、补偿电线
锰白铜	43-0.5 锰白铜 BMn43-0.5	42.0～44.0	0.15	0.10～1.0	—	0.002	—	0.10	0.002	0.01	0.10	0.05	余量	0.6	电工白铜，具有高电阻率和低温度系数，以及最大的温差电动势，良好的力学性能、耐热性和耐蚀性	用来制造工作温度在600℃以下的热电仪器、高温测量中的补偿电线

普通白铜的牌号是以“白”的汉语拼音首字母 B+镍元素含量来表示，如 B10 表示镍含量为 10%的白铜。特殊白铜的牌号是以“白”的汉语拼音首字母 B+其他元素符号+镍元素含量+其他元素含量来表示，如 BZn15-20 表示镍含量为 15%，锌含量为 20%的锌白铜。

白铜具有较高的强度和耐蚀性，以及优良的塑性和冷、热加工工艺性；而且可以采用冷变形来提高其强度和硬度。因此，白铜广泛用于制造精密仪器、仪表、化工机械及医疗器械中的关键零件等。锰含量高的锰白铜可用来制造热电偶丝。表 8-12 列出了常用白铜的牌号、成分和用途。

8.3 钛及钛合金

钛是地壳中储量最丰富的元素之一，其含量占地壳质量的 0.61%，在诸元素的分布序列中居第九位。钛及钛合金具有密度小、比强度高、耐腐蚀、耐高温及良好的低温韧性等特点广泛应用于航天航空、冶金等工业领域。但是钛及钛合金的加工条件复杂、成本较高，其应用受到限制。

8.3.1 纯钛

纯钛呈灰白色，密度小($4.54g/cm^3$)，熔点高(约为 1 668℃)，热膨胀系数小，导热性差。纯钛具有良好的塑性和较低的强度，以及良好的加工成形能力和焊接性能，可制成细丝和薄片，而且在大气、海水及大多数酸、碱介质中(如硫酸、盐酸、硝酸、氢氧化钠)具有优良的耐蚀性。其抗氧化能力优于大多数奥氏体不锈钢。

钛在固态下有同素异构转变现象：在 882.5℃以下为 α-Ti，具有密排六方晶格；在 882.5℃以上直到熔点为 β-Ti，具有体心立方晶格。在 882.5℃时发生同素异构转变 $\alpha\text{-Ti} \rightleftharpoons \beta\text{-Ti}$，它对于强化有很重要的意义。

工业纯钛中含有 H、O、C、Fe、Mg 等杂质元素，少量杂质可使钛的强度和硬度显著提高，塑性和韧性明显下降。工业纯钛按杂质含量不同分为 TA1、TA2、TA3、TA4 等(见表 8-13)，可制作在 350℃以下工作的、强度要求不高的零件。

表 8-13 工业纯钛的牌号和化学成分(GB/T3620.1—2007)

牌号	化学成分/%									
	w_{Ti}	w_{Al}	w_{Si}	w_{Fe}	w_C	w_N	w_H	w_O	$w_{其他元素}$ 单一	$w_{其他元素}$ 总和
TA1EL1	余量	—	—	0.10	0.03	0.012	0.008	0.10	0.05	0.20
TA1	余量	—	—	0.20	0.08	0.03	0.015	0.08	0.10	0.40
TA1−1	余量	<0.20	≤0.08	0.15	0.05	0.03	0.003	0.12	—	0.10
TA2EL1	余量	—	—	0.20	0.05	0.03	0.008	0.10	0.05	0.20
TA2	余量	—	—	0.30	0.08	0.03	0.015	0.25	0.10	0.40
TA3EL1	余量	—	—	0.25	0.05	0.004	0.008	0.18	0.05	0.20

续表

牌号	化学成分/%									
	w_{Ti}	w_{Al}	w_{Si}	w_{Fe}	w_{C}	w_{N}	w_{H}	w_{O}	$w_{其他元素}$	
									单一	总和
TA3	余量	—	—	0.30	0.08	0.005	0.015	0.35	0.10	0.40
TA4EL1	余量	—	—	0.30	0.05	0.005	0.008	0.25	0.05	0.20
TA4	余量	—	—	0.50	0.08	0.005	0.015	0.40	0.10	0.40

8.3.2 钛合金

在纯钛中加入Al、Mo、Mn、Cr等合金元素形成钛合金。合金元素溶入α-Ti中，形成α固溶体，溶入β-Ti中形成β固溶体。Al、C、N、O、B等元素使α-Ti$\rightleftharpoons$β-Ti转变温度升高，称为α稳定化元素。Fe、Mo、Mg、Cr、Mn、V等元素使同素异构转变温度下降，称为β稳定化元素。Sn、Zr等元素对转变温度的影响不明显，称为中性元素。

根据钛合金使用状态的组织不同，可分为三类：α钛合金、β钛合金和(α+β)钛合金。牌号分别用TA、TB、TC加上编号来表示。常用钛合金的牌号、成分、性能及用途见表8-14。

1. α钛合金　α钛合金是通过在纯钛中加入Al、B等α稳定化元素获得的。与β钛合金和(α+β)钛合金相比，α钛合金的室温强度低，而高温(500℃～600℃)强度和蠕变强度较高，并且组织稳定，具有良好的抗氧化性、抗蠕变性和焊接性能。α钛合金不能淬火强化，主要依靠固溶强化，热处理只进行退火(变形后的消除应力退火或消除加工硬化的再结晶退火)。

常用α钛合金有TA4、TA5、TA6、TA7等，使用最为广泛的是TA7，可在500℃以下使用；当O、H、N等间隙杂质含量极低时，在超低温时还具有良好的韧性和综合力学性能，是优良的超低温合金之一。

2. β钛合金　β钛合金是通过在纯钛中加入Mo、Cr、V等β稳定化元素获得的。β钛合金有较高的强度、优良的冲压性能和焊接性能，并可通过淬火和时效进行强化；但其性能不够稳定，熔炼工艺复杂，所以应用范围不如α钛合金和α+β钛合金广泛。

β钛合金的典型牌号为TB1、TB2。

3. α+β钛合金　α+β钛合金是通过在纯钛中加入β稳定化元素和α稳定化元素获得的，其具有良好的塑性，容易锻造、压延和冲压，而且大多可通过淬火和时效进行强化，热处理后强度可提高50%～100%，但是TC1、TC2、TC7则不能通过热处理强化。

应用最为广泛的是TC4，用量约占现有钛合金产量的一半，成分为Ti-6Al-4V，经淬火和时效处理后，显微组织为块状(α+β)+针状α。其中针状α是时效过程中从β相中析出的。TC4不仅具有良好的室温、高温和低温力学性能，并具有良好的抗海水应力腐蚀及抗热盐应力腐蚀的能力，同时可以焊接、冷热变形，还可以通过热处理强化。所以广泛应用于航天航空、船舰等领域。

表 8-14 常用钛合金的牌号、成分、性能及用途(GB/T3620.1—2007)

组别	牌号	名义化学成分	室温机械性能			高温机械性能			用途
			热处理	σ_b MN/m^2	δ%	试验温度,℃	σ_b MN/m^2	σ_{100} MN/m^2	
α钛合金	TA5	Ti-4Al-0.005B	退火	700	15	—	—	—	在500℃以下工作的零件,导弹燃料罐、超音速飞机的涡轮机匣
	TA6	Ti-5Al	退火	700	12~20	350	430	400	
	TA7	Ti-5Al-2.5Sn	退火	800	12~20	350	500	450	
β钛合金	TB2	Ti-5Mo-5V-8Cr-3Al	淬火	1 000	20	—	—	—	在350℃以下工作的零件、压气机叶片、轴、轮盘等载荷旋转件,飞机构件
			淬火+时效	1 350	8				
α+β钛合金	TC1	Ti-2Al-1.5Mn	退火	600~800	20~25	350	350	350	在400℃以下工作的零件,有一定高温强度的发动机零件,低温用部件
	TC2	Ti-4Al-1.5Mn	退火	700	12~15	350	430	400	
	TC3	Ti-5Al-4V	退火	900	8~10	500	450	200	
	TC4	Ti-6Al-4V	退火	950	10	400	630	580	
			淬火+时效	1 200	8				

8.4 镁及镁合金

镁在地壳中的储藏量非常丰富，约为2.5%，仅次于铝和铁居于第三位。镁及镁合金不仅具有高比强度、优良的可切削加工性和耐冲击性能，并对碱、汽油及矿物油具有化学稳定性，广泛应用于汽车、电子、电器、航空航天、国防军工、交通等领域。

8.4.1 纯镁

纯镁呈银白色，其密度为1.74g/cm^3，熔点为651℃，沸点为1 100±10℃。纯镁在熔化温度时极易氧化甚至燃烧，其熔炼技术很复杂。纯镁的强度不高，与铝接近，镁具有密排六方晶格，其塑性变形能力比铝小，而且室温和低温塑性较低，容易脆断，但高温塑性较好，可进行各种形式的热变形加工。纯镁的电极电位很低，其抗蚀性较差，在潮湿大气、淡水、海水及绝大多数酸、盐溶液中易受腐蚀。

纯镁因强度低，一般不能单独用作结构材料，常用于制造照明弹、烟火、脱氧剂和镁合金原料。

根据GB/T5153－2003，纯镁牌号以Mg＋数字来表示，Mg后面的数字表示Mg的质量分数。

8.4.2 镁合金

在纯镁中加入Al、Zn、Si、Fe、Ni等合金元素形成镁合金。通过合金元素产生固溶强化、时效强化、细晶强化及过剩相强化作用，来提高镁合金的力学性能、抗腐蚀性能和耐热性能。

镁合金可以按照化学成分或成型工艺两种方式分类。根据化学成分，以主要合金元素Mn、Al、Zn、Zr和RE(稀土)等为基础，可以组成合金系：二元系有Mg-Mn、Mg-Al、Mg-Zn、Mg-Zr、Mg-RE、Mg-Ag、Mg-Li、Mg-Th等；三元系有Mg-Al-Mn、Mg-Zn-Zr、Mg-RE-Zr、Mg-Mn-Ce等；多元系有Mg-Al-Zn-Mn、Mg-Ag-RE-Zr、Mg-Y-RE-Zr。按照有无Al，镁合金可分为含Al镁合金和不含Al镁合金；按有无Zr，还可分为含Zr合金和不含Zr合金。根据成型工艺，则可分为铸造镁合金和变形镁合金两大类。

目前，国外工业中应用较广泛的镁合金是压铸镁合金，主要有以下四个系列：AZ系列Mg-Al-Zn(如AZ91)、AM系列Mg-Al-Mn(如AM60)、AS系列Mg-Al-Si(如AS21)和AE系列Mg-Al-RE(如AE42)。我国铸造的镁合金主要有如下三个系列：Mg-Zn-Zr、Mg-Zn-Zr-RE和Mg-Al-Zn系。变形镁合金有Mg-Mn、Mg-Al-Zn和Mg-Zn-Zr系。

1. 铸造镁合金

铸造镁合金包括高强铸造镁合金(如ZM1、ZM2和ZM5)和耐热铸造镁合金(如ZM3等)两类。铸造镁合金的牌号以“Z＋M＋数字”表示，其中Z是铸造的首字母，M表示镁合金，后面的数字表示顺序号，代表合金体系。

ZM1(ZMgZn5Zr)具有较高的抗拉和屈服强度及良好的耐蚀性、塑性、切削加工性和铸造流动性，且力学性能壁厚效应小，但是热裂倾向大，焊接性差，用于制造断面均匀，形状简单、尺寸小的的受力铸件及抗冲击载荷的零件，如飞机轮毂、支架等抗冲击件。

ZM2(ZMgZn4RE1Zr)具有良好的高温力学性能(优于ZM1)、铸造性能和耐蚀性，缩松和热裂倾向小，可焊接，但是常温力学性能低，用于制造长期在170℃～200℃工作的发动机、飞机零件。

ZM3(ZMgRE3ZnZr)是以混合稀土为主要合金元素的热强镁合金，具有良好的高温性能和气密性，而且热裂倾向小，用于制造在150℃～250℃下长期工作的发动机部件、室温下高气密性铸件。

ZM4(ZMgRE3Zn2Zr)具有良好的抗蠕变性能和气密性，以及较高的持久强度，而且热裂倾向低，室温强度高于ZM3，用于制造在150℃～250℃下长期工作的零件。

ZM5(ZMgAl8Zn)是应用最广泛的合金之一，具有较高的强度和良好的铸造性、焊接性和切削加工性能，而且成本较低，用于制造中等载荷的零件，如机舱隔框、增压机匣等高载荷零件。

ZM6(ZMgRE2ZnZr)具有优良的综合性能和高室温强度，其高温性能优于ZM3和ZM4，用于制造在250℃下长期工作的高强度、高气密性的零件。

ZM7(ZMgZn8AgZr)具有很高的室温拉伸强度、屈服极限和疲劳极限，及良好的塑性、铸造充型性，但是其疏松倾向较大，用于制造要求高强度的形状简单的各种受力构件，不宜用作耐压零件。

ZM10(ZMgAl10Zn)的含铝量高，具有良好的耐蚀性，适于压铸，用于制造无较高要求的普通零件。

2. 变形镁合金

变形镁合金不同于铸造镁合金的液态成形，而是通过在300℃～500℃温度范围内挤压、轧制、锻造的方法固态成形的。由于变形加工不仅消除了铸造组织缺陷，而且细化了晶粒，因此与铸造镁合金相比，变形镁合金具有更高的强度、更好的延展性和力学性能，以及更低的生产成本。

合金元素对变形镁合金的性能有显著的影响。铝和锌可以提高合金的机械性能，当其含量较高时，可形成Mg_4Al_3，MgZn等金属间化合物。Mn的主要作用是提高耐蚀性，并细化晶粒。Zr不仅可以细化晶粒，还可以提高合金的机械性能。加入稀土元素铈后，在晶界上析出金属间化合物Mg_9Ce，起强化晶界作用。含铈较高的镁合金，如MB14(含2%锰、3%铈)属于热强镁合金，其最高工作温度可达200℃。

加工工艺、热处理状态等因素影响变形镁合金的力学性能，尤其是加工温度的影响较大。在400℃以下进行挤压，挤压合金发生再结晶。在300℃进行冷挤压，材料内部保留了许多冷加工的显微组织特征，如高密度位错或孪晶。在再结晶温度以下进行挤压可使压制品获得更好的力学性能。表8-15列出了常用镁合金的牌号、成分和用途。

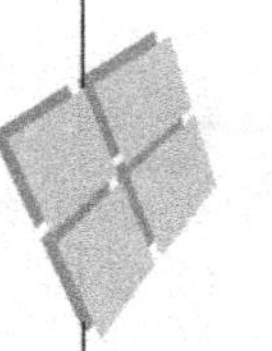

表 8-15　常用镁合金的牌号、成分及用途

合金组别	牌号	化学成分/%													特性	用途
		w_{Mg}	w_{Al}	w_{Zn}	w_{Mn}	w_{Ce}	w_{Zr}	w_{Si}	w_{Fe}	w_{Cu}	w_{Ni}	w_{Be}	$w_{其他元素}$ 单个	$w_{其他元素}$ 总计		
MgMn	M2M	余量	≤0.20	≤0.30	1.3～2.5	—	—	≤0.10	≤0.05	≤0.05	≤0.007	≤0.01	≤0.01	≤0.20	室温强度和塑性低；高温塑性和耐蚀性高；焊接性良好，可气焊、氩弧焊、点焊；切削性能良好，不可热处理强化	用于制造受力不大，但要求高焊接性和耐蚀性的零件，如汽油系统附件
MgAlZn	AZ40M	余量	3.0～4.0	0.20～0.80	0.15～0.50	—	—	≤0.10	≤0.05	≤0.05	≤0.005	≤0.01	≤0.01	≤0.30	强度高，可热处理强化，铸造性能良好。AZ40M和AZ41M的应力腐蚀倾向较小，热塑性和焊接性较好；AZ61M、AZ62M、AZ80M的应力腐蚀倾向较大。AZ62M、AZ80M的热塑性较差。AZ61M的可焊性低。	主要用于制造形状复杂的锻件、模锻件及中等负荷的结构件
	AZ41M	余量	3.7～4.7	0.80～1.4	0.30～0.60	—	—	≤0.10	≤0.05	≤0.05	≤0.005	≤0.01	≤0.01	≤0.30		主要以板材供应，用作飞机内部组件、壁板等
	AZ61M	余量	5.8～7.2	0.40～1.5	0.15～0.50	—	—	≤0.10	≤0.005	≤0.05	≤0.005	≤0.01	≤0.01	≤0.30		用于制造承受大负荷的零件
	AZ62M	余量	5.5～7.0	0.50～1.5	0.15～0.50	—		≤0.10	≤0.05	≤0.05	≤0.005	≤0.01	≤0.01	≤0.30		
	AZ80M	余量	7.8～9.2	0.20～0.80	0.15～0.50	—	—	≤0.10	≤0.05	≤0.05	≤0.005	≤0.01	≤0.01	≤0.30		
MgMnRE	ME20M	余量	≤0.20	≤0.30	1.3～2.2	0.15～0.35	—	≤0.10	≤0.05	≤0.05	≤0.007	≤0.01	≤0.01	≤0.30	与M2M相比，其强度较高，高温性能良好	常代替M2M用于制造强度要求稍高的零件
MgZnZr	ZK61M	余量	≤0.05	5.0～6.0	≤0.10	—	0.30～0.90	≤0.05	≤0.05	≤0.05	≤0.005	≤0.01	≤0.01	≤0.30	具有高强度和良好的塑性、耐蚀性和切削加工性，没有应力腐蚀倾向，热处理工艺简单，但焊接性较差	用于制造高强度、高屈服的零件，如飞机的翼桁、翼肋等

8.5 轴承合金

根据工作条件不同，轴承可分为滚动轴承和滑动轴承两类。与滚动轴承相比较，滑动轴承具有承压面积大、工作平稳、无噪声及拆装方便等优点。滑动轴承是汽车、拖拉机、机床及其他机器中的重要部件，用于制造滑动轴承中的轴瓦及内衬的材料称为轴承合金。

8.5.1 轴承合金的性能要求

滑动轴承支承着轴，当轴进行高速旋转时，轴承承受轴颈传来的交变载荷和冲击载荷的作用，轴颈与轴瓦或内衬发生强烈的摩擦，造成轴颈和轴瓦的磨损。因此，轴承合金应该具有以下性能。

(1)具有足够的力学性能，特别是抗压强度、疲劳强度和冲击韧性，以承受轴颈的周期性载荷，并抵抗冲击和振动。

(2)具有良好的减摩性，即较小的摩擦系数和良好的磨合性、抗咬合能力和蓄油性，以减少轴颈磨损并防止咬合。

磨合性是指轴承在较短时间服役后，可以与轴自动吻合，使载荷均匀分布在工作面上，避免局部磨损。抗咬合能力好是指在摩擦条件不良时，轴承材料不致与轴粘着或焊合。蓄油性是指当轴运转时、轴瓦(或内衬)的软基体易于磨损而凹陷，可储存润滑油，形成油膜。

(3)具有小的膨胀系数和良好的导热性和耐蚀性，防止摩擦升温而发生咬合以及耐润滑油的腐蚀。

8.5.2 轴承合金的组织特点

根据上述性能要求，轴承合金的组织应具备软硬不同的多相合金。目前常用的轴承合金的组织有以下两种类型。

(1)在软的基体上均匀分布一定数量和大小的硬质点。当轴运转时，软基体受磨损而凹陷，可储存润滑油，而硬质点将凸出于基体上，使轴与轴瓦的接触面积减少，这样既保证了良好的润滑条件，又能减小轴与轴瓦的摩擦系数，还可以减少轴与轴承的磨损。同时，软基体有较好的磨合性和抗冲击、抗振动能力，而且有嵌藏性，使偶然进入的硬粒杂物能被压入软基体内，不致擦伤轴颈。但是，这种组织不能承受高载荷。属于这类轴承合金的有巴氏合金和锡青铜等。

(2)在较硬的基体(硬度低于轴颈)上分布着软质点。这类组织依靠较硬的基体组织来提高单位面积上承受的压力，即可以承受较高载荷，但磨合性较差。属于这类轴承合金的有铝基轴承合金和铝青铜等。

8.5.3 常用轴承合金

常用的轴承合金按主要成分可以分为锡基轴承合金、铅基轴承合金、铜基轴承合金、铝基轴承合金等，前两种属于低熔点合金，又称为巴氏合金。巴氏合金牌号表示方法是：Z+基体元素化学符号+主加元素化学符号+主加元素含量+辅加元素化学符号+辅加元素含量。其中Z表示“铸”字的汉语拼音首字母，主要是因为轴承合金一般在铸态下工作。例如，ZSnSb11Cu6为铸造锡基轴承合金，主加元素Sb的含量为

11%、辅加元素 Cu 的含量为 6%，余量为锡。ZPbSb10Sn6 为铸造铅基轴承合金，主加元素 Sb 的含量为 10%，辅加元素 Sn 的含量为 6%，余量为铅。

1. 锡基轴承合金(锡基巴氏合金)

锡基轴承合金是以 Sn 为基础，再加入主加元素 Sb 和辅加元素 Cu 及其他微量元素组成的合金，是一种软基体硬质点组织类型的轴承合金。锡基轴承合金按化学成分分为两类：一类是含 Sb 量小于 8%的，如 ZSnSb4Cu4；另一类是含 Sb 量大于 8%的，如 ZSnSb12Cu6Cd1。最常用的锡基轴承合金是 ZSnSb11Cu6，其显微组织为 $\alpha+\beta'+Cu_6Sn_5$。由锡锑合金相图可知，α 相为软基体，是暗黑色的锑溶入锡形成的固溶体；β′相为硬质点，是 SbSn 化合物为基的固溶体。铸造时，为防止由于 β′相较轻而产生比重偏析，在合金中加入 Cu，形成白色针状或星状骨架 Cu_6Sn_5，防止比重较小的 β′相上浮，以减少合金的比重偏析。此外，Cu_6Sn_5 的硬度较 β′相高，起到硬质点的作用，还可以进一步提高合金的强度和耐磨性。

锡基轴承合金的主要特点是摩擦系数和膨胀系数小，具有良好的韧性、减摩性、导热性、耐蚀性和嵌藏性。其缺点是工作温度不高于 150℃，抗拉强度和疲劳强度较低、价格高。锡基轴承合金广泛用于重型动力机械，如汽轮机、涡轮压缩机和高速内燃机等大型机器的滑动轴承。表 8-16 列出了常用锡基轴承合金的牌号、成分、性能和用途。

2. 铅基轴承合金(铅基巴氏合金)

锡基轴承合金是指以 Pb 为基础，再加入少量的 Sb、Sn、Cu 等元素组成的合金，是一种软基体硬质点组织类型的轴承合金。铅基轴承合金按成分可分为两类：一类是简单的 Pb-Sb-Cu 和 Pb-Na-Ca 合金；另一类是在 Pb-Sb-Sn 的基础上添加 Cu、Ni、As、Cd 等元素组成的复杂合金。最常见的铅基轴承合金是 ZPbSb16Sn16Cu2，其显微组织为 $(\alpha+\beta)+\beta+Cu_6Sn_5$。由 Pb-Sb 合金相图可知，α 相为 Sb 在 Pb 中的固溶体，β 相为 Pb 在 Sb 中的固溶体。(α+β)共晶体为软基体，β 相为硬质点，是以 SnSb 化合物为基的含 Pb 的固溶体。但是，由于基体太软，β 相脆性大容易破碎，且有严重的比重偏析，性能差，因此将锡和铜加入铅基轴承合金中来改善合金的性能。加入锡是为了生成化合物 SnSb，并得到以 SnSb 为基的固溶体作为硬质点；加入铜是为了形成白色针状的化合物 Cu_6Sn_5，防止比重偏析，同时也起到硬质点作用。

铅基轴承合金的突出优点是价格较便宜，而且铸造性能和耐磨性较好，但是其性能较锡基轴承合金低，但在工业上仍得到广泛应用。通常用于制造低速、低载荷或静载中载荷机器的轴承合金，如汽车、拖拉机的曲轴轴承等。表 8-17 列出了常用铅基轴承合金的牌号、成分、性能和用途。

3. 铜基轴承合金

铜基轴承合金有锡青铜和铅青铜等。

常用的锡青铜有 ZCuSn10P1 和 ZCuSn5Pb5Zn5 等，其组织由软基体 α 固溶体和硬质点 δ 相($Cu_{31}Sn_8$)和 Cu_3P 相构成。而且合金内存在较多的分散缩孔，有利于储存润滑油。这类合金具有高强度，可以承受较大的载荷，用于制造中等速度及受较大固定载荷的轴承，如电动机、泵、金属切削机床轴承、轴瓦等。

常用的铅青铜有 ZCuPb30，由于 Cu 与 Pb 互不相溶，因此其显微组织由硬基体 Cu

表 8-16 常用锡基轴承合金的牌号、成分、性能和用途(GB/T1174—1992)

代号	化学成分/%							HBS	性能特点	用途
	w_{Sn}	w_{Sb}	w_{Pb}	w_{Cu}	w_{Bi}	w_{As}				
ZSnSb12Pb10Cu4	余量	11.0～13.0	9.0～11.0	2.5～5.0	0.08	0.1	Cd1.1～1.6＋Fe＋Al＋Zn≤0.15	29	为含锡量最低的锡基轴承合金,其特点是:性软而韧、耐压、硬度较高,因含铅,浇铸性能较其他锡基轴承合金差,热强性也较低,但价格比其他锡基轴承合金低	适用浇铸一般中速、中等载荷发动机的主轴承,但不适用于高温部分
ZSnSb8Cu4	余量	7.0～8.0	0.35	3.0～4.0	0.03	0.1		24	除韧性比 ZSnSb11Cu6 较好,强度及硬度比 ZSnSb11Cu6 较低之外,其他性能与 ZSnSb11Cu6 近似,但因含锡量高,价格较 ZSnSb11Cu6 更贵	适于浇铸工作温度在 100℃以下的一般负荷压力大的大型机器轴承及轴衬、高速高载荷汽车发动机薄壁双金属轴承
ZSnSb11Cu6	余量	10.0～12.0	0.35	5.5～6.5	0.03	0.1		27	有一定的韧性、硬度适中、抗压强度较高、可塑性好,所以它的减摩性和抗磨性均较好,其冲击韧度比铅基轴承合金高。此外,还有优良的导热性和耐蚀性、流动性能好,线胀系数比其他巴氏合金都小。缺点是:疲劳强度较低,故不能用于浇铸层很薄和承受较大振动载荷的轴承。此外,工作温度不能高于 110℃,使用寿命较短	适于浇铸重载、高速、工作温度低于 110℃的重要轴承,如:高速蒸汽机、涡轮压缩机和涡轮泵、快速行程柴油机、电动机、发电机,高转速的机床主轴的轴承和轴瓦
ZSnSb4Cu4	余量	4.0～5.0	0.35	4.0～5.0	0.08	0.1		20	这种合金的韧性是巴氏合金中最高的,强度及硬度比 ZSnSb11Cu6 略低,其他性能与 ZSnSb11Cu6 近似,但价格也最贵	用于要求韧性较大和浇铸层厚度较薄的重载高速轴承,如:内燃机、涡轮机、特别是航空和汽车发动机的高速轴承及轴衬

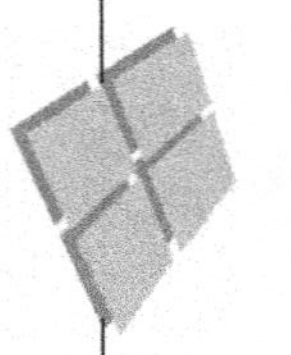

表 8-17　常用铅基轴承合金的牌号、成分、性能和用途(GB/T1174—1992)

牌号	化学成分/%										HBS (≥)	性能特点	用途
	w_{Sn}	w_{Pb}	w_{Cu}	w_{Zn}	w_{Al}	w_{Sb}	w_{Fe}	w_{Bi}	w_{As}	w_{Cd}			
ZPbSb16Sn16Cu2	15.0～17.0	余量	1.5～2.0	0.15	—	15.0～17.0	0.1	0.1	0.3	—	30	摩擦系数较大,抗压强度较高,耐磨性和使用寿命较好,价格低;但其缺点是冲击韧度低,在室温下较脆。当轴承经受冲击负荷的作用时,易形成裂缝和剥落;当轴承经受静负荷的作用时,工作情况比较好	适用于工作温度小于120℃承受无显著冲击载荷、重载高速的轴承,如:汽车拖拉机的曲柄轴承、压缩机以及轧钢机等轴承
ZPbSb15Sn5Cu3Cd2	5.0～6.0	余量	1.5～2.5		—	14.0～16.0	0.1	0.1	0.6～1.0	1.75～2.25	32	含锡量比 ZPbSb16Sn16Cu2 约低 2/3,但性能差别不大。它是 ZPbSb16Sn16Cu2 很好的代用材料	用以代替 ZPbSb16Sn16Cu2 浇注汽车拖拉机发动机的轴承,以及船舶机械、电动机、抽水机、球磨机和金属切削机床齿轮箱轴承
ZPbSb15Sn10	9.0～11.0	余量	0.7	0.005	0.005	14.0～16.0	0.1	0.1	0.6	0.05	24	冲韧韧度比 ZPbSb16Sn16Cu2 高,摩擦系数较大,但具有良好的磨合性和可塑性。合金经热处理(退火)后,塑性、韧性、强度和减摩性能均大大提高,而硬度则有所下降	用于浇铸承受中等压力、中速和冲击负荷机械的轴承,如汽车、拖拉机、发动机的曲轴轴承和连杆轴承。此外,也适用于高温轴承
ZPbSb15Sn5	4.0～5.5	余量	0.5～1.0	0.15	0.01	14.0～15.5	0.1	0.1	0.2	—	20	与锡基轴承合金 ZSnSb11Cu6 相比,耐压强度相同,塑性和导热性较差,在高温高压和中等冲击负荷的情况下,它的使用性能比锡基轴承合金差;但在温度不超过 80℃～100℃和冲击载荷较低的条件下,其使用寿命并不低于 ZSnSb11Cu6	可用于低速、轻压力条件下工作的机械轴承。一般多用于浇铸矿山水泵轴承,也可用于汽轮机、中等功率电动机、拖拉机发动机、空压机等轴承和轴衬

表 8-18 常用铜基轴承合金的牌号、成分、性能和用途(GB/T1174—1992)

牌号	化学成分/%														HBS	主要特性	用途
	w_{Sn}	w_{Pb}	w_{Cu}	w_{Zn}	w_{Al}	w_{Sb}	w_{Ni}	w_{Mn}	w_{Si}	w_{Fe}	w_{Bi}	w_{As}	$w_{P、S}$	$w_{其他}$			
ZCuSn5Pb5Zn5	4.0~6.0	4.0~6.0	余量	4.0~6.0	0.01	0.25	2.5	—	0.01	0.30	—	—	P0.05 S0.10	0.7	65	耐磨性和耐蚀性好,易加工,铸造性能和气密性较好	在较高负荷、中等滑动速度下工作的耐磨、耐蚀零件,如轴瓦、缸套、活塞、离合器、泵件压盖等
ZCuSn10P1	9.0~11.5	0.25	余量	0.05	0.01	0.05	0.01	0.05	0.02	0.10	0.005	—	P0.05~1.0 S0.05	0.7	90	硬度高,耐磨性极好,不易产生咬死现象,有较好的铸造性能和可加工性,在大气和淡水中有良好的耐蚀性	可用于高负荷(20MPa 以下)和高滑动速度(8m/s)下工作的耐磨零件,如连杆、衬套、轴瓦、齿轮等
ZCuPb20Sn5	4.0~6.0	18.0~23.0	余量	2.0	0.01	0.75	2.5	0.2	0.01	0.25	—	—	P0.10 S0.10	1.0	55	有较高的滑动性能,在缺乏润滑介质和以水为介质时有特别好的自润滑性能,适用于双金属铸造材料,耐硫酸腐蚀,易切削,铸造性能差	高滑动速度的轴承及破碎机、水泵、冷轧机轴承,负荷达40MPa的零件,抗腐蚀零件,双金属轴承,负荷达70MPa的活塞销套
ZCuPb30	1.0	27.0~33.0	余量	—	0.01	0.2	—	0.3	0.02	0.5	0.005	0.10	P0.08	1.0	25	有良好的自润滑性,易切削,铸造性能差,易产生比重偏析	要求高滑动速度的双金属轴瓦、减摩零件等

注:硬度均是在金属型铸件上获得的。

均匀分布着大量颗粒状铅作为软质点构成。与巴氏合金相比，这种合金具有高耐磨性、高疲劳强度、高承载能力、高导热性及低摩擦系数，并可在较高温度(250℃)下工作。铅青铜适于制造高速、高温、重负荷下工作的轴承，如航空发动机、高速柴油机以及其他大马力发动机中的主轴承。

由于铜基轴承合金的强度较低，因此常在钢瓦上挂衬，制成双金属轴承，以增强支承强度，发挥其耐磨性能。表 8-18 列出了常用铜基轴承合金的牌号、成分、性能和用途。

4. 铝基轴承合金

铝基轴承合金是指以 Al 为基本元素，并加入 Sn、Sb、Cu、Mg、C(石墨)等元素形成的合金。与其他轴承合金相比，铝基轴承合金的密度小，导热性好，疲劳强度高，成本低，是一种新型的减摩材料，广泛用于高速、高载荷下工作的汽车、内燃机轴承等，可代替巴氏合金和铜基轴承合金。铝基轴承合金主要不足之处是线膨胀系数大，抗咬合性不如巴氏合金，应用中常采用增大轴承间隙、提高接触面平整度或镀锡加以防止。

目前广泛使用的铝基轴承合金有以下几种。

(1)铝锑镁轴承合金。该合金的成分为：$w_{Sb}=3.5\%\sim5\%$，$w_{Mg}=0.3\%\sim0.7\%$，其余为 Al。该合金是软基体分布硬质点类型的轴承合金，A1 为软基体，β 相(A1Sb 化合物)为硬质点，微量 Mg 元素的加入可使针状 A1Sb 变成片状，从而提高合金的屈服强度、塑性和韧性。一般是将该合金浇注在钢轴瓦上形成内衬来使用，或者使其与低碳钢带复合在一起轧制成双金属钢带，以提高轴瓦的承载能力，适宜制造高速、载荷不超过 20MPa 和滑动速度不大于 10m/s 的工作条件下的柴油机轴承。

(2)高锡铝基轴承合金。该合金的成分为：$w_{Sn}=5\%\sim40\%$，$w_{Cu}=1\%$，其余为 Al。该合金是硬质基体上分布软质点类型的轴承合金，Al 是硬基体，Sn 呈球状是软质点，微量 Cu 的加入可以使基体进一步强化。该轴承合金具有高疲劳强度和承压能力，良好的耐磨性、耐热性和耐蚀性，其性能优于铝锑镁合金。

高锡铝基合金一般是以低碳钢为衬被，复合制成双金属带来使用的，可代替巴氏合金、铜基轴承合金，适于制造高速、重载的重型机床、内燃机车等轴承。

除上述轴承合金外，珠光体灰铸铁也常作为滑动轴承材料。它的显微组织是由作为硬基体的珠光体和作为软质点的石墨构成，石墨还有润滑作用。铸铁轴承可承受较大压力，成本低，但摩擦系数较大，导热性差，故只适宜作低速($v<2$m/s)的不重要轴承。

各种轴承合金与其他合金的性能比较如表 8-19 所示。

表 8-19　各种轴承合金与其他合金的性能比较

合金名称	抗咬合性	磨合性	耐蚀性	抗疲劳性	合金硬度 HBS	轴的最小硬度 HBS	最大容许压力/MPa	最高容许工作温度/℃
锡基轴承合金	优	优	优	劣	20～30	150	6～10	150
铅基轴承合金	优	优	中	劣	15～30	150	6～8	150

续表

合金名称	抗咬合性	磨合性	耐蚀性	抗疲劳性	合金硬度/HBS	轴的最小硬度/HBS	最大容许压力/MPa	最高容许工作温度/℃
铸铁	差	劣	优	优	160～180	200～250	3～6	150
锡青铜	中	劣	优	优	50～100	200	7～20	200
磷青铜	劣	劣	优	优	100～200	300	15～16	250
铅青铜	中	差	差	良	40～80	300	20～32	220～250
黄铜	中	劣	优	优	80～150	200	7～20	200
镉基合金	优	良	劣	差	30～40	200～250	10～14	250
铝合金	劣	中	优	良	45～50	300	20～28	100～150

思考题

1. 铝合金性能有哪些特点？可通过什么手段提高铝合金的强度？
2. 铝合金可以分为哪几类？其牌号如何表示？主要应用有哪些？
3. 铜合金性能有哪些特点？铜合金的强化有哪几种途径？
4. 铜合金可以分为哪几类？各类铜合金的牌号如何表示？具有什么性能特点？主要有哪些用途？
5. 什么是黄铜？黄铜的最大含锌量是多少？为什么？
6. 纯镁的特点是什么？
7. 铸造镁合金和变形镁合金的特点和用途是什么？
8. 滑动轴承合金有哪些性能要求？为满足这些性能要求，滑动轴承合金应具有什么样的显微组织？
9. 常用的轴承合金有哪几类？各类合金的特点和用途是什么？

第9章　高分子材料

9.1　高分子的链结构

9.1.1　高分子结构的特点和内容

高分子与低分子的区别在于前者相对分子质量很高，通常将相对分子质量高于约1万的称为高分子，相对分子质量低于约1 000的称为低分子。相对分子质量介于高分子和低分子之间的称为低聚物(又名齐聚物)。一般高聚物的相对分子质量为10^4～10^6，相对分子质量超过这个范围的又称为超高相对分子质量聚合物。

英文中"高分子"或"高分子化合物"主要有两个词，即 polymers 和 Macromolecules。前者又可译作聚合物或高聚物；后者又可译作大分子。这两个词虽然常混用，但仍有一定的区别，前者通常是指有一定重复单元的合成产物，一般不包括天然高分子；而后者是指相对分子质量很大的一类化合物，它包括天然和合成高分子，也包括无一定重复单元的复杂大分子。

与低分子化合物相比，高分子化合物的主要结构特点如下：

(1)相对分子质量大，相对分子质量往往存在着分布；

(2)分子间相互作用力大；分子链有柔顺性；

(3)晶态有序性较差，但非晶态却具有一定的有序性。

高分子的结构是非常复杂的，整个高分子结构是由不同层次所组成的，可分为以下三个主要结构层次(见表9-1)。

表9-1　高分子的结构层次及其研究内容

名称		内容	备注
链结构	一级结构 (近程结构)	结构单元的化学组成 键接方式 构型(旋光异构，几何异构) 几何形状(线形，支化，网状等) 共聚物的结构	指单个大分子与基本结构单元有关的结构
	二级结构 (远程结构)	构象(高分子链的形状) 相对分子质量及其分布	指由若干重复单元组成的链段的排列形状
三级结构(聚集态结构、聚态结构、超分子结构)		晶态 非晶态 取向态 液晶态 织态	指在单个大分子二级结构的基础上，许多这样的大分子聚集在一起而成的聚合物材料的结构

由于高分子结构的如上特点，使高分子具有如下基本性质：比重小，比强度高，

弹性，可塑性，耐磨性，绝缘性，耐腐蚀性，抗射线。

此外，高分子的不能气化、常难溶、粘度大等特性也与其结构特点密切相关。

9.1.2 高分子链的近程结构

高分子链的近程结构主要包含高分子结构单元的化学组成、键接方式、构型(旋光异构，几何异构)、几何形状(线形，支化，网状等)等方面的内容。

共聚物高分子链的化学结构可分为以下四类。

(1)碳链高分子，主链全是碳以共价键相连；

(2)杂链高分子，主链除了碳还有氧、氮、硫等杂原子；

(3)元素有机高分子，主链上全没有碳；

(4)梯形和螺旋形高分子。

链接方式是指结构单元在高分子链的联接方式(主要对加聚产物而言，缩聚产物的链接方式一般是明确的)。单烯类的键接方式有头一尾键接(一般以此种方式为主)和聚α-烯烃头一头(或称尾一尾)键接两类。聚二烯烃的键接结构有1，4加成和1，2或3，4加成，如聚丁二烯只有1，4和1，2两种，而聚异戊二烯则三种都有。注意：1，2或3，4加成物相当于聚α-烯烃，因而还进一步有不同的键接结构和旋光异构。1，4加成的聚二烯烃由于内双键上的基因排列方式不同而又分为顺式和反式两种构型，称为几何异构体。顺式重复周期长(0.816nm)，不易结晶，弹性好，是很好的橡胶；反之，反式重复周期短，易结晶，不宜用作橡胶。聚α-烯烃的结构单元存在不对称碳原子，每个链节都有d和l两种旋光异构体，它们在高分子链中有三种键接方式(即三种旋光异构体)：

全同立构(isotactic，缩写为i)为dddddd(或llllll)

间同立构(syndiotactic，缩写为s)为dldldl

无规立构(atactic，缩写为a)为dllddl等。

有时还需考虑三个单体单元组成的三单元组：

ddd或lll　　全同立构三单元组(I)

dld或ldl　　间同立构三单元组(S)

ddl，lld，ldd或dll　　杂同或杂规立构三单元组(H)

全同立构和间同立构高聚物合称“等规高聚物”，等规异构体所占的百分数称等规度。由于内消旋和外消旋作用，等规高聚物没有旋光性。等规度越高，越易结晶，同时也具有较高的强度。

上述几何异构和旋光异构都是高分子链的构型问题。构型(confignration)是分子中由化学键所固定的几何排列，这种排列是稳定的，要改变构型必须经过化学键的断裂和重组。单链内旋转不能改变构型。

高分子的几何形状主要有线形、支化和网状(交联)三类。线形高分子可溶(解)可熔(融)，网状高分子不溶不熔，支化高分子处于两者的中间状态，取决于支化程度。交联度或支化度通常用单位体积中交联点(或支化点)的数目或相邻交联点(或支化点)之间的链的平均相对分子质量来表示。

9.1.3 高分子链结构的远程结构

由于单键能内旋转，高分子链在空间会存在数不胜数的不同形态(又称内旋转异构

体)，称为构象(conformation)。总的来说，高分子链有五种构象，即无规线团(random coil)、伸直链(extended chain)、折叠链(folded chain)、锯齿链(zigzag chain)和螺旋链(helical chain)。前三者是整个高分子链的形态，而后两者是若干链节组成的局部的形态，因而会有重叠，如伸直链可以由锯齿形组成也可以由螺旋形组成。

无规线团是线形高分子在溶液或熔体中的主要形态。由于碳一碳键角为109.5°，因此一个键的自转会引起相邻键绕其共转，其轨迹为圆锥形，如图9-1所示。高分子链有成千上万个单键，单键内旋转的结果会导致高分子链总体卷曲的形态。图9-2所示为100个碳链高分子的无规线团形态。

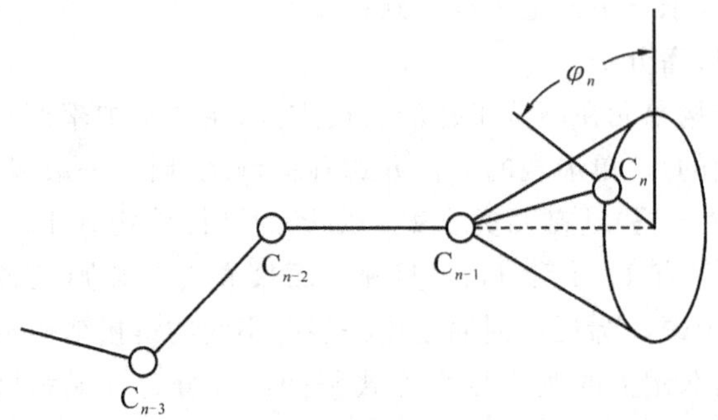

图9-1 碳链聚合物的单键内旋转(φ_n为内旋转角)

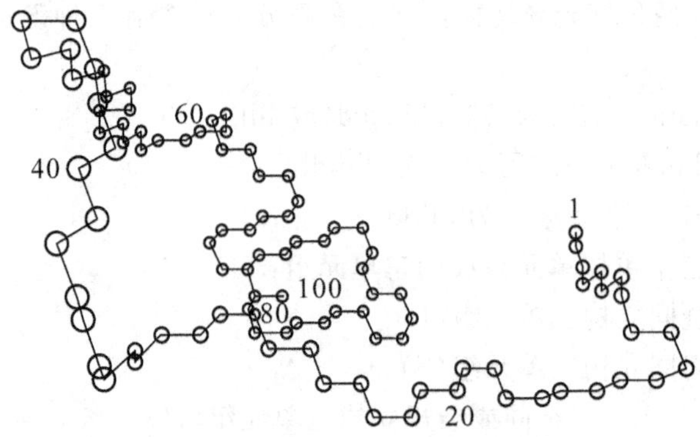

图9-2 碳数100的链构象模拟图

9.1.4 高分子链的柔顺性

高分子柔顺性是指高分子能改变本身构象的性质，分为静态柔顺性和动态柔顺性两种。高分子链的柔顺性主要取决于如下结构因素：

1. 主链结构

主链杂原子使柔性增大，原因是键长键角增大，以及杂原子上无取代基或少取代基。主链芳环使柔性下降，因为芳环不能旋转而减少了会旋转的单键数目。共轭双键使柔性大为下降，因为共轭π电子云没有轴对称性，不能旋转。孤立双键即使柔性大为增加，因为相邻的单键键角较大(120°)，且双键上的取代基较少(只有一个)。

归纳以上结论，主链柔性顺序有如下一般规律：

$$-O- > -S- > -\underset{|}{N}- > -C{\equiv}C-C- > \gt C{=}C-C- > -\underset{\underset{O}{\|}}{C}-O- > -CH_2- > -\underset{\underset{O}{\|}}{C}- > -\langle\bigcirc\rangle- > -C{=}C-C{=}C-$$

2. 侧基

侧基极性越大，柔性越小，因为极性增加了分子间作用力。极性侧基的比例越大，起的作用也越大。侧基不对称取代时，由于空间阻碍，柔性较差；侧基对称取代时，极性相互抵消，而且推开了其他分子使分子间距离增加，旋转反而更容易，柔性较好。一般来说，侧基体积较大，内旋转空间阻碍大，柔性下降。但柔性侧基随着侧基增长，柔性增加。

3. 其他因素

交联、结晶、形成氢键等因素都会使分子间作用力增加，从而使柔性减少。此外，温度、外力作用速度等外部因素也会影响到柔性。

9.2 高分子的聚集态结构

聚合物的基本性质主要取决于链结构，而高分子材料或制品的使用性能则在很大程度上还取决于加工成型过程中形成的聚集态结构。聚集态可分为晶态、非晶态、取向态、液晶态等，晶态与非晶态是高分子最重要的两种聚集态。

9.2.1 高分子晶态结构

1. 高分子结晶的形态和结构

结晶形态主要有球晶、单晶、伸直链晶片、纤维状晶、串晶、树枝晶等。球晶是其中最常见的一种形态。各种结晶形态的形成条件列于表 9-2，照片示于图 9-3 中。

表 9-2　高分子主要结晶形态的形状结构和形成条件

名称	形状和结构	形成条件
球晶	球形或截顶的球晶。由晶片从中心往外辐射生长组成	从熔体冷却或从>0.1%溶液结晶
单晶(又称折叠链片晶)	厚 10～50nm 的薄板状晶体，有菱形、平行四边形、长方形、六角形等形状。分子呈折叠链构象，分子垂直于片晶表面	长时间结晶，从 0.01%溶液得单层片晶，从 0.1%溶液得多层片晶
伸直链片晶	厚度与分子链长度相当的片状晶体，分子呈伸直链构象	高温和高压(通常需几千大气压以上)
纤维状晶	“纤维”中分子完全伸展，总长度大大超过分子链平均长度	受剪切应力(如搅拌)，应力还不足以形成伸直链片晶时
串晶	以纤维状晶作为脊纤维，上面附加生长许多折叠链片晶而成	受剪切应力(如搅拌)，后又停止剪切应力时

以上结晶形态都是由三种基本结构单元组成的，即无规线团的非晶结构、折叠链晶片和伸直链晶体。所以，结晶形态中都含有非晶部分，是因为高分子结晶都不可能达到100％结晶。

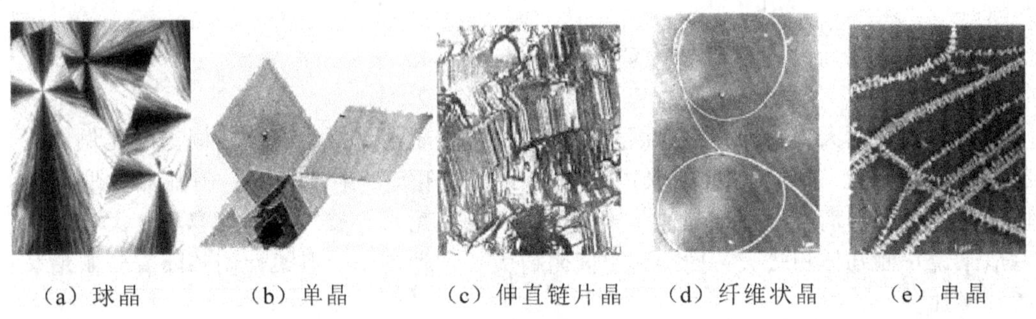
(a) 球晶　(b) 单晶　(c) 伸直链片晶　(d) 纤维状晶　(e) 串晶

图 9-3　五种典型的结晶形态

2. 高分子的结晶度

结晶性高聚物与结晶高聚物是两个不同的概念，有能力结晶的高聚物称为结晶性高聚物，但由于条件所限(如淬火)，结晶性高聚物可能还不是结晶高聚物，而是非晶高聚物，但在一定条件下它可以形成结晶高聚物。高分子结晶总是不完全的，因而结晶高分子实际上只是半结晶聚合物(semi-crystalline polymer)。用结晶度来描述这种状态，其定义如下：

$$X_c^w=\frac{W_c}{W_c+W_a}=\frac{\rho_c(\rho-\rho_a)}{\rho(\rho_c-\rho_a)}\text{或}$$

$$X_c^v=\frac{V_c}{V_c+V_a}=\frac{\rho-\rho_a}{\rho_c-\rho_a}$$

式中，X_c^w 和 X_c^v 分别是重量结晶度和体积结晶度。

结晶度常用密度法测定，式中 ρ、ρ_a、ρ_c 分别为试样、非晶部分和结晶部分的密度。其他还有 DSC、红外光谱、X 光衍射、核磁共振等方法可用于测定结晶度。

结晶度和结晶尺寸均对高聚物的性能有着重要的影响。

(1)力学性能。结晶使塑料变脆(冲击强度下降)，但使橡胶的抗张强度提高。

(2)光学性能。结晶使高聚物不透明，因为晶区与非晶区的界面会发生光散射。

减小球晶尺寸到一定程度，不仅提高了强度(减小了晶间缺陷)，而且提高了透明性(当尺寸小于光波长时不会产生散射)。

(3)热性能。结晶使塑料的使用温度从 T_g 提高到 T_m。

(4)耐溶剂性、渗透性等得到提高，因为结晶分子排列紧密。

淬火或添加成核剂能减小球晶尺寸，而退火用于增加结晶度，提高结晶完善程度和消除内应力。

9.2.2　高聚物的取向态结构

无论结晶或非晶高聚物，在外场作用下(如拉伸力)高聚物的分子链或链段均可发生取向(orientation)，取向程度用取向函数 f 表示：

$$f=\frac{1}{2}(3\,\overline{\cos^2\theta}-1)$$

式中，θ 为分子链主轴方向与取向方向之间的夹角，称取向角。

对于理想单轴取向，$\bar{\theta}=0$，$\overline{\cos^2\theta}=1$，$f=1$

对于无规取向，$\overline{\cos^2\theta}=\frac{1}{3}$，$f=0$

一般情况下，$1>f>0$。

高聚物的取向现象在高聚物生产加工中有重要的应用：

1. 纤维的牵伸和热处理(一维材料)

牵伸使分子取向，大幅度提高纤维强度；热定型(热处理)使部分链段解取向，使纤维获得弹性。

2. 薄膜的单轴或双轴取向(二维材料)

单轴拉伸极大提高了一个方向的强度，常用作包装带。双轴拉伸使薄膜平面上两个方向的强度均提高，双轴拉伸聚丙烯(BOPP)、双轴拉伸聚酯(BOPET)等应用广泛。一般吹塑膜也有一定程度的双轴取向效果。

3. 塑料成型中的取向效应(三维材料)

取向虽然提高了制品强度，但取向结构的冻结形成的残存内应力却是有害的。

9.3 聚合物的力学性质

9.3.1 表征聚合物力学性质的基本物理量

当材料在外力作用下，材料的几何形状和尺寸就要发生变化，这种变化称为应变(strain)。此时材料内部发生相对位移，产生了附加的内力抵抗外力，在达到平衡时，附加内力和外力大小相等，方向相反。定义单位面积上的附加内力为应力(stress)。有三种基本的受力—变形方式(见图 9-4)。

1. 简单拉伸(stretch or tensile)

张应力 $\sigma=\frac{F}{A_0}$，张应变 $\varepsilon=\frac{l-l_0}{l_0}=\frac{\Delta l}{l_0}$

杨氏模量 $E=\frac{\sigma}{\varepsilon}$，拉伸柔量 $D=\frac{1}{E}$

2. 简单剪切(shear)

切应力 $\sigma_s=\frac{F}{A_0}$，切应变 $r=tg\theta\approx\theta$(当 θ 足够小时)

切变模量 $G=\frac{\sigma_s}{r}$，切变柔量 $J=\frac{1}{G}$

3. 静压力

围压力 P，压缩应变：$\Delta=\frac{\Delta V}{V_0}$

本体模量 $B=\frac{P}{\Delta V/V_0}$，本体柔量(压缩率) $K=1/B$

有四个材料常数最重要，它们是 E，G，B 和 v。v 是泊松比，定义为在拉伸试验中，材料横向单位宽度的减小与纵向单位长度的增加的比值，即

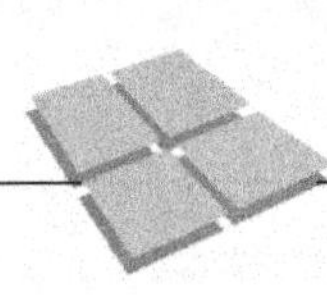

$$\nu = \frac{-\Delta m/m_0}{\Delta l/l_0}$$

没有体积变化时，$\nu = 0.5$(如橡胶)，大多数材料体积膨胀，$\gamma < 0.5$。四个材料常数已知两个就可以从下式计算得出另外两个。

$$E = 2G(1+\nu) = 3B(1-2\nu)$$

显然 $E > G$，也就是说拉伸比剪切困难。三大高分子材料在模量上有很大的差别，橡胶的模量较低，纤维的模量较高，塑料居中。

工程上表征材料力学性能的物理量主要有：

(1)抗张强度 $\sigma_t = \dfrac{P}{b \cdot d}$ (kg/cm^2)；

(2)抗冲强度(或冲击强度) $\sigma_i = \dfrac{W}{b \cdot d}$ (kg·cm/cm^2)。

试验方法有两类：

简支梁式(Charpy)——试样两端支承，摆锤冲击试样的中部。

悬臂梁式(Izod)——试样一端固定，摆锤冲击自由端。

Charpy 试样又分两类：带缺口和不带缺口。根据材料的室温冲击强度，可将高聚物分为脆性、缺口脆性和韧性三类。

(3)硬度(以布氏硬度为例) $H_B = \dfrac{P}{\pi D h}$ (kg/mm^2)

以上各式中：P 为负荷；l_0、b、d 分别为试样的长、宽、厚；W 为冲断试样所消耗的功；D 为钢球的直径；h 为压痕深度。

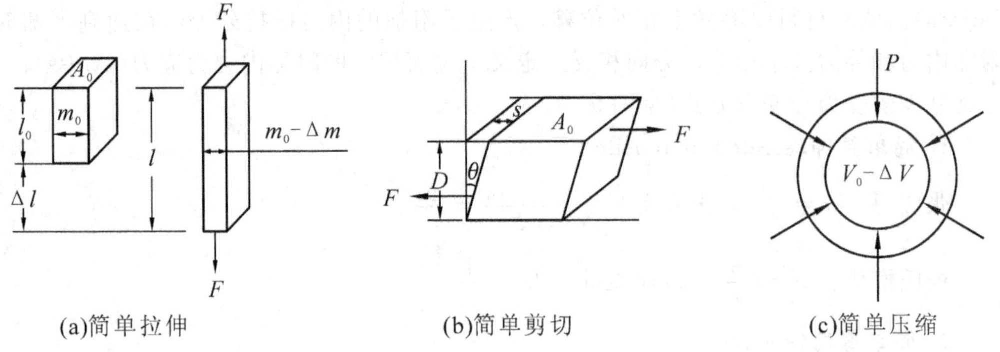

图 9-4 材料的应力—应变示意图

9.3.2 聚合物的应力-应变曲线

1. 非晶态聚合物的应力-应变曲线

以一定速率单轴拉伸非晶态聚合物，其典型曲线如图 9-5 所示。整个曲线可分成五个阶段：

(1)弹性形变区，从直线的斜率可以求出杨氏模量，从分子机理来看，这一阶段的普弹性是由于高分子的键长、键角和小的运动单元的变化引起的。

(2)屈服(yield，又称应变软化)点，超过了此点，冻结的链段开始运动。

(3)大形变区，又称为强迫高弹形变，本质上与高弹形变一样，是链段的运动，但它是在外力作用下发生的。

(4)应变硬化区，分子链取向排列，使强度提高。

(5)断裂。

应力—应变行为有以下几个重要指标：

杨氏模量 E—刚性(以“硬”或“软”来形容)；屈服应力 σ_y 或断裂应力(又称抗张强度 σ_t)；σ_b —强度(以“强”或“弱”来形容)。Carswell 和 Nason 将聚合物应力一应变曲线分为五大类型，即硬而脆、硬而强、强而韧、软而韧、软而弱。影响应力—应变行为的因素主要有温度、外力和外力作用速率。

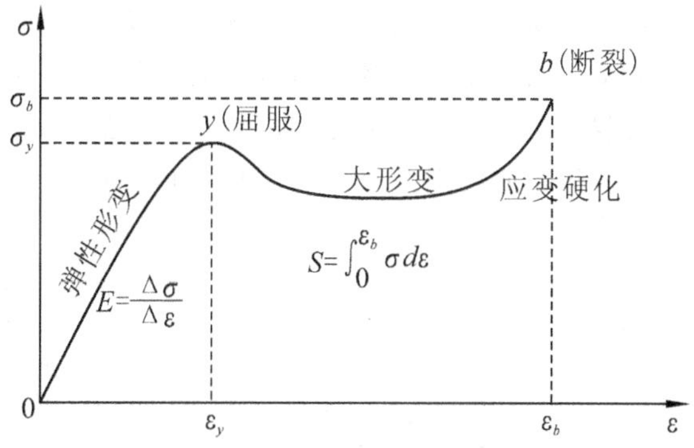

图 9-5　非晶态聚合物的应力-应变曲线

随温度的增加，应力一应变曲线开始出现屈服点，从没有屈服点到出现屈服点之间存在一个特征温度 T_b(称脆化温度)，T_b 是塑料的耐寒性指标。从分子机理来说，T_b 相应于链节等较小运动单元开始运动的温度。影响 T_b 的结构因素主要是分子链的柔顺性，刚性越大，T_b 降低(因为刚性链间堆砌松散，受力时链段反而有充裕的活动空间)，同时 T_g 升高，因而塑料的使用温区 ΔT ($= T_g - T_b$)增加。典型例子列于表 9-3 中。

表 9-3　影响 T_b 的结构因素

聚合物	T_g (℃)	T_b (℃)	$\Delta T = T_g - T_b$ (℃)	刚性
顺丁胶	−85～−105	−73	−12～−32	增加↓
聚乙烯	−68	−70	2	
聚氯乙烯	80	−90	170	
聚碳酸酯	149	−100	290	
聚苯醚砜	288	−240	528	

2. 结晶态聚合物的应力一应变曲线

图 9-6 是晶态聚合物的典型应力一应变曲线。同样经历五个阶段，不同点是第一个转折点出现“细颈化”，接着发生冷拉，应力不变但应变可达 500%以上。结晶态聚合物在拉伸时还伴随着结晶形态的变化。

3. 特殊的应力一应变曲线

①应变诱发塑料一橡胶转变

SBS 试样在 S 与 B 有相近组成时为层状结构，在室温下它是塑料，所以第一次拉伸是非晶态的曲线，在断裂之前除去外力，由于塑料相的重建需要很长时间，因而第二次拉伸时成为典型的橡胶的应力一应变曲线。(图 9-7)

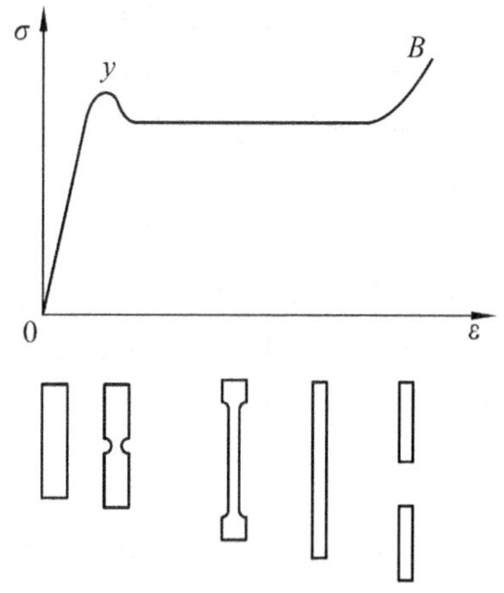

图 9-6　晶态聚合物的应力一应变曲线

②硬弹性材料的应力一应变曲线

易结晶的高聚物熔体在较高的拉伸应力场中结晶时可得到很高弹性的纤维或薄膜材料，其弹性模量比一般弹性体高得多，称为硬弹性材料。其应力一应变曲线有起始高模量，屈服不太典型，但有明显转折，屈服后应力会缓慢上升。达到一定形变量后移去载荷形变会自发回复(对于上述结晶态或非晶态聚合物的典型情况下，移去载荷后必须加热才能使形变完全恢复)。曲线如图 9-8 所示。

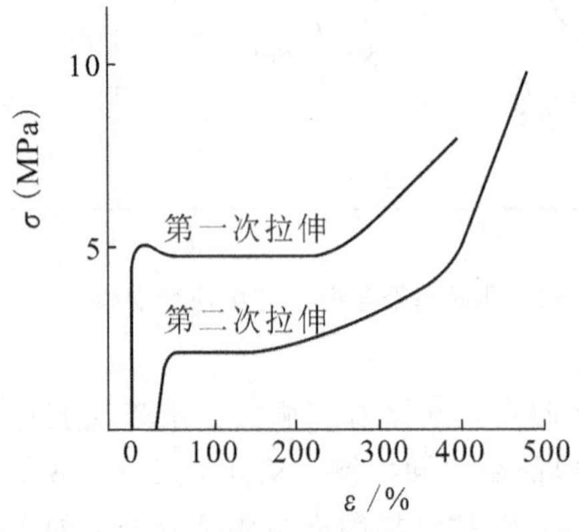

图 9-7　SBS 的应力一应变曲线

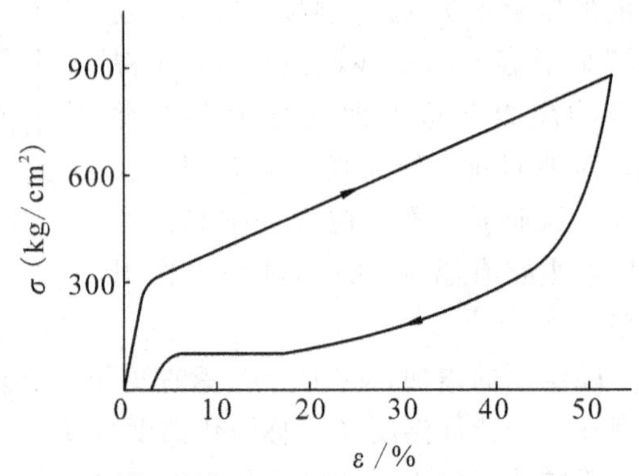

图 9-8　硬弹性聚丙烯的应力一应变曲线

9.3.3　聚合物材料屈服

脆性聚合物在断裂前，试样没有明显变化，断裂面与拉伸方向相垂直。而韧性聚合物拉伸到屈服点时，常看到试样出现与拉伸方向成大约 45°角倾斜的剪切滑移变形带。由于两个 45°角都会产生，所以将这种性质又称为切应力双生互等定律。

从任意断面的应力分析入手可以说明这个现象。样条的任意斜截面(面积 $A_\alpha = \dfrac{A}{\cos\alpha}$)上的法应力 $\sigma_{\alpha n} = \dfrac{F_n}{A_\alpha} = \dfrac{F\cos\alpha}{A_\alpha} = \sigma_0 \cos^2\alpha$

当 $\alpha = 0$ 时有最大值，所以 $\sigma_{\alpha n} = \sigma_0$

切应力 $\sigma_{\alpha s} = \dfrac{F_s}{A_\alpha} = \dfrac{F\sin\alpha}{A_\alpha} = \dfrac{\sigma_0 \sin 2\alpha}{2}$

当 $\alpha = 45°$时有最大值，$\sigma_{\alpha s} = \sigma_0/2$

也就是说，抗剪切强度总是比抗张强度低，由于分子链间的滑移总是比分子链断裂容易。所以，拉伸时 45°斜面上切应力首先达到材料的抗剪切强度而出现滑移变形带。

拉伸时由于截面积变化较大，使真应力一应变曲线与习用应力(或工程应力)一应变曲线有很大差别，真应力一应变曲线上可能没有极大值，而不能判断屈服点。

可以用康西德雷(Considère)作图法，即从 $\lambda = 0$ ($\varepsilon = -1$)点向曲线作切线，切点就是屈服点，因为

$$\frac{d\sigma_{\text{真}}}{d\lambda} = \frac{\sigma_{\text{真}}}{\lambda}$$

高聚物的真应力一应变曲线可归纳为三类(见图 9-9)：

(1)从 $\lambda = 0$ 点不可能向曲线引切线，没有屈服点，是橡胶态聚合物的情况；

(2)从 $\lambda = 0$ 点可以向曲线引一条切线，得到一个屈服点，是非晶态聚合物的情况；

(3)从 $\lambda=0$ 点可以向曲线引两条切线，A 点是屈服点，出现细颈，然后发生冷拉到 B 点，(细颈后试样面积不变，应力也不变，从而真应力不变，出现平台)，这是结晶态聚合物的情况。

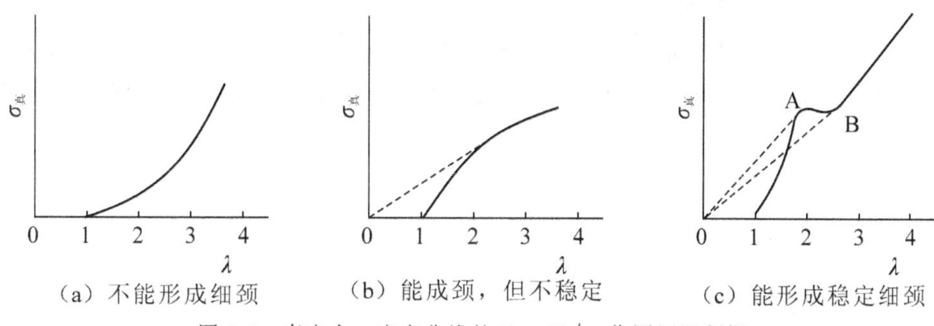

(a) 不能形成细颈　(b) 能成颈，但不稳定　(c) 能形成稳定细颈

图 9-9　真应力—应变曲线的 Conside're 作图屈服判据

一些聚合物在屈服时会出现银纹(crazing)，称屈服银纹。因加工或使用中环境介质与应力的共同作用也会出现银纹，称环境银纹。银纹垂直于应力方向，银纹常使材料变为不透明，称应力发白。银纹于裂纹或裂缝(crack)不同，它质量不等于零(约为本体的 40%)，仍有一定强度(约为本体的 50%)，这是由于银纹内尚有高度取向的分子链构成的微纤。银纹是裂缝的前奏，但在材料受力形成银纹时吸收了功，因而能产生银纹有利于改善材料脆性。

9.3.4　聚合物材料断裂

高分子材料的实际强度比理论强度小 1～2 个数量级。说明高聚物的断裂不是完全破坏每根链的化学键，也不是分子间完全滑脱，而很可能是垂直于受力方向的不符分子链的分子间作用力先破坏，然后应力集中到取向的分子链上导致一些共价键断裂。

影响高分子材料强度的因素如下。

1. 化学结构

链刚性增加的因素(比如主链芳环、侧基极性或氢键等)都有助于增加抗张强度 σ_t。极性基团过密或取代基过大，反而会使材料较脆，抗冲击强度 σ_i 下降。

2. 相对分子质量

在临界相对分子质量 $\overline{M}_c$ (缠结相对分子质量)之前，随相对分子质量增加 σ_t 增加，越过 $\overline{M}_c$ 后 σ_t 不变。σ_i 随相对分子质量增加而增加，不存在临界值。

3. 支化和交联

交联使 σ_t 和 σ_i 都提高。但支化使 σ_i 提高，而 σ_t 下降。

4. 结晶和取向

结晶度增加，σ_t 提高，但 σ_i 降低。结晶尺寸减小，σ_t 和 σ_i 均提高。取向使 σ_t 提高。总之，以上各因素在讨论 σ_t 时主要考虑分子间作用力的大小，而讨论 σ_i 时主要考虑自由体积的大小。

5. 应力集中物

裂缝、银纹、杂质等缺陷在受力时成为应力集中处，断裂首先在此处发生。

6. 添加剂

增塑剂、增量剂(又称填料)、增强剂和增韧剂都可能改变材料的强度。增塑剂使

分子间作用力减小，从而降低了强度。惰性填料（如 $CaCO_3$）只降低成本，强度也随着降低；活性填料有增强作用，如炭黑对天然橡胶的补强效果。纤维状填料有明显的增强作用。塑料增韧的方法是共混或共聚，用少量橡胶作为增韧剂去改进塑料的脆性。

7. 外力作用速度和温度

在拉伸试验中提高拉伸速度和降低温度都会使强度降低。在冲击试验中提高温度会增加冲击强度。由于外力作用，速度和温度的改变，甚至会使材料从脆性变为韧性，或者反过来。

9.4 工程塑料

9.4.1 工程塑料概况

工程塑料，通常是指用作工程材料，也即结构材料的热塑性塑料。这类塑料在承受一定的外力下，具有良好的机械性能和尺寸稳定性，较好的电性能，并在高温（>100℃）和低温（<0℃）下仍能保持其优良的特性。它们可用来代替金属制作机械结构的零部件，也可用作电绝缘材料等。

1. 工程塑料的分类

工程塑料的品种很多，目前较为常见的分类方法是按其产量和使用范围来划分，可分通用工程塑料和特种工程塑料两大类（见表 9-4）。此外，还可以按化学组成、耐热等级、结晶性及成型加工后制品的种类来分类。

表 9-4 工程塑料的分类

总类	分类	品　种	主链结构（举例）
工程塑料	通用工程塑料	聚酰胺（PA）	$\text{-[}NH(CH_2)_5-CO\text{]}_n\text{-}$
		聚碳酸酯（PC）	$\text{-[}O-C_6H_4-C(CH_3)_2-C_6H_4-O-CO\text{]}_n\text{-}$
		聚甲醛（POM）	$\text{-[}CH_2-O\text{]}_n\text{-}$
		聚苯醚（PPO）	$\text{-[}C_6H_2(CH_3)_2-O\text{]}_n\text{-}$
		聚对苯二甲酸酯类（PBT、PET）	$\text{-[}O-CH_2CH_2-OCO-C_6H_4-CO\text{]}_n\text{-}$
	特种工程塑料	氟塑料	$\text{-[}CF_2-CF_2\text{]}_n\text{-}$
		聚砜（PSF）	$\text{-[}O-C_6H_4-C(CH_3)_2-C_6H_4-O-C_6H_4-SO_2-C_6H_4\text{]}_n\text{-}$
		聚苯硫醚（PPS）	$\text{-[}C_6H_4-S\text{]}_n\text{-}$
		聚醚醚酮（PEEK）类	$\text{-[}O-C_6H_4-O-C_6H_4-CO-C_6H_4\text{]}_n\text{-}$

续表

总类	分类	品　种	主链结构(举例)
工程塑料	特种工程塑料	聚酰亚胺(PI)	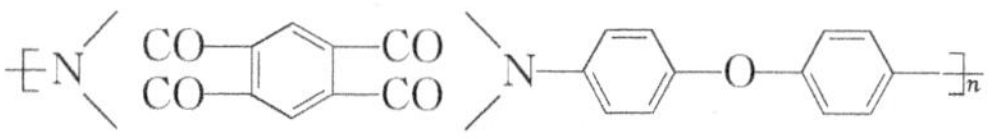 ![N(CO)₂C₆H₂(CO)₂N—C₆H₄—O—C₆H₄]ₙ
		聚芳酯(PAR)	 $\text{-[}CO-C_6H_4-CO-O-C_6H_4-C(CH_3)_2-C_6H_4-O\text{]}_n$
		聚苯酯(Ekonol)	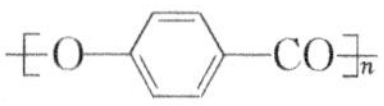 $\text{-[}O-C_6H_4-CO\text{]}_n$

从表9-4中可看到，在众多的工程塑料品种中，其大分子主链中均含有O、N和S等杂原子。由此可见，由杂原子参与下构成的大分子主链及各个极性基团，是赋予工程塑料优良特性的基本原因。高分子材料受热后会软化，故每种高分子材料都有一定的使用温度范围。通用型工程塑料的使用温度上限一般在100℃～150℃，而特种工程塑料可高达200℃(或更高)。从结构来看，耐温的特性与大分子主链中是否含有环状结构，或有否电负性很高的原子存在有关。

2. 工程塑料的特性

工程塑料所以能受到重视，除了因其原料资源丰富，性能优越和价格低廉以外，更主要的是它具有许多金属和其他材料所无法比拟的特性：

(1)密度小、质轻、比强度高。工程塑料的相对密度约为1.0～2.0g/cm^3，是钢铁密度的1/8，铝密度的1/2。其比拉伸强度(拉伸强度/密度)可高达1 700～4 000(玻璃纤维增强的工程塑料)，而钢为1 600，铝仅为400。

(2)化学稳定性好。工程塑料对一般的酸、碱和有机溶剂均有良好的稳定性，优于金属材料。

(3)良好的电绝缘性能。

(4)优良的耐磨、减摩和自润滑性能。

(5)优良的吸震性、抗冲击性、消声性和抗疲劳性能。

(6)与金属材料相比，易于加工成型，且生产效率也较高。

但是工程塑料也有它不足之处。如机械强度、硬度和导热性等不及金属；耐高温方面不及陶瓷；而且吸水性大，易光化和蠕变等缺点。因此，工程塑料与金属、陶瓷、玻璃等材料在应用上可相辅相成，各自发挥其特点和长处。

9.4.2 聚酰胺塑料

大分子主链中含有许多重复的酰胺基团($-\overset{\overset{\large O}{\|}}{C}-NH-$)的一大类聚合物，统称为聚酰胺，英文名称为Polyamide(简称PA)，在工业或日常生活中常称为尼龙(Nylon)。聚酰胺是世界上最早投入工业生产的合成纤维，又是工程塑料中发展最早的一个品种，目前，它在工程塑料中的生产量居于首位。

1. 聚酰胺的种类和性能

1)聚酰胺的种类

聚酰胺具有下列两大类结构：

二元胺、二元酸型

$$\left[\!-\mathrm{NH}-\mathrm{R}-\mathrm{NH}-\overset{\mathrm{O}}{\overset{\|}{\mathrm{C}}}-\mathrm{R}-\overset{\mathrm{O}}{\overset{\|}{\mathrm{C}}}-\right]_n$$

内酰胺型

$$\left[\!-\mathrm{R}-\overset{\mathrm{O}}{\overset{\|}{\mathrm{C}}}-\mathrm{NH}-\right]_n$$

工业生产中通常由下列反应合成的。

(1)二元胺和二元酸的缩聚。

(2)ω—氨基酸的缩聚。

(3)环状内酰胺的开环聚合。

由于起始原料单体的结构不同，可合成得到很多种聚酰胺。

2)聚酰胺的性能

聚酰胺的结构特点使它具有良好的机械性能、耐油和耐溶剂性能。主要尼龙品种的性能如表 9-5 所示。

表 9-5　主要尼龙品种的性能

项　　目	尼龙—66	尼龙—6	尼龙—610	尼龙—612	尼龙—1010	尼龙—11	尼龙—12
密度，g/cm^3	1.14	1.14	1.09	1.07	1.05	1.04	1.02
熔点,℃	260	220	213	210	200～210	187	178
成型收缩率,%	0.8～1.5	0.6～1.6	1.2	1.1	1.0～1.5	1.2	0.3～1.5
拉伸强度，$\times 10^5$ Pa	800	740	600	620	550	550	500
拉伸模量，$\times 10^9$ Pa	2.9	2.5	2.0	2.0	1.6	1.3	1.3
伸长率,%	60	200	200	200	250	300	300
弯曲模量，$\times 10^9$ Pa	3.0	2.6	2.2	2.0	1.3	1.0	1.4
冲击强度，J/m(缺口)	40	56	56	54	40～50	40	50
洛氏硬度	118	114	116	114	95	108	106
热变形温度,℃	70	63	57	60		55	55
连续使用温度,℃	105	105			80	90	90

尼龙类工程塑料外观上都呈现为角质、韧性、表层光亮、白色(或乳白色)或微黄色、透明或半透明的固体。它们的密度均稍大于1，使用温度可在－40℃～105℃之间。尼龙具有优良的机械性能，比拉伸强度高于金属，比压缩强度与金属不相上下，但它的刚性不及金属。在耐磨性、自润滑性以及冲击韧性方面，尼龙的性能也很好。在化学性能上，尼龙能耐大多数盐类，耐油、耐芳烃类化合物方面也较好，但不耐强酸和氧化剂。尼龙的缺点，如热变形温度低，连续使用温度在 80℃～120℃(视品种的不同而变化)，吸水性较大等。表 9-6 中列出几种尼龙的吸水率。

表 9-6 几种尼龙在大气中的平衡吸水率

尼龙品种	尼龙—6	尼龙—66	尼龙—610	尼龙—6(加玻璃纤维)	尼龙—11
次甲基数/酰胺基数	5	5	7	5	10
吸水率,%	3.5	2.5	1.5	2.5	1.0

由于吸水性的影响，尼龙材料的机械性能(强度、蠕变)及电性能皆会变劣，尼龙制品的尺寸会发生变化。表 9-3 中的数据说明，随着酰胺基的密度降低，即次甲基数/酰胺基数比值升高，吸水率变小，尺寸的稳定性也相应地提高。因此在制作精密度要求高，尺寸稳定性好的零件，宜选用尼龙—610、尼龙—1010 及尼龙—11 等材料。

2. 聚酰胺的改性及新品种

近年来，针对聚酰胺的缺点，不断涌现出一系列改性的及新的品种，现简单介绍如下。

1)增强尼龙

现今已开发了一系列用玻璃纤维、石棉纤维、碳纤维以及钛金属晶须增强的品种：表 9-7 中列出玻璃纤维增强后性能的变化。由此可见，增强后尼龙的强度提高一倍，热形变温度可升至 200℃以上，增强效果十分显著。另外，尺寸稳定性也大幅度提高，甚至可得到在精密度方面能与金属材料相近的制品。

表 9-7 尼龙增强与未增强品种性能比较

项　目	尼龙—6				尼龙—66		
	未增强	30%粉状玻纤增强	30%短玻纤增强	30%长玻纤增强	未增强	38%短玻纤增强	30%长玻纤增强
密度，g/cm^3	1.13	1.36	1.37	1.37	1.14	1.38	1.37
拉伸强度，$\times10^5$ Pa	790	900	1 100	1 580	830	1 890	1 510
伸长率,%	70	4	3	2	60	3	1.5
弯曲强度，$\times10^5$ Pa	1 200	1 750	2 100	1 610	1 300	2 615	1 670
冲击强度，J/m	33	52	76	155	39	102	135
热变形温度,℃	66	100	190	216	60	248	259

项　目	尼龙—610		尼龙—11		尼龙—12	
	未增强	30%长玻纤增强	未增强	30%短玻纤增强	未增强	30%短玻纤增强
密度，g/cm^3	1.08	1.32	1.04	1.24	1.01	1.23
拉伸强度，$\times10^5$ Pa	600	1 430	500	980	590	1 220
伸长率,%	85	1.9	230	3～4	280	3～4
弯曲强度，$\times10^5$ Pa	950	1 610	500	1 400	620	1 580
冲击强度，J/m	55	180	50	120	——	160
热变形温度,℃	54	216	55	168	50	174

2)单体浇铸尼龙(MC 尼龙)

单体浇铸尼龙，又称 MC 尼龙，是单体己内酰胺在浇模内直接聚合成型所获得的尼龙—6 工程塑料。

环状的内酰胺在强碱催化下能开环聚合，且聚合速度很快。若加入乙酰基己内酰胺为助催化剂(或称加速剂)，反应可更快地进行。这时己内酰胺是按阴离子机理进行的。

工业上常用的催化剂是氢氧化钠，助催化剂为 N-酰基己内酰胺 $(CH_2)_5\langle\begin{matrix}C{=}O\\|\\N{-}COR\end{matrix}$ (R 为乙基、丁基等)、甲苯二异氰酸酯或碳酸二苯酯等。

这种 MC 尼龙的特点如下。

(1)所得尼龙—6 分子量可高达 3.5～7 万，而一般聚合的尼龙—6 仅为 2～3 万，故 MC 尼龙的物理、机械性能较为优良。

(2)工艺、设备和模具都较简单，易于掌握，可浇铸各种型材，省去单体先聚合，再成型加工等复杂的生产过程。

(3)只要模具比较简单，可铸造重量达上百千克的大型机械部件，如大型齿轮、涡轮和导轨等。

(4)吸水率为一般尼龙的一半，长期使用温度为 100℃。

3)芳香族尼龙

为了获得耐高温、耐辐射、耐腐蚀的新品种，20 世纪 60 年代开发了在聚酰胺主链中含有苯环结构的芳香族尼龙。

(1)聚间苯二甲酰间苯二胺

这种聚酰胺，商品名 Nomex，简称 HT-1，是由间苯二甲酰氯和间苯二胺用界面缩聚法或低温溶液聚合法制得，其反应可简写如下：

$$n\,C_6H_4(COCl)_2 + n\,C_6H_4(NH_2)_2 \longrightarrow \left[CO-C_6H_4-CO-NH-C_6H_4-NH \right]_n + (2n-1)HCl$$

此结晶性聚合物熔点为 410℃，分解温度达 450℃，可在 200℃下连续使用；可用来制成薄膜；或用玻璃布浸渍后，经处理和层压可制成漆布和层压板，作 H 级绝缘材料使用。

(2)聚对苯酰胺

聚对苯酰胺，商品名 Kevlar，由对苯二甲酰氯与对苯二胺或对氨基苯甲酸反应而成的，其结构式为：

$$\left[NH-C_6H_4-NH-CO-C_6H_4-CO \right]_n$$

或 $\left[NH-C_6H_4-CO \right]_n$

Kevlar 是一种质轻、高强度和耐高温的新型聚合物。在 280℃经 200h，强度仍保持有 85%以上，其模量为钢的 5 倍。主要用于制取超强、超高模量的耐高温纤维，也可制成薄膜和层压材料。

4)无定形的透明尼龙

尼龙是结晶性聚合物，故呈不透明的乳白色。为了制取无定形的透明尼龙，必须抑制其晶体的生成。通常有两种办法：一种是利用多种单体共缩聚，或在主链上引入侧链取代基，使它不易结晶；另一种是加入结晶抑制剂，以阻止结晶。下面介绍两个例子。

(1)Trogamid-T

由三甲基己二胺(实为2，2，4一和2，4，4一三甲基己二胺的混合物)与对苯二甲酸缩聚而得，其结构式为：

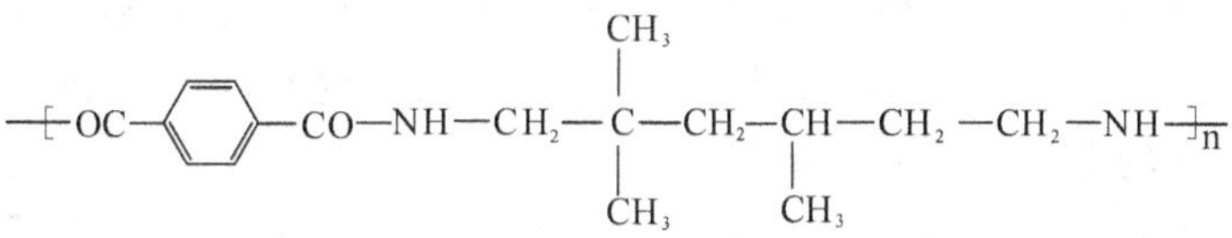

$$\left[OC-C_6H_4-CO-NH-CH_2-\underset{CH_3}{\overset{CH_3}{\underset{|}{\overset{|}{C}}}}-CH_2-\underset{CH_3}{\underset{|}{CH}}-CH_2-CH_2-NH \right]_n$$

(2)PACP-9/6

以2，2-双(4-氨基环己基)丙烷和壬二酸、己二酸共缩聚而或，其结构式可简写成下式：

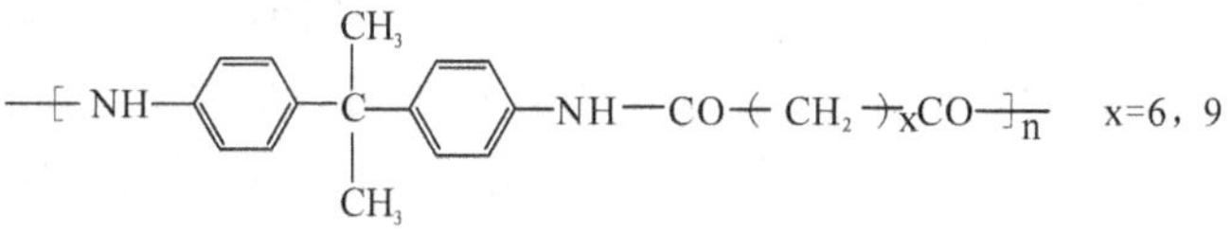

$$\left[NH-C_6H_{10}-\underset{CH_3}{\overset{CH_3}{\underset{|}{\overset{|}{C}}}}-C_6H_{10}-NH-CO\left(CH_2 \right)_x CO \right]_n \quad x=6, 9$$

无定形透明尼龙在性能上有两大特点：一是透光率高，可达90%以上；二是具有较低的成型收缩率和吸水率，尺寸稳定性也较好。其欠缺之处是在耐温性和流动性方面不及结晶型的。

透明尼龙既具有尼龙类工程塑料的优良性能，又比其他透明的工程塑料(如聚碳酸酯)具有更好的耐腐蚀、耐磨和耐刮痕的性能。目前，在光学仪器、计量仪表、精密部件及特殊的机械零件方面有着广泛的应用。

3. 聚酰胺的应用

聚酰胺具有优良的机械性能，如强度好，优异的耐冲击性、耐摩擦性与耐磨耗性(能在无油润滑下操作)和较好的耐腐蚀性能，100℃左右的使用温度。其最大的缺点是吸湿性大，吸水后引起机械及电绝缘性能变差，尺寸发生变化。

聚酰胺工程塑料广泛使用于各种工业部门中制作机械、化工和电气绝缘等方面的零部件，如齿轮、轴承、辊轴、泵叶轮、风扇叶片、涡轮、高压密封圈、垫片、电池箱电缆一电器线圈和接头等。现今，在建筑业、交通运输业及生活用品方面也取得了广泛的应用。

9.4.3 聚碳酸酯

大分子链中含有碳酸酯($-O-R-O-\overset{O}{\overset{\|}{C}}-$)重复单元的线型高聚物，总称为聚碳酸酯(Poly-carbonate，PC)。其中，R可为脂肪族、脂环族、芳香族或混合型的基团，由此可分类为脂肪族、芳香族等各种类型的聚碳酸酯。

20世纪30年代已制得脂肪族聚碳酸酯。但只有双酚A型的芳香族聚碳酸酯最有实用价值。在1958年首先获得工业生产，60年代发展成为一种新型的热塑性工程塑料。它的产量在工程塑料上已跃居第二位，仅次于尼龙。

1. 聚碳酸酯的性能

双酚A型聚碳酸酯是无臭、无味、无毒、透明(或呈微黄色)，刚硬而坚韧的固体。它具有优良的综合性能，尤其是优异的抗冲击性能(无缺口冲击强度在热塑性塑料中名列首位)。冲击强度与其分子量有关，平均分子量低于2×10^4时，强度很低；随分子量的上升而增加，至平均分子量为$2.8\times10^4\sim3\times10^4$时达到最大值。聚碳酸酯的尺寸稳定性很好，耐蠕变性优于尼龙及聚甲醛，成型收缩率恒定为0.5%～0.7%，可用来制造尺寸精度和稳定性较高的机械零件。从耐热性能来看，聚碳酸酯的T_g为149℃，长期使用温度为130℃，而脆化温度为−100℃，说明其耐寒性比较好。在较宽的温度范围内，具有良好的电绝缘性和耐电晕性，耐电弧性中等。$\mathrm{tg}\delta$对频率的依赖关系较大。聚碳酸酯的透光率可达90%，折射率也高，为1.586 9，可用作光学照明器材。其最大的缺点是制品的内应力较大，易于应力开裂。另外耐溶剂性差，高温易水解，摩擦系数大，无自润滑性，与其他树脂的相容性也较差。

2. 聚碳酸酯的应用

聚碳酸酯具有优良的综合性能，尺寸稳定性好是其特点。在机械工业中用于制造小负荷的零部件，如齿轮、轴、曲轴、杠杆等，也可用于受力不大转速不高的耐磨件，如螺钉、螺帽及设备的框架等。对于那些尺寸精度和稳定性较高的零部件，它更为合适。在电器方面，它是优良的E级(120℃)绝缘材料，用作绝缘接插件、套管、电话机壳等。其薄膜可用作录音带、录像带等。由于它的透光率高达90%，因此在光学照明方面可作大型灯罩、信号灯罩、窗玻璃、防护玻璃(汽车)及航空工业上的透明材料。

9.4.4 聚甲醛

聚甲醛大分子链中含有—CH_2O—链节，学名为聚氧化亚甲基，英文名称为Poly-oxymetylene，简称POM。因其主要原料是甲醛，故俗称为聚甲醛。它有两种工业产品，一种是均聚甲醛，由甲醛或三聚甲醛均聚而得；另一种是共聚甲醛，由三聚甲醛和少量共聚单体(常为二氧五环)共聚而成。后者热稳定性较好，合成工艺简便，易于成型加工，故其产量及发展趋势均处于较优的地位。聚甲醛具有优良的综合性能，所以它的发展极快。现今在工程塑料中其产量已居第三位，仅次于尼龙及聚碳酸酯。

1. 聚甲醛的性能

聚甲醛是一种无支化的线型高分子，其制品外观呈白色，有光泽，极似白色象牙。有关聚甲醛的主要性能见表9-8，由于均聚甲醛的结晶度大、熔点高，所以均聚甲醛的热变形温度高于共聚甲醛。均聚物和共聚物的长期使用温度则各为104℃和90℃。均聚甲醛的机械性能也略优10%～20%，但均聚甲醛的热稳定性较差，容易热分解，耐酸碱性能也较差。

从总体来看，聚甲醛的物理机械性能优良，是塑料中机械性能最接近金属材料的品种，具有与金属材料接近的比强度与比刚性，在很多应用领域可替代钢、铝、铜等，它的突出优点是较高的弹性模量、高的硬度与刚性、较好的冲击强度与耐蠕变性等。

表 9-8 聚甲醛的一般性能

项　　目	均聚甲醛	共聚甲醛	项　　目	均聚甲醛	共聚甲醛
密度，g/cm^3	1.42	1.41	拉伸强度，$\times 10^5$ Pa	700	620
熔点，℃	175	165	弯曲强度，$\times 10^5$ Pa	900	980
结晶度，%	75～85	70～75	冲击强度(缺口)，J/m	76	65
热变形温度，℃ (18.6×10^5 Pa)	124	110	压缩强度，$\times 10^5$ Pa	1 270	1 100
流动温度，℃	184	174			

聚甲醛具有良好的绝缘性，并且不受湿度的影响。但是其耐气候性不太理想，用于室外时，必须添加紫外光吸收剂或抗氧剂。

2. 聚甲醛的应用

聚甲醛主要用来代替有色金属，如铜、铝、锌等作各种零部件。其最大的应用领域是汽车工业，在电气、化工、仪表、机床及家用器具中也有一定的用途。它特别适用于耐摩擦、耐磨耗及承受高负荷的零件，如齿轮、轴承、辊子、阀杆和螺母等，也可用于精密仪表、石油工业管道等。

9.5 特种塑料

通常将具有较好的耐热性、耐高温性聚合物或新开发的耐热聚合物，称为特种工程塑料，高聚物主链由引入杂环结构，有利提高耐热性能。有机硅聚合物因其主链中含有—Si—O—结构，使它具有优异的特种性能。另外，新开发的液晶聚合物，其独特的分子结构，能高度取向，并呈现出极高的机械强度，是特殊的高性能聚合物。

9.5.1 氟　塑　料

氟塑料(Fluoroplastics)是各种含有氟原子塑料的总称，它们各由相应的含氟单体均聚或共聚而成，聚合反应通式为：

$$n\,\mathrm{C}(R_1)(R_2){=}\mathrm{C}(R_3)(R_4) \longrightarrow \left[\!-\mathrm{C}(R_1)(R_2)-\mathrm{C}(R_3)(R_4)-\!\right]_n$$

式中 R_1、R_2、R_3及 R_4可为 H、F、CF_3或其他含氟的基团，但至少有一个是氟原子。

由此可知，这类聚合物以 C—C 链为主链，在链侧或支链上接有一个或一个以上的氟原子，甚至全部是氟原子。它们称为含氟聚合物(Fluoride-containing polymers 或 Fluoropoly-mers)，可用作塑料、橡胶及纤维等，其中以氟塑料的用途最为广泛。

氟塑料工业产品已有 10 余个品种。在氟塑料各个品种中，以聚四氟乙烯的产量最大，用途最广，约占全部氟塑料的 85%以上。

1. 聚四氟乙烯树脂产品种类

聚四氟乙烯树脂根据聚合方法的不同及各种成型加工方法的不同要求，有三种不同物理状态的树脂。

1)颗粒状树脂

又称悬浮树脂，由悬浮法所得。颗粒尺寸为 30～600μm，是一种松散的白色粉末。它的微粒具有纤维状结构，表观密度为 200～800g/L，比表面积为 2～4m^2/g。

2)分散树脂

由乳液聚合法的乳液经凝聚所得的白色松散粉料，此集合体粒子(次级粒子)直径为 300～700μm，表观密度为 350～600g/L，比表面积 10～12m^2/g。

3)分散乳液

在乳液聚合所得的聚四氟乙烯乳液(含树脂量约为 20%)中，加入适量的碳酸铵及浓缩剂聚氧化乙烯辛烷基酚醚，搅拌，加热到 65℃～70℃，浓缩得到聚合物含量为 60%(质量)的白色浓乳液，称为分散乳液。

2. 聚四氟乙烯的结构与特性

聚四氟乙烯具有一系列优异的特性是与其化学组成及大分子结构有关，包括下列几个方面。

1)化学结构与耐热性

氟原子的电负性高达 4，是所有原子中最高的，因此构成的 C—F 键极性很大，键能可高达 431～515kJ/mol。聚四氟乙烯分子中只有 C—C 键(键能为 360kJ/mol)及 C—F键，键能较高，受热时不易断裂和分解，故聚四氟乙烯的热化学稳定性很高，200℃下加热一个月，分解量小于百万分之二，升温至 400℃以上才会有微量失重。其工作温度的范围为－250℃～260℃。

2)结晶与熔化

氟原子半径较小，为 0.066nm，不及 C—C 键长(0.154nm)的一半，所以氟原子能紧密地排列在碳原子的周围。可知聚四氟乙烯大分子仍似聚乙烯大分子一样，简单而有规则；极易结晶，结晶度可达 93%～97%，熔点又高达 327℃。

聚四氟乙烯的分子量高达 10^6，从分子结构来看是直链型的热塑性聚合物。但加热到熔点 327℃以上，只形成凝胶状态；若加热到 380℃以上才能呈现为熔融状态。然而其熔体粘度可高达 10^{10} Pa·s，难以流动，因此它不能用一般的热塑性树脂的方法加工成型。

3)电性能

C—F 键极性很大，但氟原子的范德华半径(0.14nm)仅比氢原子(0.12nm)略大，为了减少非邻近氟原子间的相互作用，整个大分子链呈轻微的螺旋形结构。氟原子均匀地围绕在 C—C 主链的四周，各个偶极相互抵消而成为非极性的大分子。所以它的电性能特别优越。在 0℃以上时，其介电性能不随频率、温度而改变，也不受湿度、腐蚀性气体的影响。

4)耐溶剂和化学腐蚀性

聚四氟乙烯分子量大，结晶度高，熔点也高；又 C—C 主链四周的一层氟原子外壳。起着屏蔽作用，阻挡了各种试剂的侵入，所以在 300℃以下时没有一种溶剂能使它溶解和溶胀。除了金属钠(熔融状态)、氟原子及某些氟化物以外，能耐各种强酸、强碱、油脂、有机溶剂及强氧化性试剂(包括重铬酸钾、高锰酸钾及王水等)。在所有工程塑料中，它的耐腐蚀性最好，故有“塑料王”之称。

5)不粘性及极低的摩擦系数

氟原子外壳层的屏蔽作用，使聚四氟乙烯与其他物体间的粘结性极差，摩擦系数也很低。

6)机械性能

C—F键极性虽大，但由于分子链上氟原子密集分布而使分子间产生静电排斥力，使聚四氟乙烯大分子间的作用力减弱。因此，这种材料的机械强度不大，仅有中等的拉伸强度，硬度较低，在应力长期作用下易变形，故不宜用作结构材料。

综合上述讨论可知，聚四氟乙烯具有很多优异的特性，但是其缺点是机械强度低、刚性差及加工性能不好。

3. 聚四氟乙烯的应用

聚四氟乙烯粉状树脂为白色、无臭、无味、无毒的粉状物。当加工成制品后成为透明的或不透明的白色材料，蜡状不亲水，光滑不粘，外观如聚乙烯。它的密度高达2.14g/cm^3，是塑料中最重的一种。

聚四氟乙烯具有使用温度范围广(－250℃～260℃)、化学稳定性好、介电性能优良、自润滑性及防粘性等一系列独特的性能，所以它的应用范围极广。

在化工方面能用作防腐材料，可制造各种防腐蚀零部件，如管子、阀门、泵及管件接头等；在化工设备方面，可制作反应器、蒸馏塔及防腐设备的衬里和涂层。

机械方面，可用作自润滑轴承、活塞环、油封及密封圈等。自润滑性可减少机件磨损和发热，降低动力消耗。

在电子电器方面，主要用于制造各种电线电缆、电池电极、电池隔膜、印刷电路板等。

在医用材料中，利用其耐热、耐水、无毒的特性，可用作各种医疗器械及人工脏器的材料。前者如消毒过滤器、烧杯、人工心肺装置，后者如人造血管、心脏及食道等。

利用其不粘性，在塑料加工及食品工业中广泛用作脱模剂及无油烹调的炊具(不粘性炊具)。

9.5.2 其他特种工程塑料

1. 聚砜

聚砜是主链上含有砜基及芳香环(苯环)这类高聚物的统称，英文名称为 Polysuefone，简称 PSF，其结构通式为：

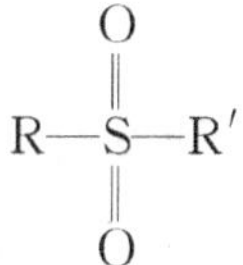

R、R′皆为含有芳香环的基团。

目前的主要品种有三种类型，即为：

双酚 A 型聚砜(PSF, Bisphenol A)，以下简称聚砜。

$$\left[O-C_6H_4-\underset{CH_3}{\overset{CH_3}{\underset{|}{\overset{|}{C}}}}-C_6H_4-O-C_6H_4-SO_2-C_6H_4\right]_n$$

聚芳砜(非双酚 A 型)，又称聚苯砜(polyarylsl Jefone, PAS 或 PASF)，主链中引入了联苯结构。

聚芳砜(Ⅰ)

$$\left[C_6H_4-C_6H_4-SO_2-C_6H_4-O-C_6H_4-SO_2\right]_n$$

聚芳砜(Ⅱ)

$$\left[C_6H_4-C_6H_4-O-C_6H_4-SO_2-C_6H_4-O\right]_n$$

聚芳砜(Ⅲ)

$$\left[C_6H_4-SO_2-C_6H_4-O-C_6H_4-SO_2-C_6H_4-C_6H_4-SO_2-C_6H_4-O\right]_n$$

聚醚砜，又称聚苯醚砜(polyethersultone, PES)。聚砜类高聚物是非结晶的热塑性工程塑料，具有优良的耐热性、耐蠕变性等特性，电性能优异。自开发以来，已得到了极为广泛的应用。

1)聚砜的结构特点

聚砜的大分子链上均存在 $-\underset{O}{\overset{O}{\underset{\|}{\overset{\|}{S}}}}-$ 基，其中硫原子处于最高的氧化状态，$-SO_2-$ 两边是共轭的苯环，因而使聚砜具有较高的抗氧化性能和热稳定性，并且使大分子链具有一定的刚性。醚基和亚异丙基($-O-$及 $-\underset{CH_3}{\overset{CH_3}{\underset{|}{\overset{|}{C}}}}-$)，使聚砜具有耐水解稳定性，并使聚合物链有一定的柔性和易于熔融加工的特性。

但是双酚 A 型聚砜中含有脂肪族 C—C 键，这是一个弱点，为此引入联苯及联苯醚基团来代替双酚 A，构成了新型的聚芳砜，因而提高了耐热性和耐氧化性。由于大分子链中引入了大量的联苯结构，提高了软化点，熔融时流动性太差，使其加工成型困难，产生了新的缺点。

聚醚砜是在上述两种聚砜的基础上开发的新品种。在其大分子链中，既不含双酚 A 的脂肪链，也不含刚性太强的联苯链节，而由$-SO_2-$、$-C_6H_4-$及—O—三种链节构成，从而使聚醚砜成为一种综合了高热形变温度、高冲击强度和优良成型性能的工程塑料。

2)聚砜的性能

聚砜类塑料呈透明而微带琥珀色，或为象牙色的不透明体。三种聚砜的性能见表9-9。

表 9-9 三种聚砜的基本性能

项　　目	聚砜(双酚 A 型)	聚芳砜	聚醚砜
密度，g/cm^3	1.24	1.36	1.37
吸水率(25℃，24h)，%	0.22	1.8	0.43
拉伸强度，$\times10^5$ Pa	720	910	857
弯曲强度，$\times10^5$ Pa	1 100	1 210	1 320
冲击强度(缺口)，J/m	272	87	71
玻璃化温度，℃	196	288	225
热变形温度，(18.6$\times10^5$ Pa)，℃	175	275	203
长期使用温度，℃	150	260	180
介电常数，60Hz	3.07	3.94	3.5
介电损耗，60Hz	0.000 8	0.003 0	0.001 0
表面电阻，Ω	3×10^{16}	6.2×10^{15}	3×10^{16}
击穿电压，kV/mm	14.6	13.8(1.6mm)	17

三种聚砜的最大特点是在较宽广的温度范围内能稳定地保持其机械强度。在整个热塑性工程材料中它们具有最高或较高的耐蠕变性。它们的耐热性也都很好，尤其是聚芳砜，能在 260℃下长期使用，在 310℃下短期使用，是工程塑料中耐热性能最优良的品种之一。

聚砜类在宽广的温度和频率范围内具有优异的电性能，如聚砜在水中或 190℃高温下，聚芳砜在－240℃～260℃，聚醚砜在 20℃～150℃下，皆能保持良好的电性能。

但它们的加工性能、耐气候性、耐紫外线及耐有机溶剂性能较差，在沸水中也不宜长期使用。

2. 聚苯硫醚

聚苯硫醚是由对位的亚苯基与二价硫原子交迭连接而成的高聚物，其结构式为 $\left[\!\!-\!\!\langle\bigcirc\rangle\!\!-\!S\!-\!\right]_n$。英文名称 poly-p-phonyl suefide，简称 PPS，是一种耐热性能优良的工程塑料。

1)聚苯硫醚的性能

聚苯硫醚是一种结晶型、硬而脆的白色聚合物。相对密度为 1.3，结晶熔点为 287℃，T_g为 150℃。它的热稳定性能优良，空气中 700℃分解，350℃下长期热稳定性好。不论在氯气还是空气中其热稳定性均优于聚四氟乙烯。若用玻璃纤维增强后，其热变形温度超过 260℃。这样的热性能在热固性塑料中也是少见的。

PPS 最大的特点有以下三个。

(1)耐化学药品性能好。除了高温下的强氧化剂(王水，双氧水等)外，对大多数无机酸、碱，有机的酸、酯、醇、芳烃、脂肪烃及氯代烃等皆不受侵蚀。在170℃以下时不溶于绝大多数溶剂，仅有氯代联苯是其最佳溶剂。

(2)对玻璃、陶瓷及钢、铝、镍等金属皆有极好的粘接性。

(3)PPS中含硫量极高，其本身即有阻燃的能力。

2)聚苯硫醚的加工特性

聚苯硫醚的分子量仅为4 000～5 000，故熔融后粘度太小，除了用于喷涂外，无法直接进行模压成型。一般用于模压成型的聚苯硫醚先必经过交联处理，即热氧化或化学交联，使分子链变长。分子量提高后，一方面可改善成型性能；另一方面又可获得较为理想的机械性能。交联后熔体指数上升，可采用不同的成型加工方法，见表9-10。

表9-10　不同熔体指数聚苯硫醚的成型方法

熔体指数，g/10min	成型方法	熔体指数，g/10min	成型方法
50	注射成型	100～150	挤出包覆成型
50～100(含40%玻璃纤维)	压制成型	>500	沸腾床喷涂

3)聚苯硫醚的应用

纯聚苯硫醚的脆性较大，故较少单独使用，通常采用玻璃纤维或无机填充料来增强。

由于聚苯硫醚具有优异的电绝缘性能，因此其注射品在电气工业中应用较广，如小型精密电器、电子制品、插头及开关等。因耐化学药品性能好，可用作各种耐化学药品的油泵组件、阀座、各种齿轮等。又因耐热性好，故可用作耐170℃下各种溶剂的防腐涂层和200℃以下的各种耐酸、碱、盐的防腐层。

通过共混改性，如与尼龙、聚碳酸酯、聚苯醚及聚酰亚胺等共混，可改进其有关的性能，更进一步扩大了它的应用范围。现今又开发了不经交联直接制取高分子量聚苯硫醚的方法，得到性能优异的产物，特别适宜于制造薄膜、纤维和板材。

3. 聚芳酯

聚芳酯是主链上带有芳香环和酯键这类聚合物的通称，但通常是指双酚A型聚芳酯，其结构式为：

$$\left[C - C_6H_4 - \underset{\underset{O}{\|}}{C} - O - C_6H_4 - \underset{CH_3}{\overset{CH_3}{\underset{|}{\overset{|}{C}}}} - C_6H_4 - O \right]_n$$

其中苯二甲酸链节可为对位的、间位的或对、间位两者的共缩聚物。英文名称为Polyarylate，简称PAR，是一种耐热性好、阻燃性良好的热塑性工程塑料。

1)聚芳酯的结构与性能

聚芳酯的性能随对位和间位苯二甲酸配比的不同而变化，通常对位/间位之比值为50/50或70/30。聚芳酯主链中苯环的密度较高，故耐热性较高，使用温度范围较广，可在－70℃～18℃下长期使用。其性能见表9-11。

表 9-11 聚芳酯性能

性 能	JS—5050(对位/间位＝50/50)	JS—7030(对位/间位＝70/30)
相对密度	1.20	1.20
拉伸强度，MPa	70.6	70.6
冲击强度(缺口)，kJ/m^2	21.6	22.5
马丁耐热,℃	152	155
热变形温度(1.82MPa),℃	170	173
介电常数(50Hz)	3.45	3.47
体积电阻，Ω·cm	5.4×10^{16}	9.0×10^{16}

聚芳酯的软化温度与热分解温度(443℃)相差较远，故可方便地采用注射、挤出、吹塑等加热熔融的加工方法。它的机械性能和电性能优异，有突出的耐冲击性(特别是厚度较大的制品)和回弹性。对一般有机药品、油脂类稳定，也能耐一般的稀酸，但不耐氨水、浓硫酸及碱，易溶于卤代烃及酚类，难燃，耐寒性也好。

2)聚芳酯的应用

因聚芳酯的耐热性与电性能好，故主要用于耐高温的电气、电子和汽车工业方面的元件和零部件，也常用作医疗器械。它可在溶液中成膜和纺丝，制成薄膜及纤维，前者用于 B 级(130℃)的电机电器绝缘，后者用作耐高温纤维。它可挤出成型制板材和管材，也可应用于日常生活品方面。

采用用玻璃纤维增强以提高聚芳酯的耐热性，用碳纤维改性改进其耐药品性，与聚四氟乙烯共混提高其耐磨耗性，以特殊的无机填料填充可制得高反射遮光的聚芳酯，使它的应用范围更为扩大。近年来，还开发出了高屏蔽和高透明的聚芳酯新品种，供不同用途之需。

4. 聚醚醚酮

聚醚醚酮是一种线型结构的芳香族聚合物，其结构式如下：

$$\mathrm{-\!\!\left[O-C_6H_4-O-C_6H_4-C-C_6H_4\right]_n}$$

英文名称为 Polyetheretherketone，简称 PEEK。1980 年开始工业化生产。它具有类似热固性塑料的耐热和耐化学稳定的性能，却又具有热塑料性塑料的成型加工性能。

1)聚醚醚酮的结构与性能

PEEK 是一种高结晶性(结晶度为 48%)的芳香族聚合物，T_g＝143℃，熔点为 334℃。因大分子链中苯环的密度高，耐热性和热稳定性很好。热分解开始温度(失重 5%)为 520℃，长期使用温度可高达 200℃，若用碳纤维增强后可高于 300℃。耐化学药品性能好，不溶于大多数溶剂，如丙酮、汽油及氯仿等，只溶于浓硫酸，在硝酸中仅变黄发脆。

常温下 PEEK 的机械强度、耐蠕变性和抗疲劳性均优于聚醚砜，但因 T_g较低，升温至 100℃～150℃下，机械强度会急速下降。它的电性能较优异。

PEEK 的熔点较高，在温度超过熔点后，其熔融流动性和热稳定性都很好，因此具有较为理想的成型性能。可采用挤出、模压、注射、吹塑、传递及静电涂覆等方法加工。

2)聚醚醚酮的应用

PEEK 耐热、耐化学药品、热水及水蒸气。加上大分子链柔性较好，故多用于电线电缆的包覆层、电子计算机的包封导线，飞机等交通运输方面耐汽油和润滑油的导线，以及油田、发电站等方面耐高温水的导线。在机械方面也可用作活塞环、轴承保持器等零件。另外，采用挤出成型方法，可制成高强度单丝，用来制造化工设备中的过滤器部件，甚至可吹塑成型，用作装运核废料的容器。

9.5.3 有机硅聚合物

1. 概述

有机硅聚合物(Silicone polymers)是一种元素的有机聚合物(或称半无机高分子化合物)，其结构通式为：

$$\left[\begin{array}{c} R_1 \\ | \\ Si \\ | \\ R_2 \end{array} - O \right]_n$$

R_1、R_2为有机基团，如—CH_3，—⟨苯环⟩—等。它的主链由硅、氧两种原子交迭连接而成，侧链是与硅原子相连的有机基团。已知耐高温的石英是由 Si—O 键组成的，因 Si—O 键的键能较高(368kJ/mol)。按此原理，合成了以 Si—O 为主链的有机硅聚合物。事实证明，这类聚合物确实是具有较高的热稳定性。在 Si—O 长链中，氧原子周围没有其他原子和基团，不产生阻碍，又 Si—O—Si 的键角比 C—C—C 及 C—O—C 的都要大，故 Si—O 键更易于旋转。因此，在侧基极性相同的条件下，有机硅聚合物的大分子链更为柔顺，T_g值也更低，显示出这类聚合物的耐寒性更好。这些结构特点，使有机硅具有一系列优异的性能，如极好的耐高温和耐低温性能，优良的电绝缘性和化学稳定性，又有突出的表面活性、憎水防潮和生理惰性等。但是有机硅聚合物大分子链之间的相互作用力较弱，物理机械性能较差，这是它最大的缺点。

2. 有机硅树脂的性能与应用

常见的硅树脂有以下几种。

有机硅玻璃树脂

$$CH_3-\overset{OC_2H_5}{\underset{OC_2H_5}{Si}}-O-\left[\overset{CH_3}{\underset{OH}{Si}}-O\right]_n-\left[\overset{CH_3}{\underset{OC_2H_5}{Si}}-O\right]_m-\overset{OC_2H_5}{\underset{OC_2H_5}{Si}}-CH_3$$

有机硅模塑料

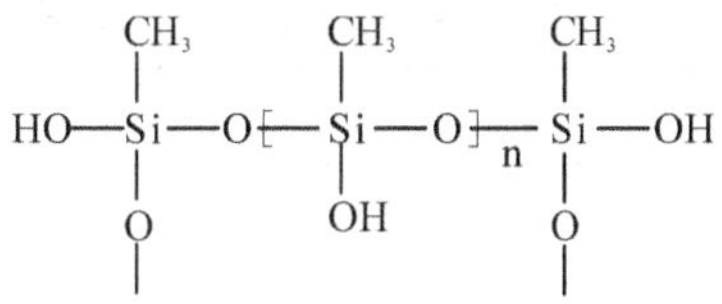

$$HO-\underset{\underset{|}{O}}{\overset{\overset{CH_3}{|}}{Si}}-O\left[-\underset{OH}{\overset{\overset{CH_3}{|}}{Si}}-O-\right]_n\underset{\underset{|}{O}}{\overset{\overset{CH_3}{|}}{Si}}-OH$$

有机硅层压塑料

$$[(CH_3SiO_{1.5})_x \cdot (C_6H_5SiO_{1.5})_y]$$

有机硅玻璃树脂特别适宜做高温、高湿条件下使用的电子电器的绝缘涂层，如高频线圈的涂层，线圈清漆等。有机硅模塑料添加适量的填料，混炼成热固性模压混合料，可加工成优异的耐电弧、电绝缘及耐高温特性的塑料制品。有机硅层压塑料可制成 250℃下长期使用的层压塑料制品。

9.5.4 耐高温聚合物

随着近代高科技的迅速发展，对聚合物的耐热性提出了更高的要求。尤其是从 20 世纪 50 年代末期起，超音速飞机、航天技术、导弹、武器系统及电子仪器工业等发展的需要，人们在耐高温聚合物的合成与性能方面作了大量的研究，取得了很大的成绩。有一些品种已实现了工业生产，并获得广泛的应用。

1. 聚酰亚胺类耐高温聚合物

聚均苯四甲酰二苯醚亚胺是一种半梯形结构的环链聚合物，含有苯环及五元杂环，刚性很强，故不溶不熔。其中最薄弱的是亚胺环中的 C—N 键，因受到五元环的保护，化学稳定性较强。远超过聚酰胺及聚氨酯大分子中相同的 C—N 键。

它具有极为优异的耐热性，能在－269℃～400℃范围内保持较高的机械强度。空气中长期使用温度为－240℃～260℃，无氧条件下可高达 300℃以上。热失重温度＞500℃，热变形温度(1.82MPa)高达 360℃。分子结构中虽含有相当数量的极性基团(如 $-\overset{\overset{O}{\|}}{C}-$ ， $-\overset{|}{N}-$ ，—O—)，但它们都组合入芳香环中，极性受到抑制，几个羧基又相互对称，相互抵消，故它的电性能十分优良。除了浓酸、浓碱、胺及肼等化合物外，它具有优良的耐油和耐大多数溶剂的特性。另外，耐磨性良好，而耐辐射性则极为优良。

聚均苯四甲酰二苯醚亚胺可制成薄膜、模压制品、泡沫塑料、增强塑料、纤维、胶粘剂、漆布及漆包线等。其中以薄膜的用途最大，250℃下可连续使用 70 000h，是耐高温性十分优异的电绝缘材料。可用于电动机、变压器线圈、多种电缆等的绝缘部分。模压制品可用于特殊条件下的精密零件，如耐高温、高真空的润滑轴承、密封圈等。泡沫塑料及胶粘剂等可大量用于航空、航天部门，作保温防火、防辐射材料及高温胶粘剂等。

2. 其他聚酰亚胺类耐高温聚合物

鉴于聚均苯四甲酰二苯醚亚胺的耐高温等优良特性，又具有不溶不熔难以成型加工的缺点，为此开发了可熔性聚酰亚胺类新品种，有关的结构和性能现列在表 9-12 中。

表 9-12　聚酰亚胺类聚合物的结构及其耐热性

品　　种	结　构　式	耐热特性
聚二苯酰四甲酰亚胺	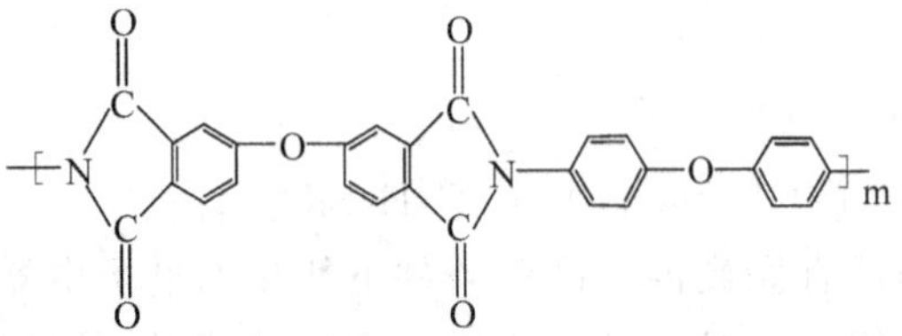	T_g＝270℃～280℃，分解温度 570℃～590℃，耐低温－193℃，长期使用温度 200℃～230℃。特点是具有可熔性，能用热塑性方法加工
聚双酚 A 四甲酰亚胺（聚醚酰亚胺）	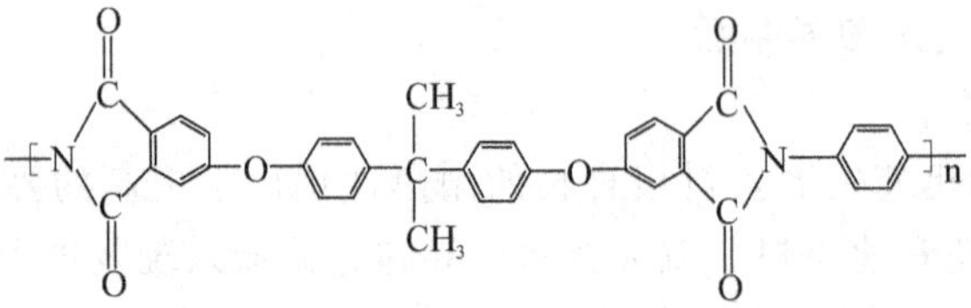	可在 180℃下连续使用，热变形温度（1.82MPa）208℃，可用热塑性塑料的方法加工
聚酯酰亚胺	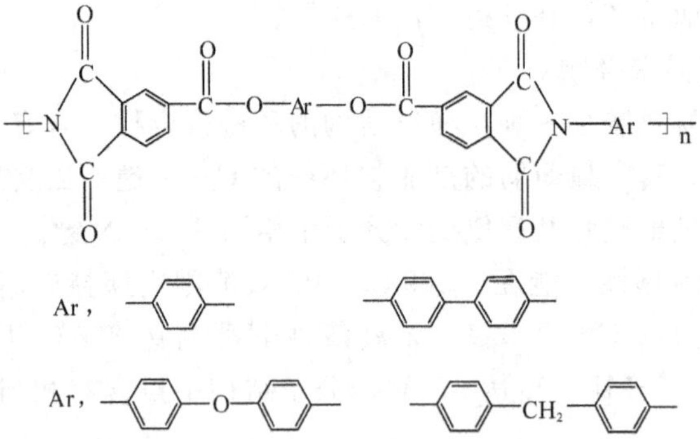 Ar，$—C_6H_4—$，$—C_6H_4—C_6H_4—$ Ar，$—C_6H_4—O—C_6H_4—$，$—C_6H_4—CH_2—C_6H_4—$	熔化温度 250℃～300℃，软化温度 300℃，长期使用温度 180℃～190℃，高温氧化性不及聚均苯四甲酰二苯醚亚胺，230℃下使用寿命 2×10^4 h，加工性能好
聚酰胺酰亚胺	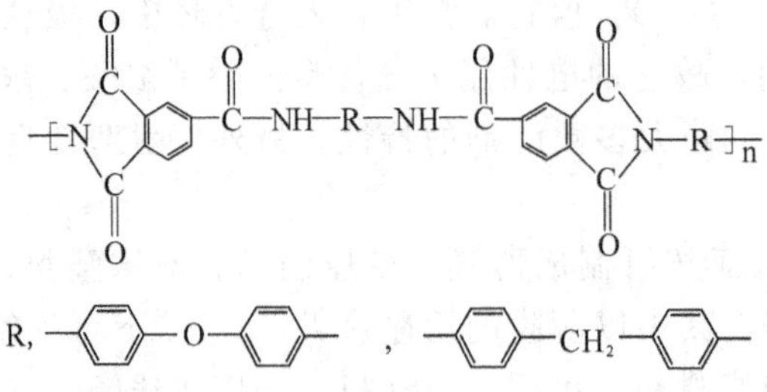 R，$—C_6H_4—O—C_6H_4—$，$—C_6H_4—CH_2—C_6H_4—$	长期使用温度 220℃，热变形温度（1.82MPa）269℃，T_g 为 280℃（薄膜），可用热塑性方法加工
聚双马来酰亚胺	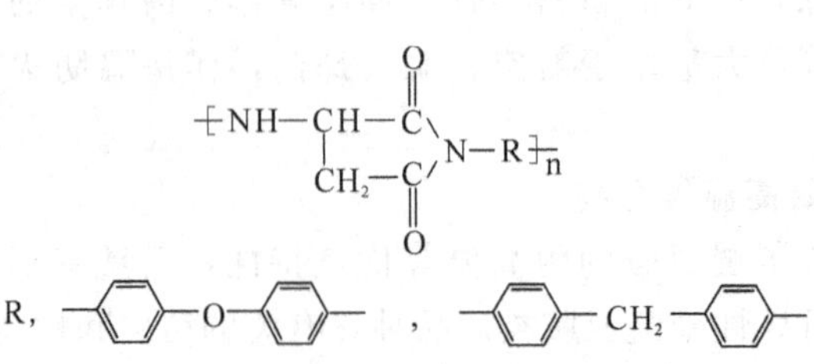 R，$—C_6H_4—O—C_6H_4—$，$—C_6H_4—CH_2—C_6H_4—$	长期使用温度可达 250℃，热变形温度 350℃

（续表）

品　　种	结　构　式	耐热特性
可溶可熔性聚酰亚胺 PI—2080		260℃下使用寿命 2×10^3 h，最高使用温度可达 300℃

3. 其他芳杂环类耐高温聚合物

国外研制和报道的芳杂环类耐高温聚合物的品种很多。但因为结构复杂，原料单体不易取得，合成工艺路线太长，成本很高，所以大多数仍处于研制阶段，仅有少数品种已工业化，而且产量也不大。现列表（表 9-13）作一简略说明。

表 9-13　其他芳杂环类耐高温聚合物

品　名		结　构　式	性能及应用
聚唑类	聚苯并咪唑		T_g = 480℃，－196℃下不发脆，空气中 550℃开始分解，能在 270℃下长期使用，其薄膜和绝缘漆可用作 H 级绝缘材料
	聚苯并噻唑		T_g＞400℃，600℃热空气中失重仅为 6%。可制耐高温层压板、薄膜、纤维及结构胶黏剂
聚酮类	聚喹唑啉二酮		这两个聚合物性质相似，空气中 470℃才开始分解，260℃下可使用 6 年，340℃为 1 000 小时，500℃短期使用。可用作绝缘漆、层压板及粘合剂。其主要优点是价格便宜
	聚喹唑酮		

续表

品名		结构式	性能及应用
聚酮类	聚苯并噁嗪二酮	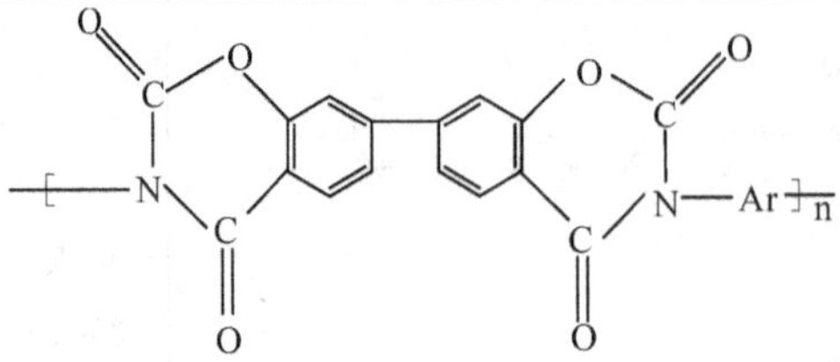	软化点>390℃，在−180℃～300℃有良好的强度与电性能长期使用温度 250℃，短期 400 长期使用温度 220℃，氮气中 500℃开始分解
	聚苯并噁嗪酮	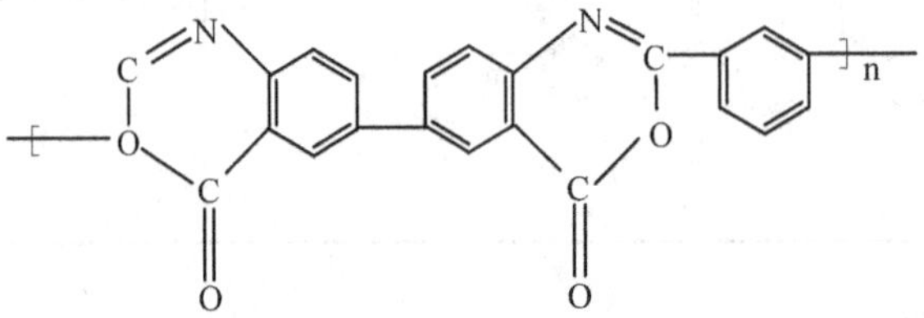	

9.6 橡胶材料

9.6.1 工程橡胶

1. 概述

橡胶是无定形高聚物，包括天然橡胶和合成橡胶，在该高聚物中加入各种助剂经混炼加工可制得混炼胶，混炼胶再经过加热和反应——硫化——之后，就成为“硫化橡胶”。

橡胶可以分为两种类型：热固型橡胶和热塑型橡胶。所谓热固型橡胶，是指橡胶分子链能与交联剂反应，分子间生成化学键而彼此结合一起，在空间形成三维分子网络的橡胶材料。它们吸收溶剂而膨胀，但不溶解，而且它们不能简单地通过加热进行再加工，即具备不熔不溶的特点。热塑性橡胶分子链间却不是主要通过化学键结合，而是通过分子间作用力或部分分子束进入微区镶嵌作用力相互作用结合。热塑性橡胶选择适当的溶剂可以溶解，加热时可以软化，因此可以反复加工。在许多情况下，热固性橡胶和热塑性橡胶有互换使用功能，但是在某些特定场合，例如发动机减震器、轮胎、缓冲橡胶等，最好选择应是热固性橡胶，因为热固性橡胶较热塑型橡胶具有更好的弹性、抗变形性和耐久性等性能。

根据生产生活的需要，为了制得具有某种特定性能的橡胶新材料，往往将不同的化学物质添加到生胶中，设计出新的配方，这被称为橡胶共混或橡胶配合改性。典型的配合助剂包括交联剂(也叫硫化剂)、增强剂、抗降解剂、加工助剂、增塑剂(增容剂)和特殊助剂，如增粘剂、发泡剂和着色剂。热塑性橡胶的硬微区起到连接分子的作用，并提供强度和弹性，它们无须交联剂和增强剂。然而对热固性材料来讲，选择适当的交联剂和填料是非常关键的。

工程橡胶的品种很多，根据其使用范围和产量，可分为通用工程橡胶和特种工程橡胶两大类。

2. 橡胶的种类

1)通用类橡胶

通用类橡胶都是烃类高聚物。它们包括丁苯橡胶(SBR)、顺丁橡胶(BR)和聚异戊橡胶(天然的 NR 和合成的 IR)。这些二烯类橡胶在主链上含有大量不饱和的化学键。在烃类溶液中可以逐渐被溶胀。这类橡胶主要应用于汽车轮胎中。

(1)丁苯橡胶(SBR)

SBR 是苯乙烯和丁二烯的共聚物，一般苯乙烯含量为 23%(−55℃)，它是应用最广泛的合成橡胶，用量最大。其聚合方式主要为自由基乳液聚合和阴离子型的溶液聚合。在乳液聚合中，乳化剂通常是硬脂酸或松香酸。前者生产的橡胶黏着性小，污染性小，交联速度快(可以快速交联)。合成中使用硫醇链转移剂来控制分子量，以防止凝胶形成。当聚合完成时，用盐、稀硫酸或铝溶液来完成乳液絮凝，铝溶液絮凝使橡胶具有高的电阻率。当乳液聚合在高温下进行时(约 50℃)，自由基生成速度和链转移很快，聚合物形成高度支化。为克服这一缺点，可以在低温下(约 5℃)进行聚合，这种聚合方法形成的低温乳液聚合丁苯橡胶，支化少，可以制备更高强度的硫化胶。

阴离子聚合的常用引发剂是丁基锂。随着溶剂极性的增加，溶液聚合的丁苯系列橡胶(SBRs)中乙烯基含量将提高，其 T_g 相应地增加。与乳液聚合物相比较，阴离子聚合的分子量分布窄，其链末端具有活性，也就是说在聚合后仍有反应性，这些分子可以被官能化或偶合。例如，SBRs 分子能被胺终止，能够增加与炭黑的反应，或与 $SnCl_4$ 偶联提供星型的分子，在硬脂酸的存在下使塑炼胶的黏度下降。溶液丁苯橡胶比乳液丁苯橡胶的纯度高，这是由于乳液存在残余物造成的，但在相同的数均分子量情况下，未交联的乳液 SBRs 比阴离子聚合的 SBRs 伸长率大。

(2)聚异戊橡胶(NR，IR)

①天然橡胶(NR)。天然橡胶最初是从巴西三叶橡胶树上的胶乳制得的。在凝固前，胶乳要用防腐剂(氨、甲醛、亚硫酸钠)进行稳定处理，通过加入羟胺调节黏度，可以生产出满足特殊工艺的恒黏度的 NR 产品。

NR 的 T_g 大约为−70℃。在 NR 分子结构中，除了链末端外几乎全是顺式 1,4-聚异戊二烯。NR 原料中含有少量的硬脂酸和蛋白质类物质的残渣，这些物质能够促进硫化剂硫黄的硫化。由于 NR 分子立构规整，因此在低温下它们会本能地压缩形成结晶，在−25℃左右结晶速度最大。NR 在应变的情况下也会结晶，事实上，拉伸诱导结晶能提供优异的生胶强度和黏着性，在强烈的形变条件下具有良好的抗裂口增长能力。

NR 大分子在剪切情况下易于断裂，高的剪切应力和氧能够促进分子链的断裂速率。

以下是几种已商业化改性的 NR 橡胶。

• 去蛋白的 NR：能够减少水分的吸收，可以在需要大电阻值场合下应用。

• 胶清橡胶：高蛋白，可快速交联，用于制造多孔的泡沫体和压敏胶黏剂。

• 易操作橡胶：由普通和硫化的胶乳以 80∶20 的比例混合，再絮凝制得。与常用的 NR 相比，易操作橡胶的挤出物挤出膨胀小、挤出物光滑。

• 异构化橡胶：使用丁二烯砜研磨 NR 制得，产生顺反异构化，阻止结晶。

• 环氧化的 NR：耐油而且保留了 NR 拉伸结晶的特性。

②合成的聚异戊二烯(IR)。IR 可采用阴离子聚合和 ziegler-Natta 催化聚合两种方法生产。前者的顺式结构超过 95%，后者有 98%的立构规整度。虽然二者的立构规整度差别较小，但 ziegler-Natta 法生产的 IR 更易结晶。不过，所有的 IR 与 NR 相比，都具有低的生胶强度和黏着性。IR 复合材料与相同分子式的 NR 相比，具有低的模量和断裂伸长率，这一现象部分是由于 IR 具有小的形变诱导结晶造成的，特别是在大的形变速率的情况下该现象更加明显。

(3)顺丁橡胶(BR)

与聚异戊二烯一样，BR 能够用阴离子聚合或 Ziegler-Natta 催化剂聚合两种方法生产，还可以制成低温乳聚 BR。在烃类溶剂中制备的阴离子聚合 BR，含有 90%的1，4 结构和 10%的 1，2 结构。在聚合过程中，通过加入胺或醚作为共溶剂能够使乙烯基含量增加。1，4 结构由近乎等量的顺式和反式异构体混合组成。由于是由混合的异构体组成，因此用阴离子聚合制备的 BR 是不结晶的。而用 Ziegler-Natta 聚合的 BR 具有高的顺式结构，可以结晶。低乙烯基含量的 BRs 的 T_g 约为－100℃，在所有橡胶中是最低的，而高乙烯基 BR 的 T_g 可达 0℃。低乙烯含量的 BRs 具有高的回弹性，经常与 SBR、NR 和 IR 进行共混，使轮胎的胎面具有良好的耐磨性。与 NR 不同的是，BR 在塑炼过程中不易断链。

2)特种橡胶

在许多应用场合，通用橡胶并不适用，这主要是由于它们不具备更好的抗溶胀、耐老化或耐高温的性能。为了满足这样的应用，需要开发特殊橡胶材料。

(1)氯丁橡胶(CR)

氯丁橡胶指 2-氯丁二烯的乳液聚合物，T_g 为－50℃左右。由丁氯原子的推电子作用，使双键活性减弱，因此不易受到氧和臭氧的攻击，而且氯可以提供橡胶的极性，使其不易被烃类溶剂溶胀。与通用橡胶比较，CR 具有卓越的耐候性、耐热性、阻燃性以及与极性基材的黏着性，如金属材料。此外，CR 还具有低的空气和水蒸气的渗透性。

CR 大分子结构都是 1，4 反式结构，均聚物在停放或形变的时候都会结晶，尽管它们不如 NR 规整，但是显然，C-Cl 偶极增加了分子链间的相互作用力并促进结晶。共聚型的 CR 很少结晶或不结晶，CR 的应用包括电线、电缆、胶管和机械产品。

(2)丁腈橡胶(NBR)

NBR 是丙烯腈和丁二烯的乳液共聚物，丙烯腈含量为 18%～50%。与 CR 不同的是，NBR 的极性来源于共聚合时的极性单体——丙烯腈，它提供了丁腈橡胶优异的耐燃油性能和耐油性能。随着丙烯腈含量的增加，T_g 增加，弹性下降，挤出膨胀减小，气体渗透减少，耐热性提高，强度增加。加入少量的聚氯乙烯能够改善它的老化性能，NBR 常用于密封件和耐燃油及耐油的胶管产品。

(3)氢化丁腈橡胶(HNBR)

丁腈橡胶能够被氢化而减小其不饱和组成制的氢化丁腈橡胶(HNBR)。氢化后的丁腈橡胶其耐老化性能和耐热性能可以极大地提高，同时可保持很高的耐油性。HNBR 特别适合于油田，可以耐很高温度下的烃类油。

(4)丁基橡胶(IIR)

丁基橡胶是异丁烯和异戊二烯的共聚物。结构中含有少量的异戊二烯，以提供交联的位置。丁基橡胶的 T_g 虽低(−70℃)，但弹性却不高。由于 IIR 是高度饱和的，因此它具有优异的抗老化性能。另外，它还有一个优异的特性，就是具有低的气体渗透性。因此，它广泛应用于内胎和气密层。溴化丁基橡胶(BIIR)和氯化丁基橡胶(CIIR)可以改善 IIR 的性能，它们能够提高与通用二烯类橡胶的共交联特性。

(5)乙丙橡胶(EPR，EPDM)

在商业化的橡胶品种中，密度最低的是用 Ziegler-Natta 和茂金属催化体系聚合的乙烯-丙烯共聚物。在这种聚合中通常使用一个非共轭二烯类单体，如 1,4-己二烯、1,1-亚乙基降冰片烯或二环戊二烯，以便在结构中引入不饱和的交联点。EPDM(乙烯-丙烯二烯类单体)含有少量的双键，接在侧链上。乙烯和丙烯的比在商业等级中从 50/50到 75/25，典型的 T_g是−60℃。EPRs 和 EPDMs 具有优异的耐候性和热稳定性，它们能够部分结晶，具有较高的生胶强度，但成型黏着性较差。可应用于屋顶、密封件、垫圈和胶管。

(6)硅橡胶(MQ)

与上述橡胶不同的是，硅橡胶主链是硅氧键而不是 C—C 键，因此主链非常柔顺，玻璃化温度也较低，如最常见的聚二甲基硅氧烷，T_g仅为−127℃。此外，它们有很好的生物相容性，可用作体内移植物和假肢等修补物，还可用于垫圈、密封件和 O 形圈。

(7)聚硫橡胶

聚硫橡胶分子结构中硫含量较高，例如二氯甲烷与四硫化钠反应生成的聚硫橡胶中含有 80%质量比的硫，这使得聚硫橡胶的密度高，为 1.34g/cm^3。聚硫橡胶耐溶剂性好，如能耐酮、酯等大多数溶剂腐蚀。聚硫橡胶主要用于油箱接缝处的永久性密封腻子胶、油管内层和垫圈。

(8)氯磺化聚乙烯(CSM)

聚氯乙烯被氯磺化后，结晶度被破坏，形成具有化学稳定性的橡胶，商业级氯磺化聚乙烯含有 25%～45%的氯和 1%～1.4%的硫。这类橡胶具有优异的耐候性和良好的阻燃特性。随着氯含量的增加，橡胶耐油性能提高。当氯含量低时，橡胶的低温柔韧性和耐热老化性能将得到改善。

(9)氯化聚乙烯(CPE)

聚乙烯还能进行氯化改性(氯含量为 25%～42%，通常为 36%左右)。CPEs 比 CSMs 要便宜一些，其硫化胶具有低的压缩永久变形，而且随氯含量的增加，耐油性和阻燃特性提高，但耐热性会降低。CPE 具有优异的耐候性和耐热性，耐热温度可从 150℃～175℃，而其优异的耐油性可使其被浸入到许多种类的油中，典型应用于胶管、电线电缆护套等。

(10)乙烯-甲基丙烯酸酯橡胶(AEM)

这是一个三元共聚物，由乙烯、甲基-内烯酸酯和少量羧基单体组成，其中羧基单体提供交联部位，用胺和过氧化物作交联剂。AEM 耐热性介于 CSM 和 MQ 之间，它能耐脂肪油，但耐酸和其他水解介质不理想。其耐候和耐热老化性能可大于 150℃。可用于操纵管、火花塞橡胶套和液体传动密封件。

(11)丙烯酸酯橡胶(ACM)

ACMs主要由丙烯酸乙酯或丙烯酸丁酯与少量提供硫化部位能单体(如2-氯乙基乙烯基醚)组成的共聚物。丙烯酸丁酯型共聚物的 T_g 值较低，但耐油性不如丙烯酸乙酯型。丙烯酸酯单体与丙烯腈共聚可提高耐油性。尽管ACM有良好的耐热性，但它不耐酸碱，可用于垫圈、O形圈、油管和液体传动密封等。

(12)氟橡胶(FKM)

氟橡胶是用乳液法合成的，属最具惰性和最贵的橡胶品种之一。最典型的氟橡胶由氟化乙烯和氟化丙烯共聚制得。这种橡胶的密度是1.85g/cm³，使用温度超过250℃，受酸、碱及芳香烃溶剂影响较小，但易受酮和乙酸盐的腐蚀。主要用于航空附件的O形圈、密封圈和垫圈。

(13)氯醚橡胶(CO，ECO)

常用的是环氧氯丙烷橡胶(CO)和环氧氯丙烷与环氧乙烷的共聚物(ECO)，其 T_g 值很低。环氧氯丙烷橡胶具有强的耐脂肪类及芳香烃类溶液的性能，黏着性好。另外，它还具有显著的耐臭氧、低气体渗透性(渗透量仅为NR的1/3)等，其耐热性可达150℃以上，主要应用于电线、电缆护层，胶管和传送带及包装。

(14)聚氨酯橡胶

混炼型聚氨酯橡胶有聚酯和聚醚两种类型，后者具有较好的水解稳定性，但物理机械性能差。聚氨酯橡胶能用硫黄或过氧化物交联，硫化胶具有优异的耐候性、耐磨性和耐油溶胀性，可应用于工业胶辊、脚轮、垫圈、鞋底和输送带。

9.7 工程胶黏剂

9.7.1 概述

1. 工程胶黏剂的定义和类型

胶黏剂(Adhesive)是一种起联系作用的物质，它将材料黏合在一起。

胶黏剂有多种分类方法，一般按形态、化学成分、用途等进行分类。

(1)按形态分类

①液态：溶液胶、乳液胶、溶剂型胶黏剂、无溶剂型胶黏剂等。

②固态：胶粉、胶块、胶棒、胶带、胶膜等。

③膏状。

(2)按化学成分分类

①无机：硅酸盐、磷酸盐、硫酸盐、低熔点金属等。

②有机：有机胶黏剂分类见表9-14。

(3)按用途分类

①结构胶黏剂：能长期承受大负荷，具有良好的耐久性。

②非结构胶黏剂：有一定的黏接强度。

③特种胶黏剂：特殊用途，如密封胶、导电胶、耐磨胶、金属填补胶。

表 9-14　有机胶黏剂分类

<table>
<tr><td rowspan="3">天然胶黏剂</td><td colspan="2">动物性</td><td>皮胶、骨胶、虫胶、酪素胶、血蛋白胶、鱼胶</td></tr>
<tr><td colspan="2">植物性</td><td>淀粉、糊精、松香、阿拉伯树胶、天然树胶、天然橡胶</td></tr>
<tr><td colspan="2">矿物性</td><td>矿物蜡、沥青</td></tr>
<tr><td rowspan="4">合成胶黏剂</td><td rowspan="2">合成树脂型</td><td>热塑性</td><td>纤维素类、烯烃类聚合物，如聚乙酸乙烯酯、聚乙烯醇、过氯乙烯、聚异丁烯等，聚酯类、聚醚类、聚酰胺类、聚丙烯酸酯类、α-氰基丙烯酸酯类、聚乙烯醇缩醛类，乙烯-乙酸乙烯共聚物等</td></tr>
<tr><td>热固性</td><td>酚醛树脂、脲醛树脂、三聚氰胺一甲醛树脂、环氧树脂、有机硅树脂、呋喃树脂、不饱和聚酯树脂、丙烯酸酯树脂(SGA)、聚酰亚胺、聚苯并咪唑、酚醛聚乙烯醇缩醛、酚醛聚酰胺、酚醛环氧树脂、环氧聚酰胺、环氧有机硅树脂、聚氨酯等</td></tr>
<tr><td colspan="2">合成橡胶型</td><td>氯丁橡胶、丁苯橡胶、丁基橡胶、丁腈橡胶、异戊橡胶、聚硫橡胶、聚氨酯橡胶、硅橡胶、氯磺化聚乙烯、SBS、SIS</td></tr>
<tr><td colspan="2">树脂橡胶复合型</td><td>酚醛-丁腈、酚醛-氯丁、酚醛-聚氨酯、环氧-丁腈、环氧-聚硫</td></tr>
</table>

胶黏剂按用途还可以分为以下两种。

①工业用胶黏剂(Industrial Adhesive)用于工业装配、维修等，如建筑胶、汽车胶、电子胶、医用胶等。

②民用胶黏剂 DIY 用胶黏剂。

2. 股黏剂的固化机理

1)形成永久黏接力的两个条件

①胶黏剂必须液状或膏状的形式涂于被黏物表面。

②胶黏剂必须固化。

2)胶黏剂的固化

胶黏剂的固化机理一般分为以下几种。

(1)热塑性高分子的冷却如热熔胶等。

(2)溶剂或载体的散逸如溶剂型胶、水溶液胶、乳液胶等。

(3)现场聚合反应。具体包括以下几种。

①双组分混合后反应固化：如双组分环氧胶、聚氨酯、SGA 等。

②吸收潮气固化：如 RTV 硅橡胶、单组分聚氨酯、氰基丙烯酸酯等。

③厌氧固化：如厌氧胶。

④辐射固化：如 UV、EB 固化等。

⑤加热反应固化：如单组分环氧胶等。

另外，还有非固化型胶黏剂，如压敏胶等。

3. 工程胶黏剂的定义和类型

工程胶黏剂(Engineering Adhesive)是指无溶剂的液态反应型胶黏剂，用于黏合耐久的基材。从工程胶黏剂的定义可以看出，工程胶黏剂必须具备无溶剂、液态、反应型、耐久性等特征。

目前国际上公认的工程胶黏剂有以下六类。

(1)环氧胶黏剂(Epoxy Adhesive)。分为单组分环氧胶、双组分环氧胶(分建筑、机械、电子等用途)。

(2)反应型丙烯酸酯胶黏剂(Acrylate Adhesive)。分为第二代丙烯酸酯胶(SGA)、紫外线 UV 固化胶(第三代丙烯酸酯胶 TGA)。

(3)厌氧胶黏剂。分为一般厌氧胶黏剂、预涂微胶囊型厌氧胶。

(4)氰基丙烯酸酯胶黏剂(Cyanoacrylate Adhesive)。严格来说，(2)、(3)、(4)三类都属丙烯酸酯类型。

(5)有机硅胶黏剂(Silicone Adhesive)。分为单组分胶黏剂(RTV-1)、双组分胶黏剂 RTV-2(分建筑、机械、电子等用途)。

(6)聚氨酯胶黏剂(Polyurethane Adhesive)(无溶剂)。分为单组分聚氨酯胶黏剂(1PU)、双组分聚氨酯胶黏剂(2PU)。

9.7.2 工程胶黏剂组成及配方

1. 环氧类胶黏剂

环氧树脂胶黏剂对各种金属材料和大部分非金属材料均有良好的黏接性能，通常被称为“万能胶”。它广泛应用于汽车、飞机、建筑、电子、电器和木材加等工业部门。

环氧树脂胶黏剂具有收缩率低、黏接强度高、尺寸稳定、电性能优良、耐化学介质、配制容易、工艺简单、危害小、不污染环境等优点，对多种材料具有良好的黏接能力，此外还有密封、绝缘、防漏、紧固、防腐、装饰等多种功能。因此，在合成胶黏剂中，无论是性能和品种，还是产量和用途，环氧树脂胶黏剂都占有举足轻重的地位。

2. 环氧类胶黏剂配方组成

环氧类胶黏剂主要由环氧树脂和固化剂两大部分组成。为改善某些性能，满足不同的用途，还可加入增韧剂、稀释剂、填料、促进剂、偶联剂等辅助材料。

(1)环氧树脂。环氧树脂是一个分子中含有两个以上环氧基团的高分子化合物的总称。这种物质不能单独使用，只有和固化剂混合后才能固化交联成热固性树脂，起到黏接作用。

环氧树脂品种繁多，一般可分为两大类，即缩水甘油型环氧树脂和环氧化烯烃型环氧树脂。产量最大、用得最多的是双酚 A 型环氧树脂。常用环氧树脂有 E-51、E-44、F-44、E-20、AG-80 等，使用时可根据不同的性能要求，如黏接强度、耐温性等，查阅有关资料进行选取。

(2)固化剂。环氧树脂只有加入固化剂固化交联之后才能表现出它优异的性能，因此，固化剂是构成环氧树脂胶黏剂不可缺少的重要组分。固化剂种类也很多，有胺类(如乙二胺、三亚乙基四胺、低分子聚酰胺)及改性胺类(如 593 固化剂等)固化剂、酸酐类(如 70 酸酐等)固化剂、聚硫醇固化剂、聚合物型固化剂、潜伏型固化剂等。若按固化温度可分为室温固化、中温固化和高温固化剂。选择不同的固化剂，可以配制成性能各异的环氧树脂胶黏剂。环氧树脂胶黏剂固化剂分类见表 9-15。

表 9-15 环氧树脂胶黏剂固化剂分类

<table>
<tr><td colspan="13">固化剂</td></tr>
<tr><td colspan="12">显在型</td><td rowspan="5">潜伏型</td></tr>
<tr><td colspan="10">加成聚合型</td><td colspan="2">催化型</td></tr>
<tr><td colspan="5">多胺型</td><td colspan="3">酸酐型</td><td rowspan="3">酚醛型</td><td rowspan="3">聚硫醇型</td><td rowspan="3">阴离子聚合型</td><td rowspan="3">阳离子聚合型</td></tr>
<tr><td colspan="4">单一多胺</td><td rowspan="2">改性胺</td><td rowspan="2">单官能酸酐</td><td rowspan="2">两官能酸酐</td><td rowspan="2">游离酸酸酐</td></tr>
<tr><td>直链脂肪胺</td><td>聚酰胺</td><td>脂环胺</td><td>芳香胺</td></tr>
</table>

(3)促进剂。为了加速环氧树脂的固化反应、降低固化温度、缩短固化时间、提高固化程度，可加入促进剂。常用的促进剂有DMP-30、苯酚、脂肪胺、2-乙基-4-甲基咪唑等，各种促进剂都有一定的适用范围，应根据其适用范围选择使用。

(4)稀释剂。稀释剂可降低胶黏剂的黏度，改善工艺性能，增加其对被黏物的浸润性，从而提高黏接强度，还可加大填料用量，延长胶黏剂的适用期等。稀释剂分活性和非活性两大类。非活性稀释剂有丙酮、甲苯、乙酸乙酯等溶剂，它们不参与固化反应，在胶黏剂固化过程中部分逸出，部分残留在胶层中，严重影响胶黏剂的性能，一般很少采用。活性稀释剂一般是含有一个或两个环氧基的低分子化合物，它们参与固化反应，用量一般不超过环氧树脂的20%，用量过大会严重降低胶黏剂的各项性能。常用的有环氧丙烷丁基醚、环氧丙烷苯基醚、二缩水甘油等。

(5)增韧剂和增塑剂。为了改善环氧树脂胶黏剂的脆性，提高剥离强度，常加入增韧剂。但增韧剂的加入也会降低胶层的耐热性和耐介质性。增韧剂也分活性和非活性两大类。非活性增韧剂也称为增塑剂，它们不参与固化反应，只是以游离状态存在于固化的胶层中，并有从胶层中迁移出来的倾向，一般用量为环氧树脂的10%～20%，用量太大会严重降低胶层的各种性能。常用的有邻苯二甲酸二丁酯、邻苯二甲酸二辛酯、亚磷酸三苯酯等。

活性增韧剂参与固化反应，增韧效果比较显著，用量也可大一些。常用的有聚硫橡胶、液体丁腈橡胶、液体端羧基丁腈橡胶、聚氨酯及低分子聚酰胺等。

(6)填料。填料不仅可以降低成本，还可以改善胶黏剂的许多性能，如降低热膨胀系数和固化收缩率，提高黏接强度、耐热性和耐磨性等，同时还可增加胶液的黏度及改善触变性等。常用填料的种类、用量及作用见表9-16。

表 9-16 常用填料的种类、用途及作用

种　类	用量/%	作　　用
石英粉、刚玉粉	40～100	提高硬度，降低收缩率和热膨胀系数
各种金属粉	100～300	提高导热性、导电性和可加工性
二硫化钼、石墨	30～80	提高耐磨性及润滑性

续表

种　类	用量/%	作　　用
石棉粉、玻璃纤维	20～50	提高冲击强度和耐热性
碳酸钙、水泥、陶土、滑石粉等	25～100	降低成本，降低固化收缩率
白炭黑、改性白土	＜10	提高触变性，改善胶液流淌性

另外，为提高黏接强度，可加入偶联剂，如KH-550、KH-560等；为提高胶黏剂的耐老化性，可加入稳定剂；若欲使胶层具有不燃性，可加入阻燃剂，如三氧化二锑等；为适应装饰的要求，使胶层呈现出各种不同的颜色，可加入着色剂或着色填料。

3. 第二代丙烯酸酯胶黏剂

丙烯酸酯胶黏剂出现于20世纪50年代，由于固化速度慢且性能一般而发展缓慢。20世纪70年代中期，开发出新型改性丙烯酸酯结构胶黏剂，又名第二代丙烯酸酯(SGA)、二液非混合型、二液瞬间胶黏剂等。该胶操作方便，具有高反应性，固化速度快，可油面黏接，耐冲击，抗剥离，黏接综合性能优良，被黏接材料广泛(如金属、非金属(一般指硬材料))，可自黏与互黏等特点，因而近年来获得了较快发展。

改性丙烯酸酯结构胶分底涂型和双主剂型两大类。底涂型含有主剂和底剂两部分，主剂中包含聚合物(弹性体)、丙烯酸酯单体(低聚物)、氧化剂、稳定剂等；底剂中包含促进剂(还原剂)、助促进剂、溶剂等。双主剂型不用底剂，两个组分均为主剂，其中一个主剂中含有氧化剂；另一个主剂中含有促进剂及助促进剂。使用的氧化-还原反应体系必须匹配且高效，才能室温快速固化，并达到完全固化的目的。

(1)聚合物弹性体。一般用氯磺化聚乙烯、氯丁橡胶、丁腈橡胶、丙烯酸橡胶。ABS、AMBS、MBS、聚甲基丙烯酸甲酯等。其主要作用是提高黏接层抗冲击、抗剥离性。

(2)丙烯酸酯单体(低聚物)。一般用甲基丙烯酸甲酯、甲基丙烯酸乙酯、甲基丙烯酸丁酯、甲基丙烯酸2-乙基己酯、甲基丙烯酸伊羟乙(丙)酯、甲基丙烯酸缩水甘油酯等。

(3)稳定剂。一般选用对苯二酚、对苯二酚甲醚、吩噻嗪、2,6-二叔丁基对甲酚等。

(4)氧化剂。一般选用二酰基过氧化物(如BPO、LPO)、异丙苯过氧化氢、叔丁基过氧化氢等过氧化氢类、过氧化酮类(如过氧化甲乙酮)、过氧化酯类等。

(5)还原剂(促进剂)。一般选用胺类(如N，N-二甲基苯胺、乙二胺、三乙胺等)、硫酰胺类(如乙烯基硫脲、二苯基硫脲、四甲基硫脲、吡啶基硫脲、硫醇苯并咪唑等)及醛-胺缩合物类等。

(6)助促进剂。一般选用有机酸金属盐，如环烷酸钴、油酸铁、环烷酸锰等，也可选用钒类助促进剂。

4. 厌氧型胶黏剂

厌氧胶黏剂是一种单组分液体或膏状胶黏剂，它能够在氧气存在时以液体状态长期贮存，隔绝空气后可在室温下固化成为不熔不溶的固体。厌氧胶用于机械制造业的装配、维修，用途是相当广泛的。它可以简化装配工艺，加速装配速度，减小机械质量，提高产品质量，提高机械的可靠性和密封性。其主要用途有螺纹锁固、平面与管路密封、圆柱零件固持、结构黏接、浸渗铸件微孔等。

厌氧胶黏剂是一种引发和阻聚共存的平衡体系。当涂于金属表面后，在隔绝空气的情况下就失去了氧的阻聚作用，金属则起到促进聚合作用而使之黏接牢固。厌氧胶以甲基丙烯酸双酯为主体，配以改性树脂、引发剂、促进剂、阻聚剂、增稠剂、染料等组成。

(1)单体。常用的单体有各种相对分子质量的多缩乙二醇二甲基丙烯酸酯、甲基丙烯酸乙酯或羟丙酯、甲基丙烯酸酯、多元醇甲基丙烯酸酯及小相对分质量的聚氨酯丙烯酸酯。由于这些单体中含有两个以上的双键能参与聚合反应，因此，可作为厌氧胶主体成分。为了改进厌氧胶的性能，还可加入一些增加黏接强度的预聚物和改变黏度的增稠剂。

(2)引发剂与促进剂。厌氧胶黏剂固化反应是自由基聚合反应，大多数使用过氧化羟基异丙苯作为引发剂，另外配以适量的糖精、叔胺等作为还原剂以促进过氧化物的分解。引发剂用量约2%～5%，促进剂在0.5%～3.0%之间。

(3)阻聚剂。为了改善胶液的贮存稳定性，常加入少量的阻聚剂如醌、酚、草酸等，用量在0.01%左右。为了易于区分不同型号的胶液，常加入染料配成各种色泽，以避免用错。

以上各组分按规定的比例配成一个单组分胶液，它既能在室温下厌氧固化，又有一定贮存期。

5. 紫外线固化胶黏剂(UV胶)

紫外线固化技术(简称UV固化技术)，被认为是一种环境友好的绿色技术，近些年来取得了快速发展，UV固化技术主要应用于涂料、油墨、胶黏剂等领域，UV固化胶黏剂仅占整个UV固化市场的2%，其中结构型UV胶约占UV胶市场的20%。尽管结构型UV胶用量很少，但它却是一种高附加值的精细化学品，广泛应用于玻璃与珠宝业、玻璃家具、医疗、电子、电器、光电子、光学仪器、汽车等领域。

紫外线固化胶黏剂被称为第三代丙烯酸酯胶黏剂(TGA)。与一般胶黏剂相比，尽管UV胶黏剂的应用受到一定的限制，如需要UV固化设备、被黏物必须有一面透光等，但UV胶还是有着很多的优点，它完全符合"3E"原则，即Energy(节能)、Ecology(环保)和Economy(高效、经济)，它有着如下不可替代的优势：

(1)无需混合的单组分体系；

(2)固化快，可控制，时间短；

(3)无溶剂，环保，无污染；

(4)适合高度自动化加工。

所谓紫外线固化胶黏剂是指在光引发剂的存在下胶液经紫外线(200～450nm波长)催化聚合固化的一种胶黏剂。紫外线固化胶黏剂一般由光固化预聚物、稀释单体、光引发剂组成，再根据实际应用情况，添加其他助剂。其中光聚合性预聚物是最重要的组分，最终材料的性能如黏附性、硬度、韧性、耐溶剂性等都主要取决于预聚物的种类和结构。其基本组成如下。

(1)光交联性聚合物(相对分子质量在1 000以上，一般在1 000～5 000之间)——

基础聚合物如聚酯类丙烯酸酯或甲基丙烯酸酯树脂、环氧类丙烯酸酯或甲基丙烯酸酯树脂、氨基甲酸酯类丙烯酸酯或甲基丙烯酸酯树脂、螺环类丙烯酸酯或甲基丙烯酸酯树脂、聚醚类丙烯酸酯或甲基丙烯酸酯树脂等。

(2)光聚合性单体——单体或活性稀释剂(带有可自由基聚合的乙烯基官能团)，如甲基丙烯酸羟乙酯、甲基丙烯酸异冰片酯、甲基丙烯酸十六醇酯、乙二醇双甲基丙烯酸酯、新戊二醇双甲基丙烯酸酯、丙氧基化新戊二醇双甲基丙烯酸酯、三羟甲基丙烷三甲基丙烯酸酯、季戊四醇四甲基丙烯酸酯等。

(3)助剂如阻聚剂(或稳定剂)、着色剂、触变剂、增黏剂、填充剂、增塑剂等。

(4)光引发剂，如自由基聚合光引发剂有安息香异丙醚、安息香异丁醚、二苯甲酮、联苯甲酰二甲基缩酮、苯甲酰二乙基缩醛、α-羟基-环己基苯基酮等。

正离子光引发剂有二芳基碘鎓盐、三芳基硫鎓盐、三芳基硒鎓盐、二烷基苯酰甲基硫鎓盐或二烷基羟苯基硫鎓盐，其中最实用的是二芳基碘鎓盐(DPI)和三芳基硫鎓盐(TPS)等。

6. α-氰基丙烯酸酯胶黏剂

α-氰基内烯酸酯胶黏剂为单组分、液状、遇潮气瞬间固化型胶黏剂，使用方便，被黏接表面不必进行特殊预处理，不必加温加压，广泛应用于橡胶与橡胶、塑料与塑料、塑料与金属之间的黏接与定位以及人体组织医用黏接等。其基本组成如下：

(1)α-氰基丙烯酸酯单体。α-氰基丙烯酸酯单体结构式为 $CH_2=C(CN)COOR$。其中，R代表某一烷基，如甲基、乙基、异丙基、丙烯基、丁基、异丁基、甲氧基乙基、乙氧基乙基等。在工业上多采用黏接强度较高的甲酯及乙酯。在医疗方面黏接伤口代替缝合，一般为高碳链烷基酯单体。

(2)增稠剂。因为单体的黏度很低，使用时易流到不应黏接的部位，而且不适用于多孔性材料及间隙较大的充填性黏接，所以必须加以增稠。常用的增稠剂有聚甲基丙烯酸甲酯、聚丙烯酸酯、聚氰基丙烯酸酯、纤维素衍生物等。

(3)增塑剂。为改善胶黏剂固化后胶层的脆性，往往加入邻苯二甲酸二丁酯、邻苯二甲酸二辛酯等增塑剂，以提高胶层的冲击强度。

(4)稳定剂。由于单体较易发生聚合，因此，必须加入一定量的二氧化硫及对苯二酚稳定剂，以阻止发生阴离子聚合作用及游离基聚合作用。

7. 聚氨酯胶黏剂和密封剂

在主链上含有氨基甲酸酯的胶黏剂，简称聚氨酯胶黏剂。由于结构中含有极性基团-NCO，因此提高了对各种材料的黏接性，并具有很高的反应性，能常温固化。其胶膜坚韧，耐冲击，挠曲性好，剥离强度高，具有良好的耐低温、耐油和耐磨性等，但耐热性较差。它广泛用于黏接金属、木材、塑料、皮革、陶瓷、玻璃等，还可用作涂料如织物涂料、防水涂料等。单组分湿固化聚氨酯密封胶广泛应用于建筑及车辆密封和汽车挡风玻璃黏接等。聚氨酯胶黏剂和密封剂分溶剂型和非溶剂型，这里介绍的是无溶剂聚氨酯工程胶黏剂。聚氨酯由多异氰酸酯与多元醇反应生成。后者常为聚酯或聚醚树脂。聚氨酯胶黏剂和密封剂主要由异氰酸酯、多元醇、含羟基的聚醚、聚酯、填料、催化剂等组成。

(1)异氰酸酯。主要品种有甲苯二氰酸酯(TDI)、二苯甲烷二异氰酸酯(MDI)、多亚甲基多苯基多异氰酸酯(PAPI)、1,6-六亚甲基二异氰酸酯(HDI)、亚苯二甲基二异氰酸酯(XDI)等。

(2)多元醇。含羟基的组分与异氰酸酯反应可生成聚氨酯。常用的聚酯树脂(如307聚酯、309聚酯、311聚酯等)和聚醚树脂(如N-204聚醚、N-210聚醚、N-215聚醚、N-220聚醚、N-235聚醚等)。

(3)填料。为了降低成本和减小胶黏剂固化时的收缩率，适当加入填料是有利的。填料表面一般吸附着一定量的水分，它容易与异氰酸酯基反应生成聚脲，并产生二氧化碳，贮存时会凝胶。因此，聚氨酯胶黏剂中的填料，应预先高温去除水分，或用偶联剂进行处理。

有的填料，如氧化锌、槽法炭黑等还能与异氰酸酯反应，选用时应注意。适合于聚氨酯胶黏剂的填料有滑石粉、陶土、重晶石粉、云母粉、碳酸钙、氧化钙、石棉粉、硅藻土、二氧化钛、铝粉、铁粉、铁黑、铁黄、三氧化二铬、刚玉粉和金刚砂粉等。

(4)催化剂。为了控制聚氨酯胶黏剂和密封剂的反应速率，或使反应沿预期的方向进行，在制备预聚体胶黏剂或在胶黏剂固化时都可加入各种催化剂。

聚氨酯胶黏剂和密封剂常用的催化剂有：有机锡化合物，如二月桂酸二丁基锡；有机锡化合物与烷基胺的复合物，如辛酸锡-月桂胺复合催化剂等。

(5)脱水剂。主要是除去预聚物中微量水分，常用的脱水剂有单官能团异氰酸酯、氧化钙、硫酸铝等。

(6)黏附促进剂(偶联剂)。主要指官能硅烷，如γ-氨丙基三甲氧基硅烷、N-苯基-γ-氨丙基三甲氧基硅烷、γ-脲基丙基三甲氧基硅烷等。

(7)其他添加剂。根据需要可添加其他助剂，如防老剂、抗氧剂、稳定剂、阻燃剂、颜料等。

思考题

1. 影响工程胶黏剂黏结性能的因素有哪些？试从配方组成和施工工艺两方面加以分析。
2. 试分析聚合物结构与耐热性之间的关系。如何提高高聚物的耐高温性能？
3. NR缺乏耐油溶胀性能，有必要排除它用于一些工程应用吗？
4. 从分子链结构出发，简述无规立构聚丙烯与等规立构聚丙烯在性能上有何差异。
5. 什么叫聚合物的取向？举例说明取向现象的工程应用。
6. 举例说明高分子的柔性与柔性高分子材料有何联系与区别。

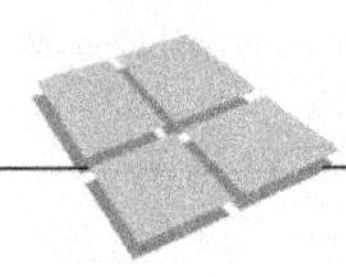

第10章　工程陶瓷材料

10.1　陶瓷材料概述

陶瓷是最古老的一种材料，是人类征服自然的过程中获得的第一种经化学变化而制成的产品。陶瓷材料的出现比金属材料要早很多。陶瓷在我国有着悠久的历史，也是我国古代灿烂文化的重要组成部分。根据出土文物考证，我国陶器早在距今8千至1万年左右的新石器时代便已经出现。陶器是人类文明的象征之一，也是人类文明史划分的重要依据。瓷器是我国劳动人民的重要发明之一，它出现于东汉时期，距今已有1800多年的历史。我国在唐代时期已经有相当数量的瓷器出口。

最初，陶瓷材料产品主要是日用器皿、建筑材料(如砖、玻璃等)。近年来，随着许多新技术的兴起，以及理论和测试技术的发展，陶瓷材料研究突飞猛进，进入了新的发展期，相继研制成功了具有不同性能的陶瓷材料。例如，高温结构陶瓷，各种功能陶瓷(电子材料、光导纤维、敏感陶瓷材料等)得到了越来越广泛的应用，日益受到人们的重视。目前，工程陶瓷材料被看作单独的一类工程材料，其研究和开发已经成为材料科学和工程的一个重要组成部分。

10.1.1　陶瓷材料的分类

陶瓷材料通常可以分为传统陶瓷和先进陶瓷。传统陶瓷的主要原料是石英、长石和粘土等自然界中存在的矿物，然后经过粉碎、成型、烧结而成陶瓷产品。其杂质多，常用于制作日用陶瓷、建筑陶瓷、电绝缘陶瓷、化工陶瓷、多孔陶瓷等。

先进陶瓷又称特种陶瓷，是指采用高纯度人工合成原料(包括氧化物、氮化物、碳化物、硼化物、氟化物等)采用烧结工艺制成的具有特殊力学性能、物理或化学性能的陶瓷，以满足工程上的特殊需要。特种陶瓷按照性能的不同，可分为高强度陶瓷、耐磨陶瓷、高温陶瓷、电容器陶瓷、压电陶瓷、磁性陶瓷、电光陶瓷等。按照化学成分的不同，可分为氧化物陶瓷、氮化物陶瓷、金属陶瓷等。

此外，按照陶瓷材料的使用性能来分类，又可以分为工程(结构)陶瓷(如超硬陶瓷、高强度陶瓷等)和功能陶瓷(如电子陶瓷、超导陶瓷、磁性陶瓷、光学陶瓷和生物陶瓷等)。本章节主要介绍工程陶瓷。

10.1.2　陶瓷晶体结构与陶瓷特性

陶瓷材料的原子间结合力主要为离子键、共价键或离子—共价混合键。这些化学键不仅结合强度高，而且还具有方向性。

陶瓷的离子键与共价键是十分强固的。表10-1比较了钢铁和典型陶瓷材料的熔点。从表中可以看出，由于结合键的不同，材料的性质发生了极大的变化。共价键结合最典型的材料是金刚石，其硬度是目前已知工业材料中最强的。

陶瓷材料结构的另一个特点是显微结构的不均匀性和复杂性。金属材料通常是从相当均匀的金属液体状态凝固而成，随后还可以通过冷热加工手段来改善材料的显微结构，使之均匀化，金属材料不含或含极少量气孔。而陶瓷材料一般由粉末成型、烧结而成，存在相当数量的气孔相。不同成分和粒度的粉料虽然经过球磨混料，但仍难以达到十分均匀的程度。此外，陶瓷晶界上还经常存在与基体成分、结构不同的低熔点玻璃相。

陶瓷材料晶体结构的上述特点决定了其具有高熔点、耐磨损、高强度、耐腐蚀，但脆性大、难加工、可靠性与重现性差等特点。

表10-1　典型陶瓷材料与钢铁的熔点和硬度

材料	熔点/℃	硬度		材料	熔点/℃	硬度	
		HK	莫氏			HK	莫氏
Al_2O_3	2 050	2 000	9	石墨(C)	3 700±100	—	—
MgO	2 800	1 220	6	金刚石(C)	—	7 000	10
ZrO_2	2 600	—	6.5	Si_3N_4	1 900(分解)	1 700	>9
TiO_2	1 830	—	5.5～6	BN(六方)	2 700～3 000(分解)	—	2
B_4C	2 450	2 800	9.3	AlN	2 500	—	7
SiC	2 200(分解)	2 550	9.2	$MoSi_2$	1 870	—	—
ZrC	3 530±125	1 560	8～9	淬火钢	—	740	—
TiC	3 140	2 460	8～9	纯铁	1 646	—	—
WC	2 867	1 880	>9				

10.1.3　陶瓷材料的组织结构

陶瓷材料的组织比较复杂，在一般情况下，在烧结或烧成温度下，陶瓷内部各种物理化学转变和扩散过程不能充分进行到底，所以陶瓷和金属不同，总是得到未达到平衡的组织。组织很不均匀，很复杂，很难从相图上去分析。

陶瓷是由无数细小晶粒通过玻璃相黏结而成的多晶体组织，其多晶体组织中有许多微空隙。陶瓷的性能不仅与它的相组成相关，而且还受到晶体相、玻璃相和气孔的数量、大小及其分布等因素的影响。

1. 晶体相

晶体相是陶瓷的主要组成部分。晶体相的性能往往能用来表征材料的特征。例如，刚玉瓷具有机械强度高、耐高温、耐化学腐蚀等优异性能，这是因为主晶相 α-Al_2O_3 是一种结构紧密，离子键强度很高的晶体。陶瓷中晶体相的种类主要有硅酸盐、氧化物和非氧化物(氮化物、硅化物、硼化物、碳化物等)。

2. 玻璃相

玻璃相是陶瓷材料在高温烧结时形成的粘度很大的酸性或碱性氧化物熔融液，经冷却后获得的非晶态固相。玻璃相的作用是把瓷坯中分散的晶体黏结起来，并可填充晶体相之间的空隙，使陶瓷致密，此外，还可以抑制晶粒的长大，等等。但玻璃相的强度低，热稳定性差，在较低的温度下便会引起变化。另外，玻璃相结构疏松，其空隙中常有金属离子填充，这样会降低陶瓷的绝缘性。因此，玻璃相含量不能太大，一般为20%～40%。

3. 气相

气相指陶瓷组织内部形成的气孔，是陶瓷生产过程中不可避免地残存下来的，通常为5%～10%，特种陶瓷在5%以下。气孔使陶瓷材料的强度、热导率、抗电击穿强度等下降，因此，一般工业陶瓷力求气孔小，数量少，且分布均匀。

10.2 常用工程陶瓷

常用工程陶瓷材料主要包括：金属(过渡金属或与之相近的金属)与硼、碳、硅、氮、氧等非金属元素组成的化合物，以及非金属元素所组成的化合物，如硼和硅的碳化物和氮化物。根据其元素组成的不同可以分为氧化物陶瓷、氮化物陶瓷、碳化物陶瓷、硅化物陶瓷和硼化物陶瓷。此外，近年来玻璃陶瓷作为结构材料也得到了广泛的应用。

表10-2所示为结构陶瓷的主要应用领域。

表10-2 结构陶瓷的主要应用领域

领域	用途	使用温度/℃	常用材料	使用要求
特殊冶金	铀熔炼坩埚	>1 130	BeO，CaO，ThO_2	化学稳定高
	高纯铅、钯的熔炼	>1 775	ZrO_2，Al_2O_3	化学稳定高
	制备高纯半导体单晶用坩埚	1 200	AlN，BN	化学稳定高
	钢水工业连续铸模	1 500	ZrO_2	对钢水稳定
	机械工业连续铸模	1 000	B_4C	对钢水稳定，高导热
原子能反应堆	核燃料	>1 000	UO_2，UC，ThO_2	可靠性，抗辐照
	吸收热中子控制材料	≥1 000	B_4C，SmO，GdO，HfO	热中子吸收截面大
	减速剂	1 000	Beo，Be_2C	中子吸收截面小
	反应堆反射材料	1 000	BeO，WC	抗辐照
航天航空	雷达天线罩	≥1 000	Al_2O_3，ZrO_2，HfO_2	透雷达微波
	航天飞机隔热瓦	>2 000	Si_3N_4	热冲击，耐高温
	火箭发动机燃烧室内壁，喷嘴	2 000～3 000	Beo，SiC，Si_3N_4	热冲击，耐高温
	制导、瞄准用陀螺仪轴承	800	B_4C，Al_2O_3	高精度，耐磨
	探测红外窗口	1 000	透明MgO，透明Y_2O_3	高红外透过率
	微电机绝缘材料	室温	可加工玻璃陶瓷	绝缘，热稳定性高
	燃气机叶片、火焰导管	1 400	SiC，Si_3N_4	热稳定，高强度
	脉冲发动机分隔部件	瞬时>1 500	可加工玻璃陶瓷	高强度，破碎均匀
磁流体发电	高温高速等离子气流管道	3 000	Al_2O_3，MgO，Beo	耐高温腐蚀
	电极材料	2 000～3 000	ZrO_2，ZrB_2，	高温导电性好

续表

领域	用途	使用温度/℃	常用材料	使用要求
玻璃工业	玻璃池窑，坩埚，炉衬材料 电熔玻璃电极 玻璃成型高温模具	1 450 1 500 100	Al_2O_3 SnO_2 BN	耐玻璃液浸蚀 耐玻璃液浸蚀，导电 对玻璃液稳定，导热
工业窑炉	发热体 炉膛 观察窗 各种窑具	>1 500 1 000～2 000 1 000～1 500 1 300～1 600	ZrO_2，SiC，$MoSi_2$ Al_2O_3，ZrO_2 透明 Al_2O_3 SiC，Al_2O_3	热稳定 荷重软化温度高 透明 抗热震，高导热

10.2.1 氧化物陶瓷

氧化物陶瓷材料的原子结合以离子键为主，存在部分共价键，因此有许多优良的性能。工程上意义较大的是纯氧化物陶瓷。它们的熔点多超过 2000℃，绝缘性良好，特别是具有优异的化学稳定性和抗氧化性。应用最多的有 Al_2O_3、ZrO_2、MgO、CaO、BeO、ThO_2和 UO_2等。

1. 氧化铝陶瓷

氧化铝陶瓷又称刚玉瓷，是用途最广泛、原料最丰富、价格最低廉的一种高温结构陶瓷。工业上所说的氧化铝陶瓷一般是指以 α-Al_2O_3为主晶相的陶瓷材料。其牌号按照 Al_2O_3的含量不同可分为 75 瓷、85 瓷、95 瓷和 99 瓷等。另外，根据其主晶相的不同又可以分为莫来石瓷、刚玉—莫来石瓷和刚玉瓷。根据添加剂的不同则可分为铬刚玉、钛刚玉等。

1)氧化铝陶瓷的制备

氧化铝原料在天然矿物中的存在量仅次于二氧化硅，很少以纯粹的 Al_2O_3形式存在，大部分以铝硅酸盐的形式存在于自然界中。铝土矿是制备工业氧化铝的主要原料。工业上主要采用焙烧法制取氧化铝粉末，该方法也是氧化铝粉末最基本的制造方法。

由于产品的使用要求、形状尺寸、成分配方、成型方法等不同，因此氧化铝陶瓷的生产制备工艺也不尽相同。但无论采用何种方法，主要的工序都是：原料煅烧→磨细→配料→加粘结剂→成型→素烧→修坯→烧结→表面处理。

一般制取的氧化铝粉末在经高温煅烧前几乎都是亚稳的 γ-Al_2O_3晶型，需要对其进行煅烧，以获得稳定的 α-Al_2O_3晶型的原料。煅烧后的原料粉末质量与煅烧温度有关。煅烧温度过低，不能使亚稳相完全转变为稳定的 α-Al_2O_3相；温度过高，则粉料发生烧结，不易粉碎、且活性降低。在煅烧过程中可以添加适量的添加剂以提高粉末质量，如 H_2BO_3、NH_4F、AlF_3等。

氧化铝陶瓷的成型烧结工艺比较简单，将氧化铝粉末与添加剂进行球磨混合，然后成型，成型方法有干压法、等静压法、注浆法、挤压法、注射成型法、热压铸法以及热压法等。除了热压法外，干压法和等静压法对坯体可以进行加工，获得所需要的形状和尺寸的坯体。对于注浆法坯体要进行修坯，挤压法、注射成型法、热压铸法所得到的坯体要排除结合剂才能进行烧结。氧化铝陶瓷一般采用常压烧结，烧结方法对

材料的性能影响很大，要根据组成、制品形状和性能要求，制定合理的烧结方法和烧结制度。

2)氧化铝陶瓷的性能与用途

氧化铝陶瓷具有高的强度和高温强度、高的化学稳定性和介电性能，但热稳定性不高。广泛用于制造高速切削工具、量规、拉丝模、高温炉零件、空压机泵零件、内燃机火花塞等。图 10-1 所示为一些氧化铝陶瓷制备的工程零件。刚玉可作为重要的坩埚材料。

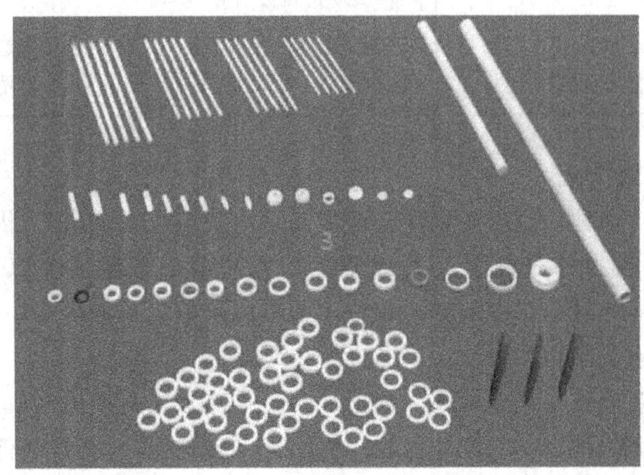

图 10-1　氧化铝陶瓷制品

2. 氧化锆陶瓷

纯 ZrO_2 为白色，含杂质时呈黄色或灰色，一般含有 HfO_2，不易分离。世界上已探明的锆资源约为 1 900 万吨，氧化锆通常是由锆矿石提纯制得的。在常压下，纯 ZrO_2 共有三种晶态：单斜(Monoclinic)氧化锆(m-ZrO_2)、四方(Tetragonal)氧化锆(t-ZrO_2)和立方(Cubic)氧化锆(c-ZrO_2)，上述三种晶型存在于不同的温度范围，并可以相互转化。三种同素异构体的转变关系为：

$$m\text{-}ZrO_2 \xrightarrow{1\,000℃} t\text{-}ZrO_2 \xrightarrow{2\,370℃} c\text{-}ZrO_2$$

纯 ZrO_2 冷却时发生的 t→m 相变为无扩散型相变，具有马氏体相变的特征，并伴随着 7%的体积膨胀；相反，在加热时，由 m→t 相变，体积收缩。这种膨胀和收缩不是在同一温度发生的，前者发生在 1 000℃左右，后者发生在 1 200℃左右。由于这种加热、冷却过程中晶型转变引起的体积变化，因此难以烧结得到块状致密陶瓷。在烧结升温至 1 100℃左右时，ZrO_2 颗粒发生的突然收缩将影响整个体系的颗粒重排过程；当高温烧结致密后降温至 1 000℃左右时，ZrO_2 所发生的突然膨胀又将导致制品的严重开裂，以致无法得到可供使用的块状纯 ZrO_2 陶瓷。

为了消除体积变化的破坏作用，通常在纯 ZrO_2 中加入适量立方晶型氧化物，如 Y_2O_3、MgO、CaO、CeO 等。在高温烧结时它们将与 ZrO_2 形成立方固溶体，消除了单斜相与四方相的转变，所得到的 ZrO_2 陶瓷称作稳定化的 ZrO_2 陶瓷。其中 Y_2O_3 稳定 ZrO_2 陶瓷(Y-TZP)最为常见，应用最广。此外，控制 Y_2O_3 的加入量，可以将部分四方 ZrO_2 亚稳定至室温，称作部分稳定 ZrO_2(也称 PSZ)。

(1)氧化锆陶瓷的制备

氧化锆陶瓷的生产要求制备高纯、分散性能好、粒子超细、粒度分布窄的粉体，氧化锆超细粉末的制备方法有很多，氧化锆的提纯主要有氯化和热分解法、碱金属氧化分解法、石灰熔融法、等离子弧法、沉淀法、胶体法、水解法、喷雾热解法等。粉体加工方法有共沉淀法、溶胶—凝胶法、蒸发法、超临界合成法、微乳液法、水热合成法网及气相沉积法等。

氧化锆陶瓷的成型有干压成型、等静压成型、注浆成型、热压铸成型、流延成型、注射成型、塑性挤压成型、胶态凝固成型等。对于Y-TZP陶瓷，由于其粉体很细，因此采用注浆或注射成型工艺会存在一些难度，在调制浆料方面，应采取有效措施获得性能优良浆料后，方可应用。

氧化锆陶瓷可采用的烧结方法通常有：①无压烧结，②热压烧结和反应热压烧结，③热等静压烧结(HIP)，④微波烧结，⑤超高压烧结，⑥放电等离子体烧结(SPS)，⑦原位加压成型烧结等。

Y-TZP陶瓷的烧结温度较低，一般在1 400℃～1 500℃位于四方或四方和立方的两相区交界附近烧结。过高的烧结温度，将对材料造成不利的影响，促进晶粒长大，使四方相摩尔分数降低，材料力学性能降低。

(2)氧化锆陶瓷的性能及用途

由于氧化锆陶瓷具有高韧性、高抗弯强度和高耐磨性，优异的隔热性能，热膨胀系数接近于钢等优点，因此被广泛应用于结构陶瓷领域，主要有：磨球、分散和研磨介质、喷嘴、球阀球座、氧化锆模具、微型风扇轴心、光纤插针、光纤套筒、拉丝模和切割工具、耐磨刀具、表壳及表带、高尔夫球的轻型击球棒及其他室温耐磨零器件如轴承等。氧化锆陶瓷优异的耐高温性能使其作为感应加热管、耐火材料、发热元件使用。另外，氧化锆在热障涂层、催化剂载体、医疗、保健、耐火材料、纺织等领域正得到广泛应用。图10-2所示为一些氧化锆陶瓷零部件。

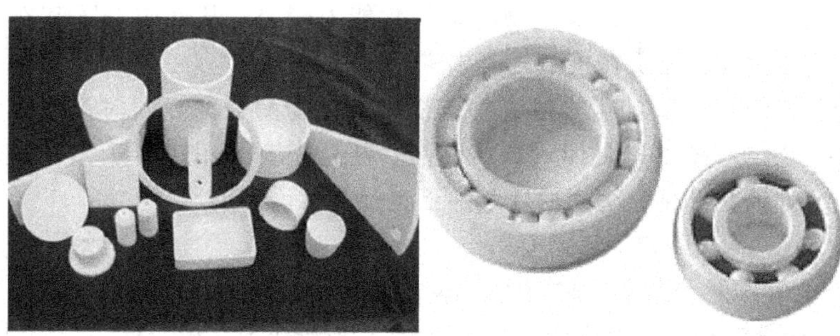

图10-2　氧化锆陶瓷零部件

10.2.2　氮化物陶瓷

氮化物包括非金属和金属元素氮化物，它们都是高熔点物质。氮化物陶瓷的种类很多，但都不是天然矿物，而是人工合成的。目前，工业上应用较多的氮化物有氮化硅、氮化硼、氮化铝、氮化钛等。表10-3列出了典型氮化物陶瓷材料的性能。

表 10-3　典型氮化物材料的性能

材料	熔点/℃	密度 /g·cm^{-3}	电阻率 /Ω·cm	导热率/ W·m^{-1}·K^{-1}	膨胀系数 /10^{6}℃$^{-1}$	硬度 /莫氏
HfN	3 310	14.0	—	21.6	—	8～9
TaN	3 100	14.1	135×10^{-8}	—	—	8
ZrN	2 980	7.32	13.6×10^{-6}	13.8	6～7	8～9
TiN	2 950	5.43	21.7×10^{-6}	29.3	9.3	8～9
ScN	2 650	4.21	—	—	—	—
UN	2 650	13.52	—	—	—	—
ThN	2 630	11.5	—	—	—	—
Th_3N_4	2 360	—	—	—	—	—
NbN	2 050(分解)	7.3	200×10^{-6}	3.76	—	8
VN	2 030	6.04	85.9×10^{-6}	11.3	—	9
CrN	1 500	6.1	—	8.76	—	—
BN	3 000(升华分解)	2.27	10^{13}	15.0～28.8	0.59～10.51	2
AlN	2 450	3.26	2×10^{11}	20.0～30.1	4.03～6.09	7～8
Be_3N_2	2 200	—	—	—	2.5	—
Si_3N_4	1 900(升华分解)	3.44	10^{13}	1.67～2.09	9	

大多数氮化物的熔点都比较高，但 BN、Si_3N_4、AlN 等在高温下不出现熔融状态，而是直接升华分解。多数氮化物在蒸汽压达到 10^{-6} Pa 时对应的温度都在 2 000℃以下，表明氮化物易蒸发，从而限制了其在真空条件下的使用。氮化物陶瓷一般都有非常高的硬度。但是和氧化物相比，氮化物的抗氧化能力较差，从而限制了其在空气中的应用，而且其烧结过程也需要在无氧气氛中进行。

氮化物陶瓷的颜料和制品的制造成本都比氧化物陶瓷高。同时，一些共价键较强的氮化物难以烧结，往往需要加入烧结助剂，甚至需要采用热压工艺。由于其硬度较高，脆性较大，因此氮化物陶瓷的后续加工也是非常困难的。

1. 氮化硅(Si_3N_4)陶瓷

Si_3N_4 有 α 和 β 两种晶型，它们的晶体结构均为六方晶系，其中 α 是不稳定的低温型，β 是稳定的高温型，在温度为 1 500℃时，α 相转变为 β 相，这一转变是不可逆的。

1)氮化硅粉末的制备

为了获得性能优异的氮化硅陶瓷材料，必须使用优质的氮化硅粉末作为原料。氮化硅粉末的制备方法有硅粉氮化法、SiO_2 碳还原法(碳热还原法)、硅亚胺分解法和气相反应法等。

硅粉直接氮化法是工业上最常用的制取氮化硅的方法，将具有一定纯度的 Si 粉磨细后，置于反应炉内通氮气或者氨气，加热到 1 200℃～1 450℃后进行氮化反应得到 Si_3N_4 粉末。直接氮化法所得到的产物易结块，颗粒粗，作为原料使用必须粉碎加工，加工过程中易混入杂质，会影响制品高温性能。

碳热还原法的原理是以C还原SiO_2，同时用氨气或氮气进行氮化来制备氮化硅粉末。反应式为：

$$3SiO_2+6C+2N_2 \longrightarrow Si_3N_4+6CO$$

采用此法获得的氮化硅粉末纯度高、颗粒细、反应吸热，不需要分阶段氮化，氮化速度比Si粉氮化速度快。但SiO_2不容易完全还原氮化是碳热还原法一个比较严重的缺点。

2)氮化硅(Si_3N_4)陶瓷的制备方法

Si_3N_4是共价键很强的化合物，离子扩散系数很低，因此很难烧结，如高纯度Si_3N_4粉末在1 700℃下热压仍基本不烧结。如果进一步提高烧结温度，则接近其分解温度。表10-4列出了氮化硅陶瓷的常用烧结工艺及其特点。

表10-4 氮化硅陶瓷常用烧结工艺及其特点

烧结方法名称	主要原料	烧结助剂	制品特征
反应烧结	Si	—	收缩小，气孔率10%～20%，尺寸精确，强度低
二次反应烧结	Si	Y_2O_3，Al_2O_3	收缩率小，较致密，尺寸精确，强度有所提高
常压烧结	Si_3N_4	Y_2O_3，Al_2O_3	较致密，低温轻度高，高温强度下降
气氛加压烧结	Si_3N_4(Si)	MgO，Y_2O_3，Al_2O_3	添加剂加入量减少，致密度和强度提高
普通热压	Si_3N_4	MgO，Y_2O_3，Al_2O_3	制品形状简单，致密，强度高，存在各向异性
热等静压	Si_3N_4	Y_2O_3，Al_2O_3	致密，组织均匀，高强度，添加剂微量
化学气相沉积	Si_3N_4，NH_3	—	高纯度薄层，各向异性，不能得到厚壁制品

(1)反应烧结氮化硅

反应烧结氮化硅是指将硅粉以适当方式成型后，在氮化炉中通氮加热进行氮化，氮化反应和烧结同时进行，氮化后产品为α和β两相的混合物。整个烧结过程可以分两个阶段加热。第一阶段在1 150℃～1 200℃预氮化，以获得具有一定强度的氮化硅素坯，可以对其进行各种机加工；第二阶段在1 350℃～1 450℃进一步氮化，直到全部生成氮化硅为止。

反应烧结氮化硅的主要优点是，产品尺寸和素坯尺寸基本相同，同时，在第一阶段烧结后可以用普通设备对其进行机加工，从而获得尺寸精确、形状复杂的产品，同时，由于烧结过程中无添加剂，因此材料高温性能不下降。但反应烧结氮化硅的密度与素坯成型密度有关，一般含有13%～20%左右的气孔，使用适当的添加剂(如$CrF_3\cdot 3H_2O$)可以提高氮化速率，促进烧结。

(2)热压烧结氮化硅

在要求致密和高强的情况下，可以采用热压烧结工艺。此工艺要求用α相Si_3N_4相对含量大于90%的细粉，加入适量烧结助剂(如MgO、Al_2O_3、MgF_2或Fe_2O_3等)，在较高的温度和外加压力共同作用下烧结而成。整个烧结过程在氮气气氛下进行，添加剂的作用是生成液相以促进烧结。

热压烧结氮化硅制品密度高，气孔率接近零。热压烧结氮化硅的缺点在于只能制造形状简单的制品，成本高、生产效率低。同时，由于硬度高，后续机加工很困难。

(3)无压烧结氮化硅

使用表面性能很高的超细粉末，添加烧结助剂，采用高温常压烧结也可以获得性能较好的氮化硅陶瓷。常用的烧结助剂有 ZrO_2、Y_2O_3、Al_2O_3、MgO、La_2O 等。烧结助剂可以单独加入，也可以复合加入，复合加入的效果较好。原料粉末充分混合均匀并冷压成型，成型坯体经排胶后，在氮气气氛下于 1 700℃～1 800℃烧结。

无压烧结的机理仍然是液相烧结，在冷却过程中，残余的液相形成晶界玻璃相，显微结构由 β-Si_3N_4 和少量杂质及玻璃相组成。

无压烧结氮化硅的烧成收缩率为 20%，相对密度可达 96%～99%，可以制造形状复杂的产品，性能优于反应烧结氮化硅，并且成本低。但由于坯体中玻璃相较多，影响材料的高温强度，同时由于烧成收缩较大，因此产品易开裂变形。

(4)热等静压烧结氮化硅

共价键化合物难以烧结，对其进行热等静压烧结是一种非常有效的烧结方法，对制品同时施加高温高压的作用，可获得全致密、无缺陷、性能非常优异的材料。热等静压有有包封与无包封之分。无包封热等静压工艺首先采用普通烧结方法获得一定形状大小的制品，它只含有闭气孔，密度一般不低于 93%，将制品直接放入热等静压炉内升温加压，将获得全致密、无缺陷材料。采用热等静压烧结，温度比普通烧结温度低几十至一二百度。

(5)反应烧结氮化硅的重烧结

将含有烧结助剂的反应烧结的氮化硅坯体，在一定氮气压力和较高温度下再次烧结，使之进一步致密化，这种工艺称为重烧结，也可以称为二次反应烧结氮化硅。

重烧结可将反应烧结后氮化硅中 13%～20%的气孔率减小到 5%左右，烧成收缩比较小。此外，由于它是以已经达到 80%以上致密度的反应烧结制品作为重烧结坯体，所以反应烧结重烧结氮化硅既具有较高的密度和强度，又可做成形状复杂，尺寸精确的制品。

3)氮化硅陶瓷的性能和应用

氮化硅陶瓷材料的热膨胀系数小，因此具有较好的抗热震性能；在陶瓷材料中，氮化硅陶瓷的弯曲强度比较高，硬度也很高，同时具有自润滑性能，与加油的金属表面相似，作为机械耐磨材料使用具有较大的潜力；氮化硅陶瓷材料的化学稳定性很好，耐氢氟酸以外的所有无机酸和某些碱液的腐蚀，也不被铅、铝、锡、银、黄铜、镍等熔融金属合金所浸润与腐蚀；高温氧化时材料表面形成的氧化硅膜可以阻碍进一步氧化，抗氧化温度达 1 400℃。

氮化硅陶瓷已用作切削工具、轴承、拔丝模具、喷砂嘴等，取得了很好的效果。特别是氮化硅陶瓷刀具在现代超硬精密加工、氮化硅陶瓷轴承在先进的高精密度数控车床以及超高速发动机中，已经获得广泛应用。作为泵的密封环，性能比传统的密封材料优越。氮化硅陶瓷用作火箭喷嘴、喉衬和其他耐高温隔热部件。在研制燃气轮机和绝热发动机陶瓷部件中，氮化硅是主要的候选材料之一。此外，氮化硅陶瓷还可在冶金工业方面用作铸造器皿、燃烧舟、坩埚、蒸发皿和热电偶保护管等。氮化硅的常见用途见表 10-5。

表 10-5　碳化硅陶瓷的常见用途

用途分类	主要应用实例
耐热部件	燃气涡轮和柴油机中定子叶片、燃烧器等，汽缸盖、活塞环、密封排气阀、高温气体流量调节阀、高温气体送风扇零件、加热炉传热管、炉芯管、热交换器等
耐腐蚀部件	各种化学反应管，机械油封，阀类喷嘴，耐腐蚀内衬件，熔融非铁金属输送泵零件，浸渍热点器等
工具及耐磨损件	切削工具，轴承类，研磨类，抄纸机零件，浆用阀类
轻量化零部件	机器油压控制阀，自动化装置和快速加热炉零件，飞机和宇航零件等
其他	各种绝缘体，精密工作机器及量规，弹簧等

2. 氮化铝(AlN)陶瓷

AIN 属于共价键化合物，六方晶系，纤维锌矿型结构，白色或灰白色，密度 $3.26g/cm^3$，无熔点，在 2 200℃～2 250℃升华分解，热硬度很高，即使在分解温度前也不软化变形。具有优异的抗热震性。AlN 对 Al 和其他熔融金属、砷化镓等具有良好的耐蚀性，尤其是对熔融 Al 液具有极好的耐侵蚀性，此外，还具有优良的电绝缘性和介电性质。但氮化铝的高温抗氧化能力比较差，在大气中易吸潮、易水解。

1)氮化铝(AlN)粉末的制备

粉体合成是 AIN 陶瓷生产中的一个关键环节。一般认为，要获得性能优良的 AIN 陶瓷材料，必须先制备出高纯度、细粒度、窄粒度分布、烧结活性好的粉体作为烧结原料。AIN 粉体合成的方法很多，目前主要有四种，分别为铝粉直接氮化法、Al_2O_3 碳热还原法、化学气相沉积法(CVD)和自蔓延法。

铝粉直接氮化法制备 AlN 是工业上常用的制备方法。在制备之前，需要对铝粉进行预处理，除去铝的氧化膜。然后将铝粉和氮气(或氨气)直接反应制备氮化铝粉末。反应在 580℃～600℃之间进行，经常添加少量氟化钙或氟化钠等氟化物作为触媒，防止反应过程中发生未反应铝粉的凝聚。铝粉直接氮化法工艺简单，但铝粉不易反应完全。

碳热还原法制备氮化铝是将 Al_2O_3 和 C 的粉末混合后在氮气或者氨气中加热反应得到 AlN 粉末。中碳热还原法制备的 AIN 具有高纯、稳定、抗氧化性强、烧结性好等优点，因而备受青睐。但该方法制备温度较高，对原料的的要求也较高。现在有研究者通过“湿化学法”获得 Al_2O_3 和炭黑均匀混合的胶体分散体系，大大降低了氮化温度。

化学气相沉积法是采用无机物(氯化铝)或有机物(烷基铝)为原料，与氨气反应生成 AIN，其反应方程式分别为：

$$AlCl_3 + NH_3 \rightarrow AlN + 3HCl$$

$$Al(C_2H_5)_3 + NH_3 \rightarrow AlN + 3C_2H_6$$

该法的反应温度一般为 600℃～1 100℃，随着温度的升高，AIN 粉的结晶程度较高，但反应生成的 HCl 往往带来不利的影响，所以采用有机物为原料的反应则更佳，

但因有机铝的价格较高、生产效率不高，故此法生产的 AIN 粉末虽然具有高纯、粒度可控、生长速度可控的优点，但还未被广泛应用。

自蔓延的本质与铝粉直接氮化法是相同的，反应方程式均为：

$$2Al + N_2 \longrightarrow 2AlN$$

但与铝粉直接氮化法相比较，因为其充分利用了反应为强放热反应的特点，所以能耗小，生产效率高，成本低，但是其主要的缺点与铝粉直接氮化法相似，由于反应速度太快，产物易结块，反应不完全，难以制备出高质量的粉末。

2)氮化铝陶瓷的制备

对于氮化铝粉末的成形工艺，传统的成形工艺有模压、热压、等静压。近年来，人们研究采用流延法成型氮化铝陶瓷基片，由于此法具有可连续操作、生产效率高、适宜工业生产的特点，因此，它已成为电子工业用氮化铝基片的主要成型工艺，但因其只适宜于成型片状材料，国内外已有研究者开始研究氮化铝陶瓷的注射成型工艺，它将为氮化铝陶瓷的广泛应用开创一个新局面。

AIN 属于共价化合物，熔点高，自扩散系数小，烧结比较困难，一般可以通过以下三个途径来制备致密的高性能的 AIN 陶瓷：①使用超细粉；②热压或热等静压烧结；③引入烧结助剂。

AIN 的常用烧结助剂是一些稀土金属氧化物和碱土金属氧化物，如 Y_2O_3、CaO 等。使用烧结助剂可实现液相烧结，促进坯体致密化，烧结助剂还可与 AIN 中的氧杂质反应，减少因部分氧溶入 AlN 点阵中而造成的铝空位，提高 AIN 的热导率。

3)氮化铝(AlN)陶瓷的性能及应用

AlN 可以用作熔融金属用坩埚、热电偶保护管、真空蒸镀用容器，也可用作耐热砖、耐热夹具等，特别适用于作为 2 000℃左右非氧化性电炉的炉衬材料。AlN 的热导率为 Al_2O_3 的 2～3 倍，热压强度比 Al_2O_3 还高，可用于要求高强度、高导热率的场合，如大规模集成电路的基板、车辆用半导体元件的绝热散热基体等。

AIN 具有很多的优良性能，它的应用领域很广，除了用来加工或制作电子封装材料、压电设备、结构陶瓷、涂层、加热器、耐火材料、电子光学器件等以外，还可以广泛地应用于复合材料中的研制。

10.2.3 碳化物陶瓷

典型碳化物陶瓷有碳化硅(SiC)、碳化硼(B_4C)、碳化钛(TiC)、碳化钨(WC)等。

碳化物的共同特点是熔点高，许多碳化物的熔点都在 3 000℃以上。二元化合物中最耐高温的就是碳化物，其中，HfC 和 TaC 的熔点分别为 3 887℃和 3 877℃。在高温下，碳化物会被氧化，但其抗氧化能力超过高熔点的金属 W、Mo。有些碳化物(如SiC)由于氧化后在其表面形成具有保护性的氧化膜，从而增强了其抗氧化能力。

碳化物的硬度较高，特别是 B_4C，其硬度仅次于金刚石和立方氮化硼。但碳化物的脆性比较大。

在碳化物陶瓷中，SiC 和 B_4C 是两种最重要的高温碳化物结构材料。

1. 碳化硅(SiC)陶瓷

SiC 主要有两种晶型，即 α-SiC 和 β-SiC。α-SiC 属六方结构，有 100 多种变体，其中最主要的是 4H、6H、15R 等，4H、6H 属于六方晶系，在 2 100℃以上是稳定的，

15R-SiC 为菱面晶系，在 2 000℃以上是稳定的。β-SiC 属面心立方结构，是低温稳定的晶型。β-SiC 的密度为 $3.215g/cm^3$，各种 α-SiC 的变体的密度基本上不变，为 $3.217g/cm^3$。

纯碳化硅是无色透明的晶体。工业碳化硅因其所含杂质的种类和含量不同，而呈浅黄、绿、蓝乃至黑色，透明度因其纯度不同而异。碳化硅有黑碳化硅和绿碳化硅两个常用的基本品种，都属 α-SiC。黑碳化硅含 SiC 约 98.5%，其韧性高于绿碳化硅，绿碳化硅含 SiC99%以上，自锐性好。此外还有立方碳化硅，它是以特殊工艺制取的黄绿色晶体。

1)碳化硅(SiC)粉末的制备

碳化硅的工业制法是用优质石英砂和石油焦在电阻炉内炼制。炼得的碳化硅块，经破碎、酸碱洗、磁选和筛分或水选而制成各种粒度的产品。根据所选用的加热方式以及冶炼炉的不同，主要可分为 Acheson 法、ESK 法、竖式炉法与高温转炉法等。

Acheson 法是由美国化学家 E. G. Acheson 于 1893 发明的 SiC 方法，其实质是大功率大电流高温下的固相电化学反应。100 余年来，该方法一直主宰着 SiC 的工业生产，目前世界 SiC 产量的 80%都是用该方法生产的。但该方法主要是生产块状 SiC 结晶块，直接合成出粉状 SiC 的量很少。

ESK 技术是对 Acheson 技术的改良，其主要特征是使 Acheson 炉大型化，改变了电极供电方式，并且为了避免污染和充分利用热量及浪费的 CO 气体，在炉外安装了气体收集装置。

多芯炉技术为本书编者发明的两项专利技术，现在已经被多家生产厂家正式应用。该技术通过调整炉芯参数、电参数、供电制度和采用严格的物料配比与催化技术，利用炉芯间的热场叠加可成功地合成了微米、亚微米级的 SiC 粉。

2)碳化硅(SiC)陶瓷的制备

碳化硅由于其强共价键结合特点，烧结时质点扩散速率很低，其晶界能和表面能之比很高，不易获得足够的能量形成晶界，因此碳化硅陶瓷是非常难以烧结的，必须采用一些特殊工艺手段，或者依靠第二相物质帮助，促进其烧结。

(1)热压烧结

一般来说，热压工艺可以制得接近理论密度的制品，但对于纯的碳化硅粉末，即使在 2 350℃和 60MPa 的条件下热压，材料的相对致密度也才达到略高于 80%。B+C、B_4C、Al_2O_3、AlN、BN、BeO、Al 等是碳化硅热压烧结时常用的烧结助剂。烧结助剂的种类和添加量不同，所得到的材料的性能也不相同。热压烧结的碳化硅制品密度高、抗弯强度高，但只能生产形状简单的产品，且生产成本高。

(2)无压烧结

和热压烧结相比，无压烧结可以制备形状比较复杂的制品。在无压烧结过程中，必须添加活化剂以促进烧结。在周期表中 IIB～VB 族元素，如 Be、B、Al 等可溶入 SiC 中，形成置换式固溶体，其晶格缺陷明显增加，促进烧结。1974 年，美国 GE 公司通过在高纯度 β-SiC 细粉中同时加入少量的 B 和 C，采用无压烧结工艺，于 2 020℃成功地获得了高密度 SiC 陶瓷。目前，该工艺已成为制备 SiC 陶瓷的主要方法。

SiC 表面 SiO_2 对烧结有阻碍作用，在常压烧结时，SiC 的粉末原料含氧量很少。另外，碳化硅粉末比表面积要高，可用于提供致密化所需要的热力学推动力。采用亚微米粉末并添加适量的添加剂，能够通过无压烧结获得高密度碳化硅制品。同时，添加B和C后，B固溶到SiC中，使晶界能降低，C把SiC粒子表面的SiO_2还原除去，提高了表面能。

(3)反应烧结

将α-SiC粉末和碳按照一定比例混合制成坯体，在1 400℃～1 650℃之间加热，使液相或气相Si渗入坯体，与碳反应生成β-SiC，把坯体中的α-SiC颗粒结合起来，从而得到致密的SiC材料，这种工艺又称为自结合SiC。

反应烧结工艺制备SiC材料的优点是烧结温度低、制品无体积收缩、无气孔、形状保持不变，其主要缺点是烧结体中含有8%～20%的游离Si和少量残留碳，限制了材料的最高使用温度，同时也不适合于在强氧化与强腐蚀性的环境中使用。

(4)反应烧结重烧结碳化硅

针对反应烧结与无压烧结存在的缺点，将反应烧结与无压烧结后的材料在高温下进行二次重烧结，降低材料中游离Si含量，提高材料致密度，最终得到了高性能SiC材料。

3)碳化硅(SiC)陶瓷的性能和用途

SiC的硬度很高，仅次于金刚石、立方氮化硼、B_4C等少数几种材料。SiC的断裂韧性比较低，抗弯强度也不高，但是高温强度很好，直至1 400℃时强度仍无明显下降。另外，SiC陶瓷具有高的导热性能和负的温度系数，线膨胀系数介于氧化铝和氮化硅之间，因此具有很好的抗热冲击性能。由于碳化硅具有以上性能，因此它主要有以下几个方面的用途。

(1)磨料

由于其超硬的性能，可制备成各种磨削用的砂轮、砂布、砂纸以及各类磨料，广泛应用于机械加工行业。我国工业碳化硅主要作磨料用，黑色碳化硅制成的磨具，多用于切割和研磨抗张强度低的材料，如玻璃、陶瓷、石料和耐火物等，同时也用于铸铁零件和有色金属材料的磨削。绿色碳化硅制成的磨具，多用于硬质合金、钛合金、光学玻璃的磨削，同时也用于缸套的珩磨及高速钢刀具的精磨。立方碳化硅专用于微型轴承的超精磨。

(2)耐火材料

国外将碳化硅用作耐火材料的数量大于用作磨料的数量。我国正在不断扩大这方面的应用，根据国外厂商的习惯，耐火材料黑色碳化硅通常分为三种牌号：①高级耐火材料黑碳化硅。这种牌号的化学成分要求与磨料用黑色碳化硅完全相同，主要用于制造高级碳化硅制品，如重结晶碳化硅制品、燃气轮机构件、喷嘴、氮化硅结合碳化硅制件、高炉高温区衬材、高温窑炉构件、高温窑装窑支承件、耐火匣钵等。②二级耐火材料黑色碳化硅，含碳化硅大于90%。主要用于制造耐中等高温的窑炉构件，如马弗炉炉衬材料等。这些构件除利用碳化硅的耐热性、导热性外，在很多场合还兼用它的化学稳定性。③低品位耐火材料黑色碳化硅，其碳化硅含量要求大于83%，主要用于出铁槽、铁水包，炼锌业和海绵铁制造业等的内衬。

由于SiC陶瓷高温强度大，高温蠕变小，硬度高、耐磨、耐腐蚀、抗氧化、高热导率和良好的热稳定性，因此它是1 400℃以上良好的高温结构材料，用途十分广泛。

(3)耐磨及高温部件

利用碳化硅陶瓷的高硬、耐磨损、耐酸碱腐蚀性，在机械工业、化学工业中用来制备新一代的机械密封材料，滑动轴承、耐腐蚀的管道、阀片和风机叶片。尤其是作为机械密封材料已被国际上确认为自金属、氧化铝、硬质合金以来的第四代基本材料，它的抗酸、抗碱性能与其他材料相比是极为优秀的，几乎没有一种材料可与之相比。

利用碳化硅陶瓷的高热导性能，用于冶金工业窑炉中的高温热交换器等，使用温度可达1 300℃；用碳化硅砂辊磨米，较之用其他砂辊可提高大米的质量，出米率提高1%～2%，成本下降30%～40%。

(4)军事方面

用碳化硅陶瓷与其他材料一起组成的燃烧室及喷嘴，已用于火箭技术中。用碳化硅基复合材料制备的阿丽亚娜火箭尾喷管已成功应用。

碳化硅密度居中，比 Al_2O_3 轻20%，硬度和弹性模量较高，价格比 B_4C 低得多，还可用于装甲车辆和飞机机腹及防弹防刺衣等。碳化硅材料还具有自润滑性且摩擦系数小，约为硬质合金的一半。它的抗热震性好、弹性模量高等特点在一些特殊地方获得应用，如用来制成高功率的激光反射镜其性能优于铜质，由于密度低、刚性好、变形小，因此CVD与反应烧结的碳化硅轻量化反射镜已经在空间技术中大量使用。

表10-6归纳了碳化硅陶瓷的常见应用领域。

表10-6　碳化硅陶瓷的常见应用领域

领域	使用环境	用途	主要优点
石油工业	高温高压耐磨	喷嘴轴承密封阀片	耐磨耗热
微电子工业	大功率散热	密封材料基片	高导热高绝缘
化学工业	耐酸碱高温氧化	密封轴承泵部件热交	耐磨损气密性
汽车拖拉机	高温燃烧	换器高温管道	
飞机、宇宙火箭		发动机部件	耐热冲击地摩擦
激光	大功率高温	发射屏	高刚性高稳定性
喷砂器	高温研磨	喷嘴	耐磨
造纸工业	碱腐蚀	设备部件	耐磨耐腐蚀
热处理	高温气体	热电偶护套，热交换器	耐热耐腐蚀
矿业	研削	内衬泵部件	耐磨
原子能	含硼高温水	密封轴套	耐放射性
其他	加工工程	拉丝磨具	耐磨耐腐蚀

碳化硅陶瓷在许多工业领域中的应用显示了其优良的性能，因而引起了人们的普遍重视。在无机非金属材料领域中，碳化硅陶瓷是一个很大的家族，其触角几乎伸遍了所有的工业领域。但是由于碳化硅陶瓷的难烧结性，因而它的制作工艺复杂而且生产成本较为昂贵。由此降低碳化硅陶瓷的烧成温度和寻找新的廉价的生产工艺仍是材料工作者的研究重点。

2. 碳化硼(B_4C)陶瓷

碳化硼俗称人造金刚石，是一种有很高硬度的硼化物，其硬度比碳化硅或碳化钨还要高。

碳化硼的晶体结构以斜方六面体为主。每个晶胞中还有 15 个原子，在斜方六面体的角上分布着硼的正二十面体。

1)碳化硼(B_4C)粉末的合成

碳化硼原料粉末的主要合成方法有硼碳元素直接合成法，硼酐碳热还原法、镁热法，BN+碳还原法，BCl_3的固相碳化和气相沉积。

(1)硼碳元素直接合成法

将纯硼粉盒石油焦(或者活性碳粉)按照严格化学计量比配置，混合均匀，在真空或保护性气氛下于 1 700℃～2 100℃反应生成碳化硼。本方法合成碳化硼的 B/C 比可严格控制，但生产效率较低，不适合工业化生产。

(2)硼酐碳热还原法

该方法为工业上常用的制备碳化硼粉末的方法。将硼酐(或硼酸)与石油焦或人造石墨混合均匀，在电弧炉或电阻炉中于 1 700℃～2 300℃合成碳化硼。

将合成得到的碳化硼粗碎、磨粉、酸洗、水洗，再用沉降和串联水选法得到不同粒度的碳化硼粉料。该方法设备结构简单、占地面积小、投资小、建成速度快、工艺操作成熟、稳定和轻易控制；但也有很大的缺陷，包括能耗大、生产能力较低、高温下对炉体的损坏严峻，尤其是合成的粉末平均粒径大。

(3)镁热还原法

将碳粉、过量 50%的硼酐和过量 20%的镁粉混合均匀，在 1 000℃～1 200℃下反应，得到碳化硼和氧化镁的混合产物。

此方法的反应为强烈的放热反应，仅靠燃烧放出的热量就可以使反应进行下去(因此也叫自蔓延高温合成法)。将反应产物用硫酸或盐酸酸洗，然后用热水洗涤可获得纯度较高且粒度较细的碳化硼粉末。

与其他传统方法相比，具有反应温度较低(1 273～1 473K)、节约能源、反应迅速及容易控制等长处，所以合成出的 B_4C 粉末纯度较高，而且原始粉末粒度较细(0.1～4μm)，一般不需要再进行破碎处理，是目前合成 B_4C 粉的较佳方法。其缺点是反应物中残留的 MgO 必须用附加工艺洗去且极难彻底去除。

2)碳化硼(B_4C)陶瓷的制备

碳化硼陶瓷的制备主要是碳化硼粉末的制备、成型、烧结这一典型的粉末冶金工艺。目前，碳化硼常用的烧结方法主要有常压烧结、热压烧结、活化烧结、热等静压烧结等，此外，还有液相烧结、气氛烧结以及微波烧结等几种。

(1)无压烧结

碳化硼是共价键很强的陶瓷材料，共价键占 90%以上，而且碳化硼的塑性差，晶界移动阻力很大，固态时表面张力很小，从而决定了碳化硼是一种极难烧结的陶瓷材料。常压下进行烧结时，要想获得较高的烧结致密度，条件比较苛刻，如果温度要接近碳化硼的熔点，粉末的比表面积就要高到一定程度。如果对制品的化学成分没有严格要求，也可以适当加入一些添加剂，如 Mg、Al、Cr、Si、Ti、MgO、Al_2O_3或玻璃等。这些添加剂可以促进烧结，降低烧结温度，从而获得致密度较高的碳化硼。

(2)热压烧结

热压烧结是将粉末装在模腔内，在加热的同时对粉末施加一定压力的一种烧结方法。热压造成颗粒重排，塑性流动、晶界滑移、应变诱导孪晶、蠕变以及后阶段体积扩散与重结晶相结合等物质迁移机理。热压烧结将压力的影响和表面能一起作为烧结驱动力，因此通过热压可以降低陶瓷的烧结温度，提高烧结体的致密度。

与常压烧结相比，热压烧结的优点在于高温下粉末的塑性得到了改善，变形阻力减小，成形能力得到提高，产品致密度高，显微组织优良。但由于碳化硼陶瓷的抗热震性能较差，因此需要缓慢降温，同时，由于热压工艺要求较高，因此只能用来制造形状简单的制品。

(3)活化烧结

采用化学或物理的措施，使烧结温度降低、烧结过程加快，或者使烧结体的密度和其他性能得到提高的方法称为活化烧结。碳化硼中的碳含量可以在一个较大的范围内(8.8%～20%)变化，在一定条件下可以提高碳化硼中碳和硼的扩散能力，导致晶格畸变，降低位错运动阻力，使烧结过程得到活化。

为了降低烧结温度和提高材料的相对密度，人们在碳化硼陶瓷烧结过程中通过掺加各种烧结助剂来改善烧结条件。常用的添加剂有金属单质(Al、Co、Fe、Ti、Cr、Ni、Cu)、金属氧化物(MgO、Al_2O_3、TiO_2)、金属碳化物(TiC、VC、CrC、WC)和硼化物(TiB_2、W_2B_5)、碳及有机物(酚醛树脂、葡萄糖及硬脂酸)等几种。

3)碳化硼(B_4C)陶瓷的性能和应用

碳化硼的显著特点是高熔点(约2 450℃)；低比重(理论密度2.52g/cm^3)，其密度仅是钢的1/3；低的热膨胀系数$(2.6\sim5.8)\times10^{-6}$℃$^{-1}$；高热导率(100℃时的热导率为0.29W·℃$^{-1}$·$cm^{-1}$)；高硬度和高耐磨性，其硬度仅次于金刚石和立方氮化硼；较高的强度和一定的断裂韧性；具有较大的热电动势，是高温P型半导体，随碳化硼中碳含量的减少，可从P型半导体转变为N型半导体；具有高的中子吸收截面。

由于碳化硼是一种比碳化硅或碳化钨还要硬的固体，因此在很久以前它就已经作为一种粗砂研磨材料。由于它本身熔点高，不易铸成人工制品，但是通过高温熔炼粉末，它可以加工成简单的形状。在军事工业中可用作制造枪炮喷咀。碳化硼还可以作为军舰和直升机的陶瓷涂层，其重量轻并且有抵抗穿甲弹穿透热压涂层成整体防层的能力。还可用于硬质合金宝石等硬质材料的磨削、研磨、钻孔及抛光、金属硼化物的制造及冶炼硼钢、硼合金和特殊焊接等。此外，碳化硼还可以用于制作热电偶元件、高温半导体、宇宙飞船上的热电转化装置、反应堆控制棒与屏蔽材料等。

思考题

1. 陶瓷材料按照组成成分的不同可以分为哪几类？
2. 一般陶瓷材料中存在哪几种基本相？各起什么作用？
3. 碳化硅陶瓷粉末的制备方法有哪些？各有什么特点？

第 11 章　复合材料

11.1　复合材料概述

11.1.1　复合材料的概念

复合材料(Composites)对我们来说是一类既古老又先进，既熟悉又陌生的材料。早在一千多年以前，人类就会用泥土和干燥的植物(例如稻草)来制作土坯(或称土砖)——复合材料的雏形。至今在我国一些农村地区，这种用古老的方法制造的土坯仍然还在用于建造房屋的墙或院落的围墙等。除此之外，还有许多古代的复合材料的例子，如古代的弓、泥塑像、漆器等都是我们比较熟悉的，这些古代的复合材料的例子反映了古代人类的智慧。还有一种复合材料是我们熟悉的自然的复合材料，例如，人或动物的骨头、心脏、肌肉、皮肤、贝壳，以及各种植物的杆、枝、叶等都可以说是既古老又先进的自然复合材料的范例。尽管如此，但现代人工复合材料的历史并不是很长，这与近代工业和科学文化的发展有着密切的联系。现代科学技术的发展对材料性能的要求日益提高，除了优异的力学性能以外，还希望材料具有某些特殊性能或良好的综合性能。

随着现代机械、电子、化工、国防等工业的发展及航天、信息、能源、激光、自动化等高科技的进步，对材料性能的要求越来越高。除了要求材料具有高比强度、高比模量、耐高温、耐疲劳等性能外，还对材料的耐磨性、尺寸稳定性、减震性、无磁性、绝缘性等提出了特殊要求，甚至有些构件要求材料同时具有相互矛盾的性能。例如，既导电又绝热；强度比钢高而弹性又比橡胶强，并能焊接等。单一的金属、陶瓷及高分子材料对此是无能为力的。如果采用复合技术，把一些由不同性能的材料复合起来，取长补短，就能实现这些性能要求，于是现代复合材料应运而生(图 11-1 所示为用复合材料制造的船体)。到 20 世纪 90 年代初，先进复合材料的世界总产量已经达到 300 万吨，在许多领域，特别是航空航天领域显示出了极其重要的地位。

图 11-1　复合材料船体

复合材料是由两种或两种以上不同形态的组元经过选择和人工复合，组成多相三维结合且各相之间有明显界面的、具有特殊性能的材料。复合材料的组分材料虽然保持其相对独立性，但复合材料的性能却不是对组分材料性能的简单相加，而是有着重要的改进。在传统的复合材料中，通常有一组元的体积分数大于 50%，且它在三维方向上为连续的，该组元称为基体；其他组元则称为增强体。增强体是以独立的形态分布在整个连续的基体中(增强体在三维方向上可以连续，如三维网络结构，泡沫 SiC、SiN、Al_2O_3，也可以非连续，如碳纳米管)，两组元之间存在着界面。通常，复合材料不包括自然形成具有复合材料形态的天然物质，如骨骼。与传统的单一复合材料相比，复合材料具有以下特点：

(1)复合材料的成分和它们各组元的相对含量是经过人工选择和设计的；

(2)复合材料是人工设计制造的，而非天然形成的；

(3)组成复合材料的组元在复合后仍然保持其固有的物理和化学性能；

(4)复合材料的性能取决于各组元的性能的协同。复合材料具有新的、独特的和可用的性能，这种性能是单个组元材料所不及或不同的；

(5)复合材料的各组元之间具有明显的界面。

由于复合材料各组分之间“取长补短”，“协同作用”，因此极大地弥补了单一材料的缺点，产生了单一材料所不具备的新性能。复合材料的出现和发展，是现代科学技术不断进步的结果，也是材料设计方面的一个突破。它综合了各种材料如纤维、树脂、橡胶、金属、陶瓷等优点，按需要设计、复合成为综合性能优异的新型材料。可以预见，如果以材料作为历史分期的依据，那么21世纪就将是复合材料的时代。

11.1.2 复合材料的命名和分类

复合材料可根据增强材料与基体材料的名称来命名。将增强材料的名称放在面前，基体材料的名称放在后面，再加上“复合材料”。例如，玻璃纤维和环氧树脂构成的复合材料称为“玻璃纤维环氧树脂复合材料”。为了书写简便，也可仅写增强材料和基体材料的缩写名称，中间加一斜线隔开，后面再加“复合材料”。例如，上述玻璃纤维和环氧树脂构成的复合材料，也可写做“玻璃/环氧复合材料”。有时为突出增强材料和基体材料，视强调的组分不同，也可简称为“玻璃纤维复合材料”或“环氧树脂复合材料”。碳纤维和金属基体构成的复合材料叫“金属基复合材料”，也可写为“碳/金属复合材料”。碳纤维和碳构成的复合材料叫“碳/碳复合材料”。

通常，复合材料根据增强相、基体种类或材料特性进行分类。因为复合材料的特性与增强相的形态、体积分数、取向以及分散等直接相关，所以多采用增强相对复合材料进行分类。按照增强体的形态，复合材料基本上可以分为四类，包括零维增强体(包括颗粒、短纤维、晶须和薄片)、一维增强体(长纤维)、二维增强体(叠层)和三维增强体复合(连通微孔增强体和泡沫增强体)，如表11-1所示。

表11-1 复合材料分类

增强体	基体	特性
纳米复合材料 颗粒增强复合材料 晶须增强复合材料 短纤维增强复合材料 纤维增强复合材料 三明治结构复合材料 双连续相复合材料	有色金属 黑色金属 树脂聚合物 陶瓷 C 金属间化合物	结构复合材料 功能复合材料 智能复合材料

在零维增强体中，增强颗粒有碳化硅、氧化铝、氧化锆、硼化钛、碳化钛和碳化硼等，增强短纤维经常使用氧化铝(含莫来石和硅酸铝)纤维，晶须类主要有碳化硅、氧化铝以及最近开发出的硼酸铝、钛酸钾等，薄片主要包括矿产云母和玻璃鳞片等；一维增强体主要有碳及石墨纤维、碳化硅纤维(包括钨芯及碳芯化学气相沉积丝)和先驱体热解纤维、硼纤维(钨芯)、氧化铝纤维、不锈钢丝和钨丝等；二维增强体主要有单层纤维布、单层金属等；三维增强体包括氧化铝微孔陶瓷、氧化锆微孔陶瓷、碳化硅微孔陶瓷和碳化硅泡沫陶瓷等。

11.1.3 复合材料的性能特点

复合材料虽然种类繁多，性能各异，但不同种类的复合材料却具有相同的性能特点。

1. 比强度和比模量高

强度和弹性模量与密度的比值分别称为比强度和比模量。它们是衡量材料承载能力的一个重要指标，比强度越高，在同样的强度下，同一零件的自重越小；比模量越大，在重量相同的条件下，零件的刚度越大。这对高速运动的机构及要求减轻自重的构件来说非常重要。表 11-2 列出了金属和纤维增强复合材料性能的比较。由表可见，复合材料都具有较高的比强度和比模量，尤其是碳纤维-环氧树脂复合材料，其比强度比钢高 7 倍，比模量比钢大 3 倍。

表 11-2 金属与纤维增强复合材料性能比较

性能 / 材料	密度 $(g\cdot cm^{-3})$	抗拉强度 $(10^3 MPa)$	拉伸模量 $(10^5 MPa)$	比强度 $(10^6 N\cdot m\cdot kg^{-1})$	比模量 $(10^8 N\cdot m\cdot kg^{-1})$
钢	7.8	1.03	2.1	0.13	27
铝	2.8	0.47	0.75	0.17	27
钛	4.5	0.96	1.14	0.21	25
玻璃钢	2.0	1.06	0.4	0.53	20
高强碳纤维-环氧	1.45	1.5	1.4	1.03	97
高模碳纤维-环氧	1.6	1.07	2.4	0.67	150
硼纤维-环氧	2.1	1.38	2.1	0.66	100
有机纤维 PRD-环氧	1.4	1.4	0.8	1.0	57
SiC 纤维-环氧	2.2	1.09	1.02	0.5	46
硼纤维-铝	2.65	1.0	2.0	0.38	75

2. 良好的抗疲劳性能

金属材料的疲劳破坏常常是没有明显预兆的突发破坏，而聚合物基复合材料中纤维与基体的界面能阻止材料受力所致裂纹的扩展。因此，其疲劳破坏总是从纤维的薄弱环节开始逐渐扩展到结合面上的，破坏前并没有明显的预兆。大多数金属材料的疲劳强度极限是其抗张强度的 20%～50%，而碳纤维/聚酯复合材料的疲劳强度极限可达到其抗张强度的 70%～80%。

3. 减震性好

受力结构的自振频率除与结构本身形状有关外，还与结构材料比模量的平方根成正比。复合材料比模量高，故具有高的自振频率。同时，复合材料界面具有吸振能力，使材料的震动阻尼很高。由试验得知：轻合金梁需 9s 才能停止振动时，而碳纤维复合材料梁只需 2.5s 就会停止相同大小的振动。

4. 过载时安全性好

复合材料中有大量增强纤维，当材料过载而有少数纤维断裂时，载荷会迅速重新分配到未破坏的纤维上，使整个构件在短期内不至于失去承载能力。

5. 具有多种功能性

良好的摩擦性能，包括良好的阻摩特性及减摩特性；高度的电绝缘性能；优良的耐腐蚀性能；特殊的光学、电学、磁学等性能及好的耐烧蚀性等。

6. 良好的加工工艺性

复合材料可采用手糊成型、模压成型、缠绕成型、注射成型和挤压成型等各种方法制成各种形状的产品。

但是复合材料也存在着一些缺点，如耐高温、耐老化性能及材料强度一致性等有待于进一步提高。

11.1.4 复合材料的应用

复台材料因为具有高强度，化学稳定性优良，耐磨，耐高温，韧性好，导热性和导电性好和自重小等性能，所以在许多工业领域如机械工业、汽车工业、化学领域等得到了广泛的应用(图 11-2)。复合材料在机械工业方面的应用主要有阀、泵、齿轮、风机、叶片和轴承等，如用酚醛玻璃锶和纤维增强聚丙烯制成的阀门使用寿命比不锈钢阀长，且价格便宜：铸铁泵一般重几十千克，而玻璃钢泵重仅几千克航空航天工业则普通利用了复台材料的重量轻，耐腐蚀、耐高温和耐摩擦性好等特点，大量用于飞机的减速板和刹车装置，宇宙飞船罩，内燃机活塞，X-20 飞行器的鼻锥，喷嘴材料和机翼等，如飞机采用碳碳复台材料刹车片，可减重 600kg。复合材料在现代飞行器的材料中占了较大的比例功能复合材料的应用更加引人注目。树脂基隐身复合材料在美国 B2 和 F14、F19 等飞机上均有应用。1997 年 7 月 1 日香港回归时，中国驻港空军驾驶的直-9 型直升飞机，其使用的复合材料超过了 60%。碳-碳复合材料的使用温度可达 2200℃，是火箭基体的理想材料，现已用于火箭发动机的喷管和烧蚀层。利用复合材

(a) 整体外形

(b) 发动机涡轮叶片

图 11-2 波音 747

料的比高强度和比高模量，复合材料还可广泛用于制造网球拍、高尔夫球棒、钓鱼杆、滑雪板和乐器等。

11.2 金属基复合材料

金属基复合材料，是在各金属材料基体内用多种不同复合工艺，加进增强体，以改进特定所需的机械物理性能。金属基复合材料具有高比强度、高比模量、耐磨、耐热、导电、导热、不吸潮、抗辐射、低热膨胀系数等优良性能，并作为先进复合材料将逐步取代部分传统的金属材料而应用于航天航空、汽车工业、电子工业等领域，以满足特殊场合对材料的比强度、比刚度、比模量、高温性能、低热膨胀系数等性能的要求。金属基复合材料(Metal Matrix Composite，MMC)，是以金属及其合金为基体，与一种或几种金属或非金属增强相人工合成的复合材料。它与聚合物基复合材料、陶瓷基复合材料以及碳/碳复合材料一起构成现代复合材料体系。金属基复合材料在新兴高科技领域，宇航、航空、能源及民用机电工业、汽车、电机、电刷、仪器仪表中得到日益广泛的应用。

11.2.1 金属基复合材料的发展历史

现代金属基复合材料是于20世纪60年代初发展起来的。60年代初分别以美苏为首的两大阵营在宇宙空间开展的竞争推动了航空航天技术的发展，促进了定向凝固复合材料、难熔金属丝增强高温合金材料的研究与开发。由于硼纤维的研制成功，因此出现了硼纤维增强铝基复合材料，并得到成功的应用。

70年代中期，由于价格低于硼纤维的碳纤维的开发和迅速发展，使金属基复合材料的研究工作主要集中于碳纤维增强铝基复合材料，虽然碳或石墨纤维与铝的润湿性不好，但由于在碳或石墨纤维表面涂覆与浸渍涂层的液钠法和Ti-B工艺的研究成功，解决了纤维与铝液的浸润问题，从而使纤维增强铝基复合材料的研制及应用取得了较大的进展。

自70年代末开始，对金属基和增强材料的研究不断深化，先后出现了碳化硅单根粗纤维(CVDSiC纤维)、束丝细纤维(NicalonSiC纤维)、晶须、颗粒和氧化铝长纤维($FPAl_2O_3$纤维)、短纤维(Saffil纤维)增强铝、增强钛等多种金属基复合材料，并且开始向不同金属基体与不同类型的形态的增强材料与增强形式的多样化发展，也促进了金属基复合材料向多品种发展，逐渐形成了金属基复合材料体系。

由于金属基复合材料制备成本高，除航空航天等高技术领域之外不易得到广泛应用，因此人们自80年代初开始重视对其制备工艺技术的研究。各种液态法制备颗粒和晶须增强金属基复合材料工艺相继问世，促进了颗粒、晶须增强金属基复合材料的发展，使复合材料的成本不断下降，从而使金属基复合材料从面向航空航天工业与军工逐渐转向民用，如在汽车工业上的应用，进而又促进了金属基复合材料的发展。

近年来，由于材料成本的降低，制备工艺的逐步完善，金属基复合材料尤其是颗粒增强铝基复合材料呈现出非常乐观的商业前景。

11.2.2 金属基复合材料的种类

金属基复合材料是以金属为基体，以高强度的第二相为增强体而制得的复合材料。

因此，对这种材料的分类既可按基体来进行，也可按增强体来进行。

按基体来分类可分为铝基复合材料、镍基复合材料、钛基复合材料等。按增强体来分类则可分为颗粒增强复合材料、层状复合材料、纤维增强复合材料等。按用途分类则可分为：①结构复合材料。主要用作承力结构，它基本上是由增强体和基体组成，具有高比强度、高比模量、尺寸稳定、耐热等特点。适宜制造各种航天、航空、电子、先进武器系统等高性能构件。②功能复合材料。它是指除力学性能外还具有其他物理性能的复合材料，这些性能包括电、磁、热、声、力学(指阻尼、摩擦)等。该材料可用于电子、仪器、汽车、航空、航天、武器等。

11.2.3 金属基复合材料的性能特征

金属基复合材料的增强体主要有纤维、晶须和颗粒，这些增强体主要是无机物(陶瓷)和金属。无机纤维主要有碳纤维、硼纤维、碳化硅纤维、氧化铝纤维、氧化硅纤维等。金属纤维主要有铍、钢、不锈钢和钨纤维等。用于增强金属复合材料的颗粒，主要包括石墨、碳化硅、氧化铝、氧化硅、碳化钛、碳化硼等。

金属基复合材料的性能取决于所选用金属或合金基体和增强的特性、含量、分布等。通过优化组合可以既具有金属特性，又具有高比强度、高比模量、耐热、耐磨等综合性能。

1. 高比强度、比模量

由于在金属基体中加入了适量的高强度、高模量、低密度的纤维、晶须、颗粒等增强物，明显提高了复合材料的比强度和比模量，特别是高性能连续纤维-硼纤维、碳(石墨)纤维、碳化硅纤维等增强物，因此具有很高的强度和模量。密度只有1.85g/cm^{3}的碳纤维的最高强度可达到7 000MPa，比铝合金强度高出10倍以上，碳纤维的最高模量可达91GPa，硼纤维、碳化硅纤维密度为2.4～3.4g/cm^3，强度为3 500～4 500MPa，模量为350～450GPa。在金属基体中加入30%～50%的高性能纤维作为复合材料的主要承载体，复合材料的比强度、比模量成倍地提高。用高比强度、比模量金属基复合材料制成的构件相对密度轻、刚性好、强度高，是航空、航天技术领域理想的结构材料。

2. 热膨胀系数小、尺寸稳定性好

金属基复合材料中所用的增强物碳纤维、碳化硅纤维、晶须、颗粒、硼纤维等均具有很小的热膨胀系数，又具有很高的模量，特别是高模量或超高模量的石墨纤维具有负的热膨胀系数。加入相当含量的增强物不仅大幅度提高了材料的强度和模量，也使其热膨胀系数明显下降，并可通过调整增强物的含量获得不同的热膨胀系数，以满足各种应用的要求。通过选择不同的基体金属和增强物，以一定的比例复合在一起，可得到导热性好，热膨胀系数小、尺寸稳定性好的金属基复合材料。

3. 良好的高温性能

由于金属基体的高温性能比聚合物高很多，增强纤维、晶须、颗粒主要是无机物在高温下又都具有很高的高温强度和模量，因此金属基复合材料比基体金属具有更高的高温性能，特别是连续纤维增强金属基复合材料，纤维在复合材料中起主要承载作用，纤维强度在高温下基本不下降，纤维增强金属基复合材料的高温性能可保持到接近金属熔点，并比金属基体的高温性能高许多。例如，石墨纤维增强铝基复合材料在

500℃高温下，仍具有600MPa的高温强度，而铝基体在300℃时强度已下降到100MPa以下。因此，金属基复合材料被选用在发动机等高温零部件上，可大幅度提高发动机的性能和效率。总之，金属基复合材料做成的构件比金属材料、聚合物基复合材料零件能适合于在更高的温度下使用。

4. 良好的耐磨性

金属基复合材料，尤其是陶瓷纤维、晶须、颗粒增强金属基复合材料具有很好的耐磨性。这是因为在基体金属中加入了大量的陶瓷增强物，而陶瓷材料硬度高、耐磨、化学性质稳定，用它们来增强金属不仅提高了材料的强度和刚度，也提高了复合材料的硬度和耐磨性。例如，碳化硅颗粒增强铝基复合材料的耐磨性比基体金属高出2倍以上；与铸铁相比，SiCp/Al复合材料的耐磨性比铸铁还好。SiCp/Al复合材料的高耐磨性在汽车、机械工业中具有重要的应用前景，可用于汽车发动机、刹车盘、活塞等重要零件，能明显提高零件的性能和使用寿命。

5. 良好的断裂韧性和抗疲劳性能

金属基复合材料的断裂韧性和抗疲劳性能取决于纤维等增强物与金属基体的界面结合状态，增强物在金属基体中的分布以及金属基体、增强物本身的特性，特别是界面状态，适中的界面结合强度既可有效地传递载荷，又能阻止裂纹的扩展，提高材料的断裂韧性。据美国宇航公司报道，Cf/Al复合材料的疲劳强度约为拉伸强度的70%。

6. 不吸潮、不老化、气密性好

与聚合物相比金属性质稳定、组织致密，不会老化、分解、吸潮等，也不会发生性能的自然退化，这使得金属基复合材料比聚合物基复合材料好，在太空中使用不会分解出低分子物质污染仪器和环境，具有明显的优越性。

7. 导热、导电性能

金属基复合材料中金属基体占有很高的体积百分数，一般在60%以上，因此仍保持金属所具有的良好导热和导电性。良好的导热性可以有效地传热，减少构件受热后产生的温度梯度，这对尺寸稳定性要求高的构件和高集成度的电子器件而言尤为重要，良好的导电性可以防止飞行器构件产生静电聚集的问题。

在金属基复合材料中采用高导热性的增强物还可以进一步提高金属基复合材料的热导率，使复合材料的热导率比纯金属基体还要高。为解决高集成度电子器件的散热问题，现已研究成功的超高模量石墨纤维、金刚石纤维、金刚石颗粒增强铝基、铜基复合材料的热导率比纯铝、铜还要高，用它们制成的集成电路底板和封装件可迅速有效地把热量散去，提高集成电路的可靠性。

11.2.4 金属基复合材料制备

金属基复合材料品种繁多。多数制造过程是将复合过程与成型过程合为一体，同时完成复合和成型。由于基体金属和增强物的物理、化学性质各不相同以及增强物的几何形状不同，因此应选用不同的制造工艺。现有的制造工艺方法主要有粉末冶金法、热压法、热等静压法、挤压铸造法、共喷沉积法、液态金属搅拌法、反应自生法等。

1. 固态法

将金属粉末或金属箔与增强物(纤维、晶须、颗粒等)按设计要求以一定的含量、分布、方向混合或排布在一起，再经加热、加压，将金属基体与增强物复合在一起，形成复合材料。整个工艺过程处于较低的温度，金属基体和增强物都处于固态。金属基体与增强物之间的界面反应不严重。粉末冶金法、热压法、热等静压法、轧制法、拉拔法等均属于固态复合成型方法。

2. 液态金属法

液态金属法是金属基体处于熔融状态下与固体增强物复合成材料的方法。金属在熔融态流动性好，在一定的外界条件下容易进入增强物间隙，为了克服液态金属基体与增强物侵润性差的问题，可用加压浸渗。金属液在超过某一临界压力时，能渗入增强物的微小间隙，而形成复合材料。也可通过在增强物表面涂层处理使金属液与增强物自发浸润，例如，在制备 Cf/Al 复合材料时用 Ti-B 涂层。液态法制造金属基复合材料，制备温度高，易发生严重的界面反应，有效控制界面反应是液态法的关键。液态法可用来直接制造复合材料零件，也可用来制造复合丝、复合带、锭坯等作为二次加工成零件的原料。挤压铸造法、真空吸铸、液态金属浸渍法、真空压力浸渍法、搅拌复合法等属于液态法。

3. 自生成法及其他制备法

在基体金属内部通过加入反应物质，或通入反应气体在液态金属内部反应，产生微小的固态增强相，如金属间化合物 TiC、TiB_2、Al_2O_3 等微粒起增强作用，通过控制工艺参数获得所需的增强物含量和分布。

其他方法还有复合涂（镀）法，将增强物（主要是细颗粒）悬浮于镀液中，通过电镀或化学镀将金属与颗粒同时沉积在基板或零件表面，形成复合材料层。也可用等离子、热喷镀法将金属与增强物同时喷镀在底板上形成复合材料。复合涂（镀）法一般用来在零件表面形成一层复合涂层，起提高耐磨性、耐热性等作用。金属基复合材料的主要制备方法和使用的范围可参见表 11-3。

表 11-3 金属基复合材料的主要方法和适用的范围

类别	制造方法	适用金属基复合材料体系		典型的复合材料及产品
		增强物	金属基体	
固态法	粉末冶金法	SiC_P，Al_2O_3 等颗粒晶须及短纤维	Al，Cu，Ti 等金属	SiC_P/Al，SiC_w/Al 等金属基复合材料零件板
	热压固结法	B，SiC，W 等连续或短纤维	Al，Ti，Cu 耐热合金	B/Al，SiC/Al 等零件、管、板
	热等静压法	B，SiC，W 等连续纤维及颗粒、晶须	Al，Ti 超合金	B/Al，SiC/Ti 管
	挤压、拉拔轧制法	C，Al_2O_3 等纤维	Al	C/Al，Al_2O_3/Al 棒、管

续表

类别	制造方法	适用金属基复合材料体系		典型的复合材料及产品
		增强物	金属基体	
液态法	挤压铸造法	各种类型增强物，晶须，短纤维，C，Al_2O_3，SiO_2	Al，Zn，Mg，Cu 等	SiC_P/Al，SiO_2等零件板、锭、坯
	真空压力浸渍法	各种纤维、晶须，Al_2O_3，SiO_2	Al，Cu，Mg，Ni 基合金等	C/Al，C/Cu 管、棒、锭坯
	搅拌法	颗粒、短纤维 Al_2O_3，	Al，Mg，Zn	铸件，锭坯
	共喷沉积法	SiC_P，Al_2O_3颗粒	Al，Ni 等金属	SiC_P/Al 等板坯、管坯、锭坯零件
	真空铸造法	C、Al_2O_3连续纤维	Mg，Al	零件
	反应自生成法		Al，Ti	铸件
	电镀化学镀法	SiC_P，Al_2O_3		表面复合层
	热喷镀法	颗粒增强物 SiC_P，TiC	Ni，Fe	管、棒等

11.2.5 金属基复合材料的加工成型

1. 金属基复合材料的切削加工

由于金属基复合材料基体中弥散分布着的高模量、高强度、高硬度的增强相颗粒，且其产生的强化作用使得复合材料的屈服强度提高，同时复合材料中颗粒周围和远离颗粒处应力很不均匀，并且颗粒几乎不发生塑性变形，从而使这类材料的切削加工性较差。金属基复合材料切削加工的主要问题是切削速度低、刀具磨损、表面粗糙度以及加工精度难以提高。

2. 金属基复合材料的半固态成形

金属基复合材料由于增强相的存在，在压力下基体与增强相变形不协调，导致其存在较高的局部应力。因而较之基体金属材料，金属基复合材料的塑性较差，室温下的延伸率一般都低于10%，即使是在高温下，采用普通的成形工艺其延伸率亦没有明显地提高，这使得金属基复合材料加工成形比较困难，成为阻碍金属基复合材料进一步开发应用的主要因素之一。目前，金属基复合材料成形的主要方法是半固态加工成形，是一种在金属固液两相区进行加工的技术，半固态加工温度略高于固相线，远低于铸造温度，能有效避免增强相与基体间发生过度的有害界面反应，而且可以克服金属基复合材料重熔后产生的颗粒下沉现象。与固态和液态成形等成形相比，它具有许多优点：

(1)胚料在成形的时候处于液、固共存的温度区间，所需的成形力较小，材料变形更为容易，大大消除了因基体与增强相的变形不协调导致的局部应力。

(2)经过半固态成形后的制件组织为圆整的半固态组织，性能较铸态的枝晶组织好；与固态成形相比，半固态成形在成形过程中流动的液态金属弥补了增强相与基体金属间由于变形产生的微小空隙，消除了裂纹源，而对于纤维增强复合材料，它对纤维的损伤较固态成形小，提高了制件的性能。

3. 金属基复合材料的热挤压

热挤压是金属基复合材料的一种重要成形方法，其工艺是将坯料预热到一定温度，在压力机上压入模具中成形复合材料零件。使用热挤压成形复合材料零件具有如下优点：热挤压可消除晶须折断处等部位基体合金填充不良等铸造缺陷，改善界面的机械结合强度，热挤压可细化增强体颗粒，改善增强体分布，消除材料内部的疏松、空洞等缺陷。因此，热挤压变形能够明显提高复合材料的强度，如铸态SiCw/MB15镁基复合材料经热挤压后抗拉强度提高了35％。

4. 金属基复合材料的轧制

金属基复合材料板材的轧制主要包括坯料准备、表面包覆、热轧、中间退火和冷轧等步骤。由于金属基复合材料塑性差，因此轧制过程中必须注意坯料的加热温度、轧制道次、每次的压入量、中间加热和保温时间等工艺参数。

近年来，人们又开发了多种加工金属基复合材料的新方法，如电火花加工、激光加工、水切割、复合加工、超声加工等，统称为非常规加工。这类加工方法几乎可以加工任何硬度、强度、韧性和脆性的材料，可加工出复杂的成形零件，且有些方法还可以进行超精加工、镜面加工，因而得到了广泛的研究。

11.2.6 金属基复合材料的发展趋势

金属基复合材料一直处于快速发展之中，老品种的工艺不断改进，价格不断降低，新品种与新技术不断涌现，应用范围不断拓展。其发展趋势及最新进展主要表现在如下几个方面。

1. 微结构的优化

可设计性好或者说是设计自由度大，是复合材料最大的特点也是最大的优势所在，金属基复合材料自然也不例外。因此，通过微结构的优化设计从而进一步发掘金属基复合材料的性能潜力、或根据特定应用背景实现其性能指标的最优化配置，是金属基复合材料的研究发展的重要方向，这方面的发展方向主要包括以下内容。

(1)金属基梯度复合材料。将梯度功能材料的设计思想引入到金属基复合材料中，就产生了金属基梯度复合材料。最为常见的是陶瓷颗粒增强体含量呈梯度分布的颗粒增强金属基复合材料。

(2)微结构韧化金属基复合材料。在非连续增强金属基复合材料中出现一定数量、一定尺寸的均匀分布的未被增强基体合金区域。这些小区域作为韧化相将会具有阻止裂纹扩展、吸收能量的作用，从而使复合材料的损伤容限得到提高。

(3)双连续金属基复合材料。为了更有效地发挥陶瓷增强体的高刚度、低膨胀等的特性，除了提高金属基复合材料中的陶瓷增强体含量外，另一种有效的做法是使陶瓷增强体在基体合金中成为连续的三维骨架结构，从而以双连续的微结构设计来达到这一目的。

(4)超细颗粒增强金属基复合材料。在高质量制备工艺的前提下，随着颗粒尺寸的减小，金属基复合材料往往可以呈现出更为理想的力学及加工性能。

2. 结构—功能一体化

在金属基复合材料研究开发的初期，增强是复合的主要目的，甚至常常是唯一目的。所以，人们将基体合金中的添加相统称为“增强体”，这一术语延用至今。后来，特别是近几年来，人们认识到，增强并不总是唯一目的，有时甚至根本不是主要目的。增强体的加入还将带来对复合材料热膨胀系数、导热及导电等物理性能的影响，从而赋予基体合金以特定的功能特性，使传统的金属结构材料功能化或实现其结构－功能一体化。

3. 制备与成型加工一体化

成型和加工技术难度大、成本高始终是困扰金属基复合材料工程应用的最大障碍之一。特别是当陶瓷颗粒增强体含量高到一定程度时(如体分超过 50%)，传统的铸造及塑性加工成型几乎是不可能的，机械加工也十分困难。因此，开发制备与成型加工一体化工艺是具有重大工程意义的。基于熔体无压浸渗的近净形制备工艺，是实现高陶瓷含量金属基复合材料制备与成型加工一体化的最有效技术途径。

4. 工艺技术的低成本化

低成本化是 21 世纪初金属基复合材料的最重要的发展趋势之一。在金属基复合材料的成本构成中，工艺成本往往比原材料本身的成本高得多。所以，研究开发低成本的制备工艺、热加工工艺及冷加工工艺势在必行。

5. 生产的规模化与应用的扩大化

随着技术的成熟与进步，金属基复合材料的生产已日渐呈现出规模化趋势，应用则呈现出扩大化趋势。20 世纪 90 年末，美国还专门成立了由 20 家制造商组成的铝基复合材料联合体(AlMMC)，该联合体发挥集体优势、共建应用技术平台，进一步促进颗粒增强铝基复合材料的应用。

11.2.7　金属基复合材料的回收与再生

随着金属基复合材料的制备技术和加工技术的日益成熟，金属基复合材料的应用越来越广泛，受资源可回收利用和环境保护意识等可持续发展目标的影响，金属基复合材料的回收和再生研究备受关注已成为复合材料研究的重点。理论上，除了连续纤维增强的金属基复合材料由于其自身的结构特点，基本不考虑其回收和再生，其他非连续增强的金属基复合材料均可采用重熔再铸造的方法来再生，因为影响复合材料性能的界面反应产物，可通过在重熔铸造过程中控制相应的热力学和动力学过程来完成。

然而，不管如何控制工艺参数和改进回收方法，在液态下回收金属基复合材料，或多或少都有界面反应产物的生成而影响重熔后复合材料的性能，因此，较为理想的回收方法是在非液态下进行，粉末冶金和热挤压等方法均可用来回收金属基复合材料。

11.3　陶瓷基复合材料

陶瓷材料具有强度高、硬度大、耐高温、抗氧化，高温下抗磨损好，耐化学腐蚀性优良等优点，这些优异的性能是一般常用金属材料、高分子材料等所不具备的，因此越来越受到人们的重视。但由于陶瓷材料本身脆性的弱点，作为结构材料使用时缺乏足够的可靠性。因而改善陶瓷材料的脆性已成为陶瓷材料领域亟待解决的问题之一。

11.3.1 陶瓷基复合材料的分类

1. 按材料作用分类

(1)结构陶瓷复合材料，用于制造各种受力构件。

(2)功能陶瓷复合材料，具有各种特殊性能(如光、电、磁、热、生物、阻尼、屏蔽等)。

2. 按增强材料形态分类

(1)颗粒增强陶瓷复合材料。

(2)纤维(晶须)增强陶瓷复合材料。

(3)片材增强陶瓷复合材料。

颗粒增强体按相对于基体弹性模量的高低，可分为两类：一类是延性颗粒复合于强基质复合体系，主要通过第二相粒子的加入在外力作用下产生一定的塑性变形或沿晶界滑移产生蠕变来缓解应力集中，起到增强增韧的效果，如一些金属陶瓷、反应烧结 SiC、SHS 法制备的 TiC/Ni 等均属此类；另一类是刚性粒子复合于软基质复合体系。延性颗粒主要是指金属，而刚性颗粒是陶瓷。纤维增强体的种类很多，根据直径的大小和性能特点可分为晶须和纤维两类。晶须是直径很小的针状材料，长径比很大、结晶完善，因此强度很高。晶须是目前所有材料中强度最接近于理论强度。片材增强陶瓷基复合材料实际上是一种层状复合材料，该材料的诞生源于仿生的构思。陶瓷基层状复合材料是由层片状的陶瓷结构单元和界面分隔层两部分组成。陶瓷基层状复合材料的性能主要是由这两部分各自的性能和两者界面的结合状态所决定的。陶瓷结构单元一般选用高强的结构陶瓷材料，在使用中可以承受较大的盈利，并具有较好的高温力学性能。

3. 按基体材料分类

(1)氧化物基陶瓷复合材料。

(2)非氧化物基陶瓷复合材料。

(3)非晶玻璃基复合材料。

(4)碳/碳复合材料。

用做陶瓷基复合材料的基体主要包括氧化物陶瓷、非氧化物陶瓷、微晶玻璃和碳。其中氧化物陶瓷主要有：Al_2O_3、SiO_2、ZrO_2 等；非氧化物陶瓷是指金属碳化物、氮化物、硼化物和硅化物等，主要包括 SiC、TiC、B_4C 等。氧化物陶瓷主要由离子键结合，也有一定成分的共价键。它们的结构取决于结合键的类型、各种离子的大小以及在极小空间保持电中性的要求。纯氧化物陶瓷，它们的熔点多数超过 2 000℃。随着温度的升高，氧化物陶瓷的强度变低，但在 800℃～1 000℃ 以前强度的降低不大，高于此温度后大多数材料的强度剧烈降低。纯氧化物陶瓷在任何高温下都不会氧化，所以这类陶瓷是很有用的高温耐火结构材料。非氧化物陶瓷不同于氧化物，这类化合物在自然界很少见，需要人工合成。

11.3.2 陶瓷基复合材料的增韧机理

陶瓷基复合材料就是通过颗粒弥散增韧和纤维及晶须增韧等来改善陶瓷材料的力学性能，特别是脆性。目前，陶瓷的增韧机理很多，但总体而言，大致有四种类型：相变增韧、延性相增韧、脆性纤维和晶须增韧、微裂纹增韧。相变增韧的机理是在应力场的作用下，由分散相的相变产生应力场，抵消外加应力，阻止裂纹扩展，达到增韧目的。延性相增韧主要是指粒子强化和弥散强化，通过第二相粒子的加入，一方面，对某些延性相粒子，它可以在外力的作用下产生一定塑性变形或者沿着晶面滑移产生蠕变来缓解应力集中；另一方面，由于第二相粒子与基体粒子之间弹性模量和线胀系数的差异，在烧结过程冷却阶段存在一定温差，因而在坯体内部产生径向张应力和切向压应力，这种应力与外应力发生相互作用，使裂纹前进方向发生偏转、绕道，从而提高材料的抗断能力，达到增韧的目的。微裂纹增韧机制主要是由于残余应变场与裂纹在分散相周围发生反应，从而使裂纹尖端产生微裂纹分支，在一定程度上改善韧性，但也造成强度下降。

11.3.3 陶瓷基复合材料制备

1. 粉末烧结法

用热压法制备陶瓷基复合材料。首先，要制备纤维预浸片，纤维预浸用的料浆由基体粉末，载体水和酒精以及有机黏结剂组成。然后，将制好的纤维预浸片切成所需要的尺寸，在片间铺成一层基体粉末，接着，根据需要同方向或交叉地垂直堆积预浸片，从而制备出热压预制体。热压温度要尽可能低，以便不损伤纤维。

2. 气体浸渗法

CVI 法是制造连续纤维陶瓷基复合材料的最主要的方法。此方法是将气相的前驱体沿纤维预制块的孔洞浸入并沉积在纤维上。这种方法的最大优点是加工温度较低，一般在 900℃～1 100℃。这样高的温度通常不会造成陶瓷纤维的分解，CVI 法制备的陶瓷基复合材料具有较好的力学性能。此外，CVI 法可制备出形状复杂的构件。

3. 自蔓延高温合成法

自蔓延高温合成曾被用来生产耐火材料。此方法的特点是：

(1)高燃烧温度(最高可达 4 000℃)；

(2)设备简单，不需要外部能源；

(3)可良好地控制化学成分；

(4)可制备各种形状的部件。

此方法可制备不连续增强陶瓷基复合材料，特别是运用于一些其他方法不可能合成的化合物。但是，燃烧合成法制备的材料空洞多，常常需要随后热压或热等压等工序，才能提高密度。

4. 溶胶—凝胶和聚合物热解法

这种方法主要用于制备氧化物陶瓷基复合材料它是由液态溶胶通过水解反应脱水和聚合物形成凝胶，凝胶经干燥和裂解形成无机氧化物陶瓷基体。该法具备的优点是：在单相基体中能使其化学成分达到十分均匀；能制造成分均匀、多相的陶瓷基体；对纤维预制体，很容易进行浸渗；烧成温度低，一般不超过 1 400℃，这比传统的烧成温度要低几百度。该法目前主要存在的问题是：致密化周期较长，制品空隙率较高，基体在高温裂解过程中收缩率较大，容易产生裂纹和气孔。

11.3.4 陶瓷基复合材料的应用

陶瓷材料具有耐高温、高强度、高硬度及耐腐蚀性好等特点，但其脆性大的弱点限制了它的广泛应用。随着现代高科技的迅猛发展，要求材料能在更高的温度下保持优良的综合性能。陶瓷基复合材料可较好地满足这一要求。它的最高使用温度主要取决于基体特性，其工作温度按下列基体材料依次提高：玻璃、玻璃陶瓷、氧化物陶瓷、非氧化物陶瓷、碳素材料，其最高工作温度可达1900℃。因此陶瓷基复合材料具有广阔的应用前景。

1. 发动机方面的应用

工程机械内燃机由于长期工作在高温高压下，活塞与活塞环、缸壁间不断产生摩擦，润滑条件不充分，工作条件非常恶劣，尤其是在大功率的发动机中，普通的铸铁或铝合金活塞易燃易发生变形，疲劳热裂。用陶瓷基复合材料制造的活塞，高温强度和抗热疲劳性能明显提高，并且具有较低的线胀系数，提高了活塞的工作稳定性和使用寿命，具有广阔的应用前景。

2. 航天领域的应用

陶瓷基复合材料具有良好的耐热性和在高温下比强度高的特性，所以用来制造飞机发动机零部件将会提高发动机性能。另外，它还具有比模量高、热稳定性好的特点，而且克服了其脆性弱点，抗热震冲击能力显著增强。用于航天防热结构，可实现耐烧蚀、隔热和结构支撑等多功能的材料一体化设计，大幅度减轻系统重量，增加运载效率和使用寿命，或者提高导弹武器的射程和作战效能。

3. 刀具方面的应用

复合Si_3N_4陶瓷刀具有较高的耐磨性和抗冲击性，特别适合于各类铸铁件的粗精加工，也能进行铣削、刨削等冲击力很大的加工，其切削效率可提高3～10倍。复合TiCN金属陶瓷刀具具有很高的硬度和耐磨性，特别适合于各类高硬高强钢(如淬硬钢等)的加工，可对高硬材料实现“以车代磨”干切削，免除退火工艺和冷却液，大幅度提高生产效率。新型复合陶瓷刀具已经在冶金、水泵、矿山机械、轴承、滚珠丝杠、汽车、军工等十几个行业中得到了应用。

4. 医学领域的应用

近年来，临床广泛应用种植牙修复牙齿缺失，种植区骨量不足成为牙种植外科面临的常见问题。为解决这一问题，人们研究了多种骨修复方法，其中同种异体骨如脱矿骨等曾在口腔外科中广泛应用，取得了一定的修复效果，但有人认为存在潜在的传播疾病的危险。若将异体骨经高温锻烧陶瓷化处理，消除了传播疾病的潜在危险，其组成成分完全为人体正常骨组织无机成分，具有良好的组织相容性，对促进骨组织修复具有重要意义。另外，生物活性陶瓷复合人工骨也具有良好的临床应用前景。

11.4 聚合物基复合材料

聚合物基复合材料是以有机聚合物为基体，连续纤维为增强材料组合而成。纤维的高强度、高模量的特性使它成为理想的承载体。基体材料由于其黏接性能好，把纤维牢固的粘接起来。同时，基体又能使载荷均匀分布，并传递到纤维上去，并允许纤维承受压缩和剪切载荷。纤维和基体之间的良好的复合显示了各自的优点，并能实现最佳结构设计，具有许多优良特性。图11-3所示为聚合物基复合材料。

图 11-3 聚合物基复合材料

11.4.1 聚合物基复合材料的分类

1. 按增强纤维的不同：玻璃纤维增强聚合物基复合材料、碳纤维增强聚合物基复合材料、硼纤维增强聚合物基复合材料、芳纶纤维增强聚合物基复合材料及其他纤维增强聚合物基复合材料。

2. 按基体材料的性能：通用型聚合物基复合材料、耐化学介质腐蚀型聚合物基复合材料、耐高温型聚合物基复合材料、阻燃型聚合物基复合材料。

3. 按聚合物基体的结构：热固性树脂基复合材料、热塑性树脂基复合材料、橡胶基复合材料。

11.4.2 聚合物基复合材料的性能

1. 具有较高的比强度和比模量

聚合物基复合材料的比强度和比模量可以与常用的金属材料，如钢、铝、钛等进行比较，其力学性能相当出色，见表 11-4 金属材料和纤维增强塑料的性能比较。

表 11-4 金属材料和纤维增强塑料的性能比较

材料种类 / 性能	比重	抗拉强度 GPa	弹性模量 100GPa	比强度 GPa	比模量 100GPa
钢	7.6	1.03	2.1	0.13	0.27
铝	2.8	0.47	0.75	0.17	0.26
钛	4.5	0.96	1.14	0.21	0.25
玻璃钢	2.0	1.06	0.4	0.53	0.21
碳纤维Ⅰ/环氧	1.45	1.5	1.4	1.03	0.21
碳纤维Ⅱ/环氧	1.6	1.07	2.4	0.07	1.5
有机纤维 PRD/环氧	1.4	1.4	0.8	1.0	0.57
硼纤维/环氧	2.1	1.38	2.1	0.66	1.0
硼纤维/环氧	2.61	1.0	2.0	0.38	0.95

2. 抗疲劳性能好

疲劳破坏是指材料在交变复合作用下，逐渐形成裂缝，并不断扩大而引起的应力破坏。金属材料的疲劳破坏时由里往外突然发展的，事前并没有任何征兆，而聚合物基复合材料却不同，它如果由于疲劳而产生裂缝时，因纤维与基体的界面能阻止裂纹的扩展，并且由于疲劳破坏总是从纤维的薄弱环节开始，逐渐扩展到结合面上，所以破坏前有明显的预兆。

3. 安全性好

聚合物基复合材料中有大量的独立纤维，每平方厘米的复合材料上有几千根，甚至上万根纤维分布着，当材料超载时，纵使有少量纤维断裂，但其载荷会重新分配到未断裂的纤维上，在短期内不会使整个构件失去承载的能力。

4. 减振性能好

较高的自振频率会避免工作状态下引起的早期破坏，而结构的自振频率除了与结构本身形状有关外，还与材料的比模量的平方根成正比。在聚合物基复合材料中，纤维与基体界面具有吸振的能力，其振动阻尼很高，减振效果很好。

5. 可设计性强、成型工艺简单

通过改变纤维、基体的种类及相对含量、纤维几何形式及排列方式、铺层结构等可以满足对复合材料结构与性能的各种设计要求。其制品的制造多为整体成型，一般不需焊、铆、切割等二次加工，工艺过程比较简单。由于一次成型，因此不仅减少了加工时间而且零部件、紧固件和接头的数目也随之减少，使结构更加轻量化。

11.4.3 聚合物基复合材料的制造工艺

聚合物基复合材料的性能有许多独特的性能，其制备与其他材料相比也有其特点。首先，聚合物基复合材料的合成与制品的成型是同时完成的，该材料的制备过程也就是其制品的生产过程。在复合材料的成型过程中，增强体的形状变化不大，但基体的形状有较大变化。复合材料的工艺过程对材料和制品的性能有较大的影响。成型过程中纤维的预处理，相位的排布方式，排除气泡的程度，温度、压力、时间等都影响材料的性能。应该根据制品结构和使用时受力状况来选择成型工艺。利用树脂基复合材料的形成和制品的成型是同时进行的特点，可以使大型的制品一次整体成型，从而简化制品结构，减少了组成零件和连接件的数量，这对减轻制品质量，降低工艺消耗和提高结构使用性能十分有利。其次树脂基复合材料的成型比较方便。因为树脂在固化前具有一定的流动性，纤维又很柔软，依靠模具容易形成所要求的形状和尺寸。

11.4.4 聚合物基复合材料的应用

1. 玻璃纤维增强热固性塑料(GFRP)的应用

石油化工工业利用玻璃钢的特点，解决了许多工业生产过程中的关键问题尤其是耐腐蚀性和降低设备维修费等方面。目前世界各国对房屋建筑的美观舒适、保温节能、防震抗震等要求越来越高。在冶金工业中，经常接触一些具有腐蚀性的介质，因而需要用耐腐蚀性的容器、管道、泵、阀门等设备，这些都是聚酯 GFRP、环氧 GFRP 制造。

2. 玻璃纤维增强热塑性塑料(FR-TP)的应用

玻璃纤维增强聚丙烯的电绝缘性良好，用它可以制作高温电气零件。主要应用于

汽车、电风扇、洗衣机零部件，油泵阀门等。玻璃纤维增强聚酯用于制造电器零件，特别是高温、高机械强度条件下使用的部件，如：印刷线路板、各种线圈骨架等。玻璃纤维增强聚甲醛可用来代替有色金属及其合金，制造要求耐磨性好的机械零件，例如传动零件、轴承、轴承支架、齿轮、凸轮等。

3. 碳纤维增强塑料的应用

碳纤维增强塑料主要是火箭和人造卫星最好的结构材料。因为它不但强度高，而且具有良好的减振性，用它制造火箭和人造卫星的机架、壳体、无线构架是非常理想的一种材料。用它制成的人造卫星和火箭的飞行器，不仅机械强度高，而且质量比金属轻一半，这意味着可以节省大量的燃料。

4. 其他纤维增强塑料的应用

石棉纤维增强聚丙烯电绝缘性都好，所以复合以后电绝缘性仍然很好，因此主要用做制造电器电绝缘件的材料。矿物纤维增强塑料用做制造耐磨材料。

思考题

1. 简述复合材料的定义及其分类。
2. 简述复合材料制备的方法和特点。
3. 简述复合材料的用途。

第 12 章　机器零件的失效与选材

12.1　零件的失效

12.1.1　失效的概念

机械零件失去原有设计所规定的工作能力称为失效。具体的，当机械零件在使用过程中出现以下任一种情况就认为其已经失效：

(1)零件完全破坏而不能继续工作，如机械零件在使用过程中的断裂。

(2)零件损伤而不能继续安全使用，例如压力容器在使用中材料内部出现达到危险尺寸的裂纹，锅炉使用过程中由于晶粒粗化导致力学性能显著恶化，不能满足使用要求等。

(3)零件损伤后虽能安全工作，但已不能完成预期指定的功能。例如，机床主轴在工作中因变形而使加工精度降低，无法加工出合格产品；量具长期磨损导致测量误差过大，等等。

达到预定寿命的失效称为正常失效。远低于预定寿命的不正常失效称为早期失效。零件的失效，特别是那些没有明显征兆的、远低于使用寿命的早期失效，往往会带来严重的经济损失，甚至会造成设备和人身安全事故。因此，对零件的失效进行正确的分析，找出失效的原因，提出改进措施，特别是预防早期失效，具有十分重要的意义。而且，失效分析的结果，对于改进零件的设计、选材、加工与使用也非常重要实际意义。

12.1.2　失效的形式

零件失效形式主要与工作条件有关，零件工作条件主要包括受力状况、环境状况和特殊要求三个方面。受力状况主要指载荷的类型(如动载荷、静载荷、循环载荷和单调载荷等)及大小、载荷的形式(如拉伸、压缩、弯曲和扭转等)、载荷的特点(如均布载荷、集中载荷等)和变形方式；环境状况主要是指温度(如低温、常温、高温和变温等)和介质情况(如有无腐蚀和摩擦作用等)；特殊要求主要是指对导电性、磁性、热膨胀性、密度和外观等的特殊要求。零件主要的失效形式为：

(1)过量变形失效　主要包括零件过量的弹性变形、塑性变形或蠕变变形量超过允许范围所导致的失效。

(2)断裂失效　包括在静载荷、交变载荷、冲击载荷作用下引起的零件断裂、疲劳破坏以及应力腐蚀断裂等。

(3)表面损伤失效　指零件在工作中，因机械和化学作用使其表面损伤而造成的失效，包括磨损失效、腐蚀失效和表面疲劳失效。

实际上，工件的失效形式并不仅仅是单一形式的，随着工作条件的变化，失效形式从一种形式转变为另一种形式，或者几种失效形式同时存在，如齿轮的失效，往往先点蚀、剥落，后出现断齿等多种形式。

12.1.3 失效分析的一般方法

引起失效的具体原因很多，但大体可分为设计(实际工作条件估计不确切、尺寸不正确、结构外形不合理、安全系数过小、计算错误等)、材料(选择不当、材料质量差、混料、错料)、加工(毛坯缺陷、冷加工和热加工缺陷)和安装使用(安装不良、维护不当、过载使用及操作失误)四个方面。

为了确定失效形式，找出失效的原因，提出改进措施改进零件的设计、选材、加工与使用措施，必须对零件的失效进行正确的分析。零件进行失效分析的基本过程如下：

(1)调查取证，包括收集失效零件的残体、表面剥落物或腐蚀产物，对多个零部件破损的机械产品要进行残骸拼凑，与事故相关的残存物，如润滑油、燃气等接触介质也应收集保存，并进行肉眼观察，测量并记录损坏位置、尺寸变化和断口的宏观特征，必要时照相留据；详细了解零件的工作环境和失效经过，观察相邻零件的损坏情况，判断损坏顺序。

(2)整理分析，整理有关零件设计、材料、加工、安装、使用和维修等方面的资料。

(3)试验研究，通过有针对性地进行外观分析、化学成分分析、断口分析、宏观检验、金相分析、应力分析、断裂力学分析、力学性能测试以及无损检测等分析、试验，取得数据。但是，需要注意，应根据失效分析的要求、客观条件来选用试验方法，而不能盲目追求全面试验分析内容。

(4)得出结论，综合以上各种资料，判断失效的原因，提出改进措施，写出分析报告。

失效分析报告要送交设计、制造、管理、使用等有关部门。有时失效分析报告要经过一定的组织形式评定、审核。失效分析报告行文简练，条目分明，数据、图表真实可靠。分析报告包括下列项目：题目，任务来源、分析目的和要求、试验过程和结果、分析结论、补救和预防措施或建议。

12.2 零件选材的原则

材料的选用就是在种类繁多的材料中，找出既能满足工程使用的要求，又能降低产品总成本获得最大经济利益，同时还能符合使用环境条件、资源供应情况和环保要求的材料。但是，在类型和品种繁多的材料中，如何确定可供选择的范围并最终选定某一种最佳或最合适的材料，并不是一件容易的事情，而且材料的选择可能没有唯一正确的答案，往往要考虑候选材料各自的优点和缺点后再做必要的折中和判断。因此，要求工程设计人员必须掌握选材的基本原则和方法。

12.2.1 必须充分考虑材料的使用性能

使用性能主要指零件在使用状态下材料应具有的力学性能、物理性能和化学性能等。因为零件在一定的环境下完成确定的功能和预计的行为必须由使用性能原则来保证，所以，在大多数情况下，使用性能是选材首先要考虑的问题而作为选材过程的切入点。不同零件功能不同，所要求的使用性能也不一样。物理性能和化学性能是零件在特殊条件下工作时，对零件材料提出的特殊要求，如工作在土壤、海水以及工业环境等介质中的零件要具备耐蚀性，传输电流的导线或零件要有良好的导电性等。对于机器零件和工程结构，最重要的是力学性能。若零件主要满足强度要求，且尺寸和重量又有所限制时，则选用强度较高的材料；若零件尺寸主要满足刚度要求，则应选择弹性模量值大的材料；若零件的接触应力较高，如齿轮和滚动轴承，则应选用可进行表面强化的材料，如果在高温下工作的零件，应选用耐热材料；在强烈摩擦和冲击下工作的零件，应选用耐磨材料。

按使用性能进行选材时，必须注意以下问题：

(1)材料的性能不仅与化学成分有关，也与加工、热处理后的状态有关。因此在选材的同时，得考虑相应的如工、处理条件，特别是热处理工艺，确定热处理技术要求，以确保零件质量，充分发挥材料潜力。

(2)材料的尺寸效应。尺寸效应是指材料随截面尺寸增大，力学性能将下降的现象。金属材料，特别是钢材的尺寸效应尤为显著，随尺寸加大，其强度、塑性、韧性均下降，尤以韧性下降最为明显。应注意零件尺寸与手册中试样尺寸的差别，注意淬透性与有效淬透层深度的要求，并作适当的修正。

(3)材料成分的波动。材料的化学成分以及加工处理的工艺参数是在一定范围内波动的。所以，用同一牌号的材料制造同一种零件，热处理后的性能会有一定差异。

(4)材料的缺口敏感性。实验所用试样形状简单，且多为光滑试样。但实际使用的零件中，如台阶、链槽、螺纹、焊缝、刀痕、裂纹、夹杂等都是不可避免的，这些可以作为“缺口”。在复杂应力下，这些缺口处将产生严重的应力集中。因此，光滑试样拉伸试验时，可能表现出高强度与足够塑性，而实际零件使用时就可表现为低强度、高脆性。且材料越硬、应力越复杂，表现越敏感。因此，在应用性能指标时，必须结合零件的实际条件加以修正。必要时可通过模拟试验取得数据作为设计零件和选材的依据。

(5)硬度值在设计中的作用。生产中，最常用的、比较方便的检验性能的方法是硬度，因为硬度的测定方法比较简便，硬度检验可以不破坏零件，并且在确定的条件下与某些力学性能指标有近似的换算关系。但是，硬度指标也有很大的局限性。例如，硬度对材料的组织不够敏感，经不同处理的材料常可得到相同的硬度值，而其他力学性能却相差很大，因而不能确保零件的使用安全。所以，设计中在给出硬度值的同时，还必须对处理工艺(主要是热处理工艺)做出明确的规定。

12.2.2 必须兼顾材料的工艺性能

材料的工艺性能表示了材料的加工难易程度。在选材时，同使用性能相比，工艺性能处于次要地位，但在某些特殊情况下，工艺性能也可成为选材考虑的主要因素。以切削加工为例，在单件小批量生产的条件下，材料切削加工性能的优劣，显得并不重要，而在大批量生产条件下，切削性便会成为选材的决定性因素。当某一材料的性能很理想，但极难加工或加工成本较高时，则该材料是不可选的。

材料所要求的工艺性能与零件制造的加工工艺路线有密切关系，具体的工艺性能，就是根据工艺路线而提出的。在选材过程中，了解零件制造的各种工艺过程的工艺特点和局限性是非常重要的。

1. 高分子材料的工艺性能

高分子材料的加工工艺路线比较简单，其中变化较多的是成形工艺，包括热压成型、喷射成形、热挤成形和真空成形等。高分子材料的切削加工性能较好，与金属基本相同。但需注意，它的导热性较差，在切削过程中散热困难，易使工件温度急剧升高，使它变焦(热固性材料)或变软(热塑性材料)。

2. 陶瓷材料的工艺性能

陶瓷制品的工艺路线也比较简单，主要工艺就是成形，其中包括粉浆成形、压制成形、挤压成形和可塑成形等。除了可加工陶瓷外，其他陶瓷材料成形后，除了可以用碳化硅或金刚石砂轮磨加工外，几乎不能进行任何其他加工。

3. 金属材料的工艺性能

金属材料的加工工艺路线远较高分子材料和陶瓷材料复杂，而且变化多，不仅影响零件的成形，还大大影响零件的最终性能。金属材料的工艺性能包括铸造性能、压力加工性能、焊接性能、机械加工性能和热处理工艺性能等。

(1)铸造性能，包括流动性、收缩、疏松、成分偏析、吸气性、铸造应力及冷热裂纹倾向等。在二元合金相图中液—固相线间距越小、越接近共晶成分的合金越具有较好的铸造性能。

(2)压力加工性能，通常用材料的塑性(塑性变形能力)和变形抗力及形变强化能力来综合衡量。一般来说，铸铁不可进行压力加工，而钢材可以进行压力加工，但工艺性能有较大差异，随着钢中碳及合金元素质量分数的增高，其压力加工性能变差；所以高碳钢或高碳高合金钢一般只能进行热加工，且热加工性能较差，如高铬钢、高速钢等。变形铝合金和大多数铜合金，像低碳钢一样具有较好的压力加工性能。

(3)焊接性能，焊接性是指被焊材料在一定的焊接条件下获得优质焊接接头的难易程度，它主要包括两个方面：其一是焊接接头产生焊接裂纹、气孔等缺陷的倾向性；其二是焊接接头的使用可靠性。钢铁材料的焊接性随其碳和合金元素质量分数的提高而变差，钢材比铸铁易于焊接，且低碳钢焊接性能最好、中碳钢次之，高碳钢最差。铝合金、铜合金的焊接性能一般不好，应采取一些特殊的施焊措施。

(4)机械加工性能，主要指切削加工性，一般用切削抗力、加工零件表面粗糙度、排屑的难易程度和刀具磨损量等来衡量。它不仅与材料本身的化学成分、组织和力学性能有关，而且与刃具的几何形状、耐用度、切削速度、切削力等因素有关。一般来说，材料的硬度越高、冷变形强化能力越强、切屑不易断排、刀具越易磨损，其切削加工性能就越差。在钢铁材料中，易切削钢、灰铸铁和硬度处于160～230HBW范围的钢具有较好的切削加工性能；而奥氏体不锈钢、高碳高合金钢(如高铬钢、高速钢、高锰耐磨钢)的切削加工性能较差。铝合金、镁合金及部分铜合金具有优良的切削加工性能。

(5)热处理工艺性能，即材料热处理的难易程度和产生热处理缺陷的倾向，包括淬透性、变形开裂倾向、过热敏感性、回火脆性倾向、氧化脱碳倾向、冷脆性等。对于可热处理强化的材料而言，热处理工艺性能相当重要。合金钢的热处理工艺性能好于碳钢，故形状复杂或尺寸较大且强度要求高的重要机械零件都用合金钢制造。

一般而言，当零件图纸确定了材料牌号和性能要求(如硬度)后，制造工艺过程就有了确定的基础。例如，45钢的轴，当轴质量小于100kg而数量小于100件时，属于单件生产范畴，采用型材做毛坯，经机械加工和热处理两个工艺过程即可得到我们所需要的零件。有时，这样的轴在单件生产批量的上限时，也可再加上胎模锻的工艺过程；箱体类零件图纸选定如HT200这样的铸铁材料后，制造工艺就由铸造、机械加工和热处理三个工艺过程组成。零件图纸选择了塑料，多数情况下只采用注塑一个工艺过程。零件图纸选用陶瓷材料时，可由零件形状、大小和产量情况来选择等静压、注浆、热压铸和注射等方法，且成形后一般不再加工，最多再进行余量很小的磨削或研磨工艺。

12.2.3 必须重视材料的经济性

在满足使用性能和工艺性能的前提下，选材应能使零件在其制造及使用寿命内的总费用最低，这是选材的经济性原则。一个零件的总成本与零件寿命、零件质量、加工费用、研究费用、维护费用和材料价格有关。

从产品制造成本构成比例来看，机械产品成本中，材料成本占很大比例，降低材料成本对制造者和使用者都是有利的，所以在材料选择时，应从满足使用性能要求的所有材料中选择价格较低的材料。在金属材料中，碳钢和铸铁的价格是比较低廉的，因此在满足零件机械性能的前提下，选用碳钢、铸铁(尤其是球墨铸铁)，不仅具有较好的加工工艺性能，而且可降低成本。低合金钢强度高，总的经济效益显著，应用比较广泛。此外，在选材时还应考虑国家的生产和供应情况，所选材料应尽量少而集中，以便于采购和生产管理。

从产品的寿命周期成本构成看，降低使用成本比降低制造成本更重要。一些产品制造成本虽然较低，但使用成本较高，同样使用者不愿意购买；运行维护费用占使用成本比例较大，所以减轻产品零备件的自重，降低运行能耗，同样是选择材料应考虑的重要因素。所以，有时虽然选择某些材料花去的成本较高，但是它的性能好，使用寿命长，运行维护费用低，反而会使总成本下降。对此，可通过技术经济评价，进行综合性的定量分析。

12.2.4 必须考虑资源、能源和环保因素

随着工业的发展，资源、能源问题日益突出，环境问题也日益成为关注的热点。选材的过程中，尽量选择对资源和能源的消耗尽可能少，对生态环境影响小的材料，零件在废弃后可以回收再利用或不造成环境恶化或可以降解。例如，尽量选择绿色材料、可回收材料或再生材料；所选材料应尽量少而集中，不仅便于采购和生产管理，而且在相同的产品数量下，可得到较多的某种回收材料，对材料回收是非常有益的。尽量选择不加任何涂镀的原材料，因为大量采用涂镀工艺方法，不仅给废弃后的产品回收再利用带来困难，而且大部分涂料本身就有毒，涂镀工艺本身也会给环境带来极大污染。应尽可能选用无毒材料，如果产品中一定要使用有毒材料，则必须对有毒材料进行显著地标注，有毒材料应尽可能布局在便于拆卸的地方，以便回收或集中处理。

总之，作为一个设计、工艺人员，在选材时必须了解我国工业生产发展形势，要按照国家标准，结合我国资源和生产条件，从实际情况出发，来全面考虑机械性能、工艺性能、经济性和能源、资源、环境等方面的问题。

12.3 典型零件的选材

12.3.1 齿轮类零件的选材

齿轮是各类机械、仪表中应用得最多的零件之一，其作用是传递动力、调节速度和运动方向。只有少数齿轮受力不大，仅起分度作用。

1. 齿轮类零件的工作条件及性能要求

齿轮工作时齿根承受很大的交变弯曲应力；换档、启动或啮合不均时，轮齿承受一定冲击载荷；相互咬合的齿面相互滚动或滑动接触，承受很大的接触应力，并发生强烈的摩擦。此外，润滑油腐蚀及外部硬质磨粒的侵入等，都会加剧齿轮工作条件的恶化。根据工作条件的不同，齿轮类零件的主要失效形式是轮齿折断、齿面接触疲劳损坏(点蚀)、齿面磨损和齿面塑性变形。

为了满足齿轮的工作条件要求，避免早期失效，齿轮材料应具有以下主要性能：

(1)高的接触疲劳强度、高的表面硬度和耐磨性，防止齿面损伤。

(2)高的抗弯强度、足够的弯曲疲劳强度、适当的心部强度和韧性，防止疲劳、过载及冲击断裂。

(3)良好的切削加工性和热处理工艺性，以获得高的加工精度和低的表面粗糙度，提高齿轮抗磨损能力。此外，在齿轮副中两齿轮齿面硬度应有一定差值。小齿轮的齿根薄，受载次数多，应比大齿轮的硬度高一些。

2. 齿轮类零件的选材

确定齿轮用材的主要依据是齿轮的传动方式(开式或闭式传动)、载荷性质及大小(弯曲应力、接触应力和冲击载荷等)传动速度、精度要求、淬透性及齿面硬化要求、齿轮副材料及硬度值的匹配情况等。齿轮用材料主要是钢(锻钢和铸钢)，某些开式传动的低速齿轮可用铸铁，特殊情况下还可采用有色金属、工程材料以及粉末冶金材料。表 12-1 给出了常用钢制齿轮的材料、热处理及应用。

表 12-1 常用钢制齿轮的材料、热处理及性能

传动方式	工作条件		材料	热处理	硬度
	速度	载荷			
开式传动	低速	轻载、无冲击、非重要齿轮	Q255 Q275	正火	150～190HBW
		轻载、小冲击、中载	45	正火	170～200HBW

续表

传动方式	工作条件		材料	热处理	硬度
	速度	载荷			
闭式传动	低速	中载	45	正火	170～200HBW
			ZG310-570	调质	200～250HBW
		重载	45	整体淬火	38～48HRC
	中速	中载	45	调质	200～250HBW
				整体淬火	38～48HRC
			40Cr 40MnB 40MnVB	调质	230～280HBW
		重载	45	整体淬火	38～48HRC
				表面淬火	45～52HRC
			40Cr 40MnB 40MnVB	整体淬火	35～42HRC
				表面淬火	52～56HRC
	高速	中载、无猛烈冲击	40Cr 40MnB 40MnVB	整体淬火	35～42HRC
				表面淬火	52～56HRC
		中载、有冲击	20Cr 20MnVb 20CrMnTi	渗碳淬火	56～62HRC
		重载、高精度、小冲击	38CrMoAlA 38CrAl	渗氮	＞850HV

3. 机床齿轮的选材、加工工艺及热处理分析

机床齿轮属于运转平稳、负荷不大、工作条件较好的一类，一般选用中碳钢制造，经高频感应热处理后的硬度、耐磨性、强度及韧性已能满足性能要求。对于部分要求高的齿轮，可用调质合金钢(如 40Cr 等)制造，其心部强度及韧性有所提高，弯曲疲劳及表面疲劳抗力也都增大。

下面以普通车床床头箱传动齿轮为例进行分析。

材料：45 钢

热处理条件：正火，840℃～860℃空冷，硬度 160～217HBW；高频感应加热喷水冷却，180℃～200℃低温回火，硬度 50～55HRC。

加工工艺路线：锻造→正火→粗加工→调质→半精加工→高频淬火及低温回火→精磨。

正火可使同批坯料具有相同硬度，便于切削加工，使组织均匀，消除锻造应力。对一般齿轮来说，正火也可作为高频淬火前的预备热处理工序。调质可使齿轮具有较

高的综合力学性能，提高齿轮心部的强、韧性，便齿轮能够承受较大的弯曲应力和冲击应力。高频淬火及低温回火是改善齿轮表面性能的关键工序，通过高频淬火可以提高齿轮表面的硬度和耐磨性，增强抗疲劳破坏能力；低温回火是为了消除淬火应力。经高频淬火及低温回火后，淬硬层为中碳回火马氏体，而心部则为毛坯热处理后的组织。

4. 汽车、拖拉机齿轮的选材、加工工艺及热处理分析

汽车、拖拉机齿轮主要分装在变速箱和差速器中。在变速箱中，通过齿轮来改变发动机、曲轴和主轴齿轮的转速；在差速器中，通过齿轮来增加扭转力矩，调节左右两轮的转速，并将发动机动力传给主动轮，推动汽车、拖拉机运行。它们传递的功率和承受的冲击力、摩擦力都很大，工作条件比机床齿轮恶劣得多。因此，对耐磨性、疲劳强度、心部强度和冲击韧度等都有更高的要求。通常选用渗碳钢，经渗碳(或碳氮共渗)、淬火及低温回火后使用。喷丸处理后，齿面硬度和耐用性都有所提高。

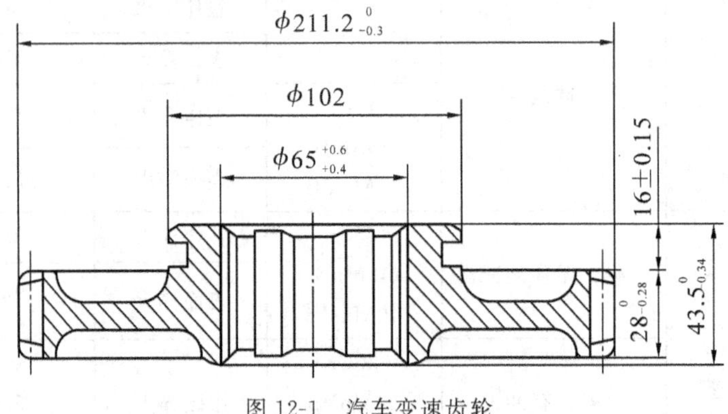

图 12-1　汽车变速齿轮

现以解放牌载重汽车变速齿轮(图 12-1)为例，分析其选材、加工及热处理。该齿轮将发动机动力传递到后轮，并起倒车的作用，工作时承载、磨损及冲击载荷均较大。要求齿轮表面具有较高的耐磨性和疲劳强度，心部具有较高的强度及韧性。

材料：20CrMnTi 进行渗碳。

热处理技术条件：表层 w_c=0.8%～1.05%，渗碳层深度为 0.8～1.3mm，齿面硬度 58～62HRC，心部硬度 33～45HRC。

加工工艺路线：锻造→正火→粗加工、半精加工→渗碳淬火、低温回火→喷丸→磨削。

该齿轮属于大批量生产，考虑到形状、结构特点，毛坯采用模锻件，以提高生产率、节约材料，使纤维分布合理，提高力学性能。

热处理方法：正火，950℃～970℃空冷，硬度 179～217HBW；渗碳 920℃～940℃，保温 4～6h，预冷至 830℃～850℃直接入油淬火，低温回火 180℃±10℃，保温 2h。

正火的目的是为了均匀组织，细化晶粒，消除锻造应力，得到合适的硬度，以便切削加工，同时为后续工作做准备。渗碳淬火后齿轮表面组织为回火马氏体＋残余奥氏体＋颗粒状碳化物，心部淬透时为回火马氏体和铁素体，未淬透时为索氏体和铁素体，从而达到表面高硬心部高韧性的要求。低温回火消除淬火应力，提高疲劳强度。

12.3.2 轴类零件的选材

1. 轴类零件的工作条件及性能要求

轴类零件是机床、汽车、拖拉机以及各类机器的重要零件之一，其功能是支承旋转零件，传递动力或运动。在工作过程中，轴类零件主要受交变弯曲应力、交变扭转应力或二者的复合作用，轴与轴上零件的相对运动时相互间存在摩擦和磨损，在高速运动过程中会产生振动，使轴承受冲击载荷，并且多数轴会承受一定的过载。根据工作特点，轴类零件的主要失效形式有以下几种：长期交变载荷作用易导致疲劳断裂(包括扭转疲劳和弯曲疲劳断裂)；承受大载荷或冲击载荷会引起过量变形、断裂；长期承受较大的摩擦，轴颈及花键表面易出现过量磨损。此外，有时还可能发生振动或腐蚀失效。

根据轴的工作条件及失效形式，轴类零件的选材应具有以下的性能要求：①良好的综合力学性能，即强度和塑性、韧性有良好的配合，以防止过载或冲击断裂；②高的疲劳强度，降低应力集中敏感性，防止疲劳断裂；③足够的刚度，以防工作过程中，轴发生过量弹性变形而降低加工精度。④有相对运动的摩擦部位(如轴颈、花键等处)，应具有较高的硬度和耐磨性，以防止磨损；⑤良好的工艺性能，如足够的淬透性、良好的切削加工性等；⑥特殊条件下工作应有的一些特殊性能要求，如高温中工作的轴，抗蠕变性能要好；在腐蚀性介质中工作的轴，要求耐蚀性好；等等。

2. 轴类零件的选材

轴类零件一般按强度、刚度计算和结构要求进行零件设计和选材。选材的主要依据是载荷的性质及大小、转速高低、精度和粗糙度要求、轴的尺寸大小、有无冲击、轴承种类等。

(1)主要承受弯曲、扭转应力的轴，如机床主轴、曲轴、汽轮机主轴、变速箱传动轴、卷扬机轴等。这类轴在载荷作用下，应力在轴的截面上分布是不均匀的，表面部位的应力值最大，愈往中心应力愈小，至心部达到最小。故不需要选用淬透性很高的材料，一般只需淬透轴半径的 1/2～1/3 即可。故常选 45 钢、40Cr 钢、40MnB 钢和 45Mn2 钢等，先经调质处理，后在轴颈处进行高、中频感应加热淬火及低温回火。

(2)同时承受弯曲、扭转及拉、压应力的轴，如锤杆、船用推进器等，其整个截面上应力分布基本均匀，应选用淬透性较高的材料，故常选用 30CrMnSi 钢、40MnB 钢、40CrNiMo 钢等。一般也是先经调质处理，然后再进行高频感应加热淬火、低温回火。

(3)主要要求刚性好的轴，可选用优质碳素钢等材料，如 20 钢、35 钢、45 钢经正火后使用。若还有一定耐磨性要求时，则选用 45 钢，正火后在轴颈处进行高频感应加热淬火、低温回火。对于受载较小或不太重要的轴，也常用 Q235 或 Q275 等普通碳素钢。

(4)要求轴颈处耐磨的轴，常选中碳钢经高频感应加热淬火，将硬度提高到 52HRC 以上。

(5)承受较大冲击载荷，又要求较高耐磨性的形状复杂的轴，如汽车、拖拉机的变速轴等，可选低碳合金钢(18Cr2NiWA 钢、20Cr 钢、20CrMnTi 钢等)，经渗碳、淬火、低温回火处理。

(6)要求有较好的力学性能和很高的耐磨性，而且在热处理时变形量要小，长期使用过程中要保证尺寸稳定，如高精度磨床主轴，选用渗氮钢38CrMoAlA，进行氮化处理，使表面硬度达到69～72HRC，心部硬度230～280HBS。

近年来，在国内外用球墨铸铁(或合金球墨铸铁)代钢作内燃机曲轴的实例愈来愈多。虽然球墨铸铁的塑、韧性远低于锻钢，但球墨铸铁的缺口敏感性小，实际球墨铸铁的疲劳强度并不明显低于锻钢，而且可通过表面强化(如滚压、喷丸、渗氮等)处理大大提高其疲劳强度，效果优于锻钢，因而在性能上完全可代替碳素钢。

3. 机床主轴的选材

主轴是机床中主要进零件之一，其质量好坏直接影响机床的精度和寿命。因此必须根据主轴的工作条件和性能要求，选择用钢和制定合理的冷热加工工艺。

卧式车床主轴简图见图12-2，该轴工作时受弯曲和扭转应力作用，但承受的应力和冲击力不大，运转较平稳，工作条件较好；主轴大端内锥孔、外圆锥面工作时需经常与顶针、卡盘有相对摩擦；花键部位与齿轮有相对滑动或碰撞。总之，该主轴是在滚动轴承中动转，承受中等负荷，转速中等，有装配精度要求，且受到一定的冲击力作用。

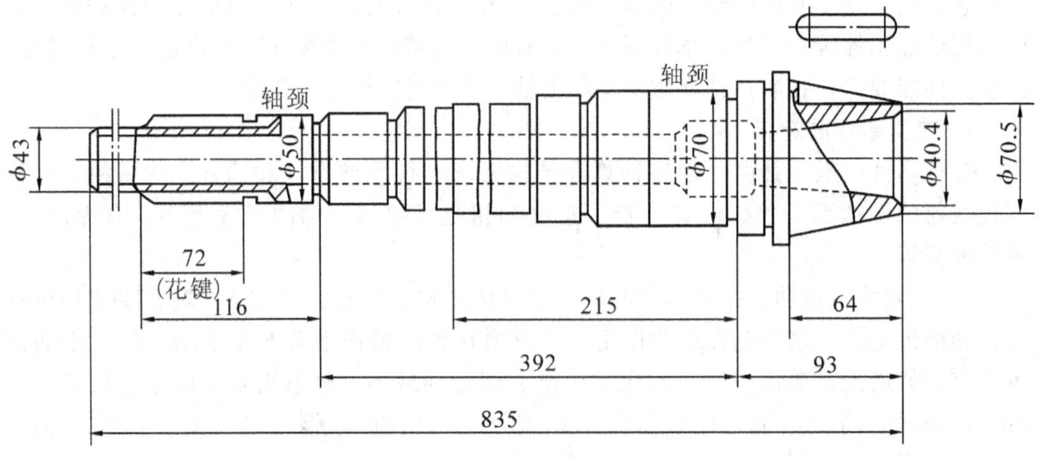

图12-2　卧式车床主轴简图

根据对上述工作条件的分析，机床主轴应具有良好的综合力学性能，并且花键(经常摩擦和碰撞)和大端内锥孔、外圆锥面(经常装拆、也有摩擦和碰撞)部位均要求有较高的硬度和耐磨性。这类轴大多选用45钢制造，载荷较大时可选用40Cr钢材。当承受较大的冲击载荷和疲劳载荷时，则可采用合金渗碳钢制造，如20Cr或20CrMnTi等。

卧式车床主轴的选材、热处理及加工工艺路线：

材料：45钢

热处理条件：正火，840℃～860℃空冷，硬度170～230HB；整体调质，840℃～860℃盐淬至150℃左右再空冷，550℃～570℃回火，硬度220～240HB；花键高频感应淬火，890℃～900℃高频感应加热，喷水冷却，180℃～200℃低温回火，硬度48～53HRC。

加工工艺路线：锻造→正火→粗加工→调质→半精加工(花键除外)→局部淬火、回火→粗磨→铣花键→花键高频感应淬火、回火→精磨。

正火的目的在于得到合适的硬度，便于切削加工；改善锻造组织，为调质做准备。调质是为了使主轴得到高的综合力学性能和疲劳强度；为了更好地发挥调质效果，安排在粗加工后进行，整体调质后金相组织为回火索氏体。对轴颈和锥孔进行表面淬火、低温回火以及花键部分高频感应加热表面淬火旨在提高硬度，增加耐磨性和提高疲劳强度。内锥孔、外圆锥面及花键部分表面3～5mm内金相组织为回火屈氏体和少量回火马氏体。

4. 汽车半轴的选材

汽车半轴是驱动车轮转动的直接驱动件，是一个传递扭矩的重要部件，工作时承受冲击、反复弯曲疲劳和扭转应力的作用。失效形式主要是由于扭转力矩作用，工作时频繁启动、变速、反向(倒车)、路面颠簸和部分磨损而引起的疲劳破坏，断裂位置主要集中于轴杆部或花键根部。要求材料有足够的抗弯强度、疲劳强度和较好的韧性。半轴材料依据其工作条件选用，中型载重汽车选用40Cr，重型载重汽车选用40CrMnMo。

以跃进130型载重汽车的半轴为例，分析汽车半轴的选材、热处理及加工工艺。

材料：40Cr。

热处理条件：正火，187～241HBW；调质，杆部37～42HRC，盘部外圆24～34HRC。调质后半轴的显微组织为回火索氏体或回火屈氏体，心部(从中心到花键底半径3/4范围内)允许有铁素体存在。

加工工艺路线：锻造→正火→机械加工→调质→盘部钻孔→精加工。

正火的目的是为了均匀组织，细化晶粒，消除锻造应力，得到合适的硬度，以便切削加工，同时为调质做准备。调质的目的是使半轴具有高的综合力学性能。淬火后回火温度根据杆部要求硬度，选用420±10℃回火。回火后在水中冷却，以防止产生回火脆性。同时水冷有利于增加半轴表面的压应力，提高其疲劳强度。

5. 内燃机曲轴的选材

曲轴是内燃机中形状复杂而又重要的零件之一。它在工作时受到内燃机周期性变化着的气体压力、曲柄连杆机构的惯性力、扭转和弯曲应力、拉伸应力、压缩应力、摩擦应力、剪切应力和小能量多次冲击力等复杂交变负荷，服役条件恶劣。在高速内燃机中曲轴还受到扭转振动的影响，会造成很大的应力。轴颈严重磨损和疲劳断裂是轴颈主要失效形式。因此，对曲轴的性能要求是保证有高的强度，一定的冲击韧性和弯曲、扭转疲劳强度，在轴颈处要求有高的硬度和耐磨性。

内燃机曲轴材料的选择主要决定于内燃机的使用情况、功率大小、转速高低以及轴瓦材料等。一般应按下列情况进行选择：

(1)低速内燃机曲轴采用正火状态的碳素钢或球墨铸铁；

(2)中速内燃机曲轴采用调质状态的碳素钢或合金钢，如45、40Cr、45Mn2等，或球墨铸铁；

(3)高速内燃机曲轴采用高强度的合金钢，如35CrMo、42CrMo、18Cr2Ni4WA等。

下面以110型柴油机球墨铸铁曲轴为例，分析内燃机曲轴的选材、热处理及加工工艺。

材料：QT600-3 球墨铸铁。

热处理技术条件：整体正火，$\sigma_b \geqslant 650\text{MPa}$，$\alpha_k \geqslant 15\text{J/cm}^2$，硬度 240～300HBW；轴颈表面淬火＋低温回火，硬度＞55HRC；珠光体数量，试棒＞75%，曲轴＞70%。

加工工艺路线：铸造成形→正火＋高温回火→切削加工→轴颈表面淬火＋低温回火→磨削。

铸造是保证这类曲轴质量的关键，例如，铸造后的球化情况、有无铸造缺陷、成分及显微组织是否合格等都十分重要。正火的目的是增加组织内珠光体的数量并使之细化，以提高抗拉强度、硬度和耐磨性，回火的目的是消除正火风冷所造成的内应力。轴颈表面淬火是为了进一步提高该部位的硬度和耐磨性。

12.3.3 箱体支撑类零件的选材

1. 箱体支撑类零件的工作条件及性能要求

箱体及支撑类零件是机器中很重要基础零件，床头箱、变速箱、进给箱、溜板箱、内燃机的缸体等部可视为箱体类零件，起着支撑其他零件的作用。轴和齿轮等零件安装在箱体中，以保持相互的位置并协调地运动；机器上各个零部件的重量都由箱体和支承件承担，因此箱体支承类零件主要受压应力，部分受一定的弯曲应力。此外，箱体还要承受各种零件工作时的动载作用力以及稳定在机架或基础上的紧固力。由于箱体结构复杂、常用铸造的方法制造毛坯，因此箱体几乎都用铸造合金。

箱体类零件的选材应具有以下的性能要求：①具有足够的强度和刚度；②对精度要求高的机器的箱体，要求有较好的减振性及尺寸稳定性；③对于有相对运动的表面要求有足够的硬度和耐磨性。④具有良好的工艺性，以利于加工成形，如铸造性能或焊接性能等。

2. 箱体支撑类零件的材料选择

选择箱体材料时应考虑：在满足零件使用性能的前提下，易于制造，使零件的加工时间最短，生产成本最低。大多数箱体选用铸造方法，个别情况采用焊接方法。

(1)铸铁，铸铁具有较高的抗压强度，良好的减振、减摩作用，能够很好地满足箱体零件的使用要求；而且铸铁还具有优良的铸造性能、良好的切削加工性，成本低等特点，又满足了零件的济性要求。所以形体复杂、工作平稳、中等载荷的箱体、支承件一般都采用灰铸铁或球墨铸铁制作。

(2)铸钢，载荷较大、承受冲击较强的箱体支承类部件常采用铸钢制造，其中 ZG35Mn、ZG40Mn 应用最多。铸钢的铸造性较差，由于其工艺性的限制，所制部件往往壁厚较大、形体笨重。

(3)有色金属，铸造要求重量轻、散热良好的箱体可用有色金属及其合金制造。例如柴油机喷油泵壳体，还有飞机发动机上的箱体多采用铸造铝合金生产。

(4)型材焊接，体积及载荷较大、结构形状简单、生产批量较小的箱体，为了减轻重量也可采用各种低碳钢型材拼制成焊接件。常用钢材为焊接性优良的 Q235、20 钢、Q345 等。

3. 箱体支承类零件的加工工艺路线

箱体支承类零件的加工工艺路线是：铸造→人工时效(或自然时效)→切削加工。

箱体支承类零件尺寸大、结构复杂，铸造(或焊接)后形成较大的内应力，在使用期间会发生变形。因此箱体支承类零件毛坯在加工前必须长期放置(自然时效)或进行去应力退火(人工时效)。对精度要求很高或形状特别复杂的箱体，在粗加工以后、精加工以前增加一次人工时效，消除粗加工所造成的内应力影响。去应力退火一般在550℃加热，保温数小时后随炉缓冷至 200℃以下出炉。

思考题

1. 机械工程材料正确选用的基本原则是什么？

2. 齿轮类机械零件常见的失效形式有哪些？试分析之。

3. 有一根 φ30mm 的轴，受中等的交变载荷作用，要求零件表面耐磨，心部具有较高的强度和韧性，供选择的材料有 16Mn、20Cr、45 钢、T8 钢和 Crl2 钢。要求：①选择合适的材料；②编制简明的热处理工艺路线；③指出最终组织。

4. 以 20CrMnTi 作为材料制造汽车变速箱齿轮，试制定其热处理生产工艺。请采用调质和渗碳两种方法，并比较两者区别。

提示：主要比较经两种工艺处理之后材料由表层到心部的组织，进而比较其性能差异。

5. 车床主轴要求轴颈部位硬度为 HRC54～58，其余地方为 HRC20～25，其加工路线为：下料→锻造→正火→机加工→调质→精加工→轴颈表面淬火→低温回火→磨加工，请指出：

(1)本轴应使用的材料；

(2)正火和调质的目的和大致热处理工艺；

(3)表面淬火及低温回火目的；

(4)轴颈表面组织和其余地方组织。

6. 某工厂生产一种柴油机的凸轮，其表面要求具有高硬度(＞HRC50)，而零件心部要求具有良好的韧性($\alpha_k=50J/cm^2$)，本来是采用 45 钢经调质处理后再在凸轮表面上进行高频淬火，最后进行低温回火。现因工厂库存的 45 钢已用完，只剩下 15 号钢，试回答以下几个问题。

(1)原用 45 钢各热处理工序的目的。

(2)改用 15 钢后，仍按 45 钢的上述工艺路线进行处理，能否满足性能要求？为什么？改用 15 钢后，应采用怎样的热处理工艺才能满足上述性能要求？为什么？

7. JN-150 重型载重汽车(载重量为 8 吨)变速箱中的第二、三档齿轮，要求心部抗拉强度为 $\sigma_b\geqslant 1\,100MPa$，$\alpha_k=70J/cm^2$；齿表面硬度 HRC≥50～60，心部硬度 HRC≥33～35。试合理选择材料，制定生产工艺流程及各热处理工序，并说明各热处理工序的目的及相应的组织。

参考文献

1 薄鑫涛，郭海祥，袁凤松．实用热处理手册．上海：上海科学技术出版社，2009.

2 樊东黎等．中国材料工程大典：第15卷·材料热处理工程．北京：化学工业出版社，2006.

3 冯端，师昌绪，刘志国．材料科学导论．北京：化学工业出版社，2005.

4 胡凤翔，于艳丽．工程材料及热处理．北京：北京理工大学出版社，2002.

5 机电工业考评技师复习丛书编审委员会．热处理工．北京：机械工业出版社，1990.

6 今日光，华幼卿主编．高分子物理．3版．北京：化学工业出版社，2008.

7 金志浩，高积强，乔冠军．工程陶瓷材料．西安：西安交通大学出版社，2000.

8 李缨，黄凤萍，梁振海．碳化硅陶瓷的性能与应用．陶瓷，2007，5：36－41.

9 刘新佳，王建中．高级热处理工技术与实例．南京：江苏科技出版社，2007.

10 马永杰．热处理工艺方法600种．北京：化学工业出版社，2008.

11 潘强，朱美华，童建华．工程材料．上海：上海科学技术出版社，2003.

12 上海市第一机电工业局《读本》编审委员会．热处理工．2版．北京：机械工业出版社，1985.

13 宋乐平，林爽，乔英杰等．碳化硼陶瓷制备技术的研究进展．第十五届全国复合材料学术会议论文集，2008：678－682.

14 谭昌瑶，王均石．实用表面工程技术．北京：新时代出版社，1998.

15 王先逵．材料及其热处理．北京：机械工业出版社，2008.

16 王晓刚．碳化硅合成理论与技术．西安：陕西科学技术出版社，2001.

17 王英杰．金属材料及热处理．北京：机械工业出版社，2007.

18 王运炎，朱莉．机械工程材料．北京：机械工业出版社，2008.

19 文九巴．材料科学与工程．哈尔滨：哈尔滨工业大学出版社，2007.

20 吴承建，陈国良，强文江．金属材料学．北京：冶金工业出版社，2006.

21 夏立芳．金属学与金属工艺．哈尔滨：哈尔滨工业大学出版社，2008.

22 于思远．工程陶瓷材料的加工技术及其应用．北京：机械工业出版社，2008.

23 翟海潮编著．工程胶黏剂．北京：化学工业出版社，2005.

24 张淑珍，盖雅宏，于忠诚．工程材料．北京：化学工业出版社，2003.

25 赵德仁，张慰盛主编．高聚物合成工艺学．2版．北京：化学工业出版社，2007.

26 郑明新．工程材料．2版．北京：清华大学出版社，1991.

27 郑明新．工程材料．2版．北京：清华大学出版社，1991.

28 朱兴元，刘忆．金属学与热处理．北京：中国林业出版社；北京大学出版社，2006.

29 A. N. 詹特主编．橡胶工程．北京：化学工业出版社，2002.

30 http：//www. siaaa. com/rechuli/gongyi/200910/998800 _ 2. html.